Lehrbuch Jägerprüfung

Ein Lehrbuch in fünf Bänden

1 Sepp Bauer/Günter Claußen · Der Jäger und sein Revier
Ökologische Grundlagen der Jagd und Hege des Wildes

2 Günter Claußen/Andreas David · Der Jäger und sein Wild
Wildkunde und Wildkrankheiten

3 Friedrich Karl v. Eggeling/Heinrich Uhde · Der Jäger und der Jagdbetrieb
Jagdarten, Wildbretverwertung und Hundeführung

4 Friedhelm Kersting/Helmut Kinsky/Wolfgang Krüper Claus-Henning Strube · Der Jäger und seine Waffen
Waffen, Munition, Optik – Funktion und Handhabung

5 Mark G. v. Pückler · Der Jäger und sein Recht
Ein Leitfaden für Prüfung und Praxis in Grundfällen

Verlag Paul Parey · Hamburg

Der Jäger und der Jagdbetrieb

Jagdarten, Wildbretverwertung und Hundeführung

Von
Dipl.-Forstwirt Friedrich Karl v. Eggeling
und
Heinrich Uhde
Ehrenpräsident des Jagdgebrauchshundverbandes e. V.

2. Auflage
Völlig neubearbeitet von **Rolf Kröger**,
Redaktion Wild und Hund

Mit 181 größtenteils farbigen Abbildungen

Verlag Paul Parey · Hamburg

Die Deutsche Bibliothek - CIP-Einheitsaufnahme

Lehrbuch Jägerprüfung: ein Lehrbuch in 5 Bänden. - Singhofen: Parey, Zeitschr.-Verl.,
ISBN 3-490-33912-6 (1. Aufl.)
ISBN 3-89715-503-6 (2. Aufl.)
3. Eggeling, Friedrich Karl von: Der Jäger und der Jagdbetrieb. - 2. Aufl./ völlig neubearb. von Rolf Kröger. - 2000

Eggeling, Friedrich Karl von: Der Jäger und der Jagdbetrieb: Jagdarten, Wildbretverwertung und Hundeführung / von Friedrich Karl von Eggeling und Heinrich Uhde. - 2. Aufl. / völlig neubearb. von Rolf Kröger. - Singhofen: Parey, Zeitschr.-Verl., 2000
  (Lehrbuch Jägerprüfung; 3)
ISBN 3-89715-503-6
NE: Uhde, Heinrich:; Kröger, Rolf [Bearb.]

Das Werk ist urheberrechtlich geschützt. Die dadurch begründeten Rechte, insbesondere die der Übersetzung, des Nachdruckes, des Vortrages, der Entnahme von Abbildungen und Tabellen, der Funksendung, der Mikroverfilmung oder der Vervielfältigung auf anderen Wegen und der Speicherung in Datenverarbeitungsanlagen, bleiben, auch bei nur auszugsweiser Verwertung, vorbehalten. Eine Vervielfältigung des Werkes oder von Teilen dieses Werkes ist auch im Einzelfall nur in den Grenzen der gesetzlichen Bestimmungen des Urheberrechtsgesetzes der Bundesrepublik Deutschland vom 9. September 1965 in der Fassung vom 24. Juni 1995 zulässig. Sie ist grundsätzlich vergütungspflichtig. Zuwiderhandlungen unterliegen den Strafbestimmungen des Urheberrechtsgesetzes.

© 2000 Paul Parey Zeitschriftenverlag GmbH & Co. KG, Singhofen.
Anschrift: Erich-Kästner-Str. 2, 56379 Singhofen.

Printed in **Poland**.

Satz: Primustype Robert Hurler GmbH, Hamburg.

Lithografie: Alphabeta Druckformdienst GmbH, Hamburg.

Druck und Bindung: **Koprowscy** Sp. z o. o.

Umschlaggestaltung: Jürgen Meyer, Hamburg, unter Verwendung zweier Fotos von B. Winsmann-Steins und einer Zeichnung von Marianne Merz.

Gesamtwerk: ISBN 3-89715-500-1
Band 3:   ISBN 3-89715-503-6

Zur Einführung

Im Band 1 dieser Lehrbuchreihe hat der Leser alle lernens- und wissenswerten Grundlagen kennengelernt, die er für die Jägerprüfung und spätere Praxis benötigt, um schnell und sicher die ökologischen Zusammenhänge im Jagdrevier zu erfassen und sie für die freilebende Tierwelt nutzbar zu machen. Aus Band 2 hat er das notwendige Rüstzeug gewonnen, um alle dem Jagd- und Naturschutzrecht unterliegenden Wildtierarten zu erkennen und ihre Lebensansprüche zu verstehen.

Der Inhalt des hier vorliegenden Bandes befaßt sich mit dem für die mannigfachen Arten der Jagdausübung notwendigen Gerät, er beschreibt Vorbereitungen, Durchführung und Ablauf der verschiedenen Jagdarten, schildert die erforderlichen Sicherheitsvorkehrungen und lehrt die fachgerechte Pflege und Verwertung des Wildbrets. Im zweiten Teil dieses Lehrbuches wird der angehende Jäger vertraut gemacht mit dem für die Ausübung waidgerechten Jagens unentbehrlichen Gefährten, dem Jagdgebrauchshund. Er erfährt alles Wissenswerte für Jägerprüfung und Praxis, was er von Aufzucht, Pflege und Krankheit, Ausbildung, Führung und Prüfung der bei uns vorkommenden Jagdgebrauchshundrassen und -schlägen wissen muß.

Bei der Aufbereitung des umfangreichen Stoffes haben sich die Autoren bemüht, ihre in langjähriger praktischer Erfahrung als Jäger, Jagdleiter und Ausbilder zur Vorbereitung auf die Jägerprüfung gewonnenen Kenntnisse so darzustellen, daß sie über die Vermittlung des fachbezogenen Grundwissens für die Jägerprüfung hinaus auch die Zusammenhänge mit anderen Wissens- und Prüfungsgebieten aufzeigen und schließlich auch Nachschlagewerk sein können für die Praxis des Jagdbetriebes eines jeden Jägers.

Im Frühjahr 1996
Behringersdorf   F. K. von Eggeling
Burgdorf   H. Uhde

Inhalt

Teil 1 Der Jagdbetrieb

1 Das Jagdgerät — 11

1.1 Revierkarte, Jagdtagebuch, Revierchronik 11
1.2 Gewehrschrank 13
1.3 Gerätekammer 13
1.4 Zerwirkraum und Wildkammer 14
1.5 Die Zwinger 14
1.5.1 Der Hundezwinger 14
1.5.2 Der Frettchenzwinger 15
1.6 Futterscheune 16
1.7 Fragen und Antworten zum Jagdgerät 16

2 Die Reviereinrichtungen — 17

2.1 Erdsitz, Schirm 17
2.2 Leiter, Hochsitz, Kanzel. 18
2.3 Jagdhütte 21
2.4 Pürschsteig, Fangsteig... 21
2.5 Künstliche Revierbaue (Kunstbaue) 23
2.6 Luderplatz, Luderschacht, Kirrplatz, Körnung, Ablenkfütterung 24
2.7 Äsungsflächen, Deckungsflächen 25
2.8 Fütterungen, Salzlecken, Suhlen, Tränken 26
2.9 Volieren, Gewöhnungsgatter, Wintergatter 26
2.10 Fragen und Antworten zu den Reviereinrichtungen 27

3 Die Einzeljagd — 28

3.1 Ansitz, Anstand 29
3.2 Reviergang, Pürsch 31
3.2.1 Der Reviergang 32
3.2.2 Die Pürsch 33
3.3 Schußzeichen und Pürschzeichen 37
3.4 Schwerpunktjagd, Intervalljagd 40
3.5 Bruchzeichen, Jagdliches Brauchtum 42
3.6 Such- und Stöberjagd, Buschieren 44
3.7 Ausneuen und Auspochen 46
3.8 Die Lockjagd 47
3.9 Die Jagd am Luderplatz . 53
3.10 Die Jagd am Kirrplatz . 54
3.11 Fangschuß, Abfangen, Abnicken, Abschlagen, Ab-federn 54
3.12 Fragen und Antworten zur Einzeljagd .. 57

4 Die Gesellschaftsjagd — 58

4.1 Drückjagd, Riegeljagd, Ansitzdrückjagd 63
4.2 Die Treibjagd 67
4.2.1 Das Vorstehtreiben 67
4.2.2 Kesseltreiben 71
4.2.3 Streife, Böhmische Streife 73
4.3 Die Baujagd 75
4.3.1 Die Baujagd mit dem Hund 77
4.3.2 Die Baujagd mit dem Frettchen 78
4.4 Die Wasserjagd 79
4.5 Die Jagdsignale 80
4.6 Das Streckelegen 81
4.7 Fragen und Antworten zur Gesellschaftsjagd 85

5 Die Fangjagd — 86

5.1 Fallen für den Totfang... 89
5.2 Fallen für den Lebendfang 90
5.3 Fragen und Antworten zur Fangjagd 92

6 Besondere Jagdarten — 93

6.1 Die Jagd im Gebirge 93
6.2 Die Hüttenjagd 94
6.3 Die Seehundjagd 95
6.4 Das Brackieren 96
6.5 Die Beizjagd 96
6.6 Fragen und Antworten zu den besonderen Jagdarten 29

7 Das Versorgen des Wildes, Wildbrethygiene — 98

7.1 Wildbrethygiene........ 100
7.2 Aufbrechen, Transport .. 101
7.3 Zerwirken 104
7.4 Versorgen des Niederwildes................... 105
7.5 Abschwarten, Streifen .. 106
7.6 Trophäenbehandlung... 107
7.7 Wild für den Präparator. 109
7.8 Fragen und Antworten zur Versorgung des Wildes und zur Wildbrethygiene ... 111

Teil 2 Die Hundeführung

8 Bedeutung und Aufgabe des Jagdhundwesens — 116

8.1 Jagdethische Bedeutung 116
8.2 Wirtschaftliche Bedeutung 117
8.3 Gesetzliches Erfordernis 117
8.4 Fragen und Antworten zur Bedeutung und Aufgabe des Jagdhundwesens 114

9 Einsatzmöglichkeiten der Jagdhunde — 119

9.1 Wald................. 119
9.1.1 Vor dem Schuß 119
9.1.2 Nach dem Schuß 123
9.2 Feld 127
9.2.1 Vor dem Schuß 127
9.2.2 Nach dem Schuß 129
9.3 Wasser............... 129
9.3.1 Vor dem Schuß 129
9.3.2 Nach dem Schuß 130
4.7 Fragen und Antworten zu den Einsatzmöglichkeiten von Jagdhunden 131

10 Der Jagdgebrauchshundverband — 132

10.1 Geschichte............ 132
10.2 Heutige Stellung 133
10.3 Zusammensetzung 133
10.4 Ziele 134
10.5 Instrumente.......... 134
10.6 Fragen und Antworten zum Jagdgebrauchshundverband................... 135

11 Die anerkannten Jagdgebrauchshunde — 130

11.1 Unterscheidungs-
kriterien 134
11.2 Die einzelnen
Rassen und Schläge 135
11.2.1 Vorstehhunde 135
11.2.2 Schweißhunde.......... 141
11.2.3 Jagende Hunde 142
11.2.4 Erdhunde.............. 145
11.2.5 Stöberhunde 147
11.2.6 Apportierhunde 149
11.2.7 Laika (Rußland) 150
11.2.8 Zusammenfassende
Übersicht 151
11.3 Fragen und
Antworten zu den
Jagdgebrauchshunden 152

12 Körper und Verhaltensweisen — 153

12.1 Beschreibung
des Äußeren 153
12.2 Fehler und Mängel 156
12.3 Sinne 156
12.4. Verhaltensweisen 158
12.4.1 Erblich bedingte
Verhaltensweisen............ 135
12.4.2 Erfahrungsbedingte
Verhaltensweisen............ 160
12.5 Fragen und
Antworten zu Körper
und Verhaltensweisen....... 165

13 Ausbildung — 166

13.1 Voraussetzungen
beim Ausbilder 166
13.2 Anwendung der
Lerngesetzlichkeiten....... 167
13.3 Ausbildungs-Hilfmittel 170
13.4 Fragen und Antworten
zur Ausbildung 176

14 Prüfungen — 177

14.1 Verbandsprüfungen ... 177
14.2.1 Anlageprüfungen 178
14.2.2 Leistungsprüfungen 180
14.2.3 Leistungszeichen....... 180
14.2 Andere Prüfungen 181
14.2.1 Prüfungen
der Verbandsvereine 182
14.2.2 Prüfungen
der Bundesländer 182
14.3 Fragen und Antworten
zu den Prüfungen 183

15 Zucht — 184

16 Kauf und Pflege — 187

16.1 Kauf.................. 187
16.2 Pflege 188
16.2.1 Unterbringung 188
16.2.2 Fütterung............. 189
16.2.3 Parasiten.............. 190
16.2.3 Krankheiten........... 192

Literatur — 196

Bildnachweis — 196

Sachregister — 197

Teil 1
Der Jagdbetrieb

Von Friedrich Karl von Eggeling

1 Das Jagdgerät

> **Merke:** Jagdausrüstung und Jagdgerät können nur dann optimal eingesetzt werden, wenn für die im Revier erforderlichen Jagdarten das richtige Gerät und die passende Ausrüstung vorhanden sind.

Jeder Jäger, sei er Revierinhaber, Jagderlaubnisscheininhaber oder Jagdgast, muß – um überhaupt die Jagd ausüben zu können – mancherlei Jagdgerät besitzen. Einige Gerätschaften wird jeder Jäger benötigen, manche dienen ausschließlich dem Revierinhaber, andere insbesondere speziellen Jagdarten wie z. B. der Jagdausübung im Gebirge oder im Hochwildrevier, der Bau- oder Wasserjagd oder der Jagd mit der Falle.

Aus der Überfülle der Angebote, aus denen der Jäger wählen kann, wird hier der Teil behandelt, der in den meisten Revieren in Gebrauch ist oder in Gebrauch sein sollte. Eine sorgfältige Auswahl der notwendigen Geräte und ihre ständige Pflege erspart Jagdherren wie Jagdgästen Ärger, Zeit und oft auch Geld. Wer Jäger werden will und schon weiß, in was für einem Revier er später überwiegend jagen wird, überlege sich möglichst genau, welche Anschaffungen er zu treffen hat.

zungsarten auch die Flurstücksnummern eingetragen, mit deren Hilfe unschwer die Eigentümer der Grundstücke festgestellt werden können, was beispielsweise in Wildschadensangelegenheiten von Bedeutung sein kann.

Eine Revierkarte in diesem Maßstab dient, vervielfältigt, dem Revierinhaber, dem Jagdaufseher, dem Jagderlaubnisscheininhaber wie dem (ständigen) Jagdgast. Die Jäger werden auf ihr die verschiedenen Reviereinrichtungen einzeichnen wie z. B. Hochsitze, Salzlecken, Fütterungen, Äsungsflächen, Fallen-

1.1 Revierkarte, Jagdtagebuch, Revierchronik

Revierkarten dienen zahlreichen Zwecken und sind in fast jedem Revier unentbehrlich (Abb. 1). Karten im Maßstab 1:25 000 sind Übersichtskarten, die vor allem im Behördenverkehr ihre Dienste leisten. Eintragungen von Grenzen und Unfallschwerpunkten auf den Straßen sind den Polizeibehörden wertvolle Hilfen zur Ermittlung von Zuständigkeiten beispielsweise für überfahrenes Wild oder auch für die Umsetzung des „Chamer Modells", also der Entschärfung von Unfallschwerpunkten.

Die eigentliche Revierkarte sollte jedoch den Maßstab 1:5000 haben. In ihr sind neben den Abgrenzungen der Nut-

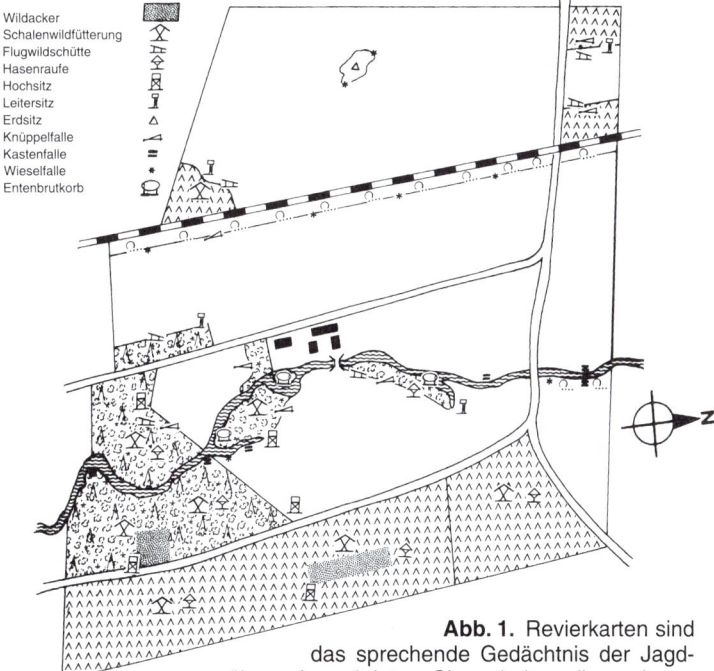

Abb. 1. Revierkarten sind das sprechende Gedächtnis der Jagdausübungsberechtigten. Sie enthalten alle merkenswerten, für die Bewirtschaftung der Jagd wichtigen Einzelheiten.

Wildacker
Schalenwildfütterung
Flugwildschütte
Hasenraufe
Hochsitz
Leitersitz
Erdsitz
Knüppelfalle
Kastenfalle
Wieselfalle
Entenbrutkorb

Das Jagdgerät

Abb. 2. Beispiel für eine mustergültig angelegte Revierkarte. Hier die des ehemaligen WILD UND HUND-Versuchs- und Lehrreviers.

steige und dergleichen mehr. Ferner kann man auf den Karten vermerken, wo sich u. a. durch Wechsel und Pässe Abschuß- oder Wildschadensschwerpunkte ergeben. Umfang und Richtung bestimmter Treiben können eingezeichnet werden, Schützenstände, Sammelpunkte und Folgen, Wege des Wildwagens usw. vermerkt werden.

Das Jagdtagebuch hat den Sinn, über die Führung der Streckenlisten A und B hinaus, jagdliche Maßnahmen und Geschehnisse festzuhalten. Dies sind insbesondere Daten zu revierverbessernden Arbeiten wie etwa Düngungsart und -zeit, Bestellungsart und -zeit, Pflanzungen und Pflegearbeiten sowie Erfolge oder Mißerfolge dieser Maßnahmen. Ergebnisse von Wildzählungen oder -schätzungen finden hier ebenso ihren Platz wie Berechnungen von Durchschnittsgewichten und -Alter des zur Strecke gekommenen Schalenwildes als Kontrolle vorangegangener Hegemaßnahmen wie auch zur Planung für die kommende Zeit, sei es zur Anlage von Äsungs- und Deckungsflächen oder zur Festlegung von Abschußschwerpunkten. Die Ergebnisauswertung eines Jagdtagebuches kann sowohl bei Besprechungen in der Hegegemeinschaft als auch im Umgang mit der Jagdbehörde oder Jagdgenossenschaft wesentliche Bedeutung haben.

Die Revierchronik dient jedoch in erster Linie der Erinnerung an schöne und auch weniger schöne Stunden im Revier. Mit Fotos versehen kann sie im Laufe der Zeit ein Werk werden, das man immer wieder gern zur Hand nimmt.

1.2 Gewehrschrank

Das Gesetz hält uns an, Lang- und Kurzwaffen so aufzubewahren, daß sie unbefugtem Zugriff bestmöglich entzogen sind. Des weiteren verlangt es, sowohl Lang- und Kurzwaffen getrennt voneinander verschlossen zu halten als auch die Patronen getrennt von den Waffen aufzubewahren. Wird diese Gesetzesvorschrift nicht befolgt, kann von „fehlender Zuverlässigkeit" im Sinne des § 17 BJG ausgegangen werden.

Im Handel angebotene Gewehrschränke aus Metall bieten sichere Möglichkeit separater Lagerung von Lang- und Kurzwaffen in jeweils für sich abzuschließenden Schrankteilen sowie für Munition in einem anderen für sich abschließbaren Fach. Verfügt man nicht über ein solches Spezialmöbel, muß der vor-

Abb. 3. Jagdwaffen müssen – am besten in einem Gewehrschrank aus Stahl –diebstahlsicher verwahrt werden. Die Munition ist separat davon ebenfalls unter Verschluß zu halten.

handene Aufbewahrungsort für Langwaffen fest abschließbar sein. Die Kurzwaffen müssen dann entweder getrennt in einem anderen Schrank untergebracht werden oder in einem festen Behälter, der durch seinen Boden mit dem Untergrund fest verbunden ist. Die Patronen gehören ebenfalls in ein abschließbares Behältnis oder in ein separat verschließbares Fach des Schrankes.

Je nachdem wieviel Platz der Waffenschrank bietet, besteht die Möglichkeit, weitere Gerätschaften dort aufzubewahren. Hierzu gehören Reinigungszeug für Waffen, Wildlocker, Jagdtasche, Auszieher und Reißhaken, Messer, Ferngläser und Spektiv, Mückenspray, Stiefelfett und vieles mehr. Falls der Raum ausreicht, können im Gewehrschrank sogar für Führung und Ausbildung des Hundes benötig-

Merke: Der Gewehrschrank dient dem Jäger als sicherer Aufbewahrungsort von Waffen, Munition und wertvoller Ausrüstung. Er muß nicht nur verschließbar, sondern auch stets verschlossen sein und der Schlüssel so aufbewahrt werden, daß Unbefugte keinen Zugriff haben.

te Geräte untergebracht werden, also Leinen, Riemen und Halsungen, Pflegemittel, Apportierbock, Sandsack usw.

1.3 Gerätekammer

Sowohl für Revierinhaber als auch vor allem für Jagdaufseher ist die Einrichtung einer Gerätekammer so gut wie unerläßlich. Auch der ständige Jagdgast und freiwillige Helfer weiß dann, wo er gewisse Jagdgeräte findet und lagert. In die Gerätekammer gehört alles, was nicht unbedingt dem täglichen Gebrauch dient, nicht im Revier bleiben sollte – wie Werkzeug –, gelegentlicher Pflege bedarf sowie vor dem Zugriff Unbefugter sicher aufbewahrt werden muß. Die Gerätekammer ist darüber hinaus auch Werkstatt zur Herstellung oder Reparatur verschiedener Hilfsmittel. Je nach räumlicher Möglichkeit bietet sie auch Platz für die Aufbewahrung von Material wie Brettern, Stangen, Latten und ähnlichem.

Die Gerätekammer besteht somit aus einem Raum für das Aufbewahren von Jagd- und Hegegerät und Material sowie aus einem Arbeitsplatz mit Werkbank und Arbeitstisch. Futterautomaten, Brut-, Aufzucht- und Nistkästen, Brutkörbe, Verbißschutzmittel, Mähretter, Elektrozäune und Batterien, Kleinwerkzeug für

> **Merke:** Die Gerätekammer oder der Geräteraum dient der Aufbewahrung von Jagd- und Hegeutensilien sowie als Werkstatt zur Reparatur oder Herstellung von Jagdgerät. Sie erfüllt nur dann ihren Zweck, wenn in ihr peinliche Ordnung herrscht und die erforderlichen Werkzeuge vollständig sind und sich in gepflegtem Zustand befinden.

Wildackerpflege, Siliertonnen, Fallen und Handwerkszeug u. v. m. werden hier aufbewahrt. Als Werkstatt dient sie u. a. für die Herstellung und Reparatur von Holzfallen, Fütterungsanlagen, Salzlecken, Spannbrettern usw.

Nach Möglichkeit sollte in einer Gerätekammer auch eine Kochstelle vorhanden sein, sei es für die Zubereitung von Hundenahrung oder für die Behandlung der Trophäen. Hierzu gehören Töpfe und Pfannen, Haltezangen, Sägen und Messer.

Die Bereitstellung einer Kühltruhe ist von Vorteil. Es wird gewiß Revierinhaber geben, die in ihrer Gerätekammer weit mehr Dinge aufbewahren als hier summarisch erwähnt wurden. Wichtig ist vor allem, daß alle Hilfsmittel, die für das Revier benötigt werden, nach Möglichkeit konzentriert und zugriffbereit in einem Raum liegen oder hängen. Auch hier dient ein gewisses Maß an Pedanterie dem Vermeiden unnötigen Ärgers durch zeitaufwendiges Suchen.

1.4 Zerwirkraum und Wildkammer

Jeder Jäger, in dessen Revier nennenswerte Mengen an Wild zur Strecke kommen, das zerwirkt und im Kleinverkauf weitergegeben wird, muß einen Zerwirkraum besitzen. Jagden, bei denen das erlegte Wild nicht unverzüglich verkauft werden kann, müssen ebenfalls über eine solche verfügen. Wildkammer wie Zerwirkraum müssen gleichermaßen gut belüftet, leicht zu reinigen und fliegensicher sein. Die Wildkammer muß auf +1°C kühlbar sein, da Wildbret in ungekühlten Räumen spätestens nach Ablauf von etwa 72 Stunden für den menschlichen Genuß untauglich wird.

Der Zerwirkraum sollte rundum bis zu einer Höhe von zwei Metern gekachelt sein, mindestens jedoch einen wasserfesten Anstrich besitzen. Fließendes Wasser ist Bedingung. Notwendig sind deshalb ein Bodenabfluß und ein leicht zu reinigender Fußbodenbelag. Vorhandene Fenster sind mit Fliegendraht zu sichern. Als Mindestausstattung ist zu verlangen: Zerwirktisch mit abwaschbarer oder abziehbarer Platte, im Schwarzwildrevier eine Zerwirkwanne, Waage, Haken, im Hochwildrevier ein oder mehrere Flaschenzüge oder Rollen, Zerwirkgeräte wie Messer, Beil, Sägen sowie Wetzgeräte und Abfallbottich. Eine Wildkammer wird im allgemeinen mit dem Zerwirkraum in räumlichem Zusammenhang stehen. Für Niederwild und kleinere Mengen an Schalenwild – bis zu etwa zehn Stück Rehwild bzw. entsprechend vielen Stücken Hochwild – werden im Handel Kühlräume in Fertigbauweise angeboten. Ist längere Kühlung nicht erforderlich, genügt es, wenn die Wildkammer – getrennt von dem wegen des häufigen Umgangs mit Wasser meist etwas feuchten Zerwirkraum – so angelegt wird, daß das Wild darin trocken und luftig abhängen kann, bis es entweder zer-

> **Merke:** Nicht vollkommen ausgekühltes Wild z. B. im Kofferraum eines Kraftfahrzeugs zu transportieren bedeutet bereits nach kurzer Zeit eine bedenkliche Minderung der Qualität des Wildbrets.
>
> Das Abhängen von Wild in gut durchlüfteter Wildkammer oder im Zerwirkraum darf nicht länger als maximal 72 Stunden dauern. Weidewund zur Strecke gekommenes Wild oder solches aus einem Verkehrsunfall muß sofort verwertet werden (siehe auch Abschn. 6).

wirkt oder einem Käufer übergeben wird, was wenigstens innerhalb der 72-Stundenfrist geschehen muß. Besonders derjenige, der nicht in der Lage ist, einen Zerwirkraum einzurichten, muß stets auf peinlichste Sauberkeit achten und darauf bedacht sein, erlegtes Wild auf dem schnellsten Weg zum Wildbrethändler oder Privatabnehmer zu bringen.

1.5 Die Zwinger

1.5.1 Der Hundezwinger

Im großen Lager der Jagdgebrauchshundleute gibt es eine bedeutende Minderheit, die grundsätzlich gegen ausschließliche Zwingerhaltung des Jagdhundes ist. Man argumentiert damit, daß der Zwingeraufenthalt zu einer Verschlechterung des Meuteverhaltens zwischen Herrn und Hund führe. Der Jagdhund, so meinen sie, gehöre grundsätzlich ins Haus, in den Lebensbereich des Menschen an eine kühle und zugfreie Stelle, wo er seinen festen Platz hat. Darüber hinaus sei er hier auch besser in der Lage, das Eigentum seines Herrn zu bewachen als in der Abgeschiedenheit des Zwingers, wo er allenfalls bellen könne.

Ich meine, daß eine Kombination aus Zwinger- und Haushaltung wahrscheinlich das Ideale ist und beiden Seiten gerecht wird: Der zwingergewohnte Hund wird abgehärteter sein als der ausschließlich im Haus gehaltene Haushund. Dieser jedoch wird im allgemeinen führiger und mehr auf seinen Herrn geprägt sein als der Zwingerhund. Ein Hund, der zwingergewohnt ist und bei häufiger Gelegenheit auch das Haus bewohnt, kann beide Eigenschaften vereinen. Der Stadtjäger kann sich ohnehin meistens keine ausgedehnte Zwingeranlage leisten und wird froh sein, wenn er an einer Ecke seines Hauses einen Behelfszwinger anlegen kann.

Soll der Zwinger als Daueruntberkunft dienen, so muß er so angelegt sein, daß er zwar Morgensonne erhält, jedoch den heißen Teil des Tages im Schatten liegt. Er muß auf jeden Fall völlig zugfrei und darüber hinaus dem Hund bei Tag und Nacht, bei gutem und schlechtem Wetter einen gerechten Aufenthaltsort bieten. Dies bedeutet eine Größe von mindestens 3 x 4 Metern (besser mehr!); die Aufstellung einer Hütte mit Tag- und Nachtraum und einer hervorragenden Isolierung gegen Kälte. Bei Estrichböden empfiehlt sich zur besseren Reinigung eine schwache Neigung nach außen sowie grundsätzlich das Vorhandensein einer Liegepritsche aus Holz. Der Zwingerdraht muß so beschaffen sein, daß er ein Durchbeißen ebenso wie auch das Überklettern unmöglich macht (Abb. 4).

Soll die Zwingeranlage indessen nur dem gelegentlichen Aufenthalt des Hundes dienen, so

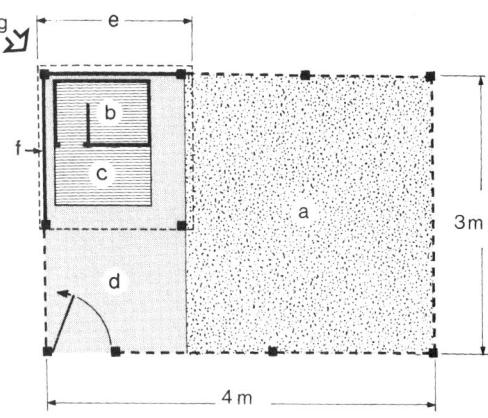

Abb. 4. Der Hundezwinger muß so angelegt sein, daß der Hund den Aufenthalt in ihm als angenehm empfindet. **a** Auslauf (Sand), **b** Hütte, **c** Liegebrett, **d** Futterplatz (Beton), **e** Dach, **f** Windschutz, **g** Wetterseite.

sind einige vorhin genannte Kriterien nicht mehr absolut notwendig. Unbedingt erforderlich aber ist die Zugfreiheit der Anlage, das Vorhandensein eines Schattendachs und einer Holzpritsche, falls der Hund nicht auf dem Hüttendach liegen kann.

Auf keinen Fall soll der Zwinger für den Hund ein Strafaufenthaltsraum sein, in den er nur dann gesteckt wird, wenn er auf irgendeinem Gebiet versagt hat oder aber müde, naß und schmutzig von der Arbeit kommt. Der Zwinger ist ihm vielmehr von Jugend an lieb und wert zu machen, weshalb er auch nur dort sein Futter erhält und viel Lob erfährt.

Derjenige Jäger, der überhaupt keine Möglichkeit hat, seinem Hund einen Zwinger zu errichten, sollte jedoch zur Vermeidung von Krankheiten, die in oft überheizten Räumlichkeiten gefördert werden, auf jeden Fall einen festen Platz in der Wohnung schaffen, an dem er kühl, ruhig und zugfrei sein „Eigenleben" führen kann.

1.5.2 Der Frettchenzwinger

Auch wer nicht mit Frettchen züchten will, wird häufig wegen der steigenden Chancen beim Frettieren mehrere, meist zwei Fretts halten. In der Regel wird es sich in einem solchen Fall um zwei gleichgeschlechtliche Tiere handeln, die in einer besonderen Zwingeranlage untergebracht werden. Diese besteht aus zwei gegenüberliegenden massiven Holzkästen (40 x 40 cm) mit regendichtem, abklappbarem Dach, die von einer Drahtröhre aus Kükendraht oder verzinktem Kotgrubengitter von etwa einem Meter Länge verbunden sind (Abb. 5). Die Kästen sind meistens noch einmal unterteilt, der vordere Raum dient als Windfang oder Tages-, der hintere als Schlafraum. Letzterer ist stets hochauf mit Heu gefüllt. Die „Drahtröhre" hat an einer

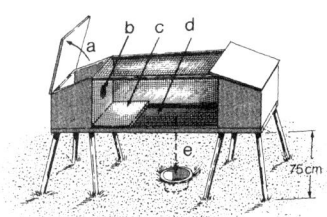

Abb. 5. Frettchen sollen unter annähernd natürlichen Bedingungen gehalten werden, ihr Zwinger gehört an eine geschützte Stelle im Freien, nicht in einen Stall. **a** Holzkasten, aufklappbar, **b** Eingangsloch, **c** Brett (Sandplatz), **d** Drahtboden, **e** Losungstopf, in den Boden eingelassen.

Stelle einen festen Boden, der mit Sand bedeckt als Spielplatz und zum Liegen in der Sonne dient.

In der Regel lösen sich die Frettchen immer an der gleichen Stelle im Drahtteil, deshalb wird darunter ein Losungstopf in den Boden eingelassen. Die Erhöhung der gesamten Anlage auf etwa 0,80 m über dem Boden dient der Zugfreiheit, der Beobachtbarkeit und der bequemeren Fütterung und Reinhaltung.

Frettchen erhalten täglich warme Milch und Weißbrot, dazu mindestens 3 x wöchentlich auch etwas Fleisch (Mäuse, Dosenfutter o. ä.).

1.6 Futterscheune

Unter einer Futterscheune versteht man im weitesten Sinne einen größeren Raum, in dem gelagert wird, was nicht aus dem Revier transportiert werden soll und kann. Dazu gehört neben Wildfutter eine Reihe von Jagdeinrichtungen, die im Sommer oder Winter besser unter Dach gehalten werden. Das sind beispielsweise transportable Leitern, Siloringe und Fässer, Volierenteile mit Futteranlagen, aber auch Kastenfallen, Hordengatter, Elektrozäune mit Zubehör. Wer seine Wildäcker selbst bestellt, wird dort Geräte wie z. B. Schlepper oder Fräse, Schneepflug, Anbaugeräte abstellen, er wird seinen Düngervorrat sowie Saatgut und gegebenenfalls Futtervorräte stapeln.

Gut getrennt von den Jagdgeräten und möglichst in einem separaten Raum wird die Scheune indessen ihrem Namen gerecht und als Vorrats- und Mischplatz für Wildfutter dienen. Neben dem Lagerraum braucht er Platz für einen Häcksler, eine Schnitzelmaschine, möglicherweise einen Mischer, Bottiche und Rührgeräte, Horden für Heu und Laubheu, Lagerplatz für Eicheln oder Kastanien. Die Futterscheune sollte nach Möglichkeit vor Ort im Revier sein.

1.8 Fragen & Antworten zum Jagdgerät

Wodurch wird die vom Jäger zu wählende Ausrüstung sowie das zu verwendende Jagdgerät bestimmt?
Die jeweils zu wählende Jagdausrüstung hängt von der Art der Jagdausübung und den besonderen Revierverhältnissen ab. Die Auswahl des Jagdgerätes wird durch die Erfordernisse des jeweiligen Revieres (Hoch- oder Niederwild) bestimmt.

Welchen Sinn erfüllt eine Revierkarte?
Eine Revierkarte ist dienlich im Umgang mit Behörden, insbesondere mit der Polizei, der Einzeichnung von Reviereinrichtungen, der Vorbereitung von Treib- und Drückjagden, der Einweisung von Jagdgästen und vielem anderen mehr.

Dürfen Sie in Ihrem Gewehrschrank auch Ihre Faustfeuerwaffen aufbewahren?
Ja, aber nur dann, wenn diese in einem gesondert verschließbaren Behältnis verwahrt werden (Sicherheitsfach im Tresor optimal).

Wo bewahren Sie Ihre Munition auf
Auf keinen Fall zusammen mit den Waffen, sondern getrennt von diesen in einem verschließbaren Behälter, Safe oder aber in einem Waffenschrank befindlichem, abschließbarem Fach.

Wie lange und unter welchen Umständen darf nach bestehenden Vorschriften erlegtes Wild in einer Wildkammer oder einem Zerwirkraum aufbewahrt werden?
Maximal 72 Stunden, wenn gewährleistet ist, daß das Wildbret dauerhaft auf eine Temperatur von 7 C abgekühlt werden kann. Andernfalls ist es – ebenso wie bei Wild mit Weidwundschuß – unverzüglich zu verwerten bzw. einem Händler zu übergeben.

2 Die Reviereinrichtungen

Jedes Revier benötigt Reviereinrichtungen, die entweder der Jagd unmittelbar dienen (2.1 bis 2.6) oder für Hegezwecke angelegt werden. Wobei Hege und Jagd in ihrer Bedeutung oft fließend ineinander übergehen (2.7 bis 2.9). Überwiegend der Hege dienende Jagdeinrichtungen werden in diesem Kapitel nur kurz genannt und beschrieben, eine ausführliche Würdigung erfahren sie in Band 1: „Der Jäger und sein Revier".

2.1 Erdsitz, Schirm

Ansitz und Anstand sind (weit vor der Pürsch) Hauptjagdarten bei der Einzeljagd. Die Auswahl des richtigen Ansitzortes und der den Umständen am besten gerecht werdenden Art des Ansitzes ist entscheidend für den Jagderfolg wie auch für die größtmögliche Vermeidung von Jagddruck und Störungen. Alle Gedanken und Maßnahmen bei der Wahl des optimalen Ansitzortes und der richtigen Ansitzart – damit man *sehen kann, ohne selbst gesehen zu werden* – werden bestimmt durch Beachtung der *Hauptwindrichtung*, aber auch zur Vermeidung, bei Zu- und Abgang zum und vom Ansitz die *Wechsel* des Wildes zu stören. Dem Ansitzort, den dort hauptsächlich zu bejagenden Wildarten und der Zeit des geplanten Ansitzes gemäß müssen die Hilfsmittel sein, deren wir uns bedienen: Erdansitz, Leiter, Hochsitz oder Kanzel.

Erdansitze (Abb. 6) sind dort zweckmäßig, wo entweder der Wind des Geländes wegen kaum eine Rolle spielt – z. B. im Gebirge – oder wo es Wildarten gibt, die kein oder nur ein gering ausgeprägtes Witterungsvermögen haben. Dies gilt vor allem für Flugwild, aber auch für den Ansitz auf Kaninchen oder Hasen, die bestimmte bekannte Pässe bevorzugen.

Im Gegensatz zum stationären Erdansitz können *Schirme* (Abb. 6) leicht zu transportierende Provisorien wie auch von langer Hand vorbereitete Dauereinrichtungen sein. Oft erfüllen einige schnell zusammengezogene Strohballen, Kiefernkronen oder abgeschnittene und in den Boden gesteckte Laub- oder Nadelholzzweige bereits den erwünschten Zweck für kurze Zeit. Bei der Jagd auf feldernde Tauben braucht man leichte transportable Schirme, die im Handel erhältlich sind, die man sich aber auch selbst aus einigen Stöcken und Tarnnetzen fertigen kann. Schirme dieser Art können unterschiedliche Höhen haben: entweder so niedrig, daß man im Sitzen darüber hinwegsehen und schießen kann, für den Anstand etwa brusthoch, oder aber nach oben geschlossen und mit Schießschlitzen versehene.

Für die Entenjagd an stehenden Gewässern verwendet man vornehmlich Flechtschirme aus Schilf oder Rohr, das um in den Boden gesteckte Pfähle geflochten wird. Selten sind „lebende" Schirme, also schirmartig beschnittene Hainbuchen oder Weiden, die dicht beieinander gepflanzt und miteinander verbunden werden. Auch die Balzjagd auf den Birkhahn wird (wo sie erlaubt ist) meist vom Schirm aus

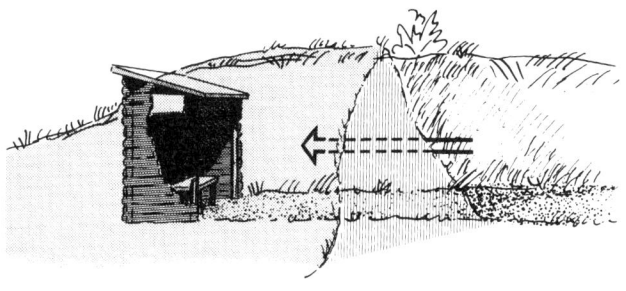

Abb. 6. Erdsitz und Schirm.

> **Merke:** Erdsitze sind stationäre Einrichtungen, die nur unter der Voraussetzung, daß der Wind keine oder nur eine unwesentliche Rolle spielt, sinnvoll sind.
> Schirme sind fast immer Provisorien, die im allgemeinen nur kurzzeitigem Gebrauch dienen. Es gibt sowohl feste Schirme für die Jagd auf Enten oder im Gebirge als auch bewegliche, selbstgebaute oder im Handel erstandene Einrichtungen, die ihrer jeweiligen Bestimmung gemäß verschiedene Höhen haben und zum Anstand wie zum Ansitz dienen.

betrieben: Hier sind es Deckungen aus Zweigen, Torfsoden oder Brettern, die vor Beginn der Balzzeit errichtet werden und bei denen die Deckung nach oben in aller Regel genauso wichtig ist wie Deckung nach den Seiten.

Der Bau eines Schirms ist weniger vom Gedanken der Dauerhaftigkeit getragen als vom Wunsch, für kurze Zeit Deckung zu gewinnen, wobei ganz bewußt das Verbreiten menschlicher Eigenwitterung in Kauf genommen wird.

2.2 Leiter, Hochsitz, Kanzel

Die Einrichtung von Leitern, Hochsitzen oder Kanzeln bedarf fast immer einer sorgfältigen Vorbereitung. Dies gilt vor allem ihrer Aufstellung an Bestandsrändern oder an kleineren Waldblößen und Wildäckern im Wald. Hier werden meist mehr Fehler gemacht als bei der Planung anderer jagdlicher Einrichtungen. Dies liegt daran, daß der Jäger bei dem Aufbau solcher Hilfsmittel mehr von seinen Wunschvorstellungen ausgeht als von den Fakten, die ihm Gelände, Bodenbewuchs und vor allem der Wind liefern. So muß man sich darüber klar sein, daß Luft – ganz gleich, ob sie vom Wind scharf oder nur schwach bewegt wird – bestimmten physikalischen Gesetzen unterliegt, die wir kennen müssen und die fast immer mit den Gesetzen der Ausfüllung von Luftdruckgefällen zusammenhängen. So kippt der über ein Altholz streichende Wind am Feldrand leicht über und streicht nach hinten in das Altholz zurück. Wir haben dort „überkippenden" Wind (Abb. 7), der jedoch im Wald plötzlich eine Blöße erreicht und dort in nicht vorhersehbarer Weise herumstreicht, „küselt" (Abb. 8).

Vor solchen Erscheinungen schützt man sich weitgehend, indem man vor dem Bau von Ansitzeinrichtungen aller Art, die an einem Feldrand, einer Blöße oder auch an einem Hang im Lee der Hauptwindrichtung errichtet werden sollen, zunächst einmal eine einfache Leiter an der vorgesehenen Stelle aufstellt, von der aus man mit Hilfe einer Rauchquelle oder von Flaumfedern den in der Höhe der Leiter herrschenden Luftstrom prüft. Sehr oft genügt in solchen Fällen schon das Umsetzen der Ansitzeinrichtung um nur wenige Meter am Bestand oder in den Bestand hinein, um dem Küsel- oder Fallwind zu entgehen und dann letztlich den Sitz so aufzustellen, daß er bei einer bestimmten Windrichtung keine Nachteile mehr bietet. Die Höhe einer Leiter, eines Hochsitzes oder einer Kanzel ist bei Fall- und Küselwind relativ unerheblich; die hier entstehenden Luftströme werden so fein nach oben und unten verteilt, daß sie mit Sicherheit vom Wild wahrgenommen werden.

Hat man durch richtigen Platzwechsel die Zufälligkeiten der Luftströme weitgehend ausge-

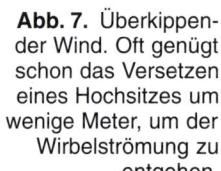
Abb. 7. Überkippender Wind. Oft genügt schon das Versetzen eines Hochsitzes um wenige Meter, um der Wirbelströmung zu entgehen.

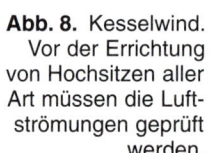
Abb. 8. Kesselwind. Vor der Errichtung von Hochsitzen aller Art müssen die Luftströmungen geprüft werden.

schaltet, ist von großer Wichtigkeit, die Höhe des Ansitzes den hauptsächlich zu bejagenden Wildarten anzupassen und auf den Bodenbewuchs Rücksicht zu nehmen. Von den bei uns vorkommenden Schalenwildarten haben besonders Rot- und Schwarzwild einen feinen Geruchssinn. Beide Wildarten – vor allem erfahrene Sauen – neigen dazu, vor Austreten aus der Deckung die freie Fläche zu umrunden und sich Wind zu holen. Hier müssen die Ansitzvorrichtungen so hoch sein, daß bei normalem Wind der Luftstrom innerhalb der nächsten etwa 40 Meter nicht zur Erde fällt, d. h., die Ansitzhöhe sollte mindestens sechs Meter betragen. Ist der Einblick auf Wechsel und Einstand durch hohen Bodenbewuchs, wie etwa Adlerfarn oder Brombeeren, erschwert, muß der Ansitz in einer Höhe von bis zu zehn Metern errichtet werden. Vom heimischen Niederwild hat der Fuchs den wohl feinsten Geruchssinn. Bei der Planung von Ansitzen, die vornehmlich ihm gelten, sind ähnliche Bedingungen zu berücksichtigen wie bei Rot- und Schwarzwild.

Im Rehwildrevier genügen im allgemeinen Ansitzvorrichtungen von bis zu vier Metern Höhe. Vielen Wildarten ist gemein, daß sie nach wiederholter Störung von einem Hochsitz aus entweder diese Gegend für längere Zeit meiden oder sich noch innerhalb der Deckung sehr genau „vergewissern", ob der Sitz besetzt ist oder nicht. Deshalb ist es von dringender Wichtigkeit, sich möglichst niemals dem Wild zu zeigen, wenn man den Ansitz verläßt und selbstverständlich jede unnütze Bewegung vermeidet, wenn Wild in Anblick ist oder anwechselt. Offene Leitern und Hochsitze sollten darüber hinaus so mit Zweigen verblendet werden, daß ein zufälliges Wahrnehmen des Jägers bei kleinen, oft unvermeidlichen Bewegungen so gut wie ausgeschlossen ist.

Leitern sind im allgemeinen Ansitze für die Jagd im Sommerhalbjahr (Abb. 9 und 10): Ihre Konstruktion ist einfach, meist für den Außenaufstieg, seltener für den Innenaufstieg gefertigt. Die im Handel befindlichen Leitern aus Aluminium haben durchweg Außenaufstieg, sie sind auseinandernehmbar oder klappbar. Die Befestigung z. B. am Baum erfolgt mit einem Seil oder Riemen durch einen Ratschverschluß. Die Gewehrauflage ist gummiert abgepolstert und mit Hilfe von Flügelschrauben verstellbar.

Am gebräuchlichsten sind Holzleitern, die für eine oder besser zwei Personen angelegt sind. Bei der Herstellung von Leitern, Hochsitzen und Kanzeln sind die Vorschriften der Landwirtschaftlichen Unfallversicherung – Jagd – einzuhalten. Hiernach muß für die Konstruktion gesundes, beil- und nagelfestes Holz verwendet werden, dessen Rinde geschält, mindestens jedoch gestreift sein muß und das so lange abzulagern ist, bis der offene Harzaustritt beendet ist. Sprossen und Holme müssen von Rinde befreit sein. Die Sprossen sind in den Holm einzulassen und doppelt zu nageln, besser zu verschrauben und zusätzlich durch einen längs am Holz aufzunagelnden Draht zu sichern. Bei allen Ansitzvorrichtungen müssen Fußböden trittsicher und rutschfest sein; hierzu dient am

Abb. 9. Modell einer Ansitzleiter, die sich in vielen Jahren Jägerpraxis bewährt hat und mit etwas handwerklichem Geschick problemlos gebaut werden kann.

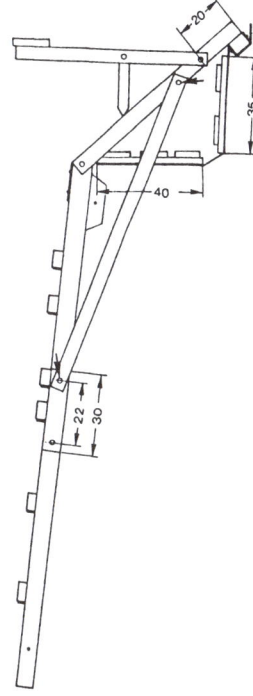

Abb. 10. Transportable Ansitzleiter

besten aufgenagelter Kükendraht, im geschlossenen Raum auch eine Matte. Es empfiehlt sich, die Holzfüße auf einen Stein zu stellen, um aufsteigende Erdfeuchte abzuhalten.

Leitern sollten frei stehen und können offen oder gedeckt sein, wobei das Dach den ansitzenden Jäger nicht nur vor Niederschlägen schützt, sondern auch dem Wild gegenüber Sichtschutz bietet wegen des Hintergrundes, den das Dach bildet.

Gleich wichtig wie Prüfen und Berücksichtigen aller genannten Umstände vor dem Errichten von Ansitzhilfen ist es, die Wege, die zu ihnen führen, so anzulegen, daß man, möglichst ohne das Wild zu stören, zu dem Sitz gelangen und – vor allem – auch wieder von ihm fort kann. Im Bedarfsfall sind Pürschsteige anzulegen und sauberzuhalten, gelegentlich ist es ratsam, sie seitlich zu verblenden.

Merke: Es genügt nicht, sich auf dem Ansitz ruhig zu verhalten. Zu- und Abweg müssen auch so angelegt sein, daß das Wild nicht unnötig beunruhigt wird oder seine Wechsel geschnitten werden.

Hochsitze und Kanzeln unterscheiden sich im wesentlichen dadurch, daß Hochsitze keine Seitenwände haben, während Kanzeln ganz oder teilweise geschlossen sind und aufklappbare oder aufschiebbare Fenster haben (Abb. 11 und 12). Ob der Jäger beim Bau von Hochsitzen eine offene Bauweise wählt oder eine solche mit Dach, entscheiden die örtlichen Umstände und der jagdliche Hauptzweck. Im ersteren Fall stellt der Hochsitz nicht mehr als eine erheblich verbesserte Leiter dar, die ihm gewisse Beweglichkeit ermöglicht. Im zweiten Fall kann ein solcher gedeckter Hochsitz bei entsprechender Bekleidung durchaus auch für längeren Ansitz bei kalter Witterung dienen. Hochsitze bieten gegenüber geschlossenen Kanzeln den deutlichen Vorteil, daß man Wild meist viel eher anwechseln hört und sich so rechtzeitig auf dessen Erscheinen einrichten kann. Offene Hochsitze ermöglichen häufig auch, beschossenes flüchtendes Wild besser zu beobachten und seine Reaktionen zu erkennen.

Geschlossene Kanzeln sind vornehmlich Jagdeinrichtungen der Hochwildreviere, vor allem in Schwarzwildgebieten, in denen häufig der Ansitz über viele Stunden hin in der Nacht, gelegentlich bei sehr niedrigen Temperaturen, ausgeübt werden muß. Vor allem deshalb müssen Kanzeln sehr sorgfältig gebaut sein, und es muß auch bei ihrer Aufstellung darauf geachtet werden, daß keine Spannungen im Holz entstehen, die bei Frost bei fast jeder Bewegung des Jägers leicht zu Knackgeräuschen führen. Die Luken oder Fenster müssen möglichst geräuschlos zu öffnen und zu schließen sein. Schiebefenster sind meist geräuschärmer als Klappfenster und haben den Vorteil, daß man mit Waffe oder Glas nicht so leicht anstößt, wie an herunterhängende Klappfenster. Kanzeln sollten so geräumig sein, daß an allen Innenseiten der Fenster horizontal liegende Bretter angebracht sind. Sie dienen dem Jäger als Auflage für die Hand, die die Waffe hält. Diese muß nicht – wie bei Fehlen einer solchen Unterlage – weit aus dem Fester herausragen, was bei im hellen Mondlicht spiegelndem Gewehrlauf fatale Folgen haben kann.

Ob die Kanzel mit einem Vorbau versehen ist und welche Innenausstattung gewählt wird, ist weitgehend Sache der Bequem-

Abb. 11. Hochsitze und Kanzeln. Bei Konstruktion und Errichtung aller Hochsitzarten sind die jeweils gültigen Bestimmungen der landwirtschaftlichen Berufsgenossenschaft zu beachten.

Jagdhütte/Pürschsteig, Fangsteig

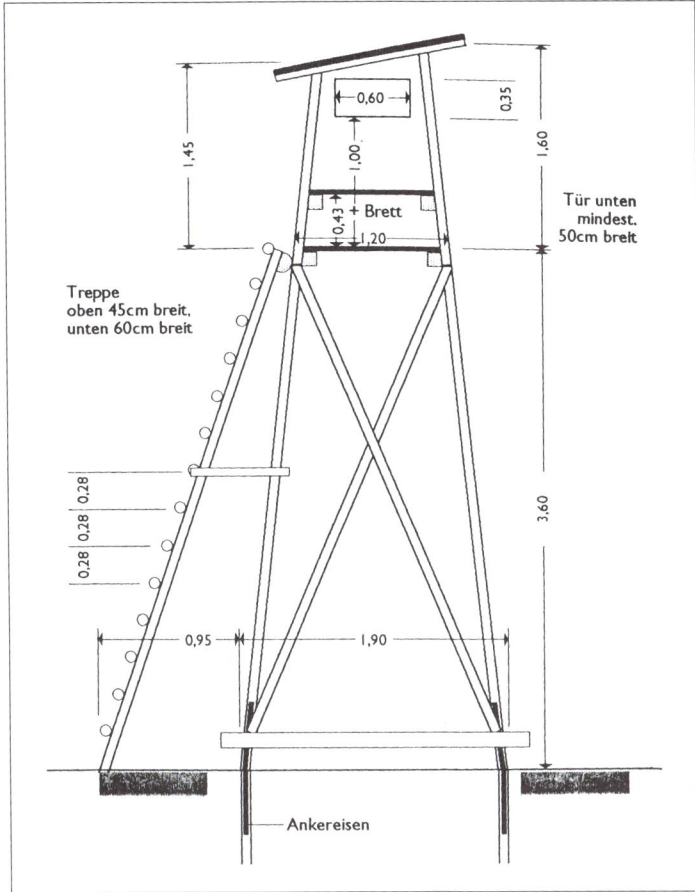

Abb. 12. Maße beim Kanzelbau.

Merke: Hochsitze und Kanzeln sind Dauereinrichtungen und dienen meist längerem Ansitz. Sie sollten so errichtet werden, daß sie ins Bild der Landschaft passen. Nach der Ortswahl muß vorab die Genehmigung des Grundeigentümers eingeholt werden, die dieser nur in Ausnahmefällen verweigern darf.

lichkeit oder des Geschmacks. Nicht Sache des persönlichen Geschmacks ist es hingegen, die Ansitzvorrichtungen so zu plazieren, daß sie nicht schon von weitem als Fremdkörper in der Landschaft zu erkennen sind. Ihre Einbindung an und in Bäume oder die Bepflanzung der Holme mit raschwüchsigen Stauden und Pflanzen ist ein Gebot der Ästhetik und der Rücksichtnahme auf die Mitwelt.

2.3 Jagdhütte

Revierinhaber, deren Wohnsitz sich fern vom Jagdrevier befindet, legen fast immer Wert darauf, im Revier oder in dessen Nähe eine Jagdhütte zu errichten oder sich im Dorf eine kleine Wohnung zu mieten (Abb. 13).

Die Errichtung von Bauten im Außenbereich einer Ortschaft ist grundsätzlich genehmigungspflichtig. Die Genehmigungen werden durch die Behörden sehr zurückhaltend erteilt, auch dann, wenn Grundeigentümer und Gemeinde einverstanden sein sollten. Deshalb empfiehlt es sich, besser eine Wohnung im Dorf zu suchen oder auszubauen. Kann diese Wohnung mit Scheune oder Schuppen, Gerätekammer und gegebenenfalls einem Kühlraum koordiniert werden, so ist der Vorteil einer solchen Lösung besonders hoch.

Die Ausstattung einer bereits vorhandenen Jagdhütte ist weitgehend Sache des Geldbeutels und des persönlichen Geschmacks. Grundsatz muß sein, daß wertvolle Gegenstände und vor allem Waffen und Munition nicht in der Hütte aufbewahrt werden dürfen. Dies gilt auch dann, wenn die Hütte beispielsweise in einem Bauernhof integriert und mit zeitgemäßen Sicherungsmitteln vor Einbruch geschützt ist.

Als Mindesteinrichtung einer Jagdhütte oder – zutreffender – einer Unterkunftshütte sind ein Stockbett, ein Tisch, Hocker und ein Schrank anzunehmen. Die Wände sollten isoliert sein, die Fenster müssen von innen her zu verriegeln oder zu verschrauben sein.

2.4 Pürschsteig, Fangsteig

Die Anlage von Pürschsteigen erleichtert in vielen Fällen Jagdausübung und Jagdschutz.

Pürschsteige (Abb. 14) führen beispielsweise zu Ansitzen oder Wildäsungsflächen, sie werden innerhalb des Waldes zu Wald-

Abb. 13. Eine Jagdhütte sollte sich harmonisch in das Landschaftsbild einfügen.

rändern angelegt, wenn es erforderlich ist, gelegentlich von einem Ansitz zum anderen ungesehen weiterzupürschen, sie führen oft zu Waldteichen oder an Fließgewässern entlang.

Ihre Grundanlage erfolgt im Spätwinter, auf jeden Fall nach Laubfall in einer Zeit, in der bei dem Entfernen von lebenden Ästen kein Harzfluß zu befürchten ist. Der Beginn eines Pürschsteiges sollte einige Meter vom Weg entfernt liegen und darf von dort aus nicht einsehbar sein. Der Bodenbewuchs wird nur soweit entfernt, wie es unbedingt für leises Pürschen erforderlich ist; das gleiche gilt für alle Trocken- und Grünäste. Gestattet es der Waldbesitzer, so empfiehlt es sich, gelegentlich einen Stamm abzuschalmen, damit man auch bei Dunkelheit den Verlauf des Steiges besser erkennen kann.

Die Säuberung des Pürschsteiges erfolgt nach Möglichkeit im Frühjahr und im Herbst. Handwerkszeug hierzu ist der Rechen, seltener ein im Handel erhältliches Blasgerät in Rückentragweise.

Fangsteige dienen der Jagd mit der Falle. Sie werden angelegt, wenn man sich anhand von winterlichen Spurenbildern vergewissert hat, welche Pässe vom Raubwild bevorzugt werden, beziehungsweise welche Pässe man mit der Anlage eines Fangsteiges für das Raubwild angenehm und trocken gestalten kann. Die Länge solcher Steige hängt vom Bodenbewuchs, von der Geländeausformung sowie von der Art des zu fangenden Raubwildes ab, letztlich natürlich auch von der Möglichkeit, überhaupt in einem bestimmten Revierteil Fallen stellen zu können. So ist es mitunter empfehlenswert, den Fangsteig recht lang anzulegen und in einen Revierteil zu leiten, in dem ohne Bedenken gefangen werden kann.

Fangsteige brauchen nicht breiter zu sein als etwa 50 Zentimeter. Nach oben hin werden sie nicht weiter offengehalten, als es unbedingt erforderlich ist – sie sollen dem Raubwild neben einem trockenen Paß auch das Gefühl der Sicherheit geben. Ihre Anlage und Reinigung erfolgen zur gleichen Zeit wie die der Pürschsteige.

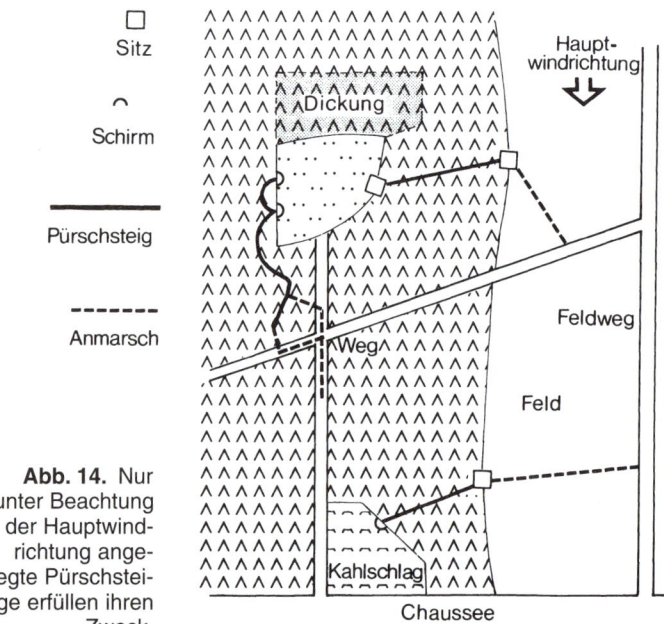

Abb. 14. Nur unter Beachtung der Hauptwindrichtung angelegte Pürschsteige erfüllen ihren Zweck.

2.5 Künstliche Revierbaue (Kunstbaue)

In fast allen Revieren ist heute intensive Fuchsbejagung erforderlich. Die Anlage von künstlichen Revierbauen hilft dabei, den Rotröcken mit relativ wenig Zeitaufwand effektiv nachzustellen. Besonders in Revieren, in denen Naturbaue fehlen oder diese aufgrund der Bodenbeschaffenheit im Notfall nicht grabbar sind, empfiehlt sich die Anlage künstlicher Fuchsbaue. Auch kann man mit diesen dem Dachs in den meisten Fällen verleiden, sie mitzubenutzen. Das ist für den Bodenjäger wichtig, weil Grimbart nur in Ausnahmefällen springt und den Hunden ein ernster Gegner ist. Außerdem hat der Dachs in der Hauptjagdzeit des Fuchses (November bis Februar) Schonzeit. Mit dem gebietsweise immer schwieriger werdenden Einsatz von Fallen wird die Jagd am künstlichen Fuchsbau im Revier zu einer brauchbaren Alternative, wenn man ihn richtig anlegt (siehe Abb. 15).

Die Wahl des Standortes wie der Bodenbeschaffenheit und Windrichtung an Ort und Stelle sind wesentliche Voraussetzungen für den Erfolg. Nur in seltenen Fällen ist es ratsam, künstliche Baue im Wald anzulegen. Vielmehr empfiehlt es sich, diese in aufgelassenen Sandgruben, an Grabenrändern oder in Bodenerhebungen im Feld oder bestenfalls in Feldgehölzen mit lichtem Baumbestand herzustellen. Reichlicher Unterwuchs mit niedrigen Pflanzen wie Brombeere oder Farn sagen Reineke hierbei am meisten zu. Der Boden sollte durchlässig sein, damit Feuchtigkeit versickern kann und sich keine Staunässe bildet. Die auszuwählende Stelle sollte der Hauptwetter- und Windseite abgewandt sein, d. h., in der Regel zeigen die Einfahrten nach Süden oder Osten.

Soll ein künstlicher Revierbau Erfolg bringen, muß die Hauptsorge die Vermeidung von Feuchtigkeit und Zugluft in der Bauanlage sein. Ob der Kunstbau in Form eines U, Y, A oder sonstwie angelegt wird, ist letztlich unerheblich. Stets jedoch muß gewährleistet sein, daß der Kessel zugluftfrei ist und die Gesamtneigung des Baues nach außen ein sanftes Gefälle hat, damit Feuchtigkeit abfließen kann. Nach Einholung der Genehmigung des Grundstückseigentümers und nach grundsätzlicher Festlegung des Bauverlaufs hebt man mit Hilfe eines Baggers, Frontladers

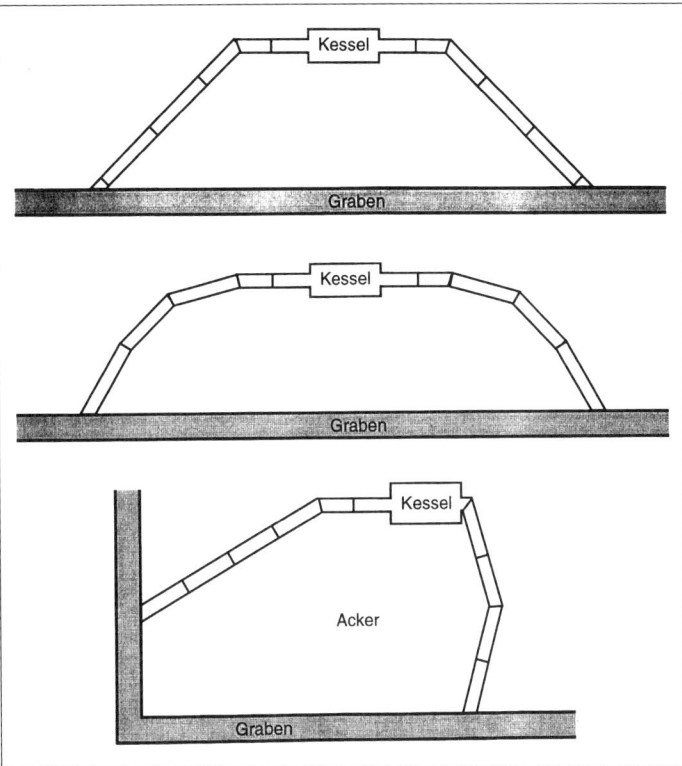

Abb. 15. Künstliche Revierbaue gibt es nicht nur wie hier an einigen Beispielen dargestellt mit zwei Röhrensträngen (Modell H. Aschemann) sondern auch beispielsweise in Kreis- oder Y-Form.

oder auch von Hand zunächst einmal den Kessel aus, der frostsicher angelegt sein muß, also in etwa 60 Zentimeter unter der Erdoberfläche liegen sollte. Der Unterboden des Kessels wird mit Zementplatten ausgelegt, muß in jedem Fall jedoch aus einem Material bestehen, das Fugen aufweist, durch die Feuchtigkeit nach unten absickern kann. Der Kessel selbst kann aus einem Betonschachtring bestehen oder gemauert werden. Die Röhren bilden meist Zementrohre von 20 Zentimetern Durchmesser. Dort, wo die Rohre zusammenstoßen, verhindert umwickelte Isolierpappe oder ähnliches das Eindringen von Nässe und Erdreich. Wichtig ist bei der Anlage zu beachten, daß mög-

> **Merke:** Ein künstlicher Revierbau (Kunstbau) wird nur dann seinen Zweck erfüllen, wenn er zugluftsicher und absolut trocken ist. Sind diese Voraussetzungen vorhanden, spielt die Ausformung des Baues keine entscheidende Rolle, wohl aber die Wahl seines Standortes.

lichst keine Ecken im Bau entstehen. Das mag der Fuchs überhaupt nicht. Der Kesseldeckel wird mit einer Betonplatte (abnehmbar) oder mit Eichenbohlen abgedeckt. Keineswegs darf hier – wie auch sonst irgendwie am Kunstbau – die Abdichtung mit Kunststoffolie erfolgen, da sich an dieser leicht Schwitzwasser bildet.

Vor dem Verfüllen des ausgehobenen Erdreiches auf die Röhren wird der Kessel mit einer etwa zehn Zentimeter hohen Schicht trockenen Erdreichs aufgefüllt.

Läßt das Gelände lediglich die Anlage gerade verlaufender Röhren zu, so muß der Kessel der Zugluft wegen seitlich dazu angelegt werden. Auf jeden Fall muß darauf geachtet werden, daß sich keine Sackröhren bilden, in denen sich das Raubwild festsetzen kann und dann nicht springt. Auch Absenkungen innerhalb des Röhrensystems, die mit Wasser vollaufen können, müssen vermieden werden, weshalb beim Verlegen der Rohre am besten mit einer Wasserwaage gearbeitet wird. Die Anlage eines kleinen Erdwalls vor der Einfahrt ist empfehlenswert, er vermindert die Zugluftgefahr. Letzter Teil ist stets, ein brennendes Streichholz in die Einfahrt(en) zu halten, dann sieht man, ob die Anlage zugluftfrei ist.

2.6 Luderplatz, Luderschacht, Kirrplatz, Körnung, Ablenkfütterung

Luderplätze dienen meist der Bejagung des Fuches und der Marder. Sie werden an oder in der Nähe bekannter Fuchspässe an einer küselwindsicheren Stelle angelegt, an der unter Wind ein gut gedeckter Hochsitz errichtet werden kann, dessen dunkle Rückseite oder Baumdeckung das Eräugen von Bewegungen des Jägers durch das Wild verhindern. Bei Steilhängen z. B. über einem Bachgrund ist auch der Bau eines Erdsitzes möglich.

Die Anlage von Luderplätzen ist denkbar einfach (Abb. 16). Ein etwa einen Meter langes Betonrohr (Durchmesser etwa 10 Zentimeter oder weniger) wird senkrecht in die Erde eingegraben, und zwar so, daß die Oberkante etwa 15 bis 20 Zentimeter über Bodenniveau abschließt. Das ausgehobene Erdreich wird – wenn es sandig ist – ringförmig um das herausragende Rohrende bündig abgelegt und dient zugleich zum Abspüren. Handelt es sich um lehmigen Boden, sollte man den Aushub entfernen und um das Rohr herum etwas Sand anschütten. Das Rohr wird das ganze Jahr über mit den Aufbrüchen des erlegten Wildes und ähnlichem beschickt. Wichtig ist, daß das Luder für die Raubwildnase Duft verbreitet, aber nicht ins Revier verschleppt werden kann. Deshalb wird das Rohr beispielsweise mit einem Stein lückig abgedeckt. In Wasserschutzgebieten Zone A und B ist die Anlage von Luderschächten nicht gestattet.

Die *Mäuseburg* besteht aus einem größeren Strohhaufen, z. B. aus auf trockenem Boden zusammengestellten Strohballen, der mit Ästen und Steinen abge-

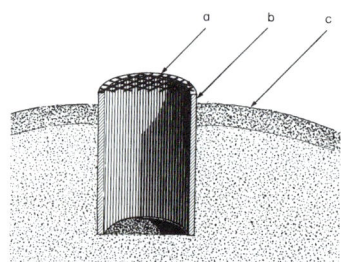

Abb. 16. Luderschacht. a Tonrohr (ca. 30 x 70 cm) mit Drahtrostabdeckung, b Überstand ca. 5 cm, c Sandabdeckung.

Abb. 17. Kirrungen, in ruhig gelegenen Revierteilen angelegt, ermöglichen oft Anblick und Wahlabschuß bei Tageslicht.

deckt wird. Diese Burg wird alsbald von Mäusen besiedelt, die wiederum Fuchs und Marder zu regelmäßigen Besuchen anlocken.

Kirrplätze dienen heute der selektiven Bejagung fast aller Schalenwildarten, ursprünglich – wie der Luderplatz – nur zur Erlegung von Raubwild. Seitdem in allen Bundesländern ihre Verwendung auch zur Erlegung anderen Haarwilds erlaubt ist, werden Kirrplätze vermehrt zur Erfüllung der Abschußpläne oder – oder wie beim Schwarzwild – zum Verminderungsabschuß verwendet.

Eine klare rechtliche Abgrenzung von Kirrung und Fütterung ist bisher nicht gegeben; gebräuchlich als Definition der Kirrung ist, daß „an wechselnden Plätzen soviel Futter ausgebracht wird, wie im Laufe der nächsten 24 Stunden vom Wild aufgenommen wird". Hiermit wird deutlich, daß eine Kirrung immer nur die Ausbringung von wenig, praktisch nur „einer Handvoll" Futter bedeutet. So kann keinesfalls der Eindruck einer regelmäßigen Wildfütterung entstehen, an der und in deren Nähe laut Gesetz jeder Abschuß verboten ist. Kirrplätze für Raubwild sind neben Luderplätzen Stellen im Revier, an denen normalerweise mehr oder weniger regelmäßig mit Raubwild gerechnet werden kann. Kirr- und Luderplätze sind aber auch dazu geeignet, Raubwild hierher zu locken, beispielsweise durch einen Zwangspaß oder einen Fangsteig. So bekommt ein Jäger während der Jagdausübung auf anderes Wild unter Umständen auch Raubwild in Anblick.

Kirrplätze für Schalenwild werden in oder am Einstand eingerichtet, meist in guter Schußentfernung von einer Ansitzvorrichtung. Sie werden mit wenig Lockfutter beschickt. Die Ausbringungsplätze werden häufig gewechselt. Nicht erlaubt ist die Anlage von Rehwildkirrungen im Radius von 200 Metern um beschickte Fütterungen. Rechtlich bedenklich ist ihre Anlage ferner in gewisser Entfernung auf oder an einem Wechsel zu einer beschickten Fütterung. Es widerspricht der Waidgerechtigkeit, Kirrungen für Schalenwild zur gleichen Zeit wie Fütterungen – womöglich noch mit gleichen Futtermitteln – zu beschicken.

Körnung ist eine Bezeichnung für Kirrungen ausschließlich des Schwarzwildes und bedeutet die Kirrung des Wildes mit „gekörntem" Futter, also vor allem Mais. Sie unterscheidet sich insofern von der normalen Kirrung, als hier nicht grundsätzlich der Anspruch erhoben wird, nur so wenig Futter auszubringen, wie voraussichtlich vom Wild in 24 Stunden aufgenommen wird. Eine Körnung kann also durchaus eher den Charakter einer Fütterung haben. So kann eine Schwarzwildkörnung beispielsweise aus einer Tonne, die mit Mais gefüllt und mit Löchern versehen ist, bestehen oder aus angebundenen Flaschen, die ebenfalls mit Mais gefüllt sind, oder schließlich aus einem Futtergeber mit Zeituhr. Die Ortswahl für die Anlage einer Körnung hängt eng mit der jeweiligen Bejagbarkeit des Schwarzwildes im Revier zusammen. Körnungen können also sowohl in der Nähe der Einstände angelegt werden als auch fern von ihnen an den Wechseln.

Ablenkungsfütterungen dienen der Wildschadenverhütung, insbesondere des Schwarzwildes. Sie werden im Wald im oder am Einstand der Sauen angelegt und zwar so, daß großflächig Mais, Getreide oder Kartoffeln flach in den Boden eingearbeitet werden, um das Wild möglichst lange zu beschäftigen. An Ablenkungsfütterungen wird selbstverständlich nicht gejagt.

2.7 Äsungsflächen, Deckungsflächen

Reviereinrichtungen dieser Art, zu denen unter anderem auch Verbißgehölze, Feuchtgebiete, Hecken und Remisen nebst Feldgehölzen gehören, sind in erster Linie nicht Anlagen des Jagdbetriebs, sondern dienen der Hege und dem Naturschutz. Sie erfahren daher ihre nähere Behandlung in Band 1 „Der Jäger und sein Revier". Sie sollen an dieser Stelle nur der Vollständigkeit der Benennung von Reviereinrichtungen wegen kurz erwähnt werden. Daß dort auch die Jagd ausgeübt wird, ändert nichts an ihrer Zweckbestimmung, die grundsätzlich der Lebensraum-(Biotop-)Verbesserung zugute kommt.

Die Jagdausübung auf Äsungsflächen aller Art muß zu den Ausnahmen gehören; denn diese sollten gleichzeitig auch Ruheflächen für das Wild darstellen, auf denen sich dieses nach Möglichkeit ungestört zur Tages- und Nachtzeit aufhalten kann. Starke Beunruhigung und Jagddruck verhindern oder begrenzen meist die Annahme solcher Flächen durch das Wild und können – als Nebenwirkung – zu einer stärkeren Verbißbelastung des umliegenden Waldes führen.

Äsungsflächen und Deckungsflächen als Reviereinrichtungen gliedern sich in Band 1 wie folgt: Standardwildäcker, Wildwiesen, Niederwildäcker, Verbißgärten, Hasengartenmischungen,

Abb. 18. Wildwiesen und Wildäsungsflächen sollten möglicht wenig beunruhigt werden.

Proßholzflächen,
Äsungsstreifen,
Zwischenfruchtanbau,
Hegebüsche,
Feldholzinseln,
Remisen,
Hecken,
Unterholz,
Feuchtgebiete.

2.8 Fütterungen, Salzlecken, Suhlen, Tränke

Ähnlich den Reviereinrichtungen des vorangegangenen Abschnitts sind diese Einrichtungen Anlagen zur Hege des Wildes und werden deshalb in Band 1 „Der Jäger und sein Revier" ausführlich behandelt.

Jagdausübung findet an ihnen in der Regel nicht statt, Ausnahme bilden gelegentlich Suhlen bei der Rot- und Schwarzwildbejagung sowie Tränken bei der Jagd auf die Ringeltaube. Die Jagdausübung an Fütterungen ist ja ohnehin verboten. In Band 1 dieser Reihe werden behandelt:
- Winterfütterung des Schalenwildes, getrennt nach Arten
- Winterfütterung des Niederwildes, getrennt nach Arten
- Winterfütterung der Singvögel
- Salzlecken und Sulzen
- Suhlen und Malbäume
- Tränken
- Huderplätze
- Schneepflug.

2.9 Volieren, Gewöhnungsgatter, Wintergatter

Auch diese Einrichtungen dienen der Hege oder der Wildschadenverhütung und -vorbeugung. Sie finden ebenfalls ihre ausführliche Würdigung in Band 1 dieser Reihe in den Abschnitten „Wildschaden" und „Hilfsmaßnahmen für Wild und andere Tiere".

Alle diese Anlagen haben mit der Jagdausübung nichts zu tun. Lediglich im Wintergatter kann unter besonderen Umständen der Abschuß von krankem Wild vorgenommen werden. Der Abschuß hat das übrige im Gatter befindliche Wild so wenig wie möglich zu stören. Er erfolgt fast immer vom Futterhaus aus, in jedem Fall aus voller Deckung. Das erlegte Wild wird erst geborgen, wenn sich alle anderen Stücke wieder beruhigt haben und außer Sicht gezogen sind.

2.10 Fragen & Antworten zu den Reviereinrichtungen

Wie sichert man den Boden einer offenen Kanzel am besten gegen Ausrutschgefahr?
Durch Benageln der Bodenbretter mit Kükendraht.

Warum sollen die Holmfüße von Leitern und Kanzeln auf einem Stein oder Ziegel stehen?
Um aus dem Boden aufsteigender Feuchtigkeit vorzubeugen und so die Lebensdauer der Holme zu verlängern.

Unter welchen Voraussetzungen sind Erdsitze geeignete Ansitzeinrichtungen?
Stets dann und überall dort, wo der Wind keine entscheidende Rolle spielt, z. B. an Steilhängen bei der Ansitzjagd im Gebirge.

Was ist der Unterschied zwischen Küselwind und überkippendem Wind?
Bei Küselwind dreht sich der Wind in Horizontalrichtung, überkippenden Wind findet man vornehmlich an Wald-Feldrändern, wenn der Luftstrom auf das Feld hinauszieht und am Waldrand vertikal zu Boden zieht.

Was ist alles vor dem Bau von Ansitzeinrichtungen zu beachten?
Zuerst die Genehmigung des Grundstückeigentümers einholen, dann prüfen, von wo aus man unter Berücksichtigung der vorherrschenden Windverhältnisse die beste Sicht hat und beim An- und Weggang das Wild möglichst nicht stört. Eine Ansitzeinrichtung sollte sich in das Landschaftsbild einfügen.

Gibt es für den Bau von Leitern und Kanzeln spezielle Vorschriften, wenn ja, welche?
Ja, die Vorschriften der Landwirtschaftlichen Berufsgenossenschaft, hier nach § 5 der Unfallverhütungsvorschriften Jagd für die Errichtung und Überprüfung von Jagdeinrichtungen.

Wann oder wo richtet man anstelle von Hochsitzen bevorzugt Ansitzschirme ein, und woraus erstellt man sie?
Schirme sind im allgemeinen keine Dauereinrichtungen wie Kanzeln und Leitern. Sie dienen fast immer nur kurzfristigem Ansitz oder Anstand und sind aus am Ort vorhandenem Material errichtet, z. B. Schilf bei der Entenjagd, belaubten Zweigen bei der Blattjagd, zusammengesteckten Nadelbaumgiebeln oder verflochtenen Ästen bei Ansitz-, Treib- und Drückjagden.

Was sind die wichtigsten Bedingungen für die Anlage von künstlichen Revierbauen, auch Kunstbaue genannt?
Die Anlage muß so erfolgen, daß auf keinen Fall im Bau Zugluft entstehen kann, das Gefälle des Röhrenverlaufs nach außen Feuchtigkeit abfließen läßt, der Kessel trocken ist usw.

Worin besteht der Unterschied zwischen Kirrung und Fütterung?
Kirrungen dienen dem Anlocken von Wild und dürfen nur mit soviel Lockfutter beschickt werden, wie normalerweise in einer Nacht aufgenommen wird. In Fütterungen (Notzeit) kann (Ländergesetze beachten!) unbeschränkt viel Wildfutter ausgebracht werden. An Kirrungen ist die Jagdausübung erlaubt, an und in der Nähe von Fütterungen grundsätzlich verboten.

3 Die Einzeljagd

Allein zu sein mit sich selbst und seinen Gedanken, verantwortlich nur seinem Gewissen, mit weit offenen Augen und Ohren, während die Nase manchen neuen und fremden Geruch wahrnimmt, die Füße den kleinsten Zweig unter den Sohlen ertasten und der Jagdinstinkt uns und unser Handeln lenkt: Das ist Einzeljagd. Das sind Sternstunden im Leben des Jägers, von denen er viele niemals vergessen wird, weil er in ihnen auch die unzähligen kleinen Dinge am Wegesrand erkennen und begreifen konnte, an denen man in Gesellschaft oft achtlos vorübergeht.

Merke: Rechtzeitige Vorbereitung sowie die richtige Einschätzung des Wetters sind wichtige Grundlagen besonders für alle Planungen bei der Einzeljagd.

Damit diese einsame Jagd nicht an Nebensächlichkeiten scheitert oder an unserer eigenen Unzulänglichkeit, ist es notwendig, daß wir uns auf sie mit ganz besonderer Sorgfalt vorbereiten und möglichst alles vorweg bedenken, was unsere Pläne beeinflussen könnte.

Also planen wir lange im voraus. Am Tag vorher überlegen wir, was wir am Jagdtag unternehmen wollen: am Abend einen Ansitz auf den Bock am Waldrand, am kommenden Morgen zum Enteneinfall am Fluß und anschließend eine Pürsch durch den Wald. Was also brauchen wir für all diese Jagdarten? Welche Waffen und Bekleidung? Wie versorge ich das erlegte Wild? Und wie, ja wie wird das Wetter?

Für Einzeljagd im rechtlichen Sinne sind in den Bundesländern Bestimmungen gültig, die zum Teil stark voneinander abweichen (siehe Band 5 „Der Jäger und sein Recht", Grundfall 3). Das Bundesjagdgesetz bestimmt in § 16 lediglich, daß der Jugendjagdschein nicht berechtigt, an einer Gesellschaftsjagd teilzunehmen, und läßt weitere Definitionen offen, die durch die Landesgesetze ausgefüllt werden können.

In dem folgenden Kapitel wird für die Jagdausübung in Einzeljagd daher der Begriff wörtlich genommen; es werden nur Jagdausübungsarten beschrieben, die der Jäger allein auszuüben pflegt. Grenzfälle wie Baujagd, Streif-, Buschier- und Stöberjagd werden im Kapitel Gesellschaftsjagd behandelt.

3.1 Ansitz, Anstand

Der Anstand, vor allem aber *der Ansitz*, sind heute Kernstücke der Jagdausübung bei der Einzeljagd. Diese Formen der Jagdausübung nehmen zu. Da ist die Tatsache, daß in den meisten Revieren Schalenwild mehr oder weniger zum Nachtwild geworden ist, zumindest jedoch oft erst in später Dämmerung austritt oder schon bei erstem Licht wieder zu Holze zieht, so daß die Pürsch wenig Erfolg verspricht. Zum anderen ist es geboten, den Schuß gegen einen sicheren Hintergrund abzugeben, was fast immer nur von einem Hochsitz aus gegeben ist. Letztlich wählt der Jäger auch Ansitz und Anstand vor der Pürsch, weil er das Wild nicht mehr als unbedingt nötig beunruhigen will. Vom Hochsitz aus lernt man meistens am besten das Verhalten des Wildes kennen, man kann lange beobachten, sicher ansprechen und gegebenenfalls auswählen. Dem aufmerksamen, erfahrenen Jäger entgeht nicht die geringste Änderung im Verhalten des Wildes, und manche Beobachtung gibt Aufschluß über Erfolg oder Mißerfolg seiner Hege- und Bejagungsmaßnahmen, über Ruhe und Unruhe im Revier, über Zuwanderung und Abwanderung, über Verschiebungen innerhalb der Arten, über Beginn und Ende so mancher Abläufe im Laufe des Jahres.

Merke: Anstand und vor allem Ansitz dienen annähernd gleichwertig sowohl der Hege als auch der Jagd!

Abb. 21. Kleidung und Ausrüstung (hier Jägerin mit Ansitzsack) sollten den jeweiligen Witterungsverhältnissen sowie der Jagdart angepaßt sein.

Bekleidung und Ausrüstung des Ansitzjägers sind abhängig von der Jahreszeit sowie dem Verhalten der Wildart, der der Ansitz gilt, ebenso wie der zu erwartenden *Zeit des Ansitzes*. In den meisten Revieren hat auf Schwarzwild nur der Nachtansitz Aussicht auf Erfolg. Bei der Bejagung von Rotwild ist in aller Regel Morgen- wie Abendansitz etwa gleich erfolgversprechend, beim Rehwild verspricht hingegen der Abendansitz besseren Anblick, vor allem dann, wenn die Morgenstunden kühl sind und das Wild sich im Haarwechsel befindet. Als Grundsatz gilt, daß der Ansitz mindestens eine Stunde vor der Zeit, in der Wild in Anblick kommen kann, zu beginnen ist; bei Hochwild sollte der Platz etwa zwei Stunden zuvor eingenommen sein.

Vor der Auswahl des Ansitzortes oder auch des Anstandsplatzes ist es in allen Fällen erforderlich, den *Wind zu prüfen* (Abb. 22). Dies gilt nicht nur für die allgemeine Windrichtung, sondern

Abb. 20. Ansitzjagd erfordert meistens vom Jäger Geduld, Ruhe und manches mehr.

Die Einzeljagd

Abb. 22. Vor der Wahl des Ansitzortes sollte unbedingt der Wind geprüft werden.

auch bezüglich der am Ansitzort mitunter stark abweichenden Windverhältnisse, vor allem für Taleinschnitte im Bergland, an Hängen, die quer zur herrschenden Windrichtung liegen sowie an windabgewandten Hanglagen, an denen die Luftströme häufig drehen oder küseln.

Der *Anstand* gilt allen Wildarten, vornehmlich aber dem Niederwild, Hasen, Kaninchen, Enten und Tauben, in wenigen Fällen auch der Herbstschnepfe, mitunter dem Rehbock und dem Fuchs bei der Lockjagd. Da im allgemeinen schnelle Schußbereitschaft erforderlich ist, geht Schußfeld vor Deckung. Es genügt fast immer, wenn die untere Hälfte des (z. B. auf dem Sitzstock) sitzenden oder anstehenden Jägers ausreichend Deckung hat. Anders bei der Jagd auf feldernde Wildtauben, beim Abendansitz auf Enten im Getreide oder beim Anstand auf Gänse in der Dämmerung; hier ist auch ausreichend Deckung nach oben erforderlich. Wie diese zu erzielen ist, hängt von örtlichen Umständen ab. Oft genügt ein bereits vorhandener Busch, mitunter einige in die Erde gesteckte Zweige, gelegentlich zusammengezogene Strohballen, ein Tarnnetz oder ein Graben.

Wie bei jeder Art der Jagdausübung mit der Schußwaffe muß sich der Jäger nach Beziehen des Anstandes vergewissern, daß durch seine Schüsse niemand zu Schaden kommt, er muß sich in Richtung des erwarteten Wildes Merkmale im Gelände einprägen, die ihm die maximale Schußentfernung angeben. Ferner muß er bei der Wasserjagd, bei der stets ein brauchbarer Jagdhund mitzuführen ist, dessen Einsatz planen, falls das Gewässer eine schnelle Strömung hat. Oder er muß bei der Schußabgabe so verfahren, daß getroffenes Wild auf Land fällt, was aber nicht immer gelingt.

Der *Ansitz* ist – wie bereits erwähnt – die häufigste Form der Einzeljagd. Er dient der Bejagung und Beobachtung aller Wildarten, vor allem des Schalenwildes, und kann praktisch das ganze Jahr über und zu jeder Tageszeit ausgeübt werden.

Sicherheitsvorschriften besagen, daß Hochsitze aller Art nur mit entladener oder unterladener Waffe bestiegen werden dürfen. Erst hiernach ist die Waffe durchzuladen, zu sichern und so abzustellen oder anzuhängen, daß sie weder abrutschen noch fallen kann. Aus diesem Grund sind Hochsitze grundsätzlich bereits vor Aufgang der Jagd auf ihre Sicherheit hin zu kontrollieren. Zusätzlich muß der Jäger bei jedem Ansitz prüfen, ob die Bodenunterlage noch rutschfest ist oder die Nägel halten. Die gleiche Prüfung erfahren auch die Gewehrauflage und die Scharniere der Fenster in einer geschlossenen Kanzel.

Der *Schuß* von einem Hochsitz ist in aller Regel ein Schuß „sitzend aufgelegt", also einer der einfachsten Schüsse. Dennoch werden hierbei viele Fehler gemacht, die vermeidbar sind, wenn man sich rechtzeitig an die einfachsten ballistischen Regeln erinnert.

Der häufigste Fehler, vor allem aus geschlossenen Kanzeln, ist der des Verkantens der Waffe bei Schüssen, die schräg aus dem Fenster abgegeben werden müssen. Ein weiterer Fehler ist der, daß die Waffe weit vor dem Schwerpunkt auf der Auflage ruht, der Schuß folglich nach oben verreißt. Abhilfe schafft die freie Hand, die man unter den Lauf oder den Vorderschaft der angeschlagenen Waffe legt und damit ein Polster schafft. Einen weiteren Fehler kann man bei Schüssen steil nach oben begehen, indem man nicht „drauf" hält, sondern das Wild unten anfaßt, das hierdurch unterschossen wird.

Bei jedem Schuß sollte man sich bemühen, „durchs Feuer zu sehen", d. h. die Augen nicht zu-

zukneifen und somit eventuelle Schußzeichen zu übersehen. Gegen diese Unkonzentriertheit hilft allein häufiges Üben auf dem Schießstand.

Ein altes Sprichwort sagt: „Ist der Schuß erst aus dem Lauf, dann hält ihn kein Teufel auf!" Hiermit soll deutlich werden, daß man vor Schußabgabe nicht nur sicher angesprochen haben sollte, sondern sich auch vollständig darüber klar sein muß, daß der abzugebende Schuß niemanden gefährden kann. Die Gewißheit, sicher angesprochen zu haben, und die Sicherheit, das Hinterland des Zieles frei zu wissen, sind wichtigste Voraussetzungen für einen ruhigen und sicheren Schuß.

Hat man geschossen, so sollte die Waffe unverzüglich, möglichst noch im Nachhall des Schusses, repetiert oder wiedergeladen werden, während das Auge das erlegte oder flüchtende Wild verfolgt.

Auf jeden Fall muß sich der Schütze unmittelbar vor oder nach dem Schuß möglichst genau die Stelle merken, an der sich das Wild zur Zeit der Schußabgabe befunden hat. Dies ist bei Nacht ungemein schwierig, bei Dämmerung bereits schwer und selbst am Tag in einförmig bewachsener Landschaft – sei es gleichfarbenes Waldgras oder lockeres unterwuchsloses Stangenholz – mit Schwierigkeiten verbunden. Der Jäger tut gut daran, sich bereits vor Beginn des Ansitzes markante Stellen im Gelände einzuprägen oder – wo solche nicht vorhanden sind – längere Zeit vor dem Ansitz in bestimmten Entfernungen Merkstöcke in den Boden zu stecken.

Auch wenn Wild in Sichtweite im Feuer liegt, bleibt man für einige Minuten ruhig sitzen und hält die wieder geladene Waffe schußbereit, bis eindeutig klar ist, daß das Wild verendet ist. Ist das beschossene Stück nach dem Schuß abgesprungen, gleich ob man meint, es tödlich getroffen oder gefehlt zu haben, so bleibt man mindestens zehn Minuten sitzen und versucht durch das Gehör festzustellen, ob man im Verlauf des Fluchtweges Merkmale wahrnimmt, die über Art und Wirkung des Treffers Aufschluß geben. Dies kann ein besonders deutliches Anfliehen von Bäumen sein, es können auch das Zusammenbrechen oder Schlegeln, Husten oder Röcheln zu hören sein.

Merke: Neben der Vorsicht beim Umgang mit der Waffe vor dem Schuß ist bei der Jagd auf Schalenwild von höchster Wichtigkeit, daß der Jäger „durchs Feuer sieht", also im Augenblick der Schußabgabe alle Reaktionen des Wildes genau beobachtet. Grundbedingung hierfür ist das völlige Vertrautsein mit der Waffe und dem Schuß!

Ist man nicht absolut sicher, daß das beschossene Stück alsbald zusammengebrochen und verendet ist, darf keinesfalls nach kurzer Frist der Anschuß untersucht werden. Es sei denn, man ist sich sicher, daß das Stück einen Laufschuß erhalten hat. Anderenfalls sollte die Wartezeit auf keinen Fall unter zehn Minuten betragen, wonach es weit wichtiger ist, den Anschuß zu finden und zu verbrechen, als ihn allzu genau zu untersuchen und dabei hinweisende Pürschzeichen zu zerstören oder zu vertragen, was die anschließende Arbeit des Hundes erschwert. Ist man sich eines Laufschusses sicher sowie ein firmer Jagdgebrauchshund zur Verfügung, soll unverzüglich mit der Nachsuche begonnen werden. Jede Minute Wartezeit erhöht die Chance des Wildes, sich auf mögliche Behinderungen einzustellen.

Merke: Bei Ansitz und Anstand sind die Sicherheitsbestimmungen auf das sorgfältigste zu beachten. Es ist keine Mühe zu scheuen, den Jagddruck durch unnötige Beunruhigung des Wildes so niedrig wie möglich zu halten.

Bei Beendigung eines Ansitzes muß die Waffe auf dem Sitz entladen werden. Das Abbaumen und der Weg vom Ansitz weg müssen genauso geräuschlos erfolgen wie auf dem Hinweg. Jagddruck entsteht häufig auch durch unvorsichtiges oder gedankenloses Verhalten des Jägers im Revier.

3.2 Reviergang, Pürsch

Für Pürsch und Reviergang ist es wichtig, daß wir Schuhwerk tragen, das bequem ist und nicht zu schwer, das nicht mit gewaltiger Sohle kleine Hindernisse im Gelände weit hörbar zerquetscht. Die Kleidung, die wir wählen, darf nicht bei jeder Bewegung rauschen und rascheln, sie muß gedeckte Farben haben (hell und dunkel gemischt). Keinesfalls „einheitlich jagdgrün", weil sich der Jäger sonst optisch von manchem Hintergrund deutlich abheben würde. Wild ist Bewegungsseher. Je größer das einheitlich gefärbte Stück Fremdnatur ist, desto eher wird es vom Wild eräugt, je besser ich mein Mimikry gestalte, desto schwerer hat es das Wild, mich wahrzunehmen, wenn ich mich reglos verhalte.

Merke: Für Pürsch und Reviergang wähle man Kleidung, die die beste Tarnung verspricht, nicht günstig sind einheitliches Grün, Braun oder Grau.

Die *Jagdausrüstung*, die wir benötigen, wird regional, nach Höhenlage des Revieres, seiner Bestimmung als Hoch- oder Niederwildrevier, vor allem aber nach unseren persönlichen Ansprüchen und vor allem auch unseren Jagdplanungen sehr stark variieren. Einige Dinge gibt es, die bei fast jeder Jagdart unentbehrlich sind. Hierzu gehört in erster Linie ein gutes *Jagdmesser* mit möglichst hoher Schnitthaltigkeit und ausreichend langer Klinge. Es gehören dazu bei entsprechender Gelegenheit die Wildlockrufe, ferner starker Bindfaden, weißes Papier – zum Verbrechen von Anschüssen und sonstigen Markierungen –, ein Wischlappen für die verschiedenen Optiken bei Regen, Notizbuch und Bleistift.

Jagdwaffen sind stets ein Kapitel für sich! Der eine schwört auf sein uraltes Gewehr, mit dem schon der Großvater jagte, der andere wechselt fast jedes Jahr seine Waffe. Es liegt mir fern, in das Wespennest vorgefaßter Meinungen und alteingefahrener Ansichten zu stechen. Ganz deutlich aber möchte ich aussprechen: Es hat sich in den letzten Jahrzehnten vielerorts eingebürgert, auf Rehwild mit hochrasanten und kleinkalibrigen Geschossen zu schießen, die zwar wenig Rückstoß verursachen, aber im Wildkörper zu schwersten Hämatomen führen. Das heißt, sie führen oft zu Blutergüssen auf der Ausschußseite, die viel größere Wildbretverluste verursachen als die handtellergroßen Ausschüsse großkalibriger Geschos-

Abb. 23. Der Reviergang dient dem vorsichtigen Erkunden.

Merke: Jeder Jäger jage mit der Waffe, an die er gewöhnt ist und die ihm „liegt". Bei Neukauf einer Büchse achte er mehr auf paarigen Schock, also Ausschuß und Schweißwirkung als auf geringen Rückstoß. Beim Schrotschuß ist Deckung wichtiger als Schrotstärke, die „normale" Schrotstärke ist daher Schrot Nr. 5 = 3 mm.

se. Waffen dieser Art erfüllen zwar den Buchstaben des Gesetzes, in keiner Weise aber die Anforderungen der Wildbrethygiene.

3.2.1 Der Reviergang

Reviergänge (Abb. 23) dienen dem Kennenlernen des Revieres, dem Bestätigen des Wildes, dem Jagdschutz sowie der Vorbereitung der Jagd. Reviergänge unternehmen heißt nicht, „ohne Rücksicht auf Verluste" das Revier leerzupürschen; Einstände, Brutstätten und andere sensible Bereiche werden tunlichst gemieden. Dem Zweck gemäß unternimmt man Reviergänge zu unterschiedlicher Zeit und mit unterschiedlicher Ausrüstung.

Das gründliche *Kennenlernen eines Revieres* ist eine Aufgabe, die meist Jahre beansprucht. Sie umfaßt die Kenntnis der jahreszeitlichen Einstände, Wechsel und Pässe aller vorkommenden Wildarten, das Wissen um die Nahrungsgrundlagen des Wildes und deren Verbesserungsmöglichkeiten, das Sammeln von Erfahrungen bezüglich der Wildschäden in Feld und Wald und der damit verbundenen Möglichkeiten ihrer Verminderung. Schließlich, als Summe der gewonnenen Erkenntnisse, gehört die durchdachte Planung gerechter Jagdausübung dazu, die einerseits so effektiv wie möglich sein soll und andererseits übermäßigen Jagddruck möglichst einschränkt oder ausschließt. Hierzu gehören ferner das Planen der Anlage von Äsungsflächen, Fütterungen in Notzeiten und Ablenkfütterungen, der Bau von Ansitzvorrichtungen und sonstigen Reviereinrichtungen, die Auswahl von Jagdschwerpunkten, Anlage und Durchführung von Treib- und Drückjagden, die Planung von Pürsch- und Fang-

Abb. 24. Die Kunst des Pürschens bedeutet möglichst viel zu sehen und selbst wenig zu stören.

steigen und manches mehr. Reviergänge finden das ganze Jahr über statt. Sie sind in einem Revier, das man schon lange zu kennen glaubt, oft so wichtig wie in einem neu gepachteten.

Reviergänge zum *Bestätigen des Wildes* unternimmt der Jäger vor allem vor Beginn der Jagdzeit, der verschiedenen Wildarten, aber auch während der Jagdzeit beispielsweise zum Bestätigen eines bestimmten Bockes oder Hirsches. Zur Überprüfung, ob z. B. ein Fuchsbau befahren ist, bestimmte Wechsel, Pässe, Äsungsflächen, Suhlen, Tränken und Fütterungen angenommen wurden, ist ein Reviergang notwendig. Die hieraus gewonnenen Erfahrungen und Ergebnisse münden meist in Überlegungen geplanter Jagdausübung oder auch Schutzmaßnahmen der nächsten Zeit.

Reviergänge, die dem *Jagdschutz* dienen, sind Gänge oder Fahrten zum Schutz des Wildes vor Futternot, Wilderern, Wildseuchen sowie wildernden Hunden und Katzen (§ 23 BJG).

Reviergänge, die der *Vorbereitung der Jagd* dienen, können Gänge sein, die dazu genutzt werden, Reviereinrichtungen anzulegen, zu verbessern oder umzustellen. Sie können auch dazu dienen, in der unmittelbaren Vorbereitung beispielsweise einer Treibjagd Stände und Gänge zu markieren, festzulegen, auszuschneiden oder sonstwie zu verbessern. Oder es gilt, mit einem Gehilfen oder dem Treiberführer den Verlauf einer Jagd abzustimmen und abzugehen; in der Vorbereitung einer Ansitzdrückjagd An- und Abfahrten zu den Hochsitzen und Ständen festzulegen oder Ausweichansitze für wechselnden Wind zu bestimmen.

Grundbedingung dafür, bei einem Reviergang wirklich nichts Wichtiges auszulassen, ist die Übung und Anstrengung aller unserer Sinne: Wir *sehen* Spuren, Fährten und Geläufe, Federn, Losung, Geschmeiß, Gestüber, Risse und Rupfungen, Fraß- und Äsungszeichen, Suhlen und Huderplätze, Fegestellen, Lager, Betten, Kessel und Sassen, Baue und Röhren, Nester und Horste.

Wir *nehmen* mit der Nase ein Luder oder die Stelle, an die der Fuchs zur Markierung genäßt hat, den Veilchenduft der Baummarderlosung, den befahrenen Fuchsbau, den Brunftgeruch des Hirsches und vieles mehr *wahr*.

Wir *hören* das Abstreichen von Flugwild und Vögeln, das Wegbrechen von Schalenwild, wir unterscheiden am Schrecken des Rehwildes oft, wem dieses Schrecken wohl galt. Wir hören, wie der Hohltauber ruft und die Drossel warnt, wir versuchen die Vielzahl der Vogelstimmen zu entschlüsseln. Wer Augen und Ohren offen hält, wird sein Revier schneller kennenlernen als derjenige, der nur mit seinem Fahrzeug hindurchfährt.

3.2.2 Die Pürsch

Immer wieder hören wir den Satz: Die Pürsch ist die Krone der Jagd! Leider aber gibt es kaum mehr heimische Reviere, in denen man sich diese Krone aufsetzen darf, denn häufig geübte Pürsch erfordert neben einem gerüttelt Maß an Erfahrung und der Fähigkeit, alle Sinne konzentrieren zu können, vor allem ein großes Revier. Damit ist nicht gemeint, daß man an einem Pürschmorgen viele Kilometer zurücklegen soll, sondern die Tatsache, daß auch der beste Pürschjäger nicht fehlerlos ist und – oft ohne es zu bemerken – Wild vertritt, das dann noch heimlicher wird, als es ohnehin bereits ist.

Im Klartext heißt es also: Die Pürsch ist in unserer Zeit eine so selten ausgeübte Jagdart, daß sie fast als Ausnahme anzusehen ist.

> **Merke:** Der Reviergang ist die Grundlage für jede Art der gerechten Jagdausübung in einem Revier. Ihn richtig auszuüben erlernt man nur in der Praxis, am besten unter Anleitung durch einen erfahrenen Jagdpraktiker.

Wenn ihr dennoch in diesem Buch unverhältnismäßig breiter Raum gegeben wird, so deshalb, weil jeder Jäger auch heute wenigstens einige wenige Male im Jahr in den Genuß kommen sollte, nach alter Väter Sitte mit weit offenen Sinnen durch sein Revier zu pürschen. Daß diese wenigen Glücksstunden dem Pürschenden wirkliche Freude und dem Wild ein Mindestmaß an Störung bereiten, ist der wohldurchdachte Grund dieser Seiten.

Um eine Pürsch mit Erfolg und Freude beginnen und beenden zu können, bedarf es einer Reihe vorbereitender Gedanken und Maßnahmen. Diese erzeugen in ihrer vielfältigen Kombinationsmöglichkeit große Spannung, die für sich allein schon unsere Sinne zu hoher Konzentration bringt, aber auch Grund für manche Fehler sein kann, meist aus Übereilung und zu hoch gespannter Erwartung herrührend.

Für jede Wildart, die der Pürschgänger erbeuten will, gilt eine andere Methodik der Durchführung seiner Pürsch. Immer aber sind es einige stets wiederkehrende Grundregeln, die beachtet werden müssen:

Das Wetter. Im Gegensatz zu oft geäußerter Meinung sind Regen, schwacher Bodennebel und diesige Luft weit besseres Pürschwetter als klare Sicht, Wärme oder knackender Frost nach erstem Schnee. Bereits mit dem letzten Regentropfen eines Gewitters oder des Landregens im Revier zu sein, gelingt leider nur selten, diese Stunden sind die idealsten Pürschzeiten. Hängt aber dichter Nebel in den Büschen, hat die Trockenheit seit Tagen und Wochen alles Grün spröde gemacht, geht kalter Wind – womöglich zur Zeit des Haarwechsels des Wildes – durch Wald und Feld, herrscht eine längere Schönwetterperiode, Pilzwetter in schwüler Feuchtigkeit oder steht zu befürchten, daß innerhalb der nächsten zwei Tage ein Wettersturz bevorsteht, dann bleib daheim, Jäger! Mit tödlicher Sicherheit wirst du viel Wild vergrämen, das am Rande der Deckung in Sicherheit saß oder stand und aus deinem Herumschleichen seine Schlüsse ziehen wird.

Merke: Es sind weit mehr Reviere leergepürscht als leergeschossen worden. Und merke dazu: Es gibt nur wenige Tage im Jagdjahr, in denen Pürsch allein vom Wetter her wirklich sinnvoll ist.

Der Wind (s. auch Abb. 7 und 8). Der Wind entscheidet über Richtung und Länge der Pürsch. Wir müssen uns für alle nur denkbaren Windrichtungen Pürschschemata anlegen, so daß wir nicht hilflos sind, wenn der Wind über Nacht dreht. Je besser das Pürschwetter, desto wahrscheinlicher wird es sein, daß wir Wild auf seinem Weg von oder zu seinen Einständen oder seinen Äsungsflächen erblicken. Der Wind entscheidet, ob wir näher an den einen oder den anderen Flächen pürschen, ob unsere Pürsch mehr ein Pürschen-Sitzen, ein Pürschen-Stehen oder ein unablässiges Schleichen sein darf. Wir müssen uns hüten, bei schlechtem Wind Flächen abzupürschen, die mit reichlicher Deckung versehen sind, wo also wahrscheinlich unsere volle Witterung auf kurze Entfernung das Wild trifft. Dazu müssen wir wissen, daß es nur „guten" oder „schlechten" Wind gibt, und daß wegen des vor allem im Wald üblichen häufigen Küselns, des Umschlagens des Windes, der schlechte Wind bei weitem häufiger ist als der gute. Mit halbem oder gar nur viertel Wind zu pürschen, gelingt nur auf kurze Distanz und nur, wenn nicht Geländerücken oder -falten, Waldränder und kleine Blößen im Hochwald meist ganz unverhofft den Luftstrom in andere Richtungen lenken. Wir meiden deshalb alle Revierteile, von denen wir aus Erfahrung wissen, daß in ihnen der Wind küselt. Deshalb auch ist es notwendig, daß wir immer wieder bei Reviergängen, genau wie bei Pürschen, an allen nur denkbaren Stellen im Revier den Wind prüfen.

Wir können dies mittels unterschiedlicher Hilfsmittel tun: Mit dem feuchten, hoch in die Luft gestreckten Finger, einem kleinen Wattebausch, den wir fliegen lassen, im Winter mit unserem Atemhauch – nie aber traue man dem Zug der Wolken, denn was dort droben, viele hundert Meter über uns, vorgeht, hat oft nichts zu tun mit dem Kleinklima, in dem wir uns bewegen. Erst längere Reviererfahrung wird uns fast untrüglich sagen können, wo wir mit bestimmten Abweichungen von der herrschenden Windrichtung rechnen müssen und wie wir diese Revierteile umgehen oder von anderer Stelle her angehen können.

Merke: Eine Pürsch muß immer so angelegt sein, daß wichtige Revierteile – Einstände und Äsungsflächen – gegen den Wind eingegangen werden.

Die Zeit. Nicht nur die Wahl der richtigen Tageszeit entscheidet darüber, ob wir mit der Pürsch mehr Unheil als Heil anrichten. Es ist auch nicht jede Jahreszeit gleichermaßen für sie geeignet.

Abb. 25. Die Chancen, bei der Pirsch Anblick zu haben, hängen unter anderem auch von der Jahres- und Tageszeit ab.

Die Pürsch am Abend wird selten Erfolg bringen, sehr häufig aber nachhaltige Störung, denn die Zeitspanne, in der das Wild aus der Deckung tritt, ist fast immer sehr kurz. Wir könnten in dieser Zeit also nur eine sehr geringe Entfernung zurücklegen, eine Entfernung, die wir besser durch Überblick von einem Hochsitz aus überschauen. Hierbei ist es durchaus denkbar, daß wir, wenn ein bestimmtes Stück Wild zu weit für einen sicheren Schuß oder ein gewissenhaftes Ansprechen ist, vom Hochsitz abbaumen und uns pürschend zu nähern versuchen.

Die Pürsch gehört in den meisten Fällen in die Morgenstunden. Nicht in die halbe Nacht des ersten Lerchenrufs, in der wir fast immer das Wild verpürschen, sondern in die Stunden um Sonnenaufgang mit einer anschließenden Pause von einer guten Stunde und nachfolgender Pürsch in der Nähe, vor allem der Sonnenseite der Einstände, wo oft das Wild zum „zweiten Umgang" erscheint. Im Winter sind es die Mittagszeiten, an denen die Sonne auf den Südseiten der Dickung liegt, im Sommer ist es fast immer der späte Vormittag, der Schalenwild auf die Läufe bringt.

Ungeeignet sind der Nachmittag und die Zeiten um Vollmond, in denen viele Wildarten vor allem nachtaktiv sind. Völlig ungeeignet sind ferner Zeiten, in denen es im Wald ohnehin von Menschen wimmelt, also die Beeren- und die Pilzzeit, die Sonn- und Feiertage – fast alles Wild ist dann heimlich. Jahreszeitlich die besten Pürschzeiten sind die Wochen des Haarwechsels im Frühjahr, wenn die Jährlinge des Schalenwildes von ihren Müttern abgeschlagen wurden, ferner die frühen Morgen des Spätsommers und die Zeit im Vorwinter, wenn auf den ersten Schnee die erste wirkliche Neue fiel. Gute Pürschzeit kann auch von Spätherbst bis Hochwinter die Pürsch bei Nacht sein, wenn reichlich Eicheln oder Buchekkern unter dem Schnee die Sauen locken.

Die Kleidung. Die Kleidung, die wir zur Pürsch wählen, wird die gleiche sein wie zum Reviergang, also in mehrfarbigen Dekkungsfarben gehalten. Dazu tragen wir bequeme Schuhe oder Stiefel, halten ein aufblasbares Kissen zur kurzen Rast oder zum Pürschen-Sitzen bereit, außerdem vielleicht einen wollenen Umhang. Auf keinen Fall etwas, das flattert, knarrt oder klappert, das beim Anstreichen an Zweigen rauscht oder rasselt. Der Hut sollte eine breite Krempe haben, um möglichst viel Gesichtsfläche zu verdecken. Hat man bleiche Winterhände, so sollte man Handschuhe anziehen. Tut man dies nicht, gehören die Hände in die Taschen. Die Büchse wird so getragen, daß man mit ihr nicht hängenbleibt und sie dennoch führig ist. Der Hund geht an den Knien des Herrn. Die Leine hat keine Wirbel oder Haken, die irgendwie klirren. Wer ohne Hund pürscht, hat nur das halbe Erleben. Der Hund zeigt Wechsel, frische Fährten, er wittert oft das Wild schon lange, bevor der Jäger es wahrnimmt.

> **Merke:** Für die Pürsch gibt es für alle Jahres- und alle Tageszeiten zwar Regeln, aber diese Regeln haben mehr Ausnahmen als der Hund Flöhe – die einzige sichere Regel lautet wohl: Nur aus viel Erfahrung wird man klug!

> **Merke:** Die Ausrüstung des Pürschjägers ist leicht, bequem und zweckmäßig, sie läßt den Jäger mit seiner Umwelt so gut wie verschwimmen.

Waffen/Ausrüstung. Aus eigener Erfahrung vermag ich zu sagen, daß die Pürschwaffe dem Jäger vollständig vertraut sein muß, daß sie ihm auch beim schnellen Schuß gut liegen sollte und daß schließlich eine kombinierte Waffe wie Büchsflinte oder der Drilling am geeignetsten erscheint. Reservepatronen sind griffbereit, dürfen aber nicht aneinanderklappern. Das Messer darf nie fehlen. Das Zielfernrohr ist durch einen Regenschutz geschützt – nach Möglichkeit mit durchsichtigem Deckel –, einen Mündungsschoner brauche ich nur, wenn ich weiß, daß ich bei nassem Wetter durch Dickungen schliefen werde. Im Rucksack mit Schweißeinlage befindet sich neben eventuell notwendiger Verpflegung ein zweites Hemd, Papier – auch zum Verbrechen von Anschüssen –, ein Reservemesser und starke Schnur. Ganz gleich, ob das Gelände eben oder bergig ist, einen Pürschstock habe ich immer dabei. Jedes Mehr an Waffen und Ausrüstung ist für einen normalen Pürschgang überflüssig.

Die Bewegung. Der Pürschjäger vermeidet jede hastige Bewegung; Arme und Beine bewegen sich in fließender Harmonie. Die Schritte sind bei vollem Tageslicht weit und fest. Es wird die ganze Sohle des Schuhes auf einmal aufgesetzt, um den Druck des Körpergewichtes zu verteilen. Das Auge sucht die Stelle ab, auf der der Fuß tritt. Das Knacken eines trockenen Astes ist in der Stille des Morgens oft mehrere hundert Meter weit zu hören, das Bersten eines Steinchens unter den Sohlen ebenso. In der Nacht muß der Fuß weitgehend das Auge ersetzen, also werden die Schritte kurz und tastend, die Fußspitze erfühlt Äste sowie raschelndes Laub und schiebt es beiseite. Mehr noch als bei Tag verschwinden die leuchtenden Hände in den Taschen des Mantels, ist es notwendig, einen breitkrempigen Hut zu tragen oder eine Schirmmütze, die das Gesicht vor dem Schein des Mondes verbirgt. Besonders der Brillenträger bedarf des Schutzes vor spiegelndem Licht.

Auch das Fernglas kann als Mondspiegel verräterisch werden. Nur im Schatten eines Baumes sollte es im Gegenmond an die Augen gesetzt werden.

Das Pürschen-Stehen. Diese Pürschart ist die am häufigsten ausgeübte; sie kann auch in relativ kleinen Revieren mit Erfolg und ohne das Wild mehr als unbedingt nötig zu stören durchgeführt werden. Bei einer durchschnittlichen Pürschdauer von etwa zwei Stunden hat die abgepürschte Fläche nur einen geringen Umfang. Man wird im allgemeinen zuerst den Teil seines Revieres begehen, in dem am wahrscheinlichsten mit Anblick gerechnet werden kann: Das ist z. B. der Einwechsel der Hirsche vom Feld her, der Fuchspaß über einen Bach, die Suhle oder auch ein weithin einsehbares Altholz, das in der Nacht als Äsungsfläche dient. Gelegentlich sind es Waldwiesen oder im Wald gelegene Äcker, häufiger Brechstellen des Schwarzwildes am Waldrand, wenn die Pürsch im Mondschein stattfindet.

Der Pürschjäger wird unter Vermeidung allen Lärmens vor Tau und Tag einen günstigen Punkt im Pürschgebiet zu erreichen versuchen und sich dort für längere Zeit in gute Deckung stellen, auf alle Geräusche des Wildes lauschen und immer wieder durch das Glas die Wechsel beobachten. Sinkt die Wahrscheinlichkeit, an dieser Stelle Wild anzutreffen, auf ein Minimum, so verläßt man seinen Standort in der eigenen Spur und sucht langsam weiterpürschend eine andere Stelle auf, an der man wiederum längere Zeit verharrt und auf Anblick wartet. Dabei ist es von großer Wichtigkeit, im Verlauf der Pürsch so wenig eigene menschliche Witterung wie nur möglich zu verbreiten, weshalb man alle überflüssigen Wege vermeiden und an einem Morgen oder im Verlauf einer Nachtpürsch nicht mehr als drei, höchstens vier verschiedene Punkte im Revier angehen sollte.

> **Merke:** Je kleiner das Revier, desto weniger darf – wenn überhaupt – zu einer Zeit gepürscht werden, bei der es dem Wild ungewohnt ist, Menschen zu begegnen.

Das Pürschen-Sitzen. Es unterscheidet sich fast nicht von dem Pürschen-Stehen und wird vor allem dort ausgeübt, wo bergiges Gelände weite Übersicht gestattet. Wo es nicht notwendig ist, sich z. B. wegen hohen Graswuchses aufrecht hinzustellen und wo der Jäger gern längere Zeit verweilt, um vielleicht auch noch die Lockjagd auszuüben.

Das Pürsch-Sitzen findet vor allem Anwendung bei der winterlichen Reizjagd bei Nachmittagssonne auf den Fuchs, bei der Jagd auf Tauben am Wasser und Gelegenheiten, bei denen ich mich so klein und unscheinbar wie nur möglich machen möchte. Das Pürschen-Sitzen ist der fließende Übergang zum Anstand, zum Ansitz.

Das Pürschen-Gehen. Pürschen heißt schleichen, niemals laufen. Die fließende Bewegung wird immer wieder durch mehr oder weniger langes Stehen unterbrochen, wobei das Auge nicht nur das Gelände vor dem Pürschjäger beobachtet, sondern genauso gewissenhaft zur Seite schaut, jede Bewegung registriert, jeden ungewohnten Farbtupfer untersucht. Oft genug ist es die optische Verschiebung zweier Baumstämme, die uns Wild verdeckt oder in Anblick bringt, sind es also nur wenige Zentimeter Vorwärtsbewegung, die uns verraten können, genauso, wie sie uns plötzlich Wild in Anblick bringen. Wild ist Bewegungsseher, jede schnelle Bewegung wird sofort wahrgenommen, jedes seitliche Verschieben des Pürschenden zu einem angepürschten Stück kann ihn verraten. Überqueren wir, um auf Schußweite an Wild heranzukommen, einen deckungsarmen Geländeteil, so tun wir dies mit gleitendem Schritt, ohne Knie, Ellbogen und Hände zu bewegen. Bei Damwild und Krähe z. B. wird uns auch dies nichts nutzen. Sie vermögen sogar den ruhig stehenden Menschen als solchen zu erkennen.

Unsere Nase prüft ständig alle neuen und fremden Gerüche, die uns sagen könnten, daß Wild durchwechselte, unsere Ohren lauschen der Sprache der Tiere, dem Zetern des Zaunkönigs ebenso wie dem Ruf des Hähers oder dem Ticken der Amsel.

Haben wir bei der Pürsch ein Stück Wild – Schalenwild – erlegt, so bleiben wir ruhig stehen oder sitzen, bis sich die Tierwelt um uns herum beruhigt hat.

Mehr noch als beim Ansitz muß man darauf bedacht sein, sich den Anschuß zu merken und alle Schußzeichen richtig zu beurteilen, wenn das Stück Wild nicht im Feuer lag.

Ist das beschossene Stück zur Strecke gekommen, muß es unverzüglich versorgt werden. Ganz falsch ist es, noch warmes Wild in den Rucksack zu stecken und dann die Pürsch fortzusetzen, ebenso auch, ein Versorgen vorerst zu unterlassen und erst nach zu Ende durchgeführter Pürsch nachzuholen. In beiden Fällen leidet das Wildbret Schaden und kann sogar genußuntauglich werden.

Alles auf der Pürsch erlegte und alsbald versorgte Wild wird deshalb im Schatten zum Auskühlen entweder an den Aststummel eines Baumes gehängt oder mit der geöffneten Bauchseite nach oben so über einen liegenden Stamm, einen Erdwall oder ähnliches gelegt, daß der Schweiß abfließen kann und die Auskühlung schnell erfolgt. Ob ein Verblenden oder gar Verwittern des Stückes erforderlich ist, entscheiden Zeitpunkt und Ort der Erlegung. Das Verbringen oder Liefern des Wildes erfolgt nach vollendeter Pürsch mit oder ohne Hilfe.

Die Beachtung der Sicherheit ist vor dem Schuß von allergrößter Wichtigkeit. Schüsse gegen den Horizont – da ein Geschoß mehrere Kilometer weit fliegen kann – sind zu unterlassen, desgleichen Schüsse, bei denen das Hinterland nicht genau eingesehen werden kann. Selbst wenn hinter dem Stück Wild ein einwandfreier Kugelfang vorhanden ist, muß man sich vergewissern, ob nicht doch in gleicher Richtung eine Gefährdung eintreten kann.

Hat man nicht ausreichend Zeit, an einem Baum anzustrei-

Merke: Die penible Beachtung aller Sicherheitsvorschriften und die Übung des Schießens „rechts und links angestrichen" oder mit Hilfe eines Bergstocks sind wesentliche Voraussetzungen für eine erfolgreiche und gefahrlose Pürsch.

chen oder sich hinzuhocken, um kniend zu schießen, ist der Bergstock eine wertvolle Hilfe. In jedem Fall ist der Schuß angestrichen oder mit Hilfe des Bergstocks genügend zu üben. Niemals darf Lauf oder Holzteil der Waffe unmittelbar an Stamm oder Stock angelegt werden, immer muß ein Finger oder die Hand dazwischen gehalten werden. Anderenfalls wird der Schuß seitlich verrissen.

3.3 Schußzeichen und Pürschzeichen

Unter *Schußzeichen* versteht man wahrnehmbare Zeichen, die bei einem Schuß auf Wild darauf schließen lassen, ob und wo der Schuß getroffen hat oder ob ein Fehlschuß vorlag, also das Verhalten des Wildes nach dem Schußknall. Zu den Schußzeichen gehören ferner der *Kugelschlag*, das *Zeichnen* des Wildes sowie die später am Anschuß gefundenen *Zeichen des Geschosses* wie etwa der Kugelriß im Boden, abgeschossene Zweige, Rinde und dergleichen.

Pürschzeichen hingegen sind die von einem Stück Schalenwild am und um den Anschuß, die Flucht- und Wundfährte hinterlassenen Zeichen, die Aufschluß geben können, wo das Geschoß getroffen hat. Hauptsächliche Pürschzeichen sind *Schweiß, Schnitt- und Rißhaar, Knochensplitter, Deckenteile* mit Haar oder Borsten, *Teile innerer Organe, Pansen- und Gescheideinhalt*. Schließlich gehören dazu *Eingriffe* und *Ausrisse* der Schalen des flüchtiggewordenen Wildes sowie *zerbrochene Äste, abgestreiftes Laub oder Nadeln*.

Schalenwild sollte die Kugel grundsätzlich nur dann erhalten,

Die Einzeljagd

Abb. 26. Typische Schußzeichen wie die abgebildeten sind nicht immer unbedingt die Regel.

Labels in figure:
- Waidwundschuß (Schuß durch das kleine Gescheide)
- Krellschuß durch die Federn (der Bock „schlegelt")
- Waidwundschuß (Schuß durch den Weidsack)
- Tiefblattschuß (Herzschuß) oder Streifschuß am Brustkern

wenn es „breit" steht, also dem Schützen die Breitseite des Körpers zeigt, ohne Kopf oder Haupt samt Hals oder Träger nach unten oder den Seiten hin verbogen zu haben. Bei nicht augenblicklich tödlichen Schüssen verschiebt sich sonst in der Flucht die Decke über dem Einschuß, weshalb kein Schweiß austreten kann, was die Nachsuche erheblich erschwert.

Niederwild, das mit Schrot beschossen wird, kann den Schuß von allen Seiten erhalten. Lediglich beim Fuchs ist der Schuß spitz von vorn, bei Entfernungen über etwa 25 Metern auch spitz von hinten, fast nie tödlich. Auch beim Hasen bedeutet der von hinten abgegebene Schuß bei größeren Entfernungen fast immer eine Nachsuche und unnötige Qualen für das beschossene Stück.

Beim Kugelschuß ist das Zeichnen des Wildes nur in den seltensten Fällen so typisch wie auf den Abbildungen angegeben (Abb. 26), vor allem bei der Verwendung von kleinkalibrigen, hochrasanten Geschossen verwischen sich meistens viele Schußzeichen und können mitunter ganz fehlen. Sauen zeichnen ohnehin untypisch, starke Stücke oft überhaupt nicht. Auch der Kugelschlag auf den Wildkörper ist nicht immer hörbar, bei hochrasanter Munition fast nie.

Bei einem Schuß durch Kopf oder Haupt, Wirbelsäule oder Becken stürzt das Wild im Schuß zusammen und kann nicht mehr auf die Läufe kommen. Notfalls ist ein Fangschuß auf Hals oder Träger, mitunter auch auf die Kammer, abzugeben. Bei Schüssen in die Kammer liegt in der Regel das Stück am Anschuß oder nicht weit davon. Lediglich bei Tiefblattschüssen und Schüssen durch das Herz flüchtet es oft, bis das Gehirn blutleer ist, was mitunter – vor allem bei sehr rasanten, gelegentlich auch großkalibrigen Geschossen – bis zu 60 Metern andauern kann.

Es ist ohnehin die Regel, daß Geschosse, die den sogenannten paarigen Schock verursachen, also einen gleichermaßen auf Einschuß- wie Ausschußseite wirkenden Schock, das Wild bei fast allen Treffern im Feuer liegen lassen und daß Geschosse, die im Wildkörper keinen Widerstand finden und/oder für die betreffende Wildart zu grob und/oder zu rasant sind, fast immer ein mehr oder weniger weites Flüchten des Stückes trotz tödlicher Kugel verursachen. So kann es geschehen, daß ein mit dem 7×64 (11,2-g-Geschoßgewicht) H-Mantel-Geschoß beschossener Hirsch im Feuer liegt, während der mit gleichem Geschoß und gleich gut sitzender Kugel beschossene Rehbock noch eine Flucht bis zu 60 Metern macht.

Weidwundschüsse und Schüsse durch den Pansen, auch Leberschüsse, haben nur selten ein augenblickliches Verenden und ebenso selten ein Verbleiben des Stückes am Anschuß zur Folge: Während aber bei Leberschüssen das Wild häufig ohne zu zeichnen abspringt, wird es bei Weidwundschüssen fast immer langsam flüchtig, es sei denn, daß mit einem sehr kleinkalibrigen Geschoß geschossen wurde, bei dessen Verwendung es nur selten ein einwandfreies Zeichen gibt. Klagt ein beschossenes Stück Wild unmittelbar nach dem Schuß, so ist in den häufigsten Fällen entweder ein Laufknochen getroffen oder es liegt ein Nierenschuß vor. Sauen, insbesondere geringe Stücke, klagen gelegentlich, ohne daß Knochen oder Niere getroffen wurden.

Krellschüsse bewirken augenblickliches Zusammenbrechen des Wildes, das aber nach kurzer Zeit und heftigem Schlegeln wieder hoch wird und wie gesund flüchtet. Die Nachsuche ist in solchem Fall fast immer schwierig und führt oft nicht zum Erfolg.

Mit Schrot beschossenes Niederwild verrät meist durch sehr typischen Zeichen die Treffer. Der Fuchs reagiert häufig auf den tödlichen Schuß mit einem steifen Emporrecken der Lunte. Ist er hingegen gefehlt, so „winkt" er manchmal mit dieser, d. h., er dreht sie schraubenartig.

Abb. 27. Schußzeichen des Fasans. **a** gut getroffen, **b** geständert, **c** Schrottschuß in den Kopf oder die Lunge, **d** geflügelt, **e** waidwund weiterstreichend, **f** zu nahe geschossen, **g** nach Berührung mit dem Boden flüchtig ab, **h** hinterer Teil gelähmt, hängende Ständer, aufgeplustertes Gefieder.

Die Einzeljagd

Der getroffene Hase ruckt im Schuß zusammen, er „wird kürzer". Schlenkert ein Vorder- oder Hinterlauf, so ist dieser durchschossen; es wird eine Nachsuche erforderlich.

Flugwild reagiert auf einen Weidwundschuß ebenfalls durch Zusammenrucken, streicht aber segelnd weiter, um oft in der nächsten Deckung einzufallen und sich dort fest zu drücken. Häufig läßt es auch beide Ständer hängen. Ist es geflügelt, stürzt es sogleich schräg und flatternd zur Erde, um meistens unverzüglich zu Fuß das Weite zu suchen. Ist es hingegen geständert, so läßt es den oder die Ständer hängen und wird so weit wie nur möglich fortzufliegen trachten. Mit einem Schrot durch Kopf oder Lunge getroffenes Flugwild „himmelt" oft, d. h., es steigt nach mehr oder weniger weit geradeaus gerichtetem Flug fast senkrecht in die Höhe, um aus dem Scheitelpunkt der Flugbahn plötzlich tot zur Erde zu stürzen (Abb. 27).

Zu den Pürschzeichen gehören der am Anschuß zu findende Schweiß (Abb. 28 bis 40), die Schnitt- oder Rißhaare sowie Eingriffe und Ausrisse der Schalen bei den ersten stürmischen Fluchten.

Jeder Jäger sollte sich im Laufe seiner ersten Jagdjahre ein Schweiß- und Schnitthaarbüchlein anlegen, nach dem er in Zweifelsfällen den Sitz seiner Kugel bestimmen kann.

Abgeschossene, also scharf abgetrennte Schnitthaare lassen fast immer auf einen Sitz der Kugel im Wildkörper schließen, ausgerissene Haare hingegen deuten eher auf einen Streifschuß hin. Die Farbe, Länge, Wellung und Art der Haare oder Unterwolle bei Sauen bezeichnen die verschiedensten Treffer.

Bei einem Schuß in die Kammer – dem Blattschuß – ist der Schweiß entweder schaumig (bei Lungenschuß) oder er ist tiefrot (bei Herzschuß). Leberschüsse erbringen oft körnig braunen Schweiß, Weidwundschüsse hellen, mitunter mit Gescheide- oder Panseninhalt vermischten Schweiß. Wildbretschweiß ist immer leuchtend hellrot, was auch für Laufschüsse gilt, wobei hier oft Knochensplitter zu finden sind. Äser- respektive Gebrechschüsse, auch Schüsse durch den Schlund, erbringen neben ausgeschossenen Zähnen oder Zahnteilen oft Speichel mit Schweiß und Nahrungsresten vermischt.

Bei Kugelschüssen, die keinen Ausschuß brachten, z. B. bei solchen von vorn auf den Stich des Wildes oder bei sehr starkem Wild, ist recht häufig am Anschuß nichts außer den Eingriffen und Ausrissen der Schalen zu finden. Hierbei ist wichtig, daß der Jäger alle Schußzeichen wie vor allem das Zeichnen und das Verhalten beim späteren Flüchten des Wildes beobachtet und keinesfalls bei Aufsuchen des Anschusses diesen und seine Umgebung vertrampelt.

Grundsatz eines jeden Jägers sollte es sein, nach einem Schuß immer eine Weile an seinem Platz zu verharren, es sei denn, daß aus bestimmten Gründen der Hund sofort geschnallt werden muß. In dieser Zeit muß man sich die Gegend des Anschusses einprägen und alles überdenken, was vor, während und nach dem Schuß geschah und für das Geschehen nach dem Schuß wichtig sein könnte.

3.4 Schwerpunktjagd, Intervalljagd

Die Öffnung des Waldes, die zunehmende Freizeit und der unbe-

28	29	30
31	32	33
34	35	36
37	38	39
		40

Abb. 28 – 40. Schußzeichen. 28 Frischer, blasiger Lungenschweiß, 29 Lungenschweiß, teilweise bereits angetrocknet mit Lungensubstanz, 30 Lungenschweiß angetrocknet, 31 Wildbretschweiß mit hineingelaufenem Knochenmark. Im fettig glänzenden Schweiß gerinnt oft das Knochenmark zu kleinen, weißen Kügelchen. Bei flüchtigem Betrachten können diese Kügelchen leicht mit Bläschen verwechselt werden, infolgedessen wird dieser Schweiß häufig als Lungenschweiß angesprochen, 32 Leberschweiß, 33 Milzschweiß, 34 ausgelaufenes Knochenmark, 35 festes Knochenmark. Beim Zerreiben zwischen den Fingern bleibt keine Substanz (Fasern) zurück wie bei Weißem oder Feist, 36 links: Weißes vom Gescheide; rechts: Weißes von der Schwarte mit Borstenteilen, 37 Panseninhalt mit unsauberem Waidwundschweiß, 38 Lauf: Poröser Splitter aus einem Gelenkkopf, 39 Lauf: Scharfkantiger Röhrenknochen mit einem kleinen Spritzer Wildpretschweiß, dessen Ausformung die Fluchtrichtung (hier rechts) anzeigt, 40 Knochensplitter von der Rippe.

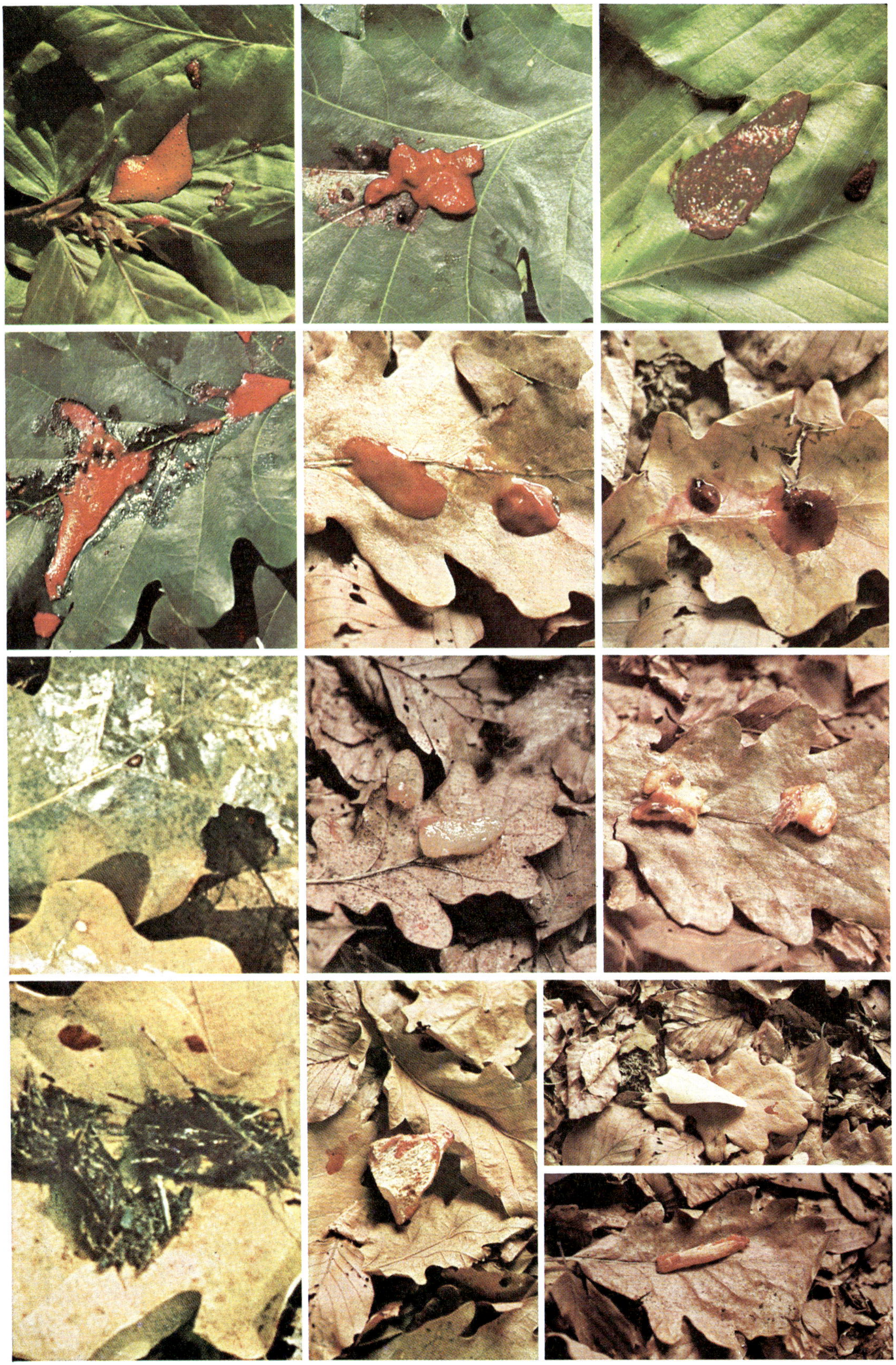

schränkte Zutritt zur freien Natur für jedermann haben zur Folge, daß das Schalenwild sehr viel heimlicher geworden ist, als es früher der Fall war. Gleichfalls hat erhöhter Jagddruck in Gebieten, für die ein Verminderungsabschuß angeordnet wurde, dazu geführt, daß es von Jahr zu Jahr schwerer wird, den gebotenen Abschuß zu erfüllen.

Aus diesen Gründen hat die Jägerschaft, in einigen Bundesländern auch die Jagdbehörden und Jagdverbände, Überlegungen angestellt, wie einerseits der Abschuß ohne übermäßige Zeitbeanspruchung durchgeführt und andererseits der hierbei anfallende Jagddruck auf ein Minimum beschränkt werden können. Als Ergebnis dieser Überlegungen ist festzuhalten, daß es nicht erforderlich ist, durch neue – waidmännisch zweifelhafte und rechtlich anfechtbare – Jagdarten und -methoden den Forderungen nachzukommen. Vielmehr genügt es, überkommene Jagdarten so zu gestalten, daß mit ihrer Hilfe effektiver gejagt und erhöhter Jagddruck vermieden wird. Diesen Anforderungen entsprechen Schwerpunktjagd und Intervalljagd.

Schwerpunktjagd ist eine Form der Schalenwildbejagung, bei der dort, wo beispielsweise erhebliche Wildschäden im Wald oder auch im Feld auftreten oder zu erwarten sind, der Schwerpunkt der Jagdausübung gelegt wird. Andere von Wildschäden nicht oder nicht stark bedrohte Gebiete werden von der Bejagung mehr oder weniger ausgenommen.

Intervalljagd berücksichtigt vor allem die Aktivitätsperiodik der verschiedenen Wildarten durch gestaffelte Zeiten verstärkten Jagddrucks und absoluter Jagdruhephasen. Unter Aktivitätsperiodik versteht man die meist artspezifischen Muster im zeitlichen oder räumlichen Verhalten von Wildtieren, wie das relativ häufige In-Anblick-Kommen einjähriger Schalenwildes in den Wochen nach dem Abschlagen durch die Mutter oder den stärkeren Bewegungsdrang der meisten Schalenwildarten nach einer Neuen oder einer klaren Frostnacht.

Die Kombination von Schwerpunktjagd und Intervalljagd kann sehr effektiv sein und entlastet das Wild vom Jagddruck.

3.5 Bruchzeichen, Jagdliches Brauchtum

Bruchzeichen haben seit uralten Zeiten bei der Jagdausübung eine große Rolle gespielt. Leit- und Warnbrüche gehen bis in das frühe Mittelalter zurück. Sie dienten der Jägerei nicht nur als Verständigungszeichen, sondern waren schon damals Ausdruck waidgerechten Jagens. Besonders für die Nachsuche sind Bruchzeichen noch genauso wertvoll wie früher. Eine gerechte Nachsuche ist ohne diese Zeichen häufig stark erschwert oder unvollständig.

Bruchzeichen werden eingeteilt in Verständigungsbrüche und Streckenbrüche. Man unterscheidet:

Verständigungsbrüche
Hauptbruch
Leitbruch
Anschußbruch
Fährtenbruch
Standplatzbruch
Wartebruch
Warnbruch

Alle Brüche werden gebrochen und nicht geschnitten, nur dann, wenn der Bruch eine besondere Bedeutung bekommen soll, wird er beschnitten oder befegt.

Wir unterscheiden nach altem Brauch fünf *gerechte Holzarten*, von denen Brüche gewonnen werden:

Eiche
Kiefer (Latsche, Zirbelkiefer)
Fichte
Weißtanne
Roterle

Es ist jedoch kein Verstoß gegen gerechtes Brauchtum, wenn man gelegentlich auch von anderen Baumarten, Sträuchern oder Gräsern einen Bruch bricht. Allerdings sollte dies nur für die Streckenbrüche gelten, bei denen weder Sicherheit noch nachfolgende wichtige Handlungen von der Art des Bruches abhängen.

Verständigungsbrüche

Der *Hauptbruch* (Abb. 41) ist ein etwa halblanger, befegter Bruch, der mit der gewachsenen Spitze in diejenige Richtung zeigt, in der etwas Wichtiges zu finden sein wird.

Der *Anschußbruch* (Abb. 42) wird nicht befegt, um nicht die Neugier zufällig Vorübergehender zu wecken. Er steckt mit der gebrochenen Spitze im Erdboden an der Stelle, an der der Jä-

Streckenbrüche
Inbesitznahmebruch
Letzter Bissen
Erlegerbruch (Schützenbruch)

Jagdstrecke

Bruchzeichen, Jagdliches Brauchtum

Abb. 41. Oben: Hauptbruch, mindestens armlang befegt; unten: Leitbruch, halbarmlang befegt.

Abb. 44. Anschußbruch, Fluchtrichtung unbekannt

Abb. 42. Anschußbruch mit Fährtenbruch, männliches Stück nach rechts geflüchtet.

Abb. 45. Standplatzbruch.

Abb. 43. Anschußbruch mit Fährtenbruch, Kahlwild nach links geflüchtet.

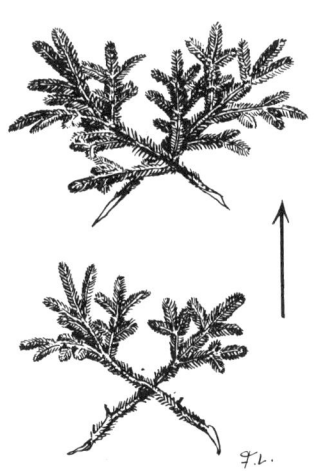

Abb. 46. Oben: Wartebruch; unten: das Warten wurde aufgehoben.

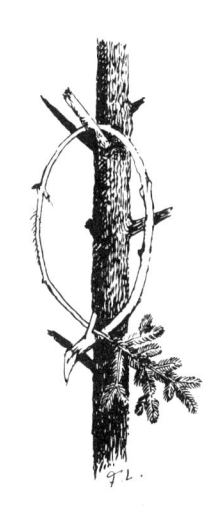

Abb. 47. Warnbruch.

ger den Anschuß gefunden hat oder vermutet.

Der *Fährtenbruch* (Abb. 43 und 44) wird ebenfalls nicht befegt. Er wird dann ausgelegt, wenn der Schütze mit Sicherheit weiß, in welche Richtung das beschossene Stück absprang. Bei einem männlichen Stück wird das angespitzte Ende in die Fluchtrichtung gelegt, bei einem weiblichen das gewachsene Ende. Zur Sicherheit des Wiederfindens des Bruches wird der Fährtenbruch „geäftert", d. h., es wird hinter ihm ein weiterer Bruch quer zur Hauptrichtung der Folge gelegt. Zwei Querbrüche zeigen an, daß der Schütze die Fluchtrichtung nicht genau kennt. Bei einer Nachsuche versorgt sich der Hundeführer ausreichend mit Fährtenbrüchen, die er jeweils beim letzten gefundenen Schweiß auslegt, um diese Stelle bei Rückgriffen leichter wiederfinden zu können.

Der *Standplatzbruch* (Abb. 45) kennzeichnet bei Waldtreiben den Platz jedes Schützen. Er besteht aus einem halbkahlen Bruch, hinter dem der Schütze stehen soll, sowie einem Hauptbruch, der auf die Erde gelegt wird und mit der gewachsenen Spitze die Folge nach dem Treiben anzeigt.

Der *Wartebruch* (Abb. 46) besteht aus zwei gekreuzt übereinandergelegten Brüchen. Werden die Seitenäste entfernt, so zeigt dies an, daß das Warten aufgegeben wurde. Zwischen den beiden gewachsenen Spitzen liegt die Abmarschrichtung.

Der *Warnbruch* (Abb. 47) besteht aus einem allseits befegten Bruch, der zum Kreis zusammengebunden wurde. Er kann auf der Erde liegen, aber auch an einen Ast gehängt werden.

Streckenbrüche

Der Inbesitznahmebruch zeigt an, daß der Jäger ein erlegtes Stück Wild in Besitz genommen hat. Dies ist ein Zeichen gegenüber anderen, im Revier mitjagenden Jägern, daß das Stück ordnungsgemäß zur Strecke kam und nicht etwa gewildert wurde. Der Inbesitznahmebruch gebührt jedem erlegten Stück Schalenwild. Das Stück wird hierzu auf die rechte Körperseite gestreckt. Auf den Wildkörper in Höhe des Blattes oder auf den Ein- oder Ausschuß legt man den Bruch, und zwar so, daß bei männlichem Wild das gebrochene Ende zum Haupt oder Kopf zeigt, beim weiblichen Wild das gewachsene Ende des Bruches.

Den *letzten Bissen* erhielt früher nach alter Schule nur das männliche Schalenwild. Es ist ein Bruch, der quer durch den Äser beziehungsweise das Gebrech gezogen wird. Die aus der Frühzeit stammende Handlung bedeutet soviel wie „Versöhnung mit dem getöteten Tier". Der letzte Bissen hat jedoch auch eine praktische Bedeutung, indem durch ihn Fliegen der Zugang in den Äser erschwert wird. Aus diesem Grund sollte dieser Brauch allem, also auch dem weiblichen Schalenwild zuteil werden. In Österreich und im deutschen Gebirge ist es üblich, auch dem Auerhahn, dem Spielhahn und dem Murmel einen letzten Bissen zu geben.

Der Erlegerbruch (Schützenbruch) ist der Bruch, den der Erleger sich – ist er auf Einzeljagd – selbst an den Hut steckt. Ist er Jagdgast, wird er darauf warten, daß der Revierinhaber oder sein Führer ihm den Bruch überreicht. Das Überreichen des Bruches vollzieht sich folgendermaßen (Abb. 48): Der Jagdherr oder Jagdleiter, der Führende bei einer Pürsch oder der Hundeführer bei einer Nachsuche zieht den Bruch, der etwa handlang sein sollte, zunächst durch den Schweiß des erlegten Stückes. Dann legt er ihn auf den blanken Hirschfänger oder das Waidmesser oder, wenn diese nicht zur Hand, auf den abgenommenen Hut und überreicht ihn so dem Erleger mit dem Wort „Waidmannsheil". Das Überreichen kann mit der linken oder rechten Hand geschehen. Der Erleger nimmt den Bruch mit seiner rechten Hand, steckt ihn rechts an den Hut und bedankt sich mit Händedruck und „Waidmannsdank". Ist eine Nachsuche erfolgreich verlaufen, bricht der Erleger einen Zweig von seinem Bruch ab und überreicht diesen dem Schweißhundführer, der ihn an der Halsung des Hundes befestigt zum Zeichen dafür, daß der Hund hohen Anteil an dem Zurstreckebringen des Stückes hatte.

Nach einer Drück- oder Treibjagd auf Schalenwild verteilt der Jagdherr oder Jagdleiter die Brüche an die erfolgreichen Schützen. Dies erfolgt in der Regel nach dem Verblasen jeder Wildart. Hat ein Schütze an diesem Tag mehrere Stücke Schalenwild erlegt, so erhält er üblicherweise nur einen Bruch. Vielerorts ist es

Abb. 48. Der Schütze erhält am gefundenen Stück Wild den Erleger- oder Schützenbruch überreicht.

üblich geworden, auch dem Erleger eines Kugelfuchses einen Bruch zu überreichen.

Jagdstrecke

Es ist ein schöner Brauch, beim Legen der Strecke – sei es Niederwild oder Hochwild – entweder die Gesamtstrecke mit Brüchen zu umlegen oder einen Teppich aus Brüchen zu fertigen, auf denen das Wild gerecht gestreckt wird. Desgleichen sollte auch der Wildwagen mit Brüchen geschmückt sein.

3.6 Such- und Stöberjagd, Buschieren

Die Hauptfigur bei den hier zu beschreibenden Jagdarten ist der Jagdhund (siehe auch Teil 2 dieses Bandes). Bei der *Suchjagd* ist es fast immer der Vorstehhund. Diese Jagd wird vorwiegend im Feld ausgeübt, in dem der Hund durch mehr oder weniger weite Suche Wild finden, vorstehen und bringen soll, sobald es erlegt wurde, oder nachsuchen, wenn dieses nicht der Fall ist. Die *Suchjagd* kann sowohl allein als auch mit Jagdgehilfen zusammen oder im kleinen Kreis von Jägern bis hin zur Gesellschaftsjagd ausgeübt werden. Im letzteren Fall wird sie mehr zur Streife (s. Abschnitt 4.2.3).

Die Bekleidung des Jägers paßt sich dem jeweiligen Wetter an, die Patronenausrüstung den hauptsächlich zu bejagenden Wildarten. Als Schrotstärken finden Verwendung:

Rebhühner, Schnepfen, Kanin: 2,5 mm
Tauben, Enten, Fasanen: 3,0 mm
Hasen: 3,0 bis 3,5 mm

Grundsätzlich werden die anzusuchenden Felder gegen den Wind angegangen. Dies gilt besonders für Felder mit hoher Deckung. Wird krankgeschossenes

Merke: Häufige Suchjagd – Ausnahme Kaninchen – auf gleicher Fläche ist Aasjägerei, sie zerstört binnen kurzer Zeit den Wildbesatz oder läßt ihn abwandern.

Wild nicht sofort gefunden, sollte nach kurzem Verweilen von Feldbeginn an gegen den Wind erneut angesetzt und nachgesucht werden. Beteiligen sich mehrere Personen, so ist darauf zu achten, daß genau Linie gehalten wird, also niemand vorprellt oder zurückbleibt.

Die *Buschierjagd* wird in höher bewachsenem Gelände ausgeübt, etwa auf Forstkulturen, Altgrasflächen, kupierten oder verkrauteten Schlagflächen. Zur Verwendung kommen hier ebenfalls vor allem Vorstehhunde, aber auch Stöberhunde, wenn sie „unter der Flinte" suchen. Merkmal der Buschierjagd ist, daß der Hund gefundenes Wild vorsteht, das alsdann vom Jäger herausgetreten wird. Bei einem Stöberhund entfällt das Vorstehen, der Schütze muß infolgedessen meist besonders schnell reagieren. Da herausgetretenes Wild oft völlig unberechenbar flüchtet, ist auf die Sicherheit besonderer Wert zu legen.

Mehr als zwei Personen sollten die Buschierjagd nicht zugleich auf derselben Fläche ausüben. Es sollte in aller Regel dabei auch nur ein Hund eingesetzt werden, da mehrere Hunde sich oft gegenseitig stören, vor allem, wenn sie nicht miteinander eingearbeitet wurden (Abb. 50).

Bei der *Stöberjagd* erfüllen die eingesetzten Hunde die Aufgabe von Treibern. Sie suchen selbständig eine dichte Deckung ab, während der oder die Schützen auf Hauptwechseln verteilt um die Deckung herum abgestellt sind (Abb. 51). Der Hund muß die Deckung weiträumig gründlich und vollständig absuchen. Er muß gefundenes Wild stechen, möglichst spurlaut verfolgen und aus der Deckung treiben. Zum Stöbern eignen sich besonders die eigentlichen Stöberhunde, aber auch fast alle sonstigen Jagdgebrauchshunde einschließlich der Erdhunde.

Die Stöberjagd kann als Einzeljagd ohne Mitjäger und Gehilfen ausgeübt werden, z. B. in Knicks und Hecken, an Bahndämmen und Sandgruben. Mit wenigen Schützen, mit und ohne Treiber, also immer noch nach dem Begriff der Einzeljagd, erfolgt sie beispielsweise im Schilf zugefrorener Seen, in Feldgehölzen und Remisen, an Hängen mit starkem Bewuchs oder auch kleineren Dickungen im Wald. Sie wird zur Gesellschaftsjagd bei großräumiger Anlage der Jagd (in einigen Bundesländern ab einer bestimmten Teilnehmerzahl), etwa beim Stöbern auf Sauen oder Fasanen, und leitet im ersteren Fall über zur Brackenjagd (siehe Abschnitt 6.4).

Abb. 49. Der Jäger schickt seinen Hund zur Suche (oder je nach Gelände zum Stöbern oder Buschieren) voran.

Abb. 50. Buschierjagd.

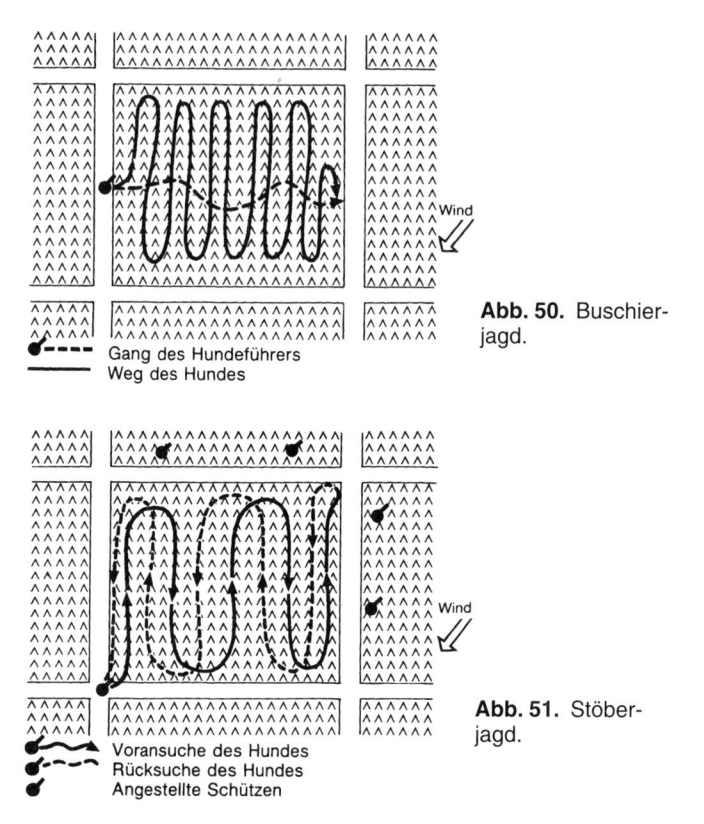

- Gang des Hundeführers
- Weg des Hundes

Abb. 51. Stöberjagd.

- Voransuche des Hundes
- Rücksuche des Hundes
- Angestellte Schützen

Bei der Stöberjagd auf Schalenwild, also mit der Kugelwaffe, sind die zu treffenden Sicherheitsvorkehrungen noch weit sorgfältiger auszuführen als bei Stöberjagden mit der Flinte, sie entsprechen dann denjenigen, wie sie im Abschnitt 4.1. Drückjagd behandelt werden.

Gilt die Jagd dem Stein- oder Hausmarder, so wird sie in den meisten Fällen an einer Scheune oder einem alten Haus im Dorf oder am Ortsrand enden, mitunter aber auch an einem Stein- oder Buschhaufen im Wald. Um letzterer Möglichkeit größere Wahrscheinlichkeit zu geben, kann man ohne Mühe im Revier Unterschlüpfe für Marder bauen, indem man etwa einen Meter lange Knüppel kastenförmig übereinanderschichtet und das Bauwerk anschließend dick mit Laub verblendet (Abb. 52). Besonders bei plötzlich einsetzendem Tauwetter sind solche „Kunstbaue" häufig besetzt.

Gilt die Jagd hingegen dem Baum- oder Edelmarder, so wird man sich fast immer auf eine lange Suche gefaßt machen müssen, denn dieser Marder legt in einer Nacht weite Wege zurück. Oft genug wird das Nachhängen der Spur an der Reviergrenze enden, mitunter auch deshalb erfolglos abgebrochen werden müssen, weil entweder der Tag nicht ausreiche oder aber der Marder schließlich in den Baumkronen so weit fortholzte, daß der Jäger sich an den vielen Absprüngen und Widergängen verwirrt. Voraussetzung für das Ausneuen ist zunächst eine Neue, d. h. neuer Schnee auf alter Schneelage, wobei schwach nasser Schnee günstiger ist als Pulverschnee, in dem im Wald eine Spur nur schwer fortzubringen ist. Weiter sollte man den Unterschied in der Spur der beiden Marderarten kennen. Es ist wichtig, daß man gut zu Fuß ist und den Tag noch vor sich hat, also die Spur spätestens in den letzten Vormittagsstunden angetroffen hat.

3.7 Ausneuen und Auspochen

Von den zahlreichen Jagdmöglichkeiten, die uns der Winter schenkt, ist das *Ausneuen* einer Marderspur eine der beschwerlichsten und unsichersten. Sie bedeutet aber, ganz gleich, ob am Ende der Erfolg steht oder nicht, in jedem Fall ein hohes jagdliches Erlebnis.

Abb. 52. Marderkunstbau.

Ausneuen, Auspochen/Lockjagd

Abb. 53. Die Rufjagd auf den Frühjahrstauber ist eine Form der Lockjagd.

Abb. 54. Bei der Lockjagd ist nicht nur die gekonnte Nachahmung von Lauten wichtig, sondern die Fähigkeit sich in die jeweilige „Stimmung" des Wildes hinein zu versetzen.

Die Spur des Baummarders endet durchaus nicht immer an Bäumen mit Spechtlöchern oder ausgefaultem Kern. Meist steckt er über Tag in einem Krähenhorst oder einem Eichhörnchenkobel in dichtem Stangenholz. Die letzte Strecke seiner Nachtfahrt legt er meist in den Baumkronen zurück, und nur abgetretener Schnee, heruntergefallene Rinde und Moos verraten dann noch den Weg, den er genommen hat. Findet man aber schließlich im Schnee den gelben Fleck, der entsteht, wenn der Marder unmittelbar vor dem Schlafplatz noch einmal näßt, so hat der Jäger fast immer gewonnen, denn nun muß er nur noch seine Beute im Baum entdecken, ansprechen, auspochen und treffen. Sitzt der Marder in einem Nest oder Kobel, so genügt mitunter schon ein schwaches Kratzen am Baum, um ihn zum sofortigen Springen zu veranlassen. Manchmal aber sitzt er so fest, daß man heftig an den Baum schlagen, ja mitunter sogar einen Schuß in die Luft abgeben muß.

Merke: Das Ausneuen und Auspochen eines Marders erfordert Zähigkeit, Geduld, Vorsicht und – leider oft genug – Verzicht!

Folgen wir der Spur eines Steinmarders und endet diese in einer Scheune, so brauchen wir Hilfskräfte, denn ohne sie bringen wir Weißkehlchen nicht zum Springen. Als Hilfskräfte dienen ein Hund, am besten ein Terrier oder Teckel, sowie einige Jungen, die, so laut sie nur können, mit Topfdeckeln oder ähnlichem klappern, wenn es dem Hund nicht alsbald gelingt, den Marder zum Springen zu veranlassen. Der Jäger selbst stellt sich bei großen Scheunen in diese hinein, bei kleineren Gebäuden an diejenige Außenseite, an der das Schlupfloch des Marders ist. Das Gekläff des Hundes und das ohrenbetäubende Klappern wird im allgemeinen den Marder bald aufstören. Beim Schuß ist der Hunde und Menschen wegen mit großer Vorsicht vorzugehen.

Innerhalb bebauter Ortsteile ist das Schießen verboten, hier muß – mit Genehmigung des Hausbesitzers und unter Beachtung aller Sicherheitsmaßnahmen – mit der Falle gearbeitet werden.

3.8 Die Lockjagd

Es gibt viele Wildarten, die man mit Hilfe *optischer, akustischer, geruchlicher* oder *mechanischer* Lockmittel bejagen kann.

Leider wird die Lockjagd nur selten sachgerecht ausgeübt. Entweder weil viele Jäger die verschiedenen Möglichkeiten hierzu nicht beherrschen oder nicht in der Lage sind, die Variationen der Tierlaute in der für den jeweiligen Augenblick richtigen Art nachzuahmen. Die im Handel befindlichen Instrumente geben oft in viel zu grober Weise die tierischen Laute wieder, oder sie müssen dem „jeweiligen Bedarf entsprechend" gestimmt werden. Dieses Stimmen der Instrumente kann aber nur dem gelingen, der die Tierstimmen oft genug in ihrer Vielfalt gehört hat, richtig zu deuten vermag und darüber hinaus über soviel musikalisches Empfinden verfügt, das auch feinste Klangfärbungen unterscheidet. Zur richtigen Ausübung der Lockjagd mit akustischen Instrumenten gehört deshalb neben einer gewissen Musikalität eine gehörige Portion Erfahrung.

Das Nachahmen der Tierlaute mit natürlichen Hilfsmitteln ermöglicht zwar oft eine viel feinere Modulation der Töne, es erfordert aber auf der anderen Seite die Beherrschung der handwerklichen Kunst, sich solche Naturinstrumente selbst herzustellen und dienstbar zu machen.

Sehr viel einfacher ist die Verwendung optischer Hilfsmittel, die in ausgezeichneter Form im Handel erhältlich sind und die man sich teilweise auch ohne große Mühe und Kunst selbst herstellen kann. Sie sind aber nur für die wenigen Wildarten zu gebrauchen, die auf optische Reize ansprechen, also im wesentlichen Tauben, Enten und Gänse, Krähen und gelegentlich Gams. Geruchliche Lockmittel verwendet man bei der Jagd auf Raubwild und bei jeder Art der Jagd am Kirrplatz. Fast durchweg handelt es sich hierbei um Kirrbrokken, Duftschleppen und Lockwitterung. Unter mechanischen Lockmitteln versteht man alle jene Hilfsmittel wie Zweige, Stöcke, trockenes Holz usw., mit denen man das Schlagen, Fegen, Plätzen und Anwechseln von Wild nachahmen kann.

Rotwild. Zur Hohen Schule des Rotwildjägers gehört es, die vielerlei unterschiedlichen Lautäußerungen dieser Wildart bei der Brunft nachahmen zu können. Die gängigsten Hilfsmittel, um den Brunfthirsch zu reizen, sind die vor dem Mund gewölbten Hände, das Herakleumrohr, der Lampenzylinder, Muscheln und künstlich hergestellte Rufe vieler Art. Der Anfänger sollte vorsichtig versuchen, das Mahnen des Kahlwildes zu üben und später das faule Knören eines Hirsches – mehr nicht! Meisterschaft kann man nur durch das Beispiel eines erfahrenen Rufjägers erlernen und durch langjährige Praxis. Im allgemeinen aber genügen die Beherrschung des Mahnens und eines verhaltenen Knörens vollauf, um einen Hirsch zum Verhoffen zu bringen, was in aller Regel völlig ausreicht, um ihn ansprechen und gegebenenfalls erlegen zu können. Auch wenn wir den Umgang mit dem Hirschruf beherrschen, werden wir unsere Kunst nur in Ausnahmefällen gebrauchen – unnötiges Schreien hat schon so manchen Hirsch dauerhaft vergrämt und ganze Revierteile leer gemacht!

Damwild. Auch hier ist die Beherrschung des Mahnens der Tiere die beste Möglichkeit, einen suchenden Schaufler oder geringen Hirsch anzuhalten. Das rauhe Schreien der Schaufler nachzuahmen, ist recht schwierig, zudem auch unnötig, da schreiende Damhirsche sich ohnehin meist am festen Brunftplatz befinden, auf dem die Jagd anders verläuft als beim Rotwild, das den Brunftplatz häufig wechselt.

Schwarzwild. Es ist nicht besonders schwer, die vielen verschiedenen Laute des Schwarzwildes nachzuahmen. Nur selten aber wird man mit dieser Kunst in der Bejagung Erfolg haben. Jedes Stück der Rotte hat seine eigenen Individuallaute, die jedes Rottenmitglied genau kennt und die wir auch beim besten Willen nicht beherrschen, geschweige denn nachahmen können. Lautäußerungen fremder Sauen – nur diese können wir darstellen – veranlassen die angepürschte Rotte zu besonderer Aufmerksamkeit, meist zur Flucht. So wird die Jagd auf Schwarzwild nicht akustisch, sondern mit Hilfe der abgedeckten Lockfütterung – Kirrung – ausgeübt. Sie ist, richtig durchgeführt, die beste Möglichkeit, einen gezielten Wahlabschuß durchzuführen.

Gams. Während der Brunftzeit kann man den suchenden Bock, seltener den beim Rudel stehenden, dadurch zum Zustehen bringen, daß man den Brunftlaut, das Blädern, nachahmt. Der Laut wird ohne Hilfsmittel durch die gehöhlten Hände mit dem Mund hervorgebracht; er ist bei klarer Luft und geringem Wind in der Abgeschiedenheit der Bergwelt bis zu 300 Meter weit vernehmbar.

Ebenfalls in der Brunft, aber auch zur Feistzeit, kann man Gams dadurch zur Neugier und mitunter zum Zustehen bringen, daß man ihnen das „Gamsmanderl" macht, d. h., man wirft sich den Mantel oder die Kotze über und kriecht auf Händen und Füßen, teilweise durch Latschen gedeckt, aber doch in voller Sicht des Wildes umher. Da Gams außerordentlich neugierig sind und zudem ein schlechtes Erkennungsvermögen haben, gelingt dies Täuschungsmanöver recht oft.

Rehwild. Noch vor der Rufjagd auf den Rothirsch ist die Blattjagd auf den roten Bock die bekannteste Art der Ausübung der Lockjagd. Blattjagd heißt sie deshalb, weil man das Fiepen des weiblichen Stückes auf einem Blatt – und zwar einem solchen mit glattem Rand und schwachen Rippen (Buche, Flieder,

Birne, Faulbaum) – nachahmt und so den Bock dazu bringt, dem Jäger zuzustehen.

Unter der eigentlichen Blattzeit versteht man nicht die gesamte Zeit der Rehbrunft, also von Mitte Juli bis Anfang August, sondern die Tage, in denen die eigentliche Brunft schon fast vorbei ist, die Böcke also suchen und mit großer Wahrscheinlichkeit nicht mehr bei einer brunftigen Geiß stehen. Dies ist in der Regel die Zeit zwischen dem 1. und 10. August. Wer vorher blattet, wird oft sein Revier leerblatten, die Böcke verblatten, es sei denn, daß er ausschließlich nur mit dem Kitzruf arbeitet und so Geiß und mit ihr den Bock in Anblick bringt.

Bei welcher Witterung die Böcke am besten aufs Blatten springen, ist von Revier zu Revier verschieden. Mit Ausnahme von scharfem und kaltem Wind sind es alle nur erdenklichen Wetterlagen, bei denen beste und auch schlechteste Jagd möglich ist. Auch die Uhrzeit, zu der die Blattjagd am erfolgversprechendsten ausgeübt werden kann, wechselt ständig. Sie hängt ab von der Unruhe im Revier, vom Geschlechterverhältnis der Rehe, vom Altersklassenaufbau der Böcke und der Wilddichte.

Merke: Bei der Blattjagd gibt es nur die eine Regel: Nutze jeden Tag und jede Stunde, aber zur richtigen Zeit.

Der Blattjäger hat sich schon lange vor Aufgang der Blattjagd Stände errichtet, die er im Bedarfsfall noch ein wenig mit frischen Zweigen umsteckt, um nach vorn bessere Deckung zu haben. Immer sind solche Blattstände *vor* einem Baum, niemals dahinter! Gelegentlich muß man sich einen Pürschpfad dahin anlegen, denn der in der Dickung ruhende Bock mag zwar abgebrunftet sein, vernimmt aber ausgezeichnet. Benutzt der Jäger künstliche Lockinstrumente, so muß er diese am Abend vor der Jagd einstimmen, zu Beginn der Blattzeit auf den Kitzruf, später auf den tieferen Ton der Geiß. Will er auf dem natürlichen Blatt fiepen, so schneidet er sich einige davon am Morgen der Jagd. Immer sollten es Schattblätter sein, die geschmeidig und zäh sind und natürlichere Töne erzeugen als Sonnblätter.

Für die Verwendung des natürlichen Blattes gab der als Blattkünstler bekannte *Ernst Johann Faber* in WILD UND HUND folgendes Rezept: „Man nehme das Blatt in beide Hände und ziehe mit Zeigefinger und Daumen der Länge nach das Blättlein am Rande so, daß eine kleine Falte entsteht. Dann lege man das Blatt fest an die Unterlippe und blase leicht und leise – ein Hauch nur – mit der Oberlippe über die sich bildende Membran. Früher oder später, je nach Veranlagung, wird man den gewünschten Fiepton erhalten. Je enger man die Finger zusammenhält, d. h., je kürzer die Membran ist, über die man den Ton bläst, desto tiefer wird der Ton. Durch unmerkliches Öffnen der Lippen kommt man dann später von selbst auf das sogenannte Angstgeschrei.

Der Ton des Angstgeschreis ist in Vokale umgesetzt 'i-a'; wie man bei 'i' den Mund geschlossen und bei 'a' geöffnet hält, ebenso ist es auch, wenn man den Ton auf dem Blatt nachahmt. Den Fiepton bläst man mit eng auf der Membran anliegender Oberlippe, beim Angstschrei gibt man etwas nach, so daß der Ton von selbst eine tiefere Klangfarbe erhält. Ich habe das Angstgeschrei wiederholt von Geiß und Bock gehört und habe es sofort nachgeahmt. Es ist nicht zu unterscheiden von dem natürlichen Laut, und ich kenne kein Blattinstrument der Welt, das beides derartig naturgetreu nachahmt wie eben das natürliche Blatt. Die kleine Zeichnung (Abb. 55) trägt vielleicht noch

Abb. 55. Natürliches Blatt.

zum besseren Verständnis bei. Bei a und b liegen die Finger, der doppelte Strich ist die Falte und das Schattierte die Membran. Die untere größere Hälfte des Blattes liegt an der Unterlippe an, über die schraffierte kleinere Hälfte, also die Membran, wird mit der Oberlippe der Ton geblasen. Zur Aufbewahrung der Blätter dient am besten eine kleine Zigarilloschachtel aus Blech.

Ich pflücke mir, bevor ich zum Blatten ausziehe, ungefähr 20 sorgfältig ausgewählte Blätter, feuchte diese mit etwas Wasser an und schüttle das Ganze gut durch, damit die Feuchtigkeit auch an jedes Blatt kommt. So bewahrt, halten sich die Blätter drei bis vier Tage. Sollte ich je einmal in Verlegenheit kommen, dann gibt mir der Wald immer wieder das, was ich brauche."

An einem Blattstand angekommen, wird man nach einer Wartezeit von einigen Minuten eine erste Strophe von nicht mehr als fünf bis sieben Fieplauten blatten. Danach wartet man etwa zehn Minuten, um die gleiche Melodie zu wiederholen. Rührt sich nichts innerhalb der nächsten Viertelstunde, so sollte man am besten diesen Stand verlassen und weiterziehen. Die Verwendung des Sprengfieps respektive Angstgeschreies sollte so sparsam wie möglich erfolgen und nur dann, wenn man weiß, daß der Bock bei einer Geiß steht und anders nicht aus der Deckung herauszubekommen ist. Auch in der Natur kommt der Sprengfiep nur äußerst selten vor. Hat man den Bock indessen bereits gesehen oder gehört und traut er sich nicht aus der Deckung heraus, so kann man durch Schlagen mit einem Stock und Scharren mit dem Stiefelabsatz einen fegenden und plätzenden Nebenbuhler vortäuschen, was besonders den vorsichtigen alten Bock oft veranlaßt, seine Deckung doch noch zu verlassen.

Alle diese Lockmittel aber sollten so sparsam wie möglich verwendet werden. Sie werden sonst nichts anderes als unnötige Unruhe im Revier verbreiten und den Streß des Wildes vermehren!

Raubwild. Alles Haarraubwild, aber auch manche Greifvögel und sogar Schwarzwild, stehen auf den Mauspfiff und die Hasenquäke zu. Schleppen mit Gescheide vom Hasen, Tropf- oder Spritzfährten mit Wildschweiß und das Auslegen von Kirrbrocken dienen ebenfalls dem Anlocken und eventuell der Erlegung beziehungsweise dem Fang des Raubwildes.

Lampes Todesschrei (Hasenklage) wie auch der Angstpfiff des Kaninchens können sowohl auf der Faust als auch mit Instrumenten nachgeahmt werden. Das vor allem für Fuchs und Marder auf kurze Entfernung angewandte Vogelangstgeschrei kann auf der Faust respektive dem Daumen wiedergegeben werden. Die drei Lockrufe sind nicht allzu schwer zu erlernen, es bedarf lediglich eines Lehrmeisters (Abb. 56), der die Laute naturgetreu nachzuahmen beherrscht.

Die beste Jahreszeit, den Fuchs zu reizen, ist der Vorwinter, die Monate November und Dezember. In der anschließenden Ranzzeit wirken die Klagelaute nur selten, es sei denn, daß entweder sehr hoher oder verharschter Schnee dem Fuchs über längere Zeit das Beutemachen erheblich erschwert hat. Als günstigste Tageszeiten haben sich der sonnige Spätnachmittag bei Frost oder Schnee, vor allem aber die Nachtstunden bei Mond und Schnee zwischen 21 und 23 Uhr erwiesen.

Bei der Jagd am Spätnachmittag begibt man sich möglichst geräuschlos an die windabgewandte Seite der Deckung, in der man den Fuchs vermutet, setzt sich dort vor einem Baum oder hinter eine knie- bis hüfthohe Deckung, wartet eine kurze Weile und beginnt sein Konzert je nach Größe der Dickung mit dem Mäuseln respektive Vogelangstruf (bei kleiner Dickung) oder der Hasenklage (bei großer Dickung). Ähnlich wie beim Rehbock darf man keineswegs das Geschrei zu oft wiederholen, zwei- bis dreimaliger Vortrag genügt vollauf.

Zu häufiges Reizen ist der Hauptfehler bei der Lockjagd auf den Fuchs. Der nächsthäufige Fehler liegt darin, daß der Jäger das Geschrei nur in eine Richtung lauten läßt. Er sollte es vielmehr dem vom Raubwild ergriffenen oder sonstwie in Bedrängnis geratenen Hasen, Kaninchen oder Vogel gleichtun, die ihre Angstlaute nach allen Seiten, oben und unten ertönen lassen. Nur der Mauspfiff wird „stationär" hervorgebracht.

Die gleichen Methoden gelten auch für die Jagd bei Nacht, bei der aber fast immer die Hasenklage als erstes Instrument Verwendung findet. Zwei bis drei ersterbende Strophen sind reichlich genug. Zeigt sich kein Fuchs oder Marder, so empfiehlt sich eine Pause von mindestens einer halben Stunde vor einem weiteren Versuch. Erscheint der Fuchs, wartet aber allzulange in zu weiter Entfernung, oder hört man ihn im Dürrlaub oder Dickung herumschleichen, ohne daß er die Deckung verläßt, so darf man keinesfalls weiterhin die Hasenklage benutzen. Hier wird dann nur noch der Mauspfiff eingesetzt oder der Vogelangstruf. Die Kaninchenklage kann natürlich nur dort benutzt werden, wo diese Flitzer vorkommen.

Schleppen für Raubwild werden – vor allem in den Monaten November bis Februar – so hergestellt, daß man das Gescheide von Haarwild – am besten vom Hasen –, an eine Schnur gebunden, meist zu Fuß, seltener am Auto befestigt, sternförmig zu einem Ansitzplatz zieht, der nach Möglichkeit schon längere Zeit als Luderplatz gedient hat. Na-

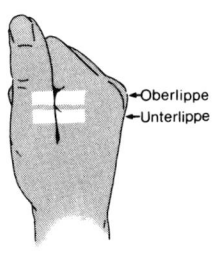

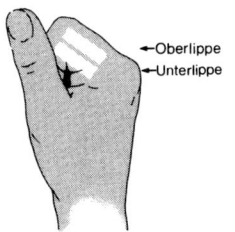

Abb. 56. Links: Fingerstellung beim Imitieren der Hasenklage durch Saugen an der Faust; rechts: Fingerstellung beim Imitieren der Kaninchenklage.

türlich kann man auch mit Schweiß oder Rinderblut Fährten tropfen oder spritzen, genauso wie erlegtes, verunglücktes oder gefangenes (getötetes) Kleinwild im Ganzen schleppen. Am meisten bewährt hat sich die Hasen-Gescheideschleppe. Fuchs und Marder, aber auch wildernde Katzen, stehen auf ihr am besten zu.

Hat man tagsüber eine solche Schleppe gelegt, so muß man sich rechtzeitig auf den Ansitz begeben, d. h. in ungestörten Revieren bereits mit einbrechender Dunkelheit, in vielbegangenen Revieren nicht später als 19 Uhr. Für den Ansitz bei Nacht benötigt man neben einem Nachtglas eine nach Möglichkeit kombinierte Waffe mit kleiner Kugel und grobem Schrot sowie eine Zieloptik, die der des Fernglases nicht allzusehr unterlegen sein sollte. Sechsfache Vergrößerung genügt im allgemeinen. Man hüte sich vor Weitschüssen mit Schrot und vor allen Schrotschüssen spitz von vorn, die fast nie tödlich sind. Der beste Schuß mit Kugel und Schrot ist der auf den breit stehenden oder schnürenden Fuchs; er schont auch am meisten den Balg!

Der Einsatz von Mäusekästen kann bei der Jagd auf Raubwild Erfolg bringen. Man fertigt hierzu aus vier Brettern von jeweils 50 Zentimeter Länge und 12 Zentimeter Breite sowie einem passenden Bodenbrett einen oben offenen Kasten. Dann werden an der oberen Öffnung des Kastens an zwei gegenüberliegenden Seitenbrettern senkrecht zwei Leisten (2 x 2 x 10 cm) im Abstand von fünf Zentimetern nebeneinander so angenagelt, daß sie die Bretter um 1,5 cm überragen. Danach legt man Häcksel und etwas Getreide in den Kasten und schraubt oben auf die vier überstehenden Leistenenden einen passenden Holzdeckel. Der so hergerichtete Mäusekasten wird an geeigneter Stelle – Hochsitz, Fanganlage – im Revier bis wenige Zentimeter unter den oberen Spalt in den Erdboden eingelassen. Die in den Kasten eindringenden Mäuse locken durch ihre Witterung und ihr Pfeifen das Raubwild an.

Wildgänse und Wildenten. Beide Wildarten werden üblicherweise mit Hilfe von Attrappen, also möglichst natürlich aussehenden Lockvögeln bejagt. Das Nachahmen der Stimme verspricht nur bei der Stockente Erfolg. Hier ist es vor allem die „prahlende" Stimme der weiblichen Ente, das „räb-räb-räbräb", die mitunter bewirkt, daß ein vorüberfliegendes Schoof zum Einfallen gebracht wird. Die rauhe und schwierig nachzuahmende Stimme des Erpels hat nur dann Lockwirkung, wenn man mit ihr an anderer Stelle des Gewässers eingefallene Enten zum Zustehen bringen will.

Mit einem käuflich zu erwerbenden Lockinstrument kann man die verschiedenen Lautäußerungen der Stockenten wiedergeben, die gute Lockwirkung haben.

Lockenten-Attrappen müssen schwimmfähig, also aus Holz oder Kunststoff sein. Sie werden mit einem Senkblei versehen und einer Schnur, die am Ufer verpflockt wird. Das Aussetzen der künstlichen Lockenten hat nur dann Sinn, wenn es auf einem stehenden Gewässer erfolgt, wo ablandiger Wind herrschen muß, oder auf einem Fluß von einer Buhne oder einem Landvorsprung aus, damit die Vögel weitab vom Land schwimmen und nicht an das Ufer getrieben werden.

Lockgans-Attrappen sind ebenfalls meist aus Holz oder Kunststoff. Sie werden in etwa 20 Meter Entfernung hinter dem Ansitz des Jägers (einem Erdloch oder einer Schilfinsel) auf die Erde gesetzt, mit dem Kopf gegen den Wind, und zwar so, daß die anstreichenden Wildgänse gegen den Schützen und damit auch gegen den Wind einfallen können. Es empfiehlt sich, einige der Lockgänse in äsender Stellung und wenige in wachsamer Position, d. h. mit aufgerichtetem Hals, aufzustellen.

Ringeltauben. Die Lockjagd auf den Ringeltauber wird während der Balz, also in der Zeit von März bis in den April hinein ausgeübt. Die Lockjagd mit Taubenattrappen findet im Spätsommer im Lagergetreide, auf Stoppelfeldern oder in Gemüseäckern, die Taubenjagd mit Hilfe von Salzlecken über die gesamte Jagdzeit hin statt.

Bei der Lockjagd auf den Tauber wird dessen Balzgesang mit Hilfe einer Taubenlocke oder auf der Faust (Abb. 57) nachgeahmt. Am weitaus natürlichsten klingt der Gesang auf der Faust, weil man auf ihr die Stimme un-

Abb. 57. Taubenlocke. Die Hände bilden einen luftdichten Hohlraum, die Atemluft wird von oben durch die leicht angewinkelten Daumen geblasen, der Ton durch Öffnen und Schließen der Daumen durch Vergrößerung bzw. Verkleinerung des Hohlraums in den Händen modelliert.

gemein modulieren, also den Ruf des Taubers am besten nachahmen kann. Auch der „Zum-Nest-Ruf" läßt sich auf der Faust nachahmen. Die Lockjagd wird so ausgeübt, daß sich der Jäger bis in das Revier des Taubers, also etwa bis auf eine Entfernung von 60 bis 80 Metern an den rufenden Tauber heranpürscht. Hier sucht er sich eine Stelle aus, die ihm selbst Deckung bietet, jedoch auch Sicht- und Schußfeld auf die Kronen der vor ihm stehenden Bäume. Mit schußbereiter Flinte ahmt er nun den Tauberruf nach: „Hu kúuh ruku (hu kúuh rú ruku)...(drei- bis viermal) ruk." Das abschließende „ruk" darf nie vergessen werden, da es zur Strophe gehört und der Tauber sonst „vermuten" muß, daß sein vermeintlicher Nebenbuhler gestört wurde.

Hat sich der angelockte Tauber zwar gut reizen lassen, steht aber nicht zu, so betone man von Ruf zu Ruf die zweite Silbe des Gesanges mehr, so daß aus dem Reviergesang mehr eine Art Kampfruf wird. Steht der Tauber dennoch nicht zu, so kann man ihn mit dem „Zum-Nest-Ruf", also dem Ruf des bereits verpaarten Taubers, der häufig dem Tretakt unmittelbar vorangeht, zum sofortigen Zustehen bringen.

Die Verwendung von Locktauben aus Holz oder Plastik, auch von frisch erlegten und mit Hilfe einer Holzgabel aufgerichteten Tauben wird im Spätsommer und Herbst ausgeübt. Je mehr Locktauben Verwendung finden, desto größer wird die Anziehungskraft sein. Sie werden (wie auch Lockgänse) so auf den Acker gestellt, daß sie gegen den Wind ausgerichtet sind. Erlegte Tauben müssen sofort eingesammelt werden, herumliegende Federn sind zu beseitigen. Das beste Wetter für diese Art der Lockjagd ist ein leicht windiger, schwach bedeckter Tag, die beste Tageszeit sind die Morgenstunden und der Nachmittag ab etwa 16 Uhr.

Die Jagd auf Tauben an der Salzlecke – hier besser Sulze –, also einem mit Salz versehenen Lehmbrei in einem Kasten, soll hier nur Erwähnung finden. Sie wird kaum mehr ausgeübt wegen der Langwierigkeiten der Vorbereitung. Die Jagd an der Tränke gehört zur Ansitzjagd.

Birkwild und Haselwild. Die Lockjagd auf Haselhuhn und Birkhahn hat zwar derzeit in Deutschland nur historische Bedeutung, sollte aber erwähnt werden. Der Birkhahn wird oft aggressiv, wenn man in seinem Balzterritorium einen Nebenbuhler vortäuscht, wobei das Nachahmen des Grugelns oder Kullerns – das übrigens recht schwierig nachzuahmen ist – weit weniger Reiz ausübt als das Zischen oder Blasen. Der Ruf kann nach kurzer Einübung unschwer nachgeahmt werden. Er klingt wie „tschuischuih", im Sprung des erregten Hahnes wie „tschuschuschusch". Kann der erste Ruf ohne Zuhilfenahme von Fingern oder der Hand hervorgebracht werden, so muß man für den letzteren einen Finger seitlich in den Mund stecken und rasch auf und ab bewegen. Wie bei jeder Rufjagd, so gilt auch bei der Jagd auf den kleinen Hahn, daß man mit dem Locken sparsam umgehen soll und nur dann unermüdlich fortfahren darf, wenn der angelockte Hahn wirklich auf das Rufen reagiert.

Haselwild lebt monogam in paarbezogenen Territorien. Jungwild wird im Herbst abgebissen und muß sich eigene Reviere suchen. In dieser Zeit können vor allem das Locken des Hahnes – das Spissen – und der Ruf der Henne – das Bisten – nachgeahmt werden. Für das Spissen werden Locken aus kleinen Röhrenknochen gefertigt oder im Handel erhältliche Pfeifchen – meist aus Metall – verwendet.

Waldschnepfen. Bei der Balzjagd auf den Schnepfenhahn – diese ist derzeit in Deutschland untersagt – kann man die Neugier des suchenden Hahnes reizen. Am gebräuchlichsten ist die Verwendung des Schnepfenpfeifchens, mit dem das Puitzen des Hahnes nachgeahmt wird, was aber nur dann sinnvoll ist, wenn sich bereits ein solcher in Sicht- oder Hörentfernung in der Luft befindet.

Rabenkrähen, Elstern und Eichelhäher. Alle drei Arten sind im Moment der Neuauflage dieses Lehrbuches in einigen Bundesländern (noch) nicht (wieder) bejagbar. Man beachte deshalb die geltenden landesrechtlichen Vorschriften zur Bejagung der Rabenvögel. Die Lockjagd auf Rabenkrähen gilt den Standkrähen zu der Zeit, in der sie noch nicht brüten. Geeignet hierzu sind die Nachahmung des Angstrufes, einem dreisilbigen Ruf, wie „kra – áá – ah", bei dem die erste Silbe tief, die zweite hell und laut, die dritte wieder tief und in der Lautstärke gemäßigt betont wird. Das Aussetzen von Lockkrähen aus Holz, Kunststoff oder von Stopfpräparaten lockt sowohl revierverteidigende Altvögel als auch aus Neugier später Jungvögel an.

Elstern sind – wenn man sich völlig gedeckt bis auf Hörweite anpürschen konnte – mit Hilfe einer geschüttelten, zu etwa einem Drittel gefüllten Streichholzschachtel anzulocken. Noch besseren, weil weithin hörbaren Erfolg verspricht eine Kinderrassel, die man zur Tondämpfung mit Stoff umwickelt.

> **Merke:** Bei jeder Art von Lockjagd sollten die benötigten Lockrufe vollendet beherrscht werden. Ist dies nicht der Fall, so verzichte man im Interesse der Ruhe des Wildes auf diese Art der Jagdausübung oder benutze nur solche Laute, mit denen man keine Unruhe in das Revier bringt. Sparsame Verwendung der Locken bringt den besten Erfolg!

Das Locken des Eichelhähers erfolgt mit dem Mund, wobei die Nachahmung des Angstrufes den größten Erfolg bringt. Nicht jedermann ist aber in der Lage, die vergleichsweise hohen Laute einigermaßen naturgetreu nachzumachen. Ein durchaus brauchbares und leicht selbst anzufertigendes Instrument ist die Klutter, mit der man fast alle unterschiedlichen Rufe des Hähers nachahmt. Man schneidet aus einer daumenstarken, geraden, glatten und allseitig runden Weichholzrute – am besten Hasel – ein acht bis zehn Zentimeter langes Stück heraus. Dieses wird in zwei gleiche Hälften gespalten. Die Spalthölzer werden nun in ihrer Mitte auf der Spaltfläche in einer Gesamtbreite von drei Zentimetern (jeweils 1,5 cm von der Mitte aus zur Seite hin) so leicht eingeschnitten, daß beim späteren Zusammenlegen der beiden Hälften ein nach den Enden zu schmaler werdender Spalt bleibt, der auf der einen Seite etwa zwei Millimeter und auf der gegenüberliegenden Seite etwa einen Millimeter breit sein muß. Danach legt man zwischen die beiden Hälften einen der Breite und Länge des Stabes entsprechenden Plastik- oder Folienstreifen. Dieser Streifen wird fest eingeklemmt oder angenagelt und die Hälften des Stabes mit fester, dünner Schnur (Angelschnur) zusammengebunden. Zum Gebrauch hält man die Klutter fest an den Mund und bläst hinein. Für den helleren Ton des Junghähers nimmt man die zwei Millimeter breite Öffnung an den Mund, für den Althäher die etwa einen Millimeter breite Öffnung.

3.9 Die Jagd am Luderplatz

Die beste Jagdzeit auf den Fuchs am Luderplatz ist vor und nach der Ranz, also im Dezember und ab Mitte Februar. Die beste Tageszeit liegt im Wald von der späten Dämmerung an bis etwa 22 oder 23 Uhr. Im Feld kommen die Füchse meist später, oft erst nach Mitternacht.

Die Ausrüstung des Jägers besteht aus warmer Kleidung, am besten einem Ansitzsack, der aber keinesfalls rascheln darf, also nicht aus Kunststoff, sondern aus Leinen, Loden oder Wolle besteht. Sind solche Säcke oder Thermokleidung nicht erhältlich, müssen die vor der Schußabgabe zu bewegenden Teile – Ärmel und Schultern – mit Wolle abgedeckt werden. Die Waffe ist am besten eine kombinierte Waffe mit kleiner Kugel. An Schrot wird 3,5 bis 4,0 mm verwendet. Die Waffe muß so bereit liegen, daß sie möglichst schnell und geräuschlos aufgenommen werden kann. Laut gehende Stecher und Sicherungen müssen vom Büchsenmacher so umgearbeitet werden, daß ihre Betätigung so gut wie kein Geräusch verursacht. Gegen kaum etwas ist der Fuchs empfindlicher als gegen ungewöhnliche und vor allem metallische Geräusche. Aus diesem Grund auch muß sich der Jäger auf seinem Sitz völlig geräuschlos verhalten, was vor allem im Winter oft nicht ganz leicht ist, weil dann schon bei der geringsten Bewegung das Holz des Hochsitzes knackt. Die Sitze müssen deshalb im Herbst und noch einmal bei Frost daraufhin kontrolliert werden, daß sich keine Teil zueinander verschieben oder sich um Nägel oder Krampen drehen.

Die Hochsitze sind ferner so anzulegen, daß der Jäger keine Schatten wirft und sich nicht gegen den Mondhimmel abhebt. Es sind entweder geschlossene Kanzeln zu verwenden oder Leitern, die in eine Nadelholzkrone gebaut oder nach hinten und oben durch Rückwand und Dach abgeschirmt sind. Erdsitze haben sich dort bewährt, wo der Luderplatz auf der Gegenseite eines Bachlaufes angelegt werden kann oder an Stellen, an denen ziemlich sicher mit dem Erscheinen des Fuchses aus bestimmter Richtung gerechnet werden kann und daher Wind und Witterung des Menschen keine große Rolle spielen. Hört oder sieht man den Fuchs, so greift man sofort mit ruhiger Bewegung zur Waffe und geht in Voranschlag, wartet, bis er breit steht, und schießt niemals – weder mit der Kugel noch mit Schrot – auf den anschnürenden Fuchs spitz von vorn. Erscheint der Fuchs plötzlich, so wartet man, bis er sich mit dem Luder beschäftigt und greift erst dann vorsichtig zur Waffe.

Erlegtes Raubwild wird weder vor noch nach dem Auskühlen in den Rucksack gesteckt, sondern wegen pfleglicher Behandlung des Balges in der Hand getragen oder an den Rucksack gehängt. Möglichst viele Teile des Balges sollten frei hängen und Grannen und Wolle nicht geknickt oder verunreinigt werden.

Die Einzeljagd

3.10 Die Jagd am Kirrplatz

Natürlich können Kirrungen auch für andere Wildarten als Schwarzwild angelegt werden, so z. B. für den Fuchs und alle Raubwildarten, aber auch für sonstiges Schalenwild.

Der Vorteil von Kirrungen bei der Jagd auf Schwarzwild besteht darin, daß wegen der versteckten Lage solcher Anlagen innerhalb von Dickungen das Wild häufig noch bei Licht an der Kirrung erscheint. Falls dies nicht der Fall ist, zieht es meist bei Mondschein vertraut heran und kann sorgfältig angesprochen werden. Kirrungen ermöglichen bei Sauen also einen Wahlabschuß, der bei anderen Jagdarten auf diese Wildart nur bedingt möglich ist.

Mehr noch als bei der Anlage von Luderplätzen für den Fuchs müssen bei der Auswahl eines Kirrplatzes Wind und Lage berücksichtigt werden. Schwarzwild hat einen außerordentlich feinen Geruchssinn. Einmal mit der menschlichen Witterung in Verbindung mit der Kirrung in Berührung gekommen, wird es den Kirrplatz lange Zeit meiden.

Die Stelle zum Auslegen der Lockfütterung muß deshalb abgewandt von der Hauptwindrichtung liegen. Die Kanzel muß so hoch sein und an einer Stelle errichtet werden, daß mit Sicherheit weder Küsel- noch Fallwinde in die Umgebung abgegeben werden. Ihr Fußboden und der Sitz dürfen keine Geräusche verursachen, wenn man sich und seine Füße bewegt. Die Fensterklappen werden mit Lederriemen verschlossen und öffnen sich lautlos nach innen, ohne daß der Mond Spiegelungen des Glases verursacht, die von außen wahrgenommen werden können.

Gleich der Jagdausübung am Luderplatz entspricht die Ausrüstung des Jägers der Witterung. Es ist nicht nötig, schnell beweglich zu sein, da im allgemeinen das Anwechseln der Sauen – vor allem, wenn sie vertraut sind – von weitem zu hören ist und der Jäger sich rechtzeitig auf ihr Erscheinen einrichten kann. Die Waffe und deren Kaliber sind dem Schwarzwild angemessen. Es gilt hierbei die Regel, daß grobes Kaliber und Ladung besser geeignet sind als noch eben an der Grenze des Gesetzes liegende Kaliber und Laborierungen.

Wie alle bei Mondschein ausgeübten Jagdarten erfordert auch die Jagd am Kirrplatz Erfahrung im Ansprechen. Mondlicht verzerrt die Größenverhältnisse ungemein. Es läßt Wild erheblich stärker erscheinen als es ist, wenn das Licht so einfällt, daß der Betrachter die Schattseite des Wildes sieht. Es verkleinert hingegen das Ziel, wenn man die mondbeschienene Seite des Wildes vor Augen hat. Ist darüber hinaus Bodenbewuchs wie Binsen, Grasbülten oder gar niedriges Gesträuch vorhanden, so fehlen alle Vergleichsmaßstäbe. Die nahe Umgebung des Kirrplatzes sollte daher von Bewuchs freigehalten werden. Als Ansprechhilfe kann man in die Mitte des Platzes eine helle Stange einlassen, die genau einen Meter über die Erde hinausragt. An ihr gemessen kann man ungefähr ansagen, wie stark die Sau ist, die in der Kirrung im Gebrech steht.

Sind eine oder mehrere Sauen auf den Kirrplatz gezogen, so wäre es grundfalsch, sich gleich auf ein Stück fertigzumachen. Stets sollte man eine Weile beobachten, weil oft genug ein besonders schwaches, krankes oder nicht in der Rotte geduldetes Stück nachkommen könnte. Dies gilt auch für das Erscheinen

> **Merke:** Die Jagd am Kirrplatz ist nur dann waidgerecht, wenn sie dem Wahlabschuß dient.

einzelner Sauen. Es könnten Frischlinge abgelegt sein, die erst nach einer kleinen Weile von der Bache zugelassen werden. Überhaupt ist Ansprechen einzelner Sauen ungemein schwierig. Neben führenden Bachen, die man auch innerhalb der gesetzlichen Schußzeit für Bachen nicht erlegen sollte, könnte es sich um einen einzelnen männlichen Überläufer handeln, der im Interesse der Verbesserung des Schwarzwildbestandes zu schonen ist, oder um eine spät frischende Überläufer- oder Frischlingsbache, die bereits gefrischt hat oder sich zum Frischen von der Rotte abgetan hat.

Beim Erscheinen einer Rotte ist es am einfachsten, sich das geringste Stück auszuwählen und dieses, wenn es frei und breit steht, zu erlegen. Nach dem Schuß wartet man eine besonders lange Zeit, bis man aus der Kanzel herabsteigt, damit das Wild den Schuß nicht unmittelbar mit Mensch und Kanzel in Verbindung bringt. Ist eine Nachsuche erforderlich, wird nur der Anschuß verbrochen und erst bei Tageslicht nachgesucht.

3.11 Fangschuß, Abfangen, Abnicken, Abschlagen, Abfedern

Jagd ist im wesentlichen Handwerk, das man beherrschen muß. Beherrschung erlernt man nur durch Übung. Die Übung verhindert, daß Rauheit zu Roheit wird. Wer sein Handwerk nicht

Abb. 58. Die Abgabe eines Fangschusses ist im Sinne des Tierschutzes möglichst unverzüglich (hier durch einen Polizeibeamten) abzugeben.

beherrscht oder nicht lernen will, es zu beherrschen, der taugt nicht zum Jäger. Wer noch Lehrling oder Jungjäger ist, verwende nur Handwerksteile, von denen er weiß, daß er sie meistert. Es gibt genug Stümper in dieser Welt, wir brauchen ihre Schar nicht zu vergrößern!

Wenn Wild nicht tödlich getroffen wurde, so ist es das wichtigste Gesetz der Waidgerechtigkeit, das Stück so schnell wie möglich von seinem Leiden zu erlösen. Bei schwachem Wild wird hierzu der Jagdgebrauchshund eingesetzt, der beispielsweise Raubwild abtut und bringt sowie Schalenwild stellt und hält. Sitzt jedoch das Stück in Sichtweite des Schützen oder sieht er es bei der Nachsuche im Wundbett sitzen, so wird er als erstes versuchen, einen *Fangschuß* anzubringen. Dieser sollte bei sitzendem Wild nach Möglichkeit auf Hals oder Träger abgegeben werden, was oft genug nicht nur wegen der Bewegung des Stückes schwer ist, sondern auch wegen der nahen Entfernung, bei der man durch das Zielfernrohr den ohnehin nur schmalen Hals häufig unterschießt. Ist es durchaus nicht möglich, einen Fangschuß auf den Träger abzugeben, so es kein Verstoß gegen irgendwelche Gebote, wenn man mitten auf den Wildkörper hält. Wildbretzerstörungen und damit verbundener Geldverlust beim Händler wiegen nicht so schwer wie verlängertes Leiden des Stükkes!

Es gibt eine ganze Reihe von Fällen, in denen es angebracht oder unausweichlich ist, einem kranken Stück „den Fang zu geben", es also mit der kalten Waffe *abzufangen*. Dies ist immer dann der Fall, wenn das Wild – etwa eine Sau – von Hunden gedeckt wird, oder aber, wenn man bei der Nachsuche in einer Dickung nicht ausreichend Raum für den Fangschuß hat. Wenige Jäger werden bei Schwarzwildnachsuchen eine Saufeder mit sich führen, ebenso wenige bei Nachsuchen auf anderes Schalenwild einen Hirschfänger. Die von den meisten Jägern geführte „kalte Waffe" ist das Waidmesser. Dieses soll und darf nicht nur kein zierliches Papiermesserchen sein, sondern muß eine feststehende Klinge von mindestens 15 Zentimetern Länge besitzen oder doch wenigstens im Rehwildrevier von elf Zentimetern. Am besten geeignet sind Waidmesser mit nach vorn verlagertem Schwerpunkt – also mit Drop-point nach Frevert und ähnlichen Vorbildern. Wichtig sind eine Parierstange oder ähnliche Ausformung, die ein Übergleiten der Hand vom Griff auf die Klinge verhindert.

Rot-, Dam- und Schwarzwild wird so abgefangen, daß man von hinten her, und zwar von der den Läufen abgewandten Seite, an das Stück herantritt und blitzschnell mit dem Waidmesser schräg von hinten nach vorn etwa bei der dritten Rippe zustößt und im Stoß das Messer dreht, wobei dieses Drehen erst dann geschehen kann, wenn man mit Sicherheit zwischen den Rippen hindurchgestoßen hat. Je breiter die Klinge des verwendeten Waidblattes ist und je kräftiger und schneller der Stoß geführt wurde, desto schneller tritt der Tod ein. Bei einem Hirsch sollte man es sich grundsätzlich angewöhnen, mit einem Fuß auf eine Stange zu treten, um ein Schlagen mit dem Haupt zu verhindern und dann den Fangstoß zu führen. Hierbei muß das ganze Gewicht des Jägers auf dem Fuß liegen, der auf der Stange steht. Auch hierzu gehört Übung, weshalb man im Zweifelsfall das Abfangen dem Schweißhundführer überläßt.

Das Abfangen von Sauen bietet die zusätzliche Schwierigkeit, daß diese fast immer von mehreren Hunden gedeckt sind und man nur selten eine Saufeder zur Hand hat. Ist die Sau nicht fest gedeckt, so ist der Fangschuß mit der Lang- oder Faustfeuerwaffe bei weitem geeigneter, als sich einer Gefahr auszusetzen.

Auch das Abfangen von Sauen mit der Saufeder erfordert erhebliche Übung, wobei es relativ einfach ist, eine voll von Hunden gedeckte Sau hinter dem Blatt mit wuchtigem Stoß abzufangen. Das vielgerühmte „Auflaufenlassen" des kranken Keilers ist ein Ammenmärchen, wenigstens aber Jägerlatein. Eine aus dem Wundbett gesprengte Sau wird, wenn sie den Jäger annimmt, immer mit dem Haupt fast an der Erde angreifen und dieses auf den letzten Metern noch hin und her schwenken, was ein Auflaufenlassen unmöglich macht und die Saufeder wie ein Federspiel beiseite schleudern würde.

Bei Rehwild war früher das *Abnicken* allgemein üblich. Diese Art des Tötens ist nicht waidmännisch. Es ist nämlich hierzu erforderlich, daß der Jäger das Haupt des Stückes so weit nach vorn biegt, bis sich zwischen Atlasknochen und erstem Halswirbel ein Spalt auftut, in den man

Merke: Alle Tötungsarten des kranken Wildes sind dann waidgerecht, wenn sie das Stück so schnell wie nur irgend möglich töten. Dabei ist vor allem bei Schalen- und Raubwild der Fangschuß immer dann vorzuziehen, wenn andere Mittel nicht absolut einwandfrei beherrscht oder nur mit nicht absehbaren Schwierigkeiten angewandt werden können.

das Waidmesser senken kann. Ganz abgesehen von der Schwierigkeit, diese Stelle zu kennen und zu finden, bereitet es dem Reh mit Sicherheit Qual, wenn es derart hart vom Jäger angefaßt wird, wie es bei dieser Abfangart erforderlich ist.

Haarniederwild wird *abgeschlagen*. Bei Fuchs und Dachs bedeutet dies einen kräftigen Betäubungshieb beispielsweise mit einem starken Stock auf die Nase. Danach folgen heftige Schläge auf die Kehle, die diese anschwellen läßt, wodurch endgültig der Tod im betäubten Zustand eintritt. Hasen und Kaninchen werden abgeschlagen, indem man sie an den Hinterläufen hochhält und mit der Handkante einen schnellen, scharfen Hieb gegen den Hinterkopf führt, der einen Bruch der Halswirbel hervorruft und damit den augenblicklichen Tod.

Flugwild wird getötet, indem man es mit einem harten Schlag auf den Kopf, gegen den Stiefelabsatz oder einen Baum oder Pfahl tötet. Das Eindrücken der Schädeldecke gelingt nur beim Rebhuhn einwandfrei und ohne Qual für das Tier.

Das früher oft geübte *Abfedern*, also das Einstoßen einer Handschwingenfeder in das Hinterhauptloch des Flugwildes ist eine nicht waidgerechte Tötungsart und nur bei Federwild möglich, das voll durchgemausert hat, also beim alten Vogel. Da das schnelle Erkennen, ob es sich um einen alten oder jungen Vogel handelt, oft nicht leicht ist, sollte hiervon kein Gebrauch gemacht werden.

3.12 Fragen & Antworten zur Einzeljagd

Wie ist das typische Zeichnen eines Stückes Schalenwild nach einem Vorderlaufschuß?
Das Stück knickt auf der getroffenen Seite ein und wird dann sofort flüchtig.

Warum soll der Jäger vornehmlich in einem kleinen Revier oder Revierteil nur im Ausnahmefall pürschend jagen?
Weil er im kleinen Revier sehr leicht damit das Wild dauerhaft vergrämt, man spricht vom »leerpürschen« eines Reviers oder Revierteiles.

Auf was für einen Schrottreffer deutet das »Himmeln« eines Stück Federwild hin?
Treffer oft nur eines Schrotkornes in die Lunge

Was ist eine »Neue«?
Dies ist nicht, wie oft vermutet, der erste Schnee des Jahres, sondern frischer Schnee, der auf Altschnee gefallen ist.

Was sind »Ausrisse« am Anschuß?
Ausrisse sind die durch Schaleneindrücke eines beschossenen Stückes am Anschuß herausgerissene Erdklumpen oder Pflanzenteil wie Gras usw.

Welche Witterungsmerkmale sind für die Pürschjagd besonders vorteilhaft?
Gute Bodenfeuchtigkeit, schwacher, aber stetiger Wind oder Windstille.

In welchem Gelände wird die Buschierjagd ausgeübt?
Der Bewuchs muß so übersichtlich sein, daß die Arbeit des Hundes, der ja »unter der Flinte« sucht, sichtbar und lenkbar ist.

Unter welchen Umständen ist es besser, bei der Reizjagd auf den Fuchs, den Mauspfiff anstelle der Hasenklage einzusetzen?
Wenn man unmittelbar in der Nähe des vermuteten »Einstandes« eines Fuchses (z. B. einer Dickung) ansitzt oder der zustehende in Anblick kommende Rotrock sich auf geringere Entfernung als etwa 200 Meter vom Jäger befindet.

Was versteht man bei der Lockjagd auf den Rothirsch unter »Mahnen«?
Das Mahnen ist in diesem Fall der vom Jäger nachgeahmte Nasalaut eines brunftigen weiblichen Stückes.

Wie zeichnet in der Regel ein weidwund (weich) getroffener Fasan?
Er ruckt im Schuß zusammen, streicht meist segelnd, häufig mit leicht nach unten gerichtetem Stoß (»krummem Rükken«) weiter und fällt in eine Deckung ein, wo er sich baldmöglichst festdrückt.

Welcher optischen Täuschung unterliegt man leicht bei vom Mondlicht voll beschienenem Wild?
Fällt der Mondschein auf die dem Jäger zugewandte Körperseite des Wildes, so wirkt es meist stärker als es tatsächlich ist. Steht der Mond hinter dem Wild, zeichnet sich dieses oft nur als Silhouette ab und wirkt unter Umständen schwächer.

Was versteht man unter Jagddruck, und welche Folgen hat dieser?
Verstärkte Bejagung durch den häufig sich im Revier aufhaltenden, ansitzenden und vor allem pürschenden Jäger, z. B. zur dringenden Erfüllung des Abschußplanes, bezeichnet man als Jagddruck. Dieser hat zur Folge, daß das beunruhigte Wild heimlicher und nicht selten zum Nachtwild wird.

Was versteht man unter dem Ausdruck »durchs Feuer sehen«?
Ein Jäger, der im Augenblick der Schußabgabe nicht die Augen schließt, sondern die Reaktionen des Wildes im Schuß genau wahrnimmt, sieht »durchs Feuer«.

Der Bejagung welcher Wildart dient das Ausneuen, und welche dem Auspochen?
Das Ausneuen ist das Ausgehen der Spur eines Stein- oder Baummarders bei Neuschnee. Das Auspochen ist die laute Beunruhigung vor allem des Steinmarders, um ihn zum Springen beispielsweise aus einer Feldscheune zu veranlassen.

4 Die Gesellschaftsjagd

Jagden, an denen eine bestimmte Personenzahl teilnimmt und bei denen *Treiber und Jäger* (Jagdgehilfen) planmäßig zusammenwirken, bezeichnet man als Gesellschaftsjagden. Die Landesjagdgesetze der Bundesländer setzen fest, welche Anzahl an Treibern und Schützen teilnehmen muß, um von einer Gesellschaftsjagd zu sprechen. Sitzen mehrere Jäger an verschiedenen Orten im selben Revier an, so ist dies keine Gesellschaftsjagd. Das gleiche gilt auch für gruppenweise getrenntes Jagen, z. B. bei der Hühnersuche oder bei Ansitzdrückjagden auf Hegering- oder Kreisebene, wenn jedes Revier zwar zur gleichen Zeit die Jagd ausübt, im einzelnen Revier aber weniger als die nach Landesjagdgesetz zugelassene Zahl an Personen teilnimmt, auch wenn am Abend ein gemeinsames Streckelegen und Schüsseltreiben stattfinden.

Gesellschaftsjagden sind die üblichen Formen der Treibjagd, der Drückjagd, Streifen und Böhmischen Streifen, der Wasserjagden und der Gemeinschaftsaktionen zur Bejagung von Sauen oder Ringeltauben. Auch Ansitzdrückjagden auf anderes Schalenwild oder Füchse können Gesellschaftsjagden sein. Das gleiche gilt für Baujagden, wenn dem Landesjagdgesetz entsprechend viele Personen daran teilnehmen.

Die Vorbereitung von Gesellschaftsjagden und ihre Durchführung, aber auch die Teilnahme an solchen Jagden erfordert von allen damit befaßten Personen Vorbereitungen gedanklicher und praktischer Art, die bei der sonstigen Jagdausübung im Rahmen der Einzeljagd nicht zu beachten sind. Ist bei dieser jeder Jäger nur für sein eigenes Handeln verantwortlich, so ist bei der Gesellschaftsjagd der Jagdleiter für die Sicherheit und den gefahrlosen Ablauf der gesamten Jagd an diesem Tag verantwortlich.

Ebenso muß jeder geladene Jagdgast im Interesse der Sicherheit aller übrigen Teilnehmer an der Jagd bestimmte Regeln beachten.

Gefahren

Hauptgefahr bei der Durchführung von Gesellschaftsjagden sind ungenügende Einweisung der Jäger an ihrem Stand und Leichtsinn der Schützen beim

Abb. 60. Abweisstangen.

Umgang mit der Waffe. Diese beiden Hauptmerkmale können in ihrer Bedeutung verstärkt werden durch Unbilden der Witterung und Fehler der Treiberwehr.

Es ist deshalb Pflicht eines jeden Jagdleiters, *vor* Beginn der Jagd alle Teilnehmer einschließlich der Treiberwehr auf die möglichen Gefahren hinzuweisen. Hierzu gehört auch die Kontrolle der Jagdscheine auf ihre Gültigkeit, die nur unterbleiben darf, wenn der Jagdleiter sicher weiß, daß die Teilnehmer einen gültigen Jagdschein besitzen. Auch die Kontrolle, ob jeder Treiber und Durchgehschütze seine Warnweste trägt, gehört zu diesen Pflichten. Bei Jagden, auf denen mit der Kugel geschossen wird, kann sich der Jagdleiter davon überzeugen, ob die für die zu bejagende Wildart zugelassenen Kaliber und Laborierungen verwendet werden. In gewissen Fällen kann er sich auch von der Gebrauchsfähigkeit und Sicherheit der Waffen überzeugen. Er *muß* den teilnehmenden Jägern bei allen Jagden mit der Kugel und bei allen Waldjagden ansagen, ob der Schuß in das Treiben unter-

Elf Grundregeln für die Gesellschaftsjagd

1. Bei jeder Gesellschaftsjagd ist ein Jagdleiter zu benennen, falls der Jagdherr diese Funktion nicht selbst ausübt.
2. Das Gewehr ist außerhalb eines Treibens stets mit der Mündung nach oben zu tragen.
3. Das Gewehr darf nur während der tatsächlichen Jagdausübung geladen sein, ist aber nach Beendigung der Jagdausübung sofort zu entladen. Ist das Entladen (z. B. technisch) nicht möglich, so ist dies dem Jagdleiter alsbald mitzuteilen.
4. Der Jäger hat seinen Stand den beiden Nachbarn genau zu bezeichnen und darf ihn ohne vorherige Benachrichtigung nicht ändern.
5. Der Stand darf vor Beendigung des Treibens nicht verlassen werden, wenn nicht der Jagdleiter es anders bestimmt.
6. Wenn sich Jäger oder Treiber in gefahrbringender Nähe befinden, darf in Richtung dieser Personen weder geschossen noch angeschlagen werden; das Durchziehen durch die Schützen- oder Treiberlinie mit angeschlagenem Gewehr ist verboten.
7. Das Schießen mit der Kugel in das Treiben hinein ist nur mit ausdrücklicher Genehmigung des Jagdleiters erlaubt.
8. Bei Kessel- und Standtreiben mit Durchgehschützen darf auf das Signal „Treiber rein" nicht mehr in den Kessel oder das Treiben geschossen werden.
9. Nach Beendigung des Treibens und nach Versammlung der Jäger oder Treiber darf nicht mehr geschossen werden.
10. Niemand darf einen Schuß abgeben, bevor er das betreffende Stück Wild genau angesprochen (erkannt) hat.
11. In allen besonderen Gefahrenfällen, z. B. vor dem Überschreiten von Geländehindernissen (Gräben, Zäune), vor dem Besteigen oder dem Verlassen eines Hochsitzes sowie vor Rückkehr zum Versammlungsplatz oder zu den Wagen usw. ist das Gewehr zu entladen.

Merke: Der Begriff Gesellschaftsjagd wird in den Landesjagdgesetzen unterschiedlich definiert (siehe auch Band 5 „Der Jäger und sein Recht").

sagt ist, ob die Genehmigung hierzu in Sonderfällen vom Anstellenden gegeben werden darf oder ob jeder Jäger die Entscheidung hierzu in eigener Verantwortung treffen darf. Auch muß angesagt werden, ob bereits vor dem Anblasen des Treibens auf Wild geschossen werden darf und wann nach welchem Signal jedes Schießen – manchmal mit Ausnahme von Fangschüssen – zu unterbleiben hat. Die Personen, die das Anstellen der Jäger und deren Abholung vom Stand durchführen, sind als Vertreter des Jagdleiters zu betrachten. Sie genießen bei Jägern und Treibern die gleiche Autorität wie dieser, solange sie ihre speziellen Aufgaben wahrnehmen.

Für die an Gesellschaftsjagden teilnehmenden Jäger gelten die Hauptregeln der Unfallverhütungsvorschriften; für das Verhalten der Jäger auf Treibjagden und sonstigen Gesellschaftsjagden die nachstehenden Grundregeln:

Diese Hauptregeln sind nicht ohne Grund erlassen worden. Ihre Nichteinhaltung verursacht fast alle Unfälle, die bei Einzel- und Gesellschaftsjagden auftreten und ist im allgemeinen Anlaß, bei eingetretenem Unfall die Schuldzuweisung auch im strafrechtlichen Sinne vorzunehmen.

Hat sich der Jagdleiter an die eingangs besprochenen Regeln gehalten und beachten die Jäger die Hauptregeln auf Gesellschaftsjagden, so können dennoch Unfälle geschehen, die unvorhersehbar waren, mitunter aber bei Beachtung besonderer Vorsicht vermeidbar gewesen wären. Solche Gefahren treten bei bestimmter Witterung auf, wenn z. B. bei hartem Bodenfrost Prellschrote oder gar Prellkugeln Richtungen annehmen, die nicht berechnet werden können und die oft 90° und mehr von der ursprünglichen Schußrichtung abweichen. Auch hart gefrorene Bäume können Kugeln und Schrote weit ablenken, ebenso wie steiniger Boden. Vor allem sind Schüsse auf die Wasseroberfläche gefährlich. Die Schrote prallen im annähernd gleichen Winkel ab, wie sie auf das Wasser trafen, und verlieren dabei fast nichts von ihrer Durchschlagskraft. Nebel bei Treibjagden bringt ebenfalls besondere Gefahren mit sich, weil man entweder die Nachbarn nicht mehr sieht oder sich in den Entfernungen täuscht. Mitunter bedenken Jäger auch nicht die große Reichweite von Schrot und Kugel unter günstigem Abgangswinkel, wonach bei grobem Schrot selbst auf 350 Meter durchaus noch schwere, z. B. Augenverletzungen möglich sind und Geschosse mittlerer Kugelkaliber ohne weiteres vier Kilometer und weiter fliegen und am Ende ihrer Flugbahn noch beträchtlichen Schaden anrichten können. Flintenlaufgeschosse haben etwa die gleichen Ablenkwinkel wie Schrot, ihre Flugweite beträgt im ungünstigsten Fall bis zu einem Kilometer.

Waffen

Die bei Gesellschaftsjagden zu führenden Waffen müssen in absolut einwandfreiem Zustand sein. Sie sollten deshalb vor der Jagdsaison grundsätzlich vom Büchsenmacher gründlich durchgesehen, Kugelwaffen auch eingeschossen werden.

Das Tragen aller Langwaffen geschieht grundsätzlich mit der Mündung nach oben. Eine Ausnahme bilden Kipplaufwaffen, wenn sie ohne Riemen getragen werden. Sie sind zwischen den Treiben zu brechen und so zu halten, daß die Mündung nie auf einen Menschen zeigt. Es hat sich ohnehin eingebürgert, daß alle Kipplaufwaffen, auch wenn sie am Riemen getragen werden, in gebrochenem Zustand sind, solange sie nicht schußbereit zu sein haben. Soweit sie einen Riemen haben, werden sie so über der Schulter getragen, daß die Mündung nach vorn oben zeigt. Nur Repetierbüchsen dürfen unterladen werden, d. h., daß sich zwischen den Treiben alle Patronen im Patronenlager oder Magazin befinden und das Schloß leer und nach vorn geschoben, entspannt verriegelt wird. Bei allen anderen Waffen, bei denen ebenfalls ein Unter- oder Entladen der Kammer bzw. des Patronenlagers möglich wäre, ist das Unterladen nicht gestattet, da durch unglückliche Zufälle ein Laden und Spannen möglich ist.

Drück- und Treibjagden auf Schalenwild werden häufig so durchgeführt, daß alle oder wenigstens einige Schützen auf Hochsitzen oder Hochständen postiert werden. Solange kein Wild in Anblick ist oder erwartet werden kann, ruht im allgemeinen die Waffe stehend auf dem Hochsitzboden. Hierdurch sind schon viele Unfälle entstanden, weil die Waffe abrutschte. Es ist deshalb nicht nur zweckmäßig im Sinne der Schonung der Kolbenkappe und eines verringerten Rückstoßes, wenn die Kolbenkappe einen Abschluß aus Gummi oder ähnlichem rutschfesten Material besitzt, sondern es fördert auch die Sicherheit.

Munition

Für jede Art von Gesellschaftsjagd ist die hierfür am besten geeignete Munition mitzunehmen. Ein Sammelsurium von Ladenhütern und Restbeständen mit sich zu führen ist im höchsten Grad unwaidmännisch und kann dem Wild Qualen verursachen.

Bei Schalenwildarten ist eine Laborierung zu wählen, die nicht nur die Erfordernisse des Gesetzes erfüllt, sondern eine, die in aller Regel keine oder nur kurze Nachsuchen erfordert und (im Falle eines Falles) vor allem Schweiß liefert.

Vorbereitung
Jede Art der Gesellschaftsjagd bedarf einer langen, genauen Vorbereitung auch dann, wenn durch jahrelange Übung eine gewisse Routine erreicht zu sein scheint. Die Vorbereitung benötigt eine lange Zeit und zahlreiche Hilfskräfte, weshalb sie bereits lange vor der herbstlichen Treib- oder Drückjagd zu beginnen hat, am besten schon im Sommer.

1. Sommerliche Vorbereitungen. Bei allen Arten von Jagden sollten die Schützen so rechtzeitig wie möglich eingeladen werden. Der Spätsommer im Anschluß an die Urlaubszeit ist hierfür gerade recht. Noch kann sich zu diesem Zeitpunkt fast jeder Termine freihalten.

Planungen von Jagden auf Niederwild in Feld und Wald müssen zu der Frage führen, ob sie in der altgewohnten Form durchzuführen sind oder ob eine andere Treibenfolge zu wählen ist, andere Richtungen des Treibens, das Auslassen von Treiben oder das Einfügen von neuen. Sobald dies geklärt ist, muß man sich Gedanken machen über die Anordnung der Schützenstände und die Wahl des geeigneten Ortes. Auch sollte bereits zu diesem Zeitpunkt das Freischneiden von Ständen und das Ausschneiden von Krähenfüßen (Abb. 61) im Wald durchgeführt werden.

Hochwildjagden bedürfen einer besonders sorgfältigen Vorplanung. Hierbei sind die Streckenergebnisse der vergangenen Jahre hinzuzuziehen, aus denen Hauptwechsel, Wind und Küselwind, die Verlegung von Einständen durch Holzeinschlag sowie gute und schlechte Schußmöglichkeiten auf den Ständen hervorgehen. Notwendige Veränderungen an den Ständen müssen so früh wie möglich durchgeführt werden, damit sich das Wild vollständig an diese gewöhnt und sie als einen Teil der Landschaft ansieht. Zu diesen frühzeitigen Arbeiten gehört deshalb auch das Freischneiden von Wegen und Schneisen und natürlich der Bau neuer Jagdeinrichtungen.

2. Herbstliche Vorbereitungen. Entenjagden an ablaßbaren Gewässern erfordern mit Ausnahme der schon im Frühjahr hergerichteten Schirme die geringste Vorbereitung. Lediglich einige Treiber sind einzuweisen, sofern solche überhaupt benötigt werden. Ferner ist Sorge dafür zu tragen, daß das erlegte Wild bei ganztägiger Jagd zwischendurch abgeholt und versorgt wird. Schwierig ist diese letzte Vorbereitung bei Wasserjagden an Seen, auf denen teils von Booten, teils vom Ufer aus gejagt wird. Hier sind Boote den Vorschriften entsprechend herzurichten, eventuell auch Bootsstände in Schilfinseln festzulegen, Pfähle einzuschlagen, Ruderer und Einweiser zu instruieren, am Ufer im Schilf zu Ständen oder am und im Wasser Gänge zu mähen. Es sind Treiber zu gewinnen, die ortskundig und zuverlässig sein müssen.

Hühnerjagden, die als Gesellschaftsjagden abgehalten werden, bedürfen vor allem der Vergewisserung, ob der Besatz eine Bejagung mit entsprechend vielen Personen rechtfertigt. Aber das gilt für alle Gesellschaftsjagden als Punkt eins. Außer an die Versorgung erlegten Wildes muß der Jagdherr auch an die Hunde denken, die zwischendurch immer wieder und besonders bei einsetzender Mittagsglut frisches Wasser benötigen und Ruhe.

Bei Waldjagdtreiben auf Niederwild werden in den letzten Tagen vor der Durchführung die einzelnen Stände an Ort und Stelle abgegangen, wobei die späteren Ansteller und der Treiberführer als zeitweilige Vertreter des Jagdherrn teilnehmen sollten. Jedes Treiben ist genau durchzusprechen, alle Stände müssen

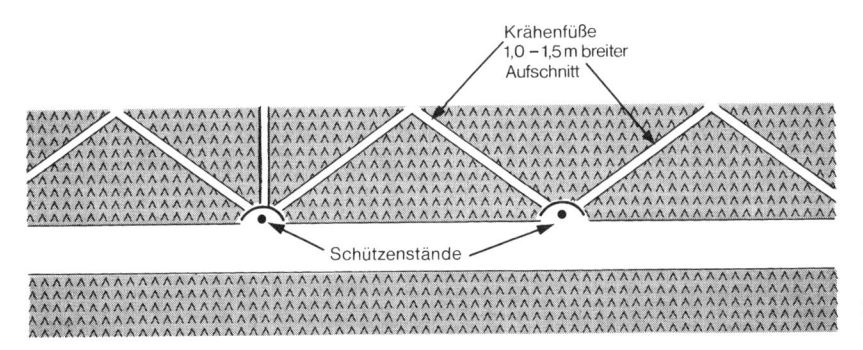

Abb. 61. Krähenfüße.

noch einmal kontrolliert werden. Schließlich sind die Treiber zu bestellen, der Wildwagen herzurichten und sein Fahrer einzuweisen sowie für Hundeführer und Bläser zu sorgen. Das Schüsseltreiben muß vorbereitet, Versorgung und Verkauf der Strecke müssen geregelt und schließlich die Ansprache an die Schützen und Treiber vor der Jagd überlegt werden.

Daß dieser mühseligen Vorbereitung selbstverständlich eine genaue Analyse vorangegangen ist, ob überhaupt genug Wild für eine Treibjagd vorhanden ist, sollte selbstverständlich sein. Es ist noch allemal besser, eine Jagd mit gutem Grund kurzfristig abzusagen, als sie aus falscher Eitelkeit durchzuführen und danach unter Umständen den Wildbesatz oder -bestand für Jahre ruiniert zu sehen. Auch solche Handlungsweisen sind unwaidmännisch.

Feldtreibjagden bedürfen neben Absprache mit den Flügelleuten der einzelnen Vorstehtreiben als besondere Vorbereitung der Einweisung der Ausgeher, also derjenigen, die bei Kesseltreiben als erste auslaufen und sich nach Umrundung des Treibens treffen müssen. Mitunter ist es in ebenem Gelände üblich, in die Mitte des Kessels eine Stange mit Strohwisch zu stellen, um später jedermann die genaue Richtung anzugeben. Bei Vorstehtreiben im Feld ist es sinnvoll, etwa 14 Tage vor der Jagd Preßstrohballen an den Schützenständen hochkant hinzustellen, die von den Schützen als Schirm benutzt werden.

Schalenwildjagden bedürfen der sorgfältigsten Planung. Sie beginnt mit der Beachtung des Windes, der es unter Umständen erforderlich macht, daß noch am letzten Tag alle bisherigen Planungen über Treibenfolge und Schützenstände umgeworfen werden müssen. Es ist deshalb von Vorteil, stets einen Ausweichplan bereitzustellen, der für Fälle plötzlichen Windwechsels in Kraft tritt. Je nachdem, ob mit oder gegen den Wind getrieben wird, richtet sich die Art des Treibens, nämlich ob es laut – gegen den Wind – oder leise – mit dem Wind – getrieben wird; die Treiber sind entsprechend einzuweisen. Kurz vor der Jagd sind die Schußrichtungsanzeiger (Abb. 62) zu überprüfen. Sorge ist zu tragen um genaue Einweisung der Schützen auf den Ständen, um die Organisation der Nachsuchen und das schnelle Versorgen des Wildes, um den Transport von Schützen, Treibern und Meute sowie um das Jagdfrühstück im Wald einschließlich des Feuers.

Durchführung

Wenn alle diese Punkte Beachtung gefunden haben, sollten Ablauf und Durchführung einer Gesellschaftsjagd wie am Schnürchen völlig reibungslos erfolgen. Dies ist allerdings häufig trotz guter Vorbereitungen nicht der Fall.

In der Hauptsache ist es die Witterung, die das Konzept verderben kann, was vor allem bei Glatteis, plötzlichem starken Schneefall, wolkenbruchartigem Regen und zu Sturm auffrischenden Wind der Fall sein kann. Der Jagdherr respektive Jagdleiter muß sich dann schnell überlegen, wie er den Jagdablauf entweder abkürzt oder völlig verändert. Mitunter wird die Jagd abzubrechen sein.

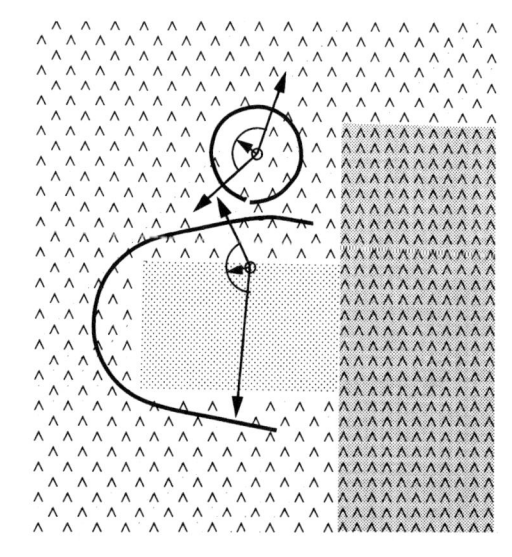

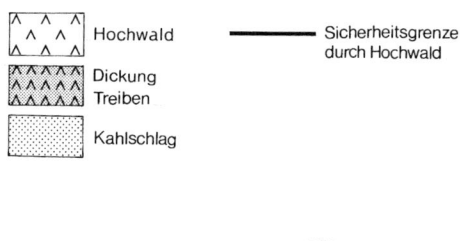

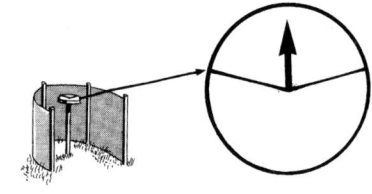

Abb. 62. Schußrichtungstafeln

Acht Grundregeln für den Jagdleiter

1. Kontrolle der Jagdscheine und gegebenenfalls der Sicherheit und Zulassung der Waffen.
2. Ansage des freigegebenen Wildes.
3. Freigabe des Schießens auf dem Stand, unter Umständen vor Anblasen oder beim Angehen, Schüsse in das Treiben, Laden und Entladen der Waffen, Fangschüsse, Jagdsignale für das An- und Abblasen.
4. Art der Einweisung auf dem Stand einschließlich Abholung oder freier Folge nach dem Abblasen, Meldung von Anschüssen und Strecke.
5. Erklärung des Signals „Treiber rein" und Ansage, ob danach überhaupt noch geschossen werden darf (Häsinnenschonung!).
6. Ermahnung der Treiber.
7. Mitunter Auslosung der Stände oder der Standfolge, Einteilung in Gruppen und Bekanntgabe der Vertreter des Jagdleiters.
8. Zeit und Ort von Jagdfrühstück und Schüsseltreiben.

Zu eingehenden Überlegungen ist ein Jagdleiter auch gezwungen, wenn ein Gast (oder sogar mehrere) plötzlich absagen muß.

Es gibt bei Waldtreibjagden auf Niederwild Tage, an denen beispielsweise das Haarwild nicht läuft oder der Fasan nicht fliegt. Hier hilft dann mitunter eine kurzfristige Umstellung auf sogenannte Scherentreiben, das Einsetzen von Hunden oder das erneute Durchtreiben des Waldstückes von anderer Seite her.

Großen Raum nehmen die Planung und Organisation von Nachsuchen ein. Falls mehrere Nachsuchen gleichzeitig erforderlich sind, ist festzulegen, in welcher Reihenfolge sie erfolgen sollen, ob und wieviel Begleitung und Hilfe der Hundeführer benötigt sowie auch, welche Nachsuchen erst am nächsten Tag durchgeführt werden können. Die Sorge um Hunde, Hundeführer und Hilfspersonal ist in solchen Fällen höher zu stellen als die um Jagdgesellschaft, Jagdablauf und Strecke.

Bei einem normal verlaufenden Jagdtag wird sich dieser für den Jagdherrn etwa nach folgendem Muster darstellen:

Nachdem alle geladenen Jäger und Treiber eingetroffen sind, wird der Jagdherr oder der von ihm bestellte Jagdleiter die Begrüßungsansprache halten, in der obenstehende Grundregeln für den Jagdleiter erwähnt sein *müssen.*

Während der Jagd überwacht der Jagdleiter den Ablauf, trifft seine Entscheidungen entweder allein oder im Zusammenwirken mit dem Berufsjäger, dem Jagdaufseher und gegebenenfalls mit dem Treiberführer und Jagdherrn. Die Überwachung des Jagdablaufes betrifft insbesondere die Sicherheit und das Verhalten von Jägern und Treibern, die reibungslose Folge der Treiben, die Organisation für das Frühstück und das Legen der Strecke sowie Zwischenprüfungen der Strecke bei Niederwildjagden.

Für den Jagdgast gilt, den Anordnungen des Jagdleiters bedingungslos Folge zu leisten. Der Jagdgast muß wissen, daß ein Nichtbefolgen von Anweisungen zum sofortigen Ausschluß von der Jagd führen kann. Dies betrifft besonders das unerlaubte Verlassen des Standes oder gar dessen Verlegung an einen anderen, dem Schützen „besser" dünkenden Ort, das Versäumnis, sich mit seinen Nachbarn vertraut zu machen oder – nicht zuletzt – ohne Aufforderung des Jagdleiters oder Hundeführers einer Wundspur oder -fährte nachzugehen.

4.1 Drückjagd, Riegeljagd, Ansitzdrückjagd

Jagden auf Schalenwild und Fuchs, die in der Regel mit nur wenigen Treibern durchgeführt werden, bezeichnet man als Drückjagden, in Bayern als Riegeljagden. Solche Jagden können sowohl als Einzeljagd, also mit nur einem Jäger, wie auch als Gesellschaftsjagd erfolgen.

Bei der Jagd auf Schalenwild, also in der Regel Rot-, Schwarz- und Damwild, kommt es bei der *Drückjagd* vor allem darauf an, daß das Wild dem oder den Schützen möglichst vertraut kommt und sicher angesprochen werden kann. Sie wird so durchgeführt, daß entweder die Schützen weitab vom durchzudrückenden Einstand an Fernwechseln stehen oder daß der oder die Treiber sich ohne Lärm bewegen und das Wild nur anrühren.

Auch bei einer Drückjagd auf den Fuchs (Abb. 63) wird die Dickung von nur wenigen Treibern leise durchgangen, während die Schützen lediglich auf den Hauptpässen vorgestellt werden, die der Fuchs fast immer annimmt, wenn er nicht zu hekti-

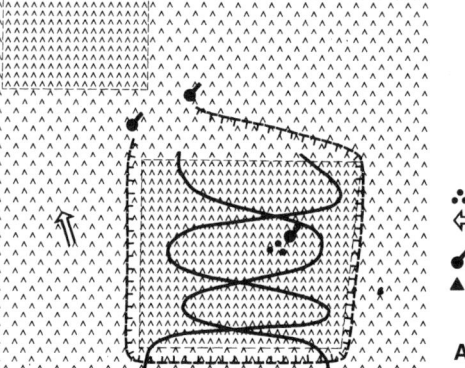

Die Gesellschaftsjagd

Abb. 63. Drückjagd (Riegeljagd) auf den Fuchs.

scher Flucht veranlaßt wurde. Gelegentlich werden beim Fuchsdrücken auch Lappen verwendet, mit denen schlecht abstellbare Wechsel verlappt oder Zwangspässe geschaffen werden, an denen die Schützen unter Wind angestellt sind.

Die Durchführung von Drück- oder Riegeljagd erfordert weit weniger Aufwand als eine Treibjagd, die ohnehin für Schalenwild – Ausnahme Schwarzwild – in einigen Bundesländern nicht erlaubt ist. Für eine erfolgreiche Planung muß jedoch der Jagdleiter für sie noch mehr Revierkenntnisse besitzen als für die Treibjagd, er muß die Fernwechsel und das Verhalten des Wildes bei verschiedensten Wetterlagen kennen.

Drückjagden können auf verschiedene Art und Weise durchgeführt werden. Im einfachsten Fall wird von einem Treiber ein eng begrenzter Dickungskomplex getrieben, der nur eine Auswechselmöglichkeit besitzt – etwa wegen nahegelegener Kulturzäune oder Straßen –, während der oder die Schützen an den bestehenden Zwangswechseln vorstehen. Der Treiber muß ortskundig sein und daraufhin eingewiesen, daß er die Dickung nur mit verhaltenem Husten und ab und zu einen Ast knackend durchstreift, so daß ihn das Wild keinesfalls für eine ernste Gefahr, sondern beispielsweise für einen Pilz- oder Beerensucher hält. Es wird dann den Einstand ohne Panik verlassen, ab und an nach hinten äugen und den Schützen in aller Regel ausreichend Zeit lassen, ein genaues Ansprechen vorzunehmen.

Wird der Treiber durch einen oder mehrere niederläufige Hunde, wie Teckel, unterstützt, so wird auch dies im allgemeinen keine Veranlassung zu rascher Flucht sein.

Drückjagden im größeren Stil, vor allem auf Rot- und Schwarzwild, werden nur dann erfolgreich sein, wenn die Schützen weitab von der Dickung stehen. Es ist deshalb erforderlich, daß die Fernwechsel für alle Wetterlagen ausreichend bekannt und für jeden Wind Schützenstände vorbereitet sind.

Eine besondere Form der Drückjagd ist die mit einem firmen Jagdgebrauchshund auf der kalten Fährte eines Hirsches. Man nennt diese Jagdart auch *Lancieren*. Hierzu muß der Tageseinstand des Hirsches genau bekannt sein, und der Jäger muß wenigstens annähernd genau wissen, welchen Wechsel der angerührte Hirsch annehmen wird. Wechsel, die nicht abgestellt werden können, müssen mit sogenannten „Toten Schützen" besetzt werden, d. h., sie werden mit einem Mantel oder einer

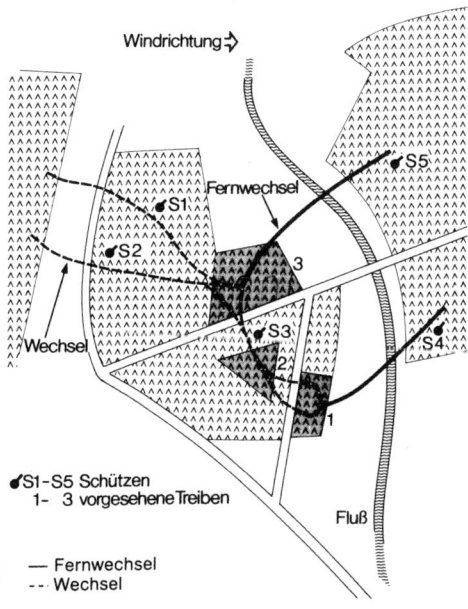

Abb. 64. Besetzung von Fernwechseln.

Abb. 65. Nicht immer führt die Bache die Rotte an, wie in dieser Drückjagdsituation deutlich wird. Und das oberste Gebot lautet: Nie eine führende Bache erlegen!

Decke über Wind verhängt, so daß der Hirsch noch vor dem Auswechseln aus der Dickung hiervon Wind erhält, sich wendet und schließlich an der vorgesehenen Stelle erscheint. Ein solches Lancieren richtig auszuführen, ohne daß das Wild bei Mißlingen nachhaltig vergrämt wird, erfordert eine sehr gute Kenntnis des Verhaltens von Rotwild, des Revieres und der Wechsel. Der Hundeführer muß seinen Hund mit aller gebotenen Langsamkeit und Vorsicht führen, er muß auf alle Zeichen achten, die erkennen lassen, daß der Hirsch auf den Läufen ist. Er muß ferner gelegentlich von sich aus die Folge auf der nun warmen Fährte abbrechen und sich seitlich zwischen den Hirsch und einen möglichen unerwünschten Auswechsel schieben, um dann die Fährte wieder aufzunehmen, wenn es nicht auf Anhieb gelang, den Hirsch aus seinem Einstand herauszudrücken. Keinesfalls darf der Hund geschnallt werden, wodurch fast immer die Jagd mißlingt, da der Hirsch dann nicht den gewohnten Wechsel annimmt, sondern in nicht vorhersehbare Richtung flüchtet.

Drückjagden auf Rot- oder Damwild werden im allgemeinen so durchgeführt, daß die Schützen über lange Zeit hin – mitunter einen ganzen Jagdtag lang – an der gleichen Stelle verbleiben, da nur die Fernwechsel besetzt werden (Abb. 64). Der oder die Treiber gehen die vorgesehenen Treiben bzw. durchzudrückenden Dickungen nacheinander vollständig selbständig durch. Sie gehen langsam und ohne Lärm, knacken mit Ästen, husten und unterhalten sich halblaut, um den Anschluß zu halten. Wird auf einem der Wechsel geschossen, so verhalten sie eine Weile und lauschen, ob Wild zurückbricht. Der Treiberführer entscheidet selbständig, ob das durchgedrückte Waldstück erneut zu durchgehen ist.

Die Schützen erreichen ihre Stände so rechtzeitig, daß sie lange vor dem Angehen der Treiber dort angelangt sind und sich in Ruhe fertigmachen können. Es ist selbstverständlich, daß die Zuwege zu den Ständen geräumt sind und so verlaufen, daß von dort aus weder Wind in die zu drückenden Waldteile gelangt, noch daß das angerührte Wild über die frischen Menschenspuren treten muß.

Wenn auch die Stände fast immer so weit auseinanderliegen,

daß eine gegenseitige Gefährdung ausgeschlossen ist, darf dennoch der angewiesene Platz nicht verlassen werden, das Bergen und Aufbrechen von erlegtem Wild darf ebenso wie das Verbrechen von Anschüssen erst nach Abruf der Schützen erfolgen.

Drückjagden auf Sauen müssen nach einem etwas anderen Schema durchgeführt werden, da Schwarzwild fast nur vor Hunden die Dickung verläßt und dann oft völlig unberechenbar flüchtig wird. Solche Jagden haben daher meist die Züge einer Treibjagd, bei der die Schützen mehr oder weniger nahe an der Dickung stehen, obschon es durchaus vorkommt, daß ein Fernwechsel über mehrere Treiben vom selben Schützen besetzt bleibt.

Schießen in das Treiben hinein ist auf keinen Fall zuzulassen. Ob die Hunde bald oder erst dann geschnallt werden, wenn mit Sicherheit festgestellt wurde, daß Sauen stecken und vor den Treibern allein nicht locker werden, sollte von Fall zu Fall entschieden werden.

Die geeignetste Jahreszeit für Drückjagden auf Schalenwild ist der Winter. Ideal, aber nicht vorauszusehen, sind Tage nach Neuschnee, die die Möglichkeit geben, klar zu erkennen, wo Wild steckt, woher es einwechselt und wo der wahrscheinliche Auswechsel sein wird. Hierzu ist es erforderlich, daß am Morgen der Jagd gekreist (oder eingekreist) wird, d. h., es müssen die Dickungen von Kreisern umgangen werden, die festzustellen haben, was für Wild und wieviel eingewechselt ist. Dies ist oftmals schwierig, vor allem bei Sauen, bei denen alle Stücke einer Rotte gern in einer Fährte ziehen oder aber hin und her über einen Weg bummeln, so daß nicht mit Sicherheit erkannt werden kann, in welche Richtung sie schließlich gezogen sind. Aber auch Rotwild tritt gern in die Fährten des vorangehenden Stückes und erschwert so die Feststellung der Rudelstärke.

Haben die Kreiser dem Jagdherrn Meldung gemacht, so muß dieser – während er die Schützen benachrichtigt – einen Jagdplan entwerfen, der oft improvisiert werden muß, da von vornherein weder die Anzahl von Schützen und Treibern festgelegt noch auch mit Sicherheit vorhergesagt werden kann, welche Wechsel das Wild annimmt, das sich bei Schnee oft anders verhält als bei trockenem Wetter und bei nassem Schnee wiederum anders als bei trockenem. Improvisierte Drückjagden sind daher mit mehr Schützen durchzuführen als lange vorher geplante Jagden.

Im Laufe der Jahre wissen Jagdherr und örtliche Jäger ziemlich sicher, wo die Füchse bevorzugt stecken, und sind deshalb bei der Anberaumung eines Fuchsdrückens nicht auf Neuschnee angewiesen. Das sind häufig größere Schilfpartien oder mit hohem Gras durchwachsene Dickungen, Filzen und Moose, in denen der Fuchs gern in der Sonne liegt. Beunruhigte Füchse suchen fast immer die nächste Verbindung zur benachbarten Deckung, gelegentlich auch zu einem nahe gelegenen Bau. Fuchspässe sind also nicht sehr schwer festzustellen. Schwieriger ist das Anstellen am Paß, da der Fuchs außerordentlich fein vernimmt und der geringste ungewohnte Laut, die kleinste Bewegung ihn seitlich ausbrechen oder die Treiber umgehen läßt. Nachdem abgestellt ist, können auch die bekannten Baue mit Schützen besetzt werden.

Mehr noch als bei jeder Schalenwildjagd ist es daher ehernes Gesetz, daß die Jagdgesellschaft sich in der Nähe der zu drückenden Dickung vollkommen still verhält und die Stände mit äußerster Ruhe aufsucht. Während der gesamten Zeit des Drückens müssen die Jäger still stehen oder sitzen, nur die Augen wandern über den Fuchspaß hin.

Steht man in guter Deckung und sieht den Fuchs heranschnüren, so sollte man erst in Anschlag gehen, wenn der Fuchs in günstiger Entfernung breit kommt. Niemals soll man auf den spitz von vorn heranschnürenden Fuchs schießen. Hat man nur relativ schmales Schußfeld, wartet man mit dem Auffahren der Waffe, bis der Fuchs so weit auf der Schneise ist, daß er nicht mehr wenden kann, muß dann aber blitzschnell anbacken und schießen.

Daß in Tollwutgebieten erlegte Füchse nur mit Gummihandschuhen angefaßt und unschädlich beseitigt werden müssen, versteht sich von selbst. Aber auch in Gebieten, in denen Fuchsbandwurmgefahr besteht, ist Vorsicht geboten. Was nicht heißt, daß auch hier erlegte Füchse nicht auf die Strecke gehören.

Die Treiber gehen beim Fuchsdrücken ähnlich wie bei einer Drückjagd auf Schalenwild mit Behutsamkeit vor. Sie rufen nicht, sie klopfen nur hin und wieder an einen Baum, husten und reden halblaut vor sich hin. Hunde dürfen nicht geschnallt werden. Sie veranlassen den Fuchs zur Flucht in unvorhersehbare Richtungen.

Eine neuere Form der Drückjagd ist die Ansitzdrückjagd auf Schalenwild. Bei dieser wird eine Anzahl von Schützen so verteilt, daß durch sie die Hauptwechsel abgedeckt werden. Sobald alle Jäger sitzen und die zu ihrem Transport benötigten Fahr-

Abb. 66. Wo der Wildbesatz es erlaubt, ist die alljährliche Treibjagd auf Niederwild fester Bestandteil des dörflichen Lebens.

zeuge das Revier verlassen haben, gehen einige wenige Treiber nach genau berechnetem Zeit- und Ortsplan die Einstände leise durch und bringen das Wild in Bewegung. Dieses wird genau wie bei einer sonst üblichen Drückjagd vorsichtig und langsam aus den Dickungen herausziehen und den Schützen ausreichend Zeit zum Ansprechen lassen. Da mehr oder weniger alle Haupteinstände beunruhigt werden, kann damit gerechnet werden, daß das Wild – vor allem Rotwild – für lange Zeit auf den Läufen bleibt, um einen Einstand zu finden, in dem keine Menschenwitterung steht. Dadurch ist es möglich, daß Rudel im Laufe eines Tages mehreren Schützen kommen und so der Wahlabschuß manchen „richtigen" Stückes getätigt werden kann, das beim ersten Anwechseln nicht zur Strecke kam.

Ansitzdrückjagden dauern fast immer einen Tag. Sie sind nur in sehr großen Revieren mit Erfolg durchzuführen und verlangen vom Jagdherrn viel Umsicht, von den Schützen Ausdauer und Disziplin von den Treibern hervorragende Revierkenntnis. Richtig durchgeführte Jagden dieser Art können hohe Tagesstrecken bringen. Sie verringern durch ihre nur einmalige Durchführung den Jagddruck und Streß des Wildes und ermöglichen mehr als andere Formen der gesellschaftlichen Jagd auf Schalenwild einen vorzüglichen Wahlabschuß.

4.2 Die Treibjagd

Im Gegensatz zur Drückjagd, bei der nur eine beschränkte Anzahl von Schützen und/oder Treibern teilnimmt, wird bei der Treibjagd das Wild von einer beliebigen Anzahl von Treibern und Durchgehschützen einer beliebigen Anzahl von Schützen zugetrieben. Das Wild kommt den Jägern also nicht unbedingt langsam und vertraut, sondern meist flüchtig. Welche Wildarten generell auf Treibjagd erlegt werden dürfen, bestimmen die Landesgesetze (siehe auch Band 5).

Treibjagden werden als *Waldtreiben* oder als *Feldtreiben* oder auch beides kombiniert angelegt. Feldjagden können als Kesseljagden, Vorstehtreiben oder als Streifen durchgeführt werden. In besonders großem Stil angelegte Streifen nennt man ihrer Herkunft nach Böhmische Streifen. Die abzutreibenden Flächen heißen *Treiben*, in Süddeutschland auch *Triebe* oder *Bogen*, die mehr oder weniger kreisrunden Treiben bei Kesseljagden heißen *Kessel*. Waldtreiben sind stets Vorstehtreiben.

Selbst wenn eine Treibjagd gewissenhaft vorbereitet wurde, wird es während ihres Ablaufs mitunter notwendig, Planungen umzuwerfen und Ersatzlösungen durchzuführen. Dies betrifft vor allem Hasenjagden, gelegentlich auch Waldtreibjagden auf Fasanen oder solche auf anderes Niederwild. Die Hauptgründe für solche Änderungen liegen beim Hasen in einer unbefriedigenden Streckenzusammensetzung oder beim Fasan in einem plötzlichen Wetterwechsel, der die Fasanen zu ungewöhnlichem oder geändertem Flugverhalten zwingt und anderes mehr.

4.2.1 Das Vorstehtreiben

Treibjagden auf Niederwild im Wald (Abb. 67 und 68) werden fast immer als Vorstehtreiben – auch Standtreiben genannt – durchgeführt. Ihre Anwendung bei reinen Feldjagden (Abb. 69) ist nicht die Regel und erfolgt nur dort, wo aus besonderen Gründen (Geländeausformung, Treibengröße) eine Bildung von Kesseln oder die Durchführung einer Streife nicht möglich ist. Häufig besteht das abzutreibende Gelände sowohl aus Feld als auch aus Feldgehölzteilen. Auch hier wird die Form des Standtreibens – schon aus Sicherheitsgründen – bevorzugt.

Die Gesellschaftsjagd

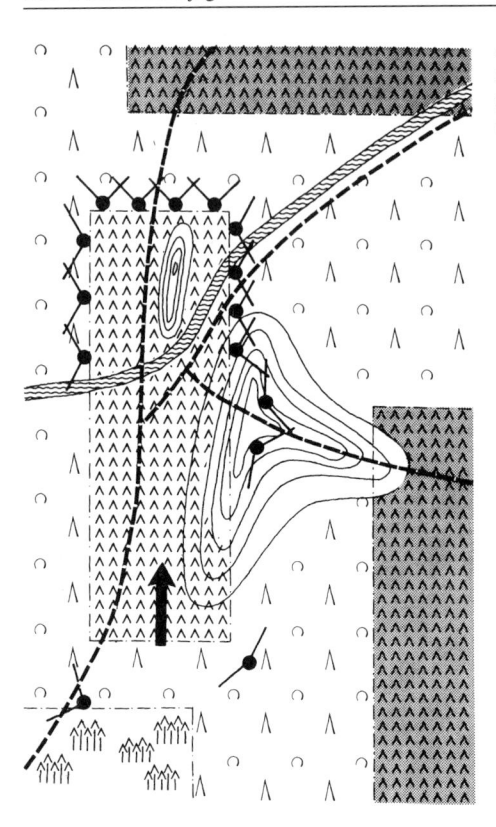

Abb. 67. Waldtreiben auf Hase, Fuchs und anderes Niederwild. Die Schützen stehen am Treiben, sie schießen grundsätzlich nur nach außen. Nur der Jagdleiter kann das Schießen in das Treiben gestatten.

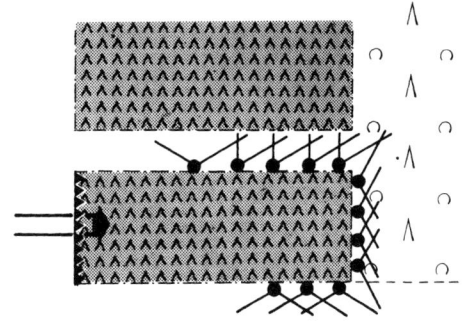

Abb. 68. Waldtreiben auf Kaninchen. Die Treiben müssen klein gehalten sein, die Schützen schießen nur nach außen.

Das Wesen eines Vorstehtreibens ist, daß die Schützen das abzutreibende Wald- oder Feldstück ganz oder teilweise umstellen, während die Treiberwehr das Wild aus seiner Deckung heraus- und den Schützen zutreibt. *Vorstehtreiben im Wald auf Hasen* werden seit einer Reihe von Jahren aufgrund der gestiegenen Zahl von Jägern leider oft wenig wildschonend so angelegt, daß vom Sammelpunkt der Schützen und Treiber nach rechts und links ausgehend zwei Gruppen von Jägern das Treiben vollständig umstellen. Der Abstand von Schütze zu Schütze beträgt maximal etwa 60 Meter.

Sobald das Treiben umstellt ist, setzt sich die Treiberwehr nach dem Signal „Anblasen des Treibens" in Bewegung und durchstreift in möglichst gerader Linie unter Einhaltung gleicher Abstände das Waldstück, bis das Signal „Hahn in Ruh" ertönt und das Treiben beschließt.

Aufgrund des ringsum erfolgten Abstellens des Treibens bleibt kaum ein aufstehender Hase unbeschossen. Häufig ist daher die erzielte Strecke im Verhältnis zum vorhandenen Hasenbesatz zu hoch. Im Sinne einer recht verstandenen Erntenutzung wäre es wesentlich vorteilhafter, wenn entweder der Rückwechsel oder die Flanken unbesetzt blieben oder nur die wichtigsten Hasenpässe abgestellt würden oder aber es bleiben, was vielerorts erfolgreich praktiziert wird, mehrere mögliche Treiben gänzlich unbejagt.

Die Abstände der Schützen an der „Front", also der Stirnseite des Treibens, sollten auf etwa 30 Meter verringert werden, damit jeder dort vorkommende Hase von zwei Jägern beschossen werden kann, was die Zahl der Nachsuchen erheblich verringert und die Anzahl der an den unbesetzten Flanken gesund – weil unbeschossen – entkommenden Hasen vermehren würde.

Sicherheit im Vorstehtreiben

Die technische Durchführung eines Waldvorstehtreibens erfolgt derart, daß die Schützen vom Ansteller an ihrem jeweiligen Stand eingewiesen werden. Sie bekommen mitgeteilt, in welche Richtung das Treiben verläuft, ob und wie lange sie in das Treiben hineinschießen dürfen, wo die Nachbarn stehen und wie die Folge nach dem Abblasen sein wird, ob sie selbständig nach dem Treiben den Stand verlassen dürfen oder abgeholt werden.

Die Schützen vergewissern sich nach dem Anstellen durch

Winkzeichen über den Stand der Nachbarn, laden und sichern die Waffe und warten möglichst bewegungs- und geräuschlos auf das Anblasen des Treibens. Ungehörig ist es, sich auf dem Stand mit einer Begleitperson zu unterhalten, zur Erlangung eines besseren Schußfeldes Zweige zu brechen oder auf seinem Platz laut herumzutrampeln.

Nach Beginn des Treibens wird die Waffe in beide Hände genommen, die Mündung liegt etwas tiefer als das Schloß und zeigt in etwa rechtem Winkel zum Körper in das Treiben oder auch vom Treiben weg, je nachdem, ob ein Schuß in das Treiben hinein möglich und gestattet ist oder nicht. Die Füße stehen fast parallel zueinander, und zwar so, daß eine schnelle Drehung auf dem rechten oder linken Ballen möglich ist. Bei Waldjagden ist es grundsätzlich gestattet, auch auf den nur hoppelnden Hasen zu schießen.

Krankgeschossenem Wild gebührt der sofortige Fangschuß. Verboten ist es, den Stand vor Abblasen des Treibens zu verlassen, um erlegtes Wild zu bergen oder krankem Wild nachzueilen. Auch das Schnallen des Hundes zu diesem Zweck ist während des Treibens zu unterlassen, da hiermit der zügige Jagdablauf gestört und unnötige Gefahren heraufbeschworen werden – ganz abgesehen davon, daß man seinen Hund verdirbt und schußhitzig macht. Jäger mit schußhitzigen Hunden, die jaulen oder vor dem Schuß in den Riemen springen, verursachen erhebliche Störungen des Jagdbetriebes und sind eine Gefahr für den Hundeführer und dessen Nachbarn.

Nach dem Abblasen des Treibens werden die Waffen entladen und gebrochen getragen. Jeder Schütze nimmt seine Strecke auf, verbricht eventuelle Anschüsse von beschossenem Wild oder bezeichnet sie dem abholenden Ansteller. Hitzige Kontroversen mit dem Nachbarn, wer den „letzten Schuß" auf ein noch lebendes Stück Wild abgab, um sich dieses Stück anrechnen zu können, sollten endgültig der Vergangenheit angehören. Neidhammel handeln ebenso wie schußgierige Jäger unwaidmännisch.

Die Treiberwehr wird vor dem Anblasen durch den oder die Treiberführer angestellt. Je ein erfahrener Treiber oder ortskundiger Durchgehschütze kommt an die Flügel, der Treiberführer reiht sich etwa in der Mitte ein. Er hat darauf zu achten, daß kein Treiber vorprellt oder zurückbleibt, daß die Abstände gleichmäßig eingehalten werden und sich keine Löcher in der Treiberwehr oder auch Massierungen hintereinandergehender Leute – z. B. in Dickungen – bilden. Ebenso hat er auch das Zurückhängen von Flügeln zu verhindern, da solche Fehlstellen sehr rasch vom Wild genutzt werden, nach hinten durchzubrechen. Sobald der Treiberführer erkennt, daß die Treiberwehr in Unordnung gerät, läßt er diese anhalten und ausrichten. In unübersichtlichem Gelände machen die Durchgehenden auf jeder Querschneise oder am Ende eines Feldgehölzes halt, um sich auszurichten. Bei sehr reichem Wildbesatz wird die Treiberwehr ebenfalls von Zeit zu Zeit angehalten, ausgerichtet und veranlaßt, für einige Zeit stehenzubleiben und nur mit den Stöcken an Bäume zu schlagen. Treiber, die vor dem Abblasen das Ende des Treibens erreichen, bleiben in der Randdeckung stehen und verstellen nicht durch Herausgehen auf den Weg den Schützen das Schußfeld. Nach dem Abblasen begibt sich die gesamte Treiberwehr zum Sammelpunkt, übernimmt von den Schützen das Wild und händigt es dem Wildwagenfahrer aus.

Vorstehtreiben auf Kanin

Vorstehtreiben auf *Kaninchen* dürfen nur kurz, allenfalls 200

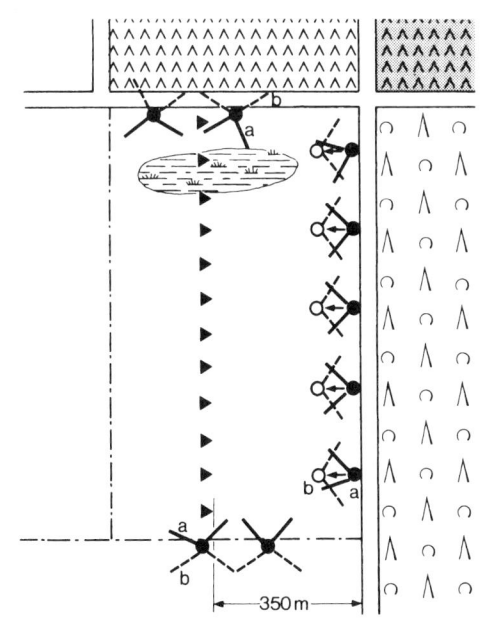

Abb. 69. Vorstehtreiben im Feld. Alle Schützen stehen zunächst an der Deckung und schießen in das Treiben (a). Beim Herannahen der Treiberwehr treten die Frontschützen 30 Schritt vor; von nun an schießen alle Schützen nur noch nach hinten (b).

Meter lang sein, da dieses Wild sich nicht weit treiben läßt. Die Abstände von Treiber zu Treiber sollten nicht mehr als höchstens fünf bis sieben Meter betragen. Von der Disziplin der Treiber und der Autorität des Treiberführers hängt weitgehend das Gelingen der Jagd ab. Er muß die Treiberwehr immer wieder Halt machen und sich ausrichten lassen. Hierbei trommeln alle Treiber zugleich mit ihren Stöcken auf den Boden und bringen damit die Kaninchen vorwärts.

Die Schützen stehen im allgemeinen dicht an der Dickung mit dem Rücken zu dieser. Sie schießen bei reichlichem Kaninchenbesatz nur nach einer Seite – nach links. Die Abstände von Schütze zu Schütze betragen nicht mehr als 25 Meter, wenn diese nicht, was im Sinne der Sicherheit ratsam ist, selbst Rücken an Rücken stehen. Verwendet wird Schrotstärke 2,5 mm oder Streupatronen.

Vorstehtreiben auf Fasanen

Vorstehtreiben auf *Fasanen* werden meist Ende Oktober bis Anfang November durchgeführt. Danach sind die Hähne in der Regel voll durchgeschildert und haben sich wegen der bereits erfolgten Aberntung der Felder schon im Wald, in Feldgehölzen, auf Brachflächen, in Schilfdickichten oder an bewachsenen Wegen zusammengezogen. Auch der Fasan läßt sich nicht gern weit weg von seinem Einstand treiben. Nur selten gelingt es, einmal hochgemachte und im Treiben wieder eingefallene Fasanen noch einmal in die gleiche Richtung nach vorn zu treiben. Sie streichen vielmehr meist über die Treiber hinweg nach hinten. Aus diesem Grund sollten Fasanentreiben nicht länger als 300 Meter sein. Spezielle Fasanentreiben sind heute allerdings selten, meist bejagt man die Hähne anläßlich von Niederwild-Treibjagden mit.

Selbst wenn in den zu treibenden Dickungen oder Remisen der Tisch für die Fasanen gut gedeckt ist, verläßt dennoch erfahrungsgemäß schon bald nach dem Abbaumen am Morgen ein Teil des Wildes den Einstand, um sich den Tag über in Hecken, Maisfeldern, an Bachläufen oder sonstigen Deckungen aufzuhalten. Solche Nebeneinstände werden *vor* dem Anstellen der Schützen am Haupttreiben durch einige Treiber beigetrieben. Das erneute Herauslaufen der Fasanen wird durch Abwehrer – in Österreich auch Verhaberer genannt – verhindert. Diese

Abb. 70. Pfeilschnell streicht der Fasanenhahn auf den vorstehenden Jäger zu. Jetzt heißt es, das richtige Vorhaltemaß zu finden.

Abwehrer haben lediglich die Aufgabe, für die Zeit des Haupttreibens am vermuteten Auslauf zu stehen und ab und an mit einer Gerte an die Stiefel zu klopfen.

Die Treiber können nach dem Anblasen des Treibens zunächst flott vorangehen, wobei sie stets alle Deckungen gut durchklopfen müssen. Die Verwendung von gründlich und langsam suchenden Jagdhunden kann von großem Vorteil sein, insbesondere bei starkem Brombeerbewuchs, in dichtem Winter-Rapsfeld oder in Schilfpartien. Die letzten 100 Meter des Treibens müssen sehr sorgfältig und besonders langsam durchgetrieben werden, da sich die Fasanen, die bisher vor der Treiberwehr herliefen, jetzt vor dem endgültigen Auffliegen oft sehr fest drücken. Geschieht es, daß plötzlich größere Mengen von Wild hochfliegen, so muß der Treiberführer die Wehr anhalten, damit sich die Fasanen wieder ein wenig beruhigen und nicht zu große „Buketts" bilden.

Die Schützen stehen nach Möglichkeit mindestens 20 Meter vom Treiben abgestellt, damit sie bereits die anstreichenden Fasanen deutlich genug nach Hahn und Henne ansprechen können und in der Lage sind, auf anstreichendes Wild von vorn zu schießen. Da der Fasan sehr fein äugt, ist es mitunter erforderlich, vor der Jagd Schützenstände herzurichten, die die Bewegungen der Schützen verdecken.

Vorstehtreiben im Feld

Vorstehtreiben im *offenen* Feld gelten hauptsächlich dem Hasen. Sie sind die schonendste Art einer Treibjagd auf diese Wildart, wenn mit den Treibern keine Schützen durchgehen und die Treiben so lang sind, daß die sich nach einiger Zeit drückenden Häsinnen (solche sind es meist) unbeschossen nach hinten in Sicherheit bringen.

Die Treiberkette geht in guter Ausrichtung langsam, ohne Schreien und Rufen und nur mit den Stöcken auf den Boden schlagend oder mit Rasseln klappernd über das Feld. Aufstehenden Hasen wird kurz nachgerufen, die nach etwa 1,5 Kilometer zurückdrängenden Hasen werden ohne zu schreien oder heftiges Kreuz- und Querlaufen durch die Treiberkette hindurchgelassen, was ohnehin bei jeder Art von Feldjagd auf den Hasen am sinnvollsten ist. Das Fuchteln mit den Armen oder den Treiberstöcken bringt den Hasen selten aus einer einmal gewählten Fluchtrichtung. Viel besser ist es, wenn die Treiber durch Hinhocken und plötzliches Hochwerden dem Hasen unregelmäßig große Feinde vortäuschen, die ihn weit eher zurückschrecken lassen als hastige Querbewegungen.

Haben die Treiber die Flügelmänner der Schützen erreicht, so ist eine Art Kessel entstanden, bei dem – je nach dem Willen des Jagdleiters – die Flügelschützen in die Treiberwehr einbezogen werden können. Dies ist vor allem dort üblich, wo auch Fasanen vorkommen, die rückwärts streichen können.

Bei der anderen Art des Vorstehtreibens auf Hasen im Feld werden die Schützen an einen Deckungsrand gestellt, z. B. an einen Wald oder eine Hecke. Eine gewisse Schwierigkeit liegt darin, daß bei Annäherung der Treiber auf etwa 350 Meter nicht mehr nach vorn geschossen werden *darf*, während nach hinten wegen der Deckung nicht mehr geschossen werden *kann*. Es empfiehlt sich in solchen Fällen, daß die Schützen auf ein bestimmtes Kommando etwa 30 Schritt nach vorn in das Treiben hineingehen und so in der Lage sind, nach hinten in Richtung Deckung schießen zu können. Falls Fasanen im Treiben sind, ist dieses Anstellen ohnehin geboten, da die Fasanen sonst kurz vor dem Einfallen so niedrig anstreichen, daß sie kaum zu beschießen, ja nicht einmal sicher anzusprechen sind. Da sich eine ganze Anzahl der nur Feld gewohnten Hasen nicht in den Wald drücken läßt, ist das Anstellen von Schützen auf den Flügeln üblich. Die besten Stände bei Feldvorstehtreiben haben in der Regel die äußersten Flügelschützen und die Schützen am Haken des Treibens.

4.2.2 Kesseltreiben

Kesseltreiben (Abb. 71) sind eine gebräuchliche Art der Hasenbejagung im offenen Feld. Voraussetzungen sind genügend große Feldstücke, die einen Mindestdurchmesser des Kessels von 600 Metern gewährleisten, sowie ein ausreichender Hasenbesatz. Wenn dies nicht der Fall ist, wird als Jagdart das Vorstehtreiben oder die Streife gewählt. Die möglichst kreisrunde Ausformung des Kessels ist deshalb wichtig, weil andernfalls entweder die Schützen- oder Treiberkette auseinanderreißt oder sich zu stark zusammenballt. In beiden Fällen ist ein ordnungsgemäßer Jagdablauf nicht gewährleistet, die Hasen brechen wegen zu weiter Abstände von Schütze zu Schütze durch oder haben im anderen Fall keine Chance zu entkommen.

Die besonderen Vorbereitungen für eine Kesseljagd bestehen darin, daß der Jagdleiter anhand der Revierkarte die Größe der Kessel festlegt, wobei er davon ausgehen muß, daß die Abstände der Teilnehmer beim Auslaufen des Kessels im allgemeinen nicht unter 40 und nicht über 80 Meter betragen sollten. Der Durchmesser des Kessels mit 3,14 multipliziert ergibt seinen Umfang, der durch die vorhandene Schützen- und Treiberzahl zu dividieren ist, um die Abstände zu errechnen. Die Ausformung der geplanten Kessel wird alsdann mit den Ausgehern besprochen, revierkundigen Hilfskräften, die vom Sammelplatz der Schützen und Treiber nach rechts und links als erste den Kessel auslaufen. Schließlich wird bei annähernd kreisförmiger Ausformung des Kessels in seine Mitte als weithin sichtbarer Markpunkt ein Strohwisch an langer Stange aufgesteckt.

Am Jagdtag teilt der Jagdleiter Treiber und Schützen in zwei gleich große Gruppen. Je nach dem bereits festgelegten Abstand werden zunächst die Punkter ausgeschickt, die in den bereits früher festgelegten Abständen zur Jagdgesellschaft stehenbleiben und dem Jagdleiter während des Ablaufens der Jagdteilnehmer als Hilfspersonen dienen. Sobald ein abgelaufener Schütze oder Treiber den Punkter erreicht hat, sendet der Jagdleiter den nächsten Schützen oder Treiber ab.

Um eine Jagd pfleglich zu behandeln, ist es bei Kesseltreiben erforderlich, daß etwa doppelt so viele Treiber wie Schützen vorhanden sind. Ist dies nicht gewährleistet, sollten die Abstände größer gewählt werden, um einem Teil der Hasen die Möglichkeit zu geben, unbeschossen zu entkommen oder sich ungesehen zu drücken. Auch hier empfiehlt sich, größere Revierteile unbejagt zu lassen.

Sobald die beiden Ausgeher den ihnen zugeteilten Halbkreis abgelaufen und sich getroffen haben, ist der Kessel geschlossen, was durch das Signal „Das Ganze" bekanntgegeben wird. Aus diesem Grund sollten in der Nähe der „Ausgeher" Bläser mitgehen, falls sie selbst nicht Jagdhornbläser sind. Hierauf werden Unregelmäßigkeiten in der Rundung des Kessels und in den Abständen ausgeglichen, Treiber und Schützen machen rechts- oder linksum und setzen sich auf das Signal „Langsam antreiben" in Richtung Mitte des Kessels in Bewegung, nachdem die Schützen ihre Waffen geladen und gesichert haben, sofern nicht schon beim Auslaufen die Schußabgabe freigegeben wurde.

Bei Kesseljagden und Vorstehtreiben mit Durchgehschützen werden oft die gleichen Fehler gemacht, und zwar:

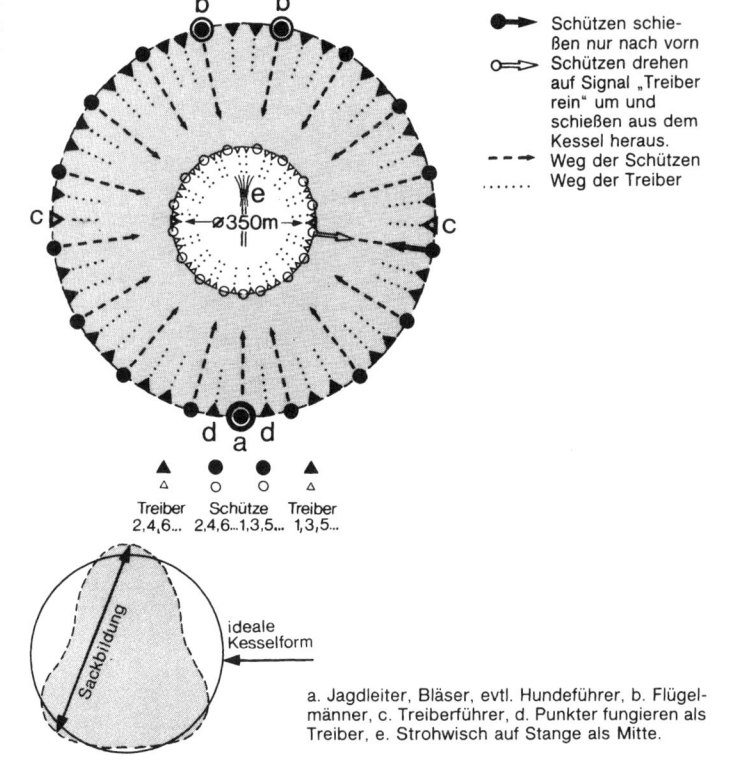

Abb. 71. Kesseltreiben. Unerwünschte Kesselbildung vermeiden.

a. Jagdleiter, Bläser, evtl. Hundeführer, b. Flügelmänner, c. Treiberführer, d. Punkter fungieren als Treiber, e. Strohwisch auf Stange als Mitte.

Fehler der Schützen:
1. Nichtbeachtung von Richtung und Abständen
2. Sackbildung durch Zurückbleiben
3. Vorprellen, um weite Querreiter zu schießen
4. Zu weites Schießen vor allem nach hinten
5. Leichtsinniger Umgang mit der Waffe

Fehler der Treiber:
1. Nichtbeachtung von Richtung und Abständen
2. Lautes Schreien und Herumfuchteln
3. Unkenntnis beim Abschlagen kranker Hasen oder Unwissenheit, was mit anderem kranken Wild zu tun ist

Diese Fehler sind überflüssig, ja können ein Mißlingen der Jagd und sogar schwere Unfälle verursachen.

Wenn es auch zu den Pflichten des Jagdleiters gehört, vor Beginn der Jagd auf Vermeidung dieser Fehler hinzuweisen, so kann er doch während des Ablaufs der Treiben nur sehr begrenzt mit Hilfe von Hornsignal oder Zuruf in das Geschehen eingreifen. Es ist dann Sache der Schützen, in ihren eigenen Reihen für Disziplin zu sorgen wie auch die Treiber anzuweisen, Ordnung zu bewahren. Ernstere Verstöße, die eine Gefährdung der Jagdteilnehmer verursachen könnten, müssen dem Jagdleiter gemeldet werden. Unachtsamkeiten der Treiber, die meist auf mangelnder Erfahrung oder Überpassion beruhen, sollten an Ort und Stelle korrigiert werden.

Alles erlegte Wild wird nach dem Aufnehmen durch Treiber nicht am herabhängenden Arm über den Acker geschleift, sondern so getragen, daß es den Boden nicht berührt. Haarwild trägt man an den Hinterläufen, Federwild am Hals.

Im Verlauf des langsamen Vorrückens von Jägern und Treibern verringern sich die Abstände zwischen diesen immer mehr, wie auch der Durchmesser des Kessels immer kleiner wird. Je nach Anzahl der teilnehmenden Schützen wird der Jagdleiter das Signal „Das Ganze – Treiber in den Kessel!", auch „Treiber rein!" genannt, blasen lassen, sobald die Abstände zwischen den Schützen so eng geworden sind, daß sie mit ihren Flinten zusammenschießen können, d. h. bei einer Entfernung von etwa 60 Metern zwischen Schütze und Schütze. Bei geringer Teilnehmerzahl kann es jedoch durchaus vorkommen, daß schon vor diesem Zeitpunkt der Kesseldurchmesser so klein geworden ist, daß eine Gefährdung der entgegenkommenden Personen durch Prellschrote gegeben ist. Bei steinigem oder gefrorenem Boden und der Verwendung von Schrot 3,5 mm liegt diese kritische Entfernung bei mindestens 350, bei weichem Wetter und steinfreiem Boden bei etwa 300 Metern. Es steht in der Verantwortung der Schützen, im gegebenen Augenblick das Schießen in den Kessel zu unterlassen. Nach dem Signal „Treiber in den Kessel!" darf auf keinen Fall mehr in den Kessel hineingeschossen werden. Die Schützen bleiben stehen und gleichen, so schnell es geht, zu große oder zu geringe Abstände zwischen sich aus, drehen sich nach außen um, bis das Signal „Hahn in Ruh" ertönt, das geblasen wird, sobald die Treiber in der Mitte des Kessels angelangt sind. Hierauf werden sofort die Waffen entladen, und Schützen und Treiber begeben sich mit gebrochenen Waffen zum Sammelpunkt.

Hier wird nach jedem Kessel Zwischenstrecke gelegt und dem Jagdleiter angegeben, ob und wo Wild krankgeschossen wurde, das nicht zur Strecke kam. Besonders nach den ersten Kesseln empfiehlt es sich, die erlegten Hasen nach alt und jung, Rammlern und Häsinnen zu untersuchen, woraus der Jagdleiter seine Schlüsse für den weiteren Ablauf des Jagdtages ziehen kann. Diese können dazu beitragen, Hegeerfolge zu erzielen oder bei

> **Merke:** Bei einer Kesseljagd ist jeder teilnehmende Jäger für die Ordnung und Disziplin der neben ihm gehenden Treiber verantwortlich (und jeder Treiber auch für die beispielsweise unerfahrenen Jäger).

Unterlassung zu verhindern. Die hierfür erforderliche kurze Zeit sollte in jedem Fall zur Verfügung stehen.

4.2.3 Streife, Böhmische Streife

Die *Streife* (Abb. 72) findet überall dort Anwendung, wo unübersichtliches Gelände, schmale Feldstreifen oder häufiger Wechsel zwischen Feld und kleinen Waldstücken oder Feldgehölzen und Hecken die Anlage von Kesseln oder Vorstehtreiben verbietet. Die Herbstjagd auf Rebhühner und auf Fasanen im Feld wird fast durchweg als Streife durch-

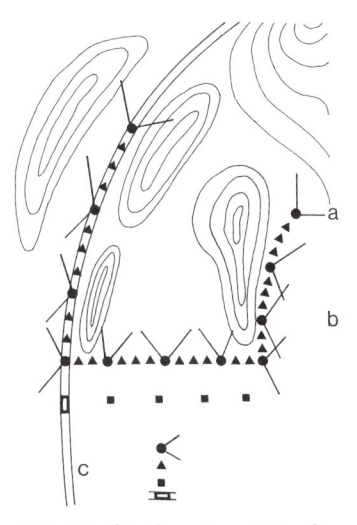

Abb. 72. Streife. a kennt das Gelände, b Seitenschützen (schießen nur nach außen), c Feldweg als Leitflügel.

geführt, das gleiche gilt für die Jagd auf alle Niederwildarten, wenn nur wenige Schützen und Treiber oder überhaupt keine Treiber zur Verfügung stehen. Die Streifjagd in reinen Waldjagden hingegen ist wegen der Unübersichtlichkeit des Geländes selten und kann nur auf großen Kulturflächen oder in Althölzern erfolgen. Sie hat hier fließend alle Übergänge zur Buschier- und Stöberjagd und – falls einzelne Schützen auf bekannten Wechseln oder Pässen vorstehen – auch zur Vorstehjagd. Das gleiche gilt für Streifjagden im Feld, falls im Verlauf einer Streife z. B. Maisäcker oder Feldholzinseln und sonst undurchsichtige Deckungen umstellt werden.

Das Wesen der Streife besteht darin, daß sich die Jagdgesellschaft zu Beginn jedes Streifengangs in vom Jagdleiter festzulegenden Abständen aufstellt, wobei die Hundeführer möglichst gleichmäßig zu verteilen sind. Auf Zuruf oder Handzeichen des Jagdleiters setzen sich Schützen und gegebenenfalls Treiber in vorher bestimmter Richtung in Bewegung. Ob und wann die Hunde zur Suche zu schnallen sind, entscheidet der Jagdleiter. Das Vorwärtsgehen der Jagdgesellschaft erfolgt stumm, d. h., jeder unnötige Lärm mit Ausnahme des Gebrauches der Treiberstöcke wird unterlassen, damit das Wild nicht bereits außerhalb der Reichweite der Flinten hochgemacht wird. Überhaupt ist jede unnötige Hast bei der Streife von Übel, da hierdurch die Richtung in Unordnung kommt, Wild überlaufen wird und sich gefährliche Situationen durch Stolpern und Hängenbleiben ergeben können, wie auch die Übersicht des Jagdablaufes leidet.

Im Verlauf einer Streife wird der umsichtige Jagdleiter immer wieder anhalten und ausrichten lassen. Er wird die Hundeführer gezielt anweisen, ihre Hunde zurückzunehmen oder voran suchen zu lassen, und muß mit lauter Stimme auf besondere Gefahrenmomente, wie etwa im Feld arbeitende Bauern oder herannahende Spaziergänger, aufmerksam machen. Sobald sich aus der Streife ein kleines Vorstehtreiben entwickelt oder das besonders langsame Abgehen einer Hecke notwendig wird, muß er seine Anweisungen geben. Es ist ein ehernes Gesetz bei jeder Streifjagd, daß die gesamte Jagdgesellschaft augenblicklich anhält, wenn Wild hochgemacht und beschossen wird. Erst wenn erlegtes Wild aufgenommen, krankes nachgesucht und der Ort des Einfallens von abstreichendem kranken Wild festgestellt wurde, darf sich die Schützen- und Treiberwehr wieder in Bewegung setzen. Im Bedarfsfall muß die Jagdausübung, auch für längere Zeit, unterbrochen werden. Es ist nur den Hundeführern gestattet, ihren Platz zur besseren Einweisung der Hunde auf einem Geläuf oder einer Spur zu verlassen.

Nach Ablauf eines jeden Streifenganges muß das erlegte Wild sorgfältig versorgt werden. In den Morgenstunden ist grundsätzlich alles Wild wegen der bevorstehenden längeren Lagerung im Revier aufzubrechen oder auszufahren und nicht nur auszudrücken oder auszuhakeln. Die Bergung des versorgten Wildes erfolgt nicht im Kofferraum eines Fahrzeuges, sondern an luftiger, schattiger und möglichst kühler Stelle im Revier. Das Anhängen an Äste ist hygienischer als das Legen auf den Boden.

Neben der Gefährdung an der Jagd Unbeteiligter wie auch von Mitgliedern der Jagdgesellschaft bedeuten einige dieser Fehler nichts anderes als Aasjägerei. Vor allem ein im Laufe eines Jagdjahres immer wiederkehrendes Abjagen ein und desselben Revierteiles hat auf den Wildbesatz – vor allem die Hasen – geradezu verheerende Folgen. Da vor allem die sich stets länger drückenden Häsinnen erlegt werden, ist binnen kürzester Zeit der Stammbesatz vernichtet.

Deshalb sollte überall dort, wo der Kaninchen wegen mehrmals gejagt werden muß, nur an einem einzigen Jagdtag der Schuß auf Hasen erlaubt werden. Das gleiche gilt für die Streifjagd auf Fasanenhähne, falls sich nicht zeigen sollte, daß im Interesse der Hege mehr Hähne geschossen werden müssen als bei der ersten Streifjagd erlegt wurden. Daß in Revierteilen, in denen bereits auf Hase oder Fasan gestreift wurde, nicht noch eine Treibjagd abgehalten werden darf, sollte selbstverständlich sein!

Sehr große zusammenhängende Feldreviere, wie sie in Böhmen häufig sind und so dieser Jagdart den Namen geben, werden durch die *Böhmische Streife* effektiver und raumgreifender bejagt, als es durch Kessel oder Vorstehtreiben möglich wäre.

Immer wiederkehrende Fehler bei der Ausübung der Streifjagd sind:
1. Mehrfaches Abstreifen der gleichen Revierteile (Ausnahmen sind Kaninchen und Fasanen*hähne*).
2. Vorprellen und Zurückbleiben von Schützen und Treibern.
3. Zu schnelles Abjagen bewachsener Geländeteile.
4. Mißachtung des Gebotes sorgfältigster Nachsuche.
5. Gebrauch von ungehorsamen oder schwerführigen Hunden.
6. Leichtsinniger Umgang mit der Waffe, vor allem bei mangelhafter Einsicht von Hinterland und bei nicht einwandfreier Ausrichtung der Jagdgesellschaft.
7. Zu weites Schießen.

> **Merke:** Mehrfach wiederholte Streifjagden auf derselben Fläche ruinieren den Wildbesatz!

Eine solche Streife macht sich die Eigenart des Hasen zunutze, selten weiter als höchstens zwei Kilometer nach vorn zu flüchten, um dann wieder in seinen angestammten Lebensraum zurückzukehren. Aus diesem Grund müssen Böhmische Streifen eine Mindestlänge von etwa fünf Kilometern und eine Breite von wenigstens 1,5 Kilometern haben. Kleinere Streifen gleicher Art, wie man sie bei uns gelegentlich durchführt, sind Kesseljagden gleichzusetzen, bei denen sich ein Teil des Kessels erst nach einer gewissen Laufzeit der Jagdgesellschaft schließt. Das Typische der Böhmischen Streife, nämlich die Ausnutzung der Ortsgebundenheit des Hasen, fehlt hier vollständig.

Die besondere Art dieser Feldjagdart unterscheidet sich von der bereits geschilderten Streife dadurch, daß bei ihr im rechten Winkel zur Kette der Schützen und Treiber – der *Front* –, die in Linie nebeneinander das Feld bejagt, von jeder Ecke der Front nach vorn je eine Linie von Treibern und einigen Schützen – die *Wehren* – hintereinander ausläuft, um das von der Front hochgemachte Wild am seitlichen Ausbrechen zu hindern.

Haben die ersten Treiber der Wehren den Endpunkt der Streife erreicht, meist ein Bachlauf, ein Waldrand oder eine Ortschaft, so biegen sie mitsamt der ihnen folgenden Wehr im rechten Winkel zueinander ein, treffen sich und bleiben entweder stehen oder drücken den verbliebenen Teil der Streife auf die Front zu, die in diesem Fall ihrerseits stehengeblieben ist. Bei reichlichem Wildvorkommen ist die letzte Art praktikabler, da der stehende Schütze besser ansprechen und sicherer schießen kann als der sich in Bewegung befindliche.

Die Regeln für Schützen und Treiber sind bei der Böhmischen Streife die gleichen wie bei der Kesseljagd, ebenso die Art der auftretenden Fehler. Nur das Zurückhängen, das Bilden von „Säcken" durch einzelne Schützen, hat hier noch stärkere Folgen, da alsbald alle zurückdrängenden Hasen in solche Säcke laufen und der Jagdablauf empfindlich gestört wird. Ob bei der Böhmischen Streife nur nach vorn oder auch nach hinten geschossen werden darf, ist der Entscheidung des Jagdleiters überlassen. Er wird letzteres nur dann gestatten, wenn einige hundert Meter hinter der Front eine ausreichende Zahl von Hundeführern und Trägern zur Verfügung steht, die krankgeschossenes Wild sofort nachsuchen und aufnehmen.

> **Merke:** Die Böhmische Streife ist nur dann sinnvoll, wenn sie so lang ist, daß die Standorttreue der Hasen Berücksichtigung findet.

4.3 Die Baujagd

4.3.1 Die Baujagd mit dem Hund

Die Baujagd auf Fuchs oder auf Dachs mit dem Erdhund ist eine Art der Jagdausübung, die Hunde, Hundeführer wie Jäger gleichermaßen fordert, aber auch beeindruckt und fasziniert. Nur mit einem für die Bodenjagd brauchbaren Hund, ob Teckel oder Terrier, bringt die Baujagd Erfolg, alles andere ist oft Stückwerk und verleidet den Teilnehmern diese reizvolle Jagdart für immer. Mit guten Erdhunden und wenigen disziplinierten Schützen hingegen ist die Bodenjagd großartiges Waidwerk. Brauchbar sind Hunde, die wesensfest sind und gewisse Schärfe besitzen, ohne zum blindwütigen Würgen zu neigen. Andererseits soll soviel Härte vorhanden sein, daß sich ihr Einsatz unter der Erde nicht in vorsichtigem und oft nutzlosem Lautgeben erschöpft, ohne im Bedarfsfall Willen zum Angriff zu zeigen. Das gesunde Mittelmaß zwischen Würger und Kläffer ist genau das richtige.

Die für die Baujagd günstigsten Zeiten sind das Frühjahr, wenn Jungfüchse gegraben werden können, und der Winter zwischen November und Februar, wenn die Bälge reif sind und die Füchse bei schlechtem Wetter, starkem Wind, Schlackerschnee oder Tauwetter im Bau stecken.

Vorbedingung für erfolgreiches Fuchssprengen sind neben dem brauchbaren Erdhund das passende Wetter und die genaue Kenntnis aller im Revier vorhandenen Baue und deren Bejagbarkeit. Baue, die beispielsweise in bürstendichten Dickungen liegen, werden bejagbar gemacht, indem man bereits im Sommer vorsichtig und allmählich ein Schußfeld schneidet, Sichtbehinderungen wie umgefallene Bäume entfernt und einen Zuweg so herrichtet, daß der Bau später möglichst leise angegangen werden kann. Bei dieser Arbeit wie auch bei Kontrollen ohnehin gut bejagbarer Baue ist darauf zu

> **Merke:** Sauwetter ist das beste Bauwetter! In der Ranzzeit Januar/Februar stecken die Füchse jedoch bei jedem Wetter gern im Bau.

achten, daß alle Röhren und Ausfahrten bekannt und einsehbar sind. Oft gräbt der Fuchs, vornehmlich jedoch der Dachs, im Laufe des Frühjahrs und Sommers zusätzlich Röhren und versteckte Ausgänge, vor allem dann, wenn die Baue als Kinderstuben dienen.

Zur Ausrüstung eines Baujägers empfiehlt sich als Schanzwerkzeug Spaten, Schaufel, Spitzhacke und Beil. Oft ist auch eine Taschenlampe vonnöten. Wenn einmal gegraben werden muß, ist es wichtig, daß die Genehmigung des Grundstückseigentümers vorliegt. Für den Notfall sollte Verbandzeug und Wundspray mitgeführt werden.

Das wichtigste, worüber ein Bodenjäger verfügen muß, sind Geduld und Zeit. Zumindest wenn man mehrere Baue kontrollieren will, ist es nicht ratsam, erst am Nachmittag mit der Baujagd anzufangen. Sollte es nämlich vorkommen, daß der Hund einmal unter der Erde Hilfe benötigt, kann man bei Tageslicht umsichtiger zu Werke gehen, als wenn Dunkelheit die Grabarbeiten erschwert. Dies gilt vor allem für tiefe Baue, in denen der vierläufige Jagdhelfer vor einer Engstelle festsitzt oder – was schlimmer ist – vom Raubwild, meistens dem Dachs, verklüftet wurde. Das Graben eines Naturbaues (einen Einschlag machen) darf stets nur die letzte Lösung sein, wenn es gilt, dem Hund zur Hilfe zu kommen, und nicht aus Ungeduld erfolgen, weil der Fuchs nicht springen will.

Übt man die Baujagd allein aus, was bei kleinen Bauen oft das effektivste ist, gilt es, sich vorsichtig zu nähern, unbedingt den Wind zu beachten und sich so zu plazieren, daß man alle Ausfahrten übersehen kann, möglichst ohne vom springenden Fuchs selbst eräugt werden zu können.

Grundregeln für die Baujagd

– So weiträumig wie möglich abstellen.
– Windrichtung vor dem Anstellen schon beachten.
– Absolute Ruhe beim Angehen und Anstellen.
– Auf gutes Schußfeld achten.
– Wenn der Rotrock in der Einfahrt erscheint, nicht mucken.
– Nie den Fuchs in der Einfahrt beschießen, sondern vom Bau wegflüchten lassen.
– Je weniger Jäger im Einsatz sind, um so besser.
– Möglichst nur mit einem Hund, allenfalls mit eingejagten Gespannen arbeiten.
– Nie Erdhunde gemeinsam einsetzen, die sich nicht genau kennen.
– Für die Dauer der Baujagd erfüllt der Hundeführer die Funktion des Jagdleiters.
– Die angestellten Schützen sollten möglichst nicht in die Röhren sehen können, weil Reineke sie sonst wahrnimmt, ehe er vor dem Springen vorsichtig herausäugt.
– Keiner verläßt den angewiesenen Stand, ohne dazu aufgefordert zu sein, und bewahrt auch in brenzligen Situationen absolute Ruhe.
– Hektik verdirbt den Erfolg.
– Den erbeuteten Fuchs vorsichtshalber mit Handschuhen anfassen.

Bei großen, oft aus 20, 30 oder mehr Röhren bestehenden Erdburgen ist es sinnvoll, mit mehreren Jägern zu Werke zu gehen.

Nebenstehend einige Grundregeln, deren Beachtung die Erfolgschancen erhöht sowie Ärger und Zeit erspart.

Nach dem Schliefen des Bauhundes (natürlich ohne Halsung) herrscht absolute Ruhe. Springt Reineke nicht, was vorkommen kann, wird der irgendwann wieder an der Oberfläche erscheinende Hund abgenommen, aber die Schützen verharren aufmerksam auf ihren Ständen. Jetzt heißt es noch vorsichtiger zu sein, denn häufig erscheint Reineke nach kurzer Zeit in der Einfahrt, um den ungastlichen Ort zu verlassen, sichert aufmerksam und mißtrauisch nach allen Seiten und springt dann. Ein sich bewegender Flintenlauf, ein leicht wehender Mantelzipfel, ein verstohlener Zug aus der Zigarette lassen den Listenreichen sofort wieder im Bau verschwinden, und zwar meistens für diesen Tag auf Nimmerwiedersehen.

Auch wenn der Fuchs „wie der Teufel" aus der Röhre springt, sollte man sich darüber im klaren sein, daß er vorher in der Einfahrt verhofft und sich Wind geholt hat.

Das Graben von Fuchsbauen ist für den Bodenjäger nie die Regel, immer nur die Ausnahme. Mit der Beschaffenheit der Baue steigt oder fällt die Gefahr, graben zu müssen. So gibt es Einröhrenbaue, bei denen das Graben oft programmiert ist, zumindest wenn ein „Steher", also ein Hund, der am Raubwild nicht freiwillig abbricht, den Fuchs in der Endröhre bindet, ohne zu weichen. In solchem Fall warten die Jäger vergebens und sind zu einem Einschlag gezwungen. Gegraben werden sollte ein Bau wirklich nur im Notfall, beispielsweise, um dem verklüfteten Hund zu helfen, denn häufig werden Bauanlagen durch unnötige Graberei unwohnlich für das Raubwild, weil Zugluft eindringt oder wieder verfüllte Einschläge einstürzen. Deshalb ist es wichtig, die Einschlagöffnungen über den Röhren durch Überdecken mit Knüppeln und Scheiten wieder zu stabilisieren und sie dann so zu verfüllen, daß sie auch nach außen hin weiterhin „ansehnlich" sind. Für den Fall, daß ein Bodenjäger sich für einen Einschlag entscheidet, sollte er immer über, besser noch vor dem Hund, nie jedoch über dem Raubwild graben. Sowie man die Röhre geöffnet hat, ist es ratsam, beispielsweise durch Dazwischenhalten des Spatens, die Kontrahenten voneinander fernzuhalten, da der raubwildscharfe Hund meistens, wenn

Abb. 73. Der Einschlag bei der Bodenjagd ist stets die Ausnahme, nie die Regel.

Licht einfällt, sofort unnötige und ihn möglicherweise gefährdende Faßversuche unternimmt. In felsigen Gegenden verbietet sich das Graben von allein, und in lehmigen oder gar Tonböden ist es oft außerordentlich beschwerlich.

In der Hauptzeit der Bodenjagd, im Winter, hat der Dachs Schonzeit, weshalb es lediglich von August bis Oktober (Landesgesetze beachten) Zweck hat, Dachse zu graben. Altdachse springen so gut wie nie. Gezielte, vielerorts notwendige Dachsbejagung durch Ansitz am Bau ist effektiver als die in keinem Verhältnis zum Erfolg stehende Mühe der Grabarbeiten im oft tiefen Erdboden. Auch ist die Gefahr, daß der Hund von dem wehrhaften Erdmarder geschlagen wird, erheblich größer als beim Fuchs.

Baujagd sollte nicht zu häufig ausgeübt werden. Etwa nach zwei Wochen hat sich der Geruch des Hundes im Bau verzogen, man sollte dann noch eine Woche zugeben und in der dritten Woche die Jagd erneut durchführen.

Sollte der Unglücksfall eintreten, daß der Hund (im Falle, daß ihm nicht durch einen Einschlag geholfen werden kann) nicht vor Dunkelheit aus dem Bau kommt, muß der Baujäger seinen Rucksack oder Mantel auf den Bau legen und kann dann in aller Regel seinen Hund in der Nacht oder spätestens am nächsten Morgen dort abholen. Ist der Hund noch immer nicht erschienen, liegt die Befürchtung nahe, daß er verklüftet wurde oder aus einem Fallrohr nicht mehr herauskommt. In diesem Fall hilft nur noch das Ausheben eines breiten Grabens, der quer zum Bau gelegt wird, in der Hoffnung, aus aufgegrabenen Röhren Lebenszeichen des Hundes zu hören, die gezieltes Weitergraben ermöglichen.

Aus künstlichen Revierbauen, die ja lange nicht so verzweigt und verschachtelt sind wie die

Abb. 74. Stößt man bei der Grobarbeit auf das Raubwild und den vorliegenden Bauhund, ist dieser zunächst aus Sicherheitsgründen abzunehmen.

meisten Naturbaue, springt der Fuchs normalerweise sehr viel schneller, denn das künstliche Röhrensystem erlaubt ihm weder ein Verklüften noch sonstiges Ausweichen. Reineke muß, vom Hund bedrängt, über kurz oder lang den Bau verlassen. Die hohen Anforderungen, die man zu recht an Terrier oder Teckel stellt, die im Naturbau zum Einsatz kommen, sind an künstlichen Revierbauen nicht in dem Maß erforderlich. Hier genügt oft der sonst unerwünschte Baukläffer, auch wenn diese Jagdart letztlich mit einem schneidigen Sprenger problemloser abläuft.

Merke: Bodenjagd ist spannendes Waidwerk und effektiv, wenn man sich an Regeln hält. Gegraben wird ein Bau nur im Notfall. Wer ohne Not seinen Hund verläßt, ist ein schlechter Jäger!

Abb. 75. Handzahme Frettchen (im Foto ein Albinofrett) sind Voraussetzung für zügigen Jagdablauf am Kaninchenbau.

4.3.2 Die Baujagd mit dem Frettchen

Diese Jagd (Abb. 75) gilt ausschließlich den Wildkaninchen und wird vornehmlich dort ausgeübt, wo andere Jagdarten keinen oder nicht genug Erfolg bringen, um Schäden in Land- und Forstwirtschaft zu verhindern. Ob man das Frettieren mit Netzen/Drahtreusen oder mit der Flinte ausübt, hängt davon ab, ob am Bau geschossen werden darf oder nicht, z. B. auf einem Friedhof oder innerhalb bebauter Gebiete. Auch die kombinierte Jagd mit Netz und Flinte ist möglich, sie wird überall dort ausgeübt, wo die Baue so verzweigt sind oder ineinander übergehen, daß sie nicht sämtlich mit Jägern abgestellt werden können.

Wer häufig Gelegenheit hat, mit Frettchen zu jagen, wird immer mehrere Tiere, mindestens aber zwei halten, die entweder – in großen Bauen – gleichzeitig, sonst aber abwechselnd angesetzt werden, deshalb nicht so rasch ermüden und somit einen vollen Jagdtag ermöglichen. Für den Transport kommt jedes Frettchen für sich in einen kleinen Transportkasten, eine große Tasche oder einen sonstigen Behälter, der warm ausgepolstert und mit Luftlöchern versehen ist.

Das geeignetste Wetter für diese Jagdart sind feuchte, naßkalte Tage oder Tage mit starkem Wind, an denen sich die Kaninchen meistens im Bau aufhalten. Bei starkem Frost oder heftigem Regen jagen die Frettchen oft schlecht. Gejagt wird in allen Monaten, in denen es keine Jungkaninchen gibt, die sich zu leicht vom Frettchen greifen lassen, also in der Zeit von Oktober bis Februar. Am Jagdtag erhalten die Frettchen am Morgen kein Futter – ohnehin füttert man sie immer am Ende des Tages. Sie werden sonst rasch die Jagdlust verlieren und ermüden. Ähnlich wie bei der Baujagd mit dem Hund begibt man sich möglichst leise an den Bau, dessen Röhren man kontrolliert, deckt die nicht beschießbaren Einfahrten mit Netzen oder Drahtreusen ab und läßt das oder die Frettchen einschliefen. Da nur der Besitzer der Frettchen die Tiere ansetzt und wieder abnimmt, führt dieser in der Regel keine Waffe. Die Schützen stellen sich so, daß sie sich keinesfalls gegenseitig gefährden, also Rücken an Rücken oder Seite an Seite. Mehr als zwei Schützen zur Zeit sollten aus Sicherheitsgründen an dieser Jagdart nicht teilnehmen. Nur beim Frettieren in Wallhekken oder Knicks kann diese Regel durchbrochen werden, denn dort können an jeder Seite der Hecke zwei Jäger angestellt werden.

Die Ausrüstung des Jägers beim Frettieren unterscheidet sich in nichts von der an einem anderen Jagdtag. Die Bekleidung muß volle Beweglichkeit des Schützen gewährleisten. Die Flinte sollte nach Möglichkeit Skeetläufe haben oder eine Chokebohrung von 1/4 und 3/4. An Schrot wird 2,5 mm verwandt. Die erlegten Kaninchen werden möglichst sofort ausgedrückt, bei Rammlern werden die Analdrüsen entfernt, was dem Geschmack des Wildbrets gut bekommt. Die mit Netzen oder in Drahtreusen gefangenen Kaninchen werden durch Handkantenschlag getötet und sonst gleich den erlegten Kaninchen behandelt. Wird die Jagd den ganzen Tag über ausgeübt, so wird man die Strecke nicht stets mitführen, sondern sie im Revier verteilt luftig aufhängen. Sind die Tage noch recht warm, sollte man das erlegte Wild *auswerfen*.

4.4 Die Wasserjagd

Die Jagd auf Wasserwild, vor allem auf Enten und Gänse, ist so mannigfaltig wie die Unterschiede von Lage, Ausformung und Bewuchs der Gewässer oder Äsungsflächen (Abb. 76).

Wir unterscheiden die *Anstandsjagd* auf dem *Strich* an stehenden oder fließenden Gewässern, die *Treibjagd* auf bewachsenen Teichen und Seen sowie die *Ansitzjagd* beim Abendeinfall im Feld auf den Äsungsflächen oder den Einfall der Gänse morgens auf dem Feld.

Jede dieser Jagdarten erfordert besondere Vorbereitungen und verschiedene Arten der Durchführung. In fast allen Fällen ist der firme Jagdgebrauchshund weit mehr als der Jäger Hauptakteur. Brauchbare Hunde bei der Wasserjagd mitzuführen ist daher mit gutem Grund eine absolute Mußbestimmung des Jagdgesetzes. Das Wetter spielt bei dieser Jagd oft eine entscheidende Rolle. Es beeinflußt den Flug des Wildes genauso wie die Schießleistung des Jägers, wobei häufig beide Komponenten in heftigem Widerspruch stehen. Wenn z. B. bei Sturm, Nebel und Regen Enten und Gänse niedrig streichen oder ziehen, muß sich der Jäger wegen des schlechten Wetters sturm- und regensicher bekleiden, was seine Schießfertigkeit stark beeinträchtigen kann.

Die Wasserjagd auf dem *Strich* (also wenn die Enten *streichen*) kann als Einzeljagd oder auch als Gesellschaftsjagd meistens abends, aber auch morgens durchgeführt werden. Die günstigsten Stellen für den Anstand

Merke: Bei der Jagd auf Wasserwild taugen nasse Jäger und trockene Hunde nicht viel!

sind die, an denen das Wasserwild über Land streichen muß, also beispielsweise an scharfen Bach- oder Flußkrümmungen. Ebensogut sind Plätze an ruhigen Wasserstellen mit Wirbel- oder Rückströmungen, Hohlufern, Buhnen und Lahnungen, Ausbuchtungen und toten Flußarmen, wo die Enten am liebsten einfallen.

Wird die Ansitzjagd am Fließgewässer ausgeübt, ist es Pflicht des Jagdleiters, Jäger ohne Hund am weitesten flußaufwärts anzustellen, damit im Wasser abtreibendes erlegtes oder krankes Wild von flußabwärts postierten Jägern mit Hund aufgenommen werden kann.

Auf größeren Seen sind es Schilfgürtel, in die lange vor der Jagd Schußfelder geschnitten werden müssen, sowie eventuell Fahrrinnen für die Boote. Auch muß Schilf bereitgelegt sein zur

Abb. 76. Wasserwildjagd ohne brauchbaren Hund ist allemal Schund.

Tarnung für Boote und Jäger. Auf offenen, tiefen Wasserflächen wie Baggerseen und Kiesgruben, die mitunter Tagesrastplatz für allerlei Wasserwild sind, hat sich das Ausbringen von Tonnen bewährt, in denen die Jäger stehen können. Sie müssen mit einer Schöpfvorrichtung versehen und am Grund verankert sein, damit sie nicht kippen.

Pflicht der Schützen ist es, erlegtes Wild entweder sofort einzusammeln oder sich die Stellen, an denen es herabfiel, für die spätere Nachsuche gut zu merken.

Jäger und Hund müssen sich für Nachsuchen bei ihren Standnachbarn zur Verfügung halten. Niemals sollten mehrere Hunde dasselbe Stück Wild nachsuchen. Wasserarbeit im Schilf oder bei Kälte ist Schwerstarbeit, auch für den härtesten Jagdgebrauchshund. Auf Schnittverletzungen durch Schilf ist besonders zu achten, ebenso darauf, daß die Hunde nicht unterkühlen, sondern sich immer wieder warmlaufen dürfen. Bei kalter Witterung werden die nassen Hunde in den Pausen zwischen den einzelnen Nachsuchen immer wieder trockengerieben.

Bei *Treibjagden* werden je nach Art des Gewässers die Schützen vom Boot aus jagen oder am Land und im Schilf aufgestellt. Bei der Auswahl der Stände ist die Beachtung der Windrichtung von großer Bedeutung. Hochgemachtes Wasserwild steht immer gegen den Wind auf! Die Jagd vom Boot aus erfordert Schießfertigkeit im Sitzen. Das Stehendschießen, selbst vom verankerten Boot aus, ist aus Sicherheitsgründen verboten. Andererseits ergeben Schüsse auf die Wasseroberfläche aus sitzender Position einen sehr flachen Abprallwinkel der Schrote, weshalb sie nur dann abgegeben werden dürfen, wenn mit absoluter Sicherheit niemand gefährdet werden kann. Dies gilt besonders dann, wenn Treiber mit oder ohne Boot unterwegs sind. In jedem Fall sind die gesetzlichen Sicherheitsmaßnahmen zu beachten, besonders bei der Jagd vom schwankenden Boot aus.

Das Zeichnen nicht tödlich getroffenen Wasserwildes ist oft nicht so typisch wie beispielsweise meistens bei Rebhuhn oder Fasan. Geflügelte Enten stürzen fast genauso herab wie tödlich getroffene. Es ist deshalb unbedingt notwendig, daß sich Schützen, die keinen Hund führen, die Aufschlagstelle getroffenen Wildes genau merken, um den Hundeführern die Arbeit zu erleichtern.

Enten, die am Jagdtag bei der Nachsuche nicht zur Strecke kamen, sind dem Jagdleiter zu melden, der entscheidet, wann am folgenden Tag nachgesucht wird.

Eine weitere Jagdart, vor allem auf Enten und an schmalen, tief eingeschnittenen Fließwassern, ist, wenn die Jagdgesellschaft sich vorsichtig und lautlos sowie in gleichen Abständen zueinander und zum Gewässer hin diesem nähert und die aufsteigenden Enten beschießt. Strömung, Steilufer, Brennesseln und ausgekolkte Wurzeln erschweren hier oft die Arbeit der Hunde ganz erheblich.

Als letztes sei die Ansitzjagd meistens auf Enten beim *Abendeinfall* auf Äsungsflächen beispielsweise im Feld beschrieben. Der Erfolg solcher Jagden hängt weitgehend davon ab, daß sich der Jagdleiter am Abend vor dem geplanten Ansitz ein genaues Bild davon macht, welches reifende Gersten- oder Weizenfeld vom Wild bevorzugt wird, wie viele Enten anfliegen, von welcher Seite sie kommen, wie sie kreisen und wo sie bevorzugt ein-

> **Merke:** Es ist keine waidgerechte Jagd, wenn Wasserwild durch Fütterung lediglich zum Zweck der Erlegung angelockt wird. Zwei beim Abendansitz auf dem Getreidestoppel erlegte Breitschnäbel zählen mehr als 20 an der oft das Wasser verunreinigenden „Massenkirrung".

fallen. Nach diesen Beobachtungen sind am Jagdtag aus der Örtlichkeit entsprechenden Materialien, also in diesem Fall Stroh oder Garben, einfache Schirme zusammenzustellen, die die Haupteinfallstelle gegen den Wind halbkreisförmig umschließen.

Da Wasserwild ungemein fein äugt, muß den Schützen zur Pflicht gemacht werden, absolut ruhig in Deckung zu bleiben. Die Jäger dürfen nur dann hochfahren und schießen, wenn ein oder zwei vorher bestimmte erfahrene Schützen dies tun, was erst geschieht, wenn sich die Enten zum eigentlichen Einfallen fast senkrecht nach unten fallen lassen, also nicht mehr höher als etwa 15 Meter in der Luft sind. Ähnliches gilt auch für den Morgenansitz auf Wildgänse im Feld.

4.5 Die Jagdsignale

In uralter Zeit verständigten sich die Jäger durch Zuruf und Hörnerklang – Waidgeschrei und Signal. Wenn ersteres in der jüngeren Vergangenheit fast ganz verloren ging und nur ganz gelegentlich noch die Rufe wie „Tirehaut" als Ankündigung auffliegenden Federwildes oder „Harro" für anlaufendes Haarwild und „Hussa" als anfeuernder Ruf des Rüdemannes gebräuchlich sind, so hat das auf Hörnern

Allgemeine Signale	Jagdleitsignale	Totsignale
Zum Wecken (Das hohe Weken)	Hegeruf und Antwort	Wisent tot
Begrüßung	Notruf	Bär tot
Zum Essen	Das Ganze	Elch tot
Blattschlagen	Aufbruch zur Jagd	Hirsch tot
Jagd vorbei	Anblasen des Treibens	Damhirsch tot
Halali (Eventuell das „Große Halali" für Ventilhörner in B)	Laut treiben	Sika tot (neu)
	Stumm treiben	Muffel tot
	Aufmunterung zum Treiben	Gams tot
	Halt	Sau tot
	Treiben zurück	Auerhahn (Birkhahn) tot (neu)
	Treiber in den Kessel (Treiber rein)	Reh tot
	Abblasen des Treibens (Hahn in Ruh)	Fuchs tot
		Raubwild tot
	Sammeln der Jäger	Dachs tot
	Hunderuf	Hase tot
	Wagenruf	Kaninchen tot
	Treiberwehren, Mitte, rechter Flügel, linker Flügel	Flugwild tot
		Fasan tot
	Richtung	
	Sammeln der Schützen	
	Sammeln der Treiber	
	Wild ablegen	

geblasene Jagdsignal nichts von seiner ursprünglichen Bedeutung verloren. Durch das leichtführige Pleßhorn und die Einführung der Totsignale im 19. Jahrhundert hat es eher noch an Bedeutung gewonnen (siehe Tabelle oben).

Jeder Jäger sollte – und jeder Jägerprüfling *muß* auf der Prüfung – wenigsten die wichtigsten Jagdleitsignale kennen, da von ihnen häufig Verlauf und Sicherheit der Jagd abhängen (Abb. 77). Er muß wissen, daß mit dem Signal „Anblasen des Treibens" zu laden ist bzw. geschossen werden darf, daß bei dem Signal „Treiber in den Kessel" jede weitere Vorwärtsbewegung zu unterbleiben hat und nur noch nach außen geschossen werden darf, daß mit dem „Abblasen des Treibens" (Hahn in Ruh) nicht mehr geschossen werden darf und die Waffe entladen werden muß.

Die allgemeinen Signale und die Totsignale sind schöne Bräuche, die den Jäger auf die Jagd einstimmen oder ihm nach der Jagd einige besinnliche Minuten bescheren und darüber hinaus eine letzte Ehrung des erlegten Wildes darstellen, das nach den Regeln des Jagdhandwerkes und der Waidgerechtigkeit zur Strecke kam.

Im allgemeinen werden die Jagdsignale auf dem *Pleßhorn in B* geblasen, gegendweise wird auch das *Parforcehorn in B* verwendet oder der *Sauerländer Halbmond*, seltener das *Clewingsche Taschenhorn* (Abb. 56).

Die Kenntnis der wichtigsten Jagdsignale ist kein „alter Zopf", wie manche meinen, sondern lebendige und notwendige jagdliche Erfordernis. Zusätzlich schenkt sie dem Jäger ein wenig Poesie und drückt seinen Dank aus an den Schöpfer aller Dinge, der uns Jägern die Verantwortung gab, seine Geschöpfe zu hegen und an ihnen waidgerechte Ernte zu haben („Die Jagdsignale", vollständige Sammlung aller offiziellen Jagdsignale mit Merkversen von W. Frevert, Verlag Paul Parey).

4.6 Das Streckelegen

Jedes Stück Schalenwild, gleich ob bei Einzeljagd oder Gesellschaftsjagd erlegt, wird gerecht zur Strecke gelegt. Das gleiche gilt für alles bei Gesellschaftsjagden erlegte Niederwild, das oft nach jedem einzelnen Treiben als Teilstrecke und gewiß nach dem Ende der Jagd als Gesamtstrecke gelegt wird.

Alles Wild wird stets auf die rechte Körperseite gelegt, die Herzseite zeigt also nach oben. Schalenwild erhält heute einen Inbesitznahmebruch und den letzten Bissen. Ersterer zeigt bei männlichen Stücken mit der gebrochenen Spitze zum Haupt, bei weiblichem Wild mit der gewachsenen Spitze. Der letzte Bissen, der auch weiblichem Schalenwild gebührt, wird mit der gebrochenen Spitze voran in den Äser geschoben. Das Haupt männlichen Wildes wird – wenn nötig – mit Hilfe einer Astgabel so aufgerichtet, daß sich der Kopfschmuck am besten zeigt.

Die Gesellschaftsjagd

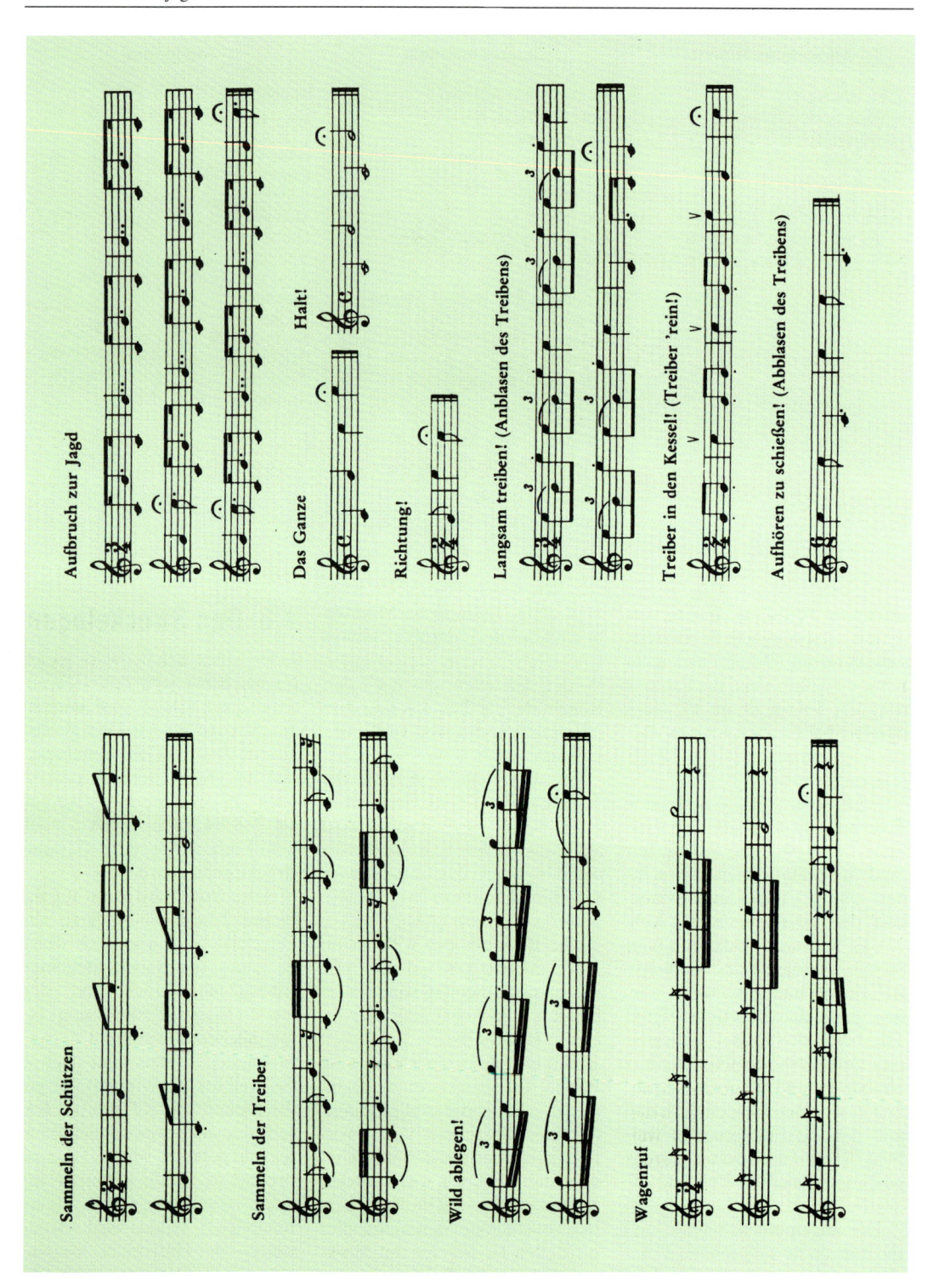

Abb. 77. Jagdleitsignale.

Beim Niederwild wird vielerorts die Strecke eines jeden Treibens am Sammelpunkt gelegt. Dies erfolgt ebenfalls so, daß alles Wild auf die rechte Seite gelegt wird. Je nach Gegend und Brauch wird jedes fünfte oder zehnte Stück um eine halbe Länge vorgezogen. Das Streckelegen am Abend des Jagdtages soll und muß eine feierliche Handlung sein. Die Art seiner Durchführung ist Zeichen für die Einstellung der Revierinhaber zum Wild.

Nach Drück- und Treibjagden auf Schalenwild (Abb. 78) liegen nächst den aufgestellten Jägern mit dem Haupt zu diesen gewandt an der rechten Seite der Strecke die stärksten Stücke, männliches vor weibliches Wild, die verschiedenen Wildarten hintereinander, in letzter Reihe an diesem Tag ebenfalls zur Strecke gekommenes Niederwild wie Füchse und Kugelhasen. Kamen nur wenige Stücke Wild zur Strecke, so kann alles Wild in einer oder zwei Reihen gestreckt werden.

Es ist schöner Brauch, das Wild auf Brüche zu legen und die Strecke später beispielsweise mit Fackeln zu erhellen.

Beim Legen der Strecke von Niederwild (Abb. 79) wird nächst den Schützen in die erste Reihe das Raubwild gelegt, dann folgt das Haarwild, anschließend das Federwild, in die letzte Reihe Arten, die nicht zum Wild zählen. Auch Niederwildstrecken werden häufig mit Brüchen umrahmt oder unterlegt und mit Fackeln beleuchtet. Bei allen Strecken sollte darauf geachtet werden, daß ihr Gesamteindruck harmonisch ist.

Falls der Jagdherr nicht selbst Jagdleiter war, meldet dieser dem Jagdherrn die Strecke, der alsdann das Zeichen zum Verblasen gibt, sofern er nicht vorher einige Dankesworte an Schützen, Treiber, Hundeführer oder Bläser richtet. Das Verblasen wird in der gleichen Reihenfolge durchgeführt, wie die Strecke liegt, das erste Signal gilt also dem in der ersten Reihe liegenden Wild usw. Nach dem letzten Totsignal folgen „Jagd vorbei" und „Halali".

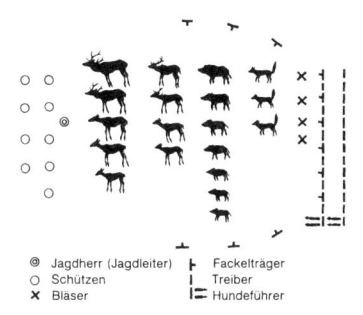

Abb. 78. Strecke mit Hochwild und Fuchs.

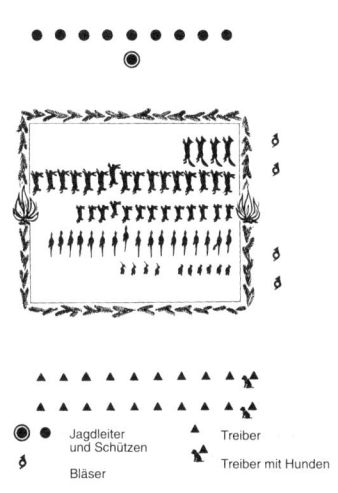

Abb. 79. Streckelegen – Niederwild.

Der Brauch, beim Verblasen die Kopfbedeckung abzunehmen, wird gegendweise unterschiedlich gehandhabt. Man richte sich am besten nach dem, was der Jagdherr und die einheimischen Jäger tun.

In welchem Moment des Streckelegens bei einer Hochwildjagd, gelegentlich auch bei einer Niederwildjagd, auf der ein Fuchs oder auch mal ein Stück Schalenwild zur Strecke kam, die Brüche verteilt werden, ist ebenfalls unterschiedlich. In aller Regel geschieht es während des Verblasens der Strecke, entweder direkt vor dem Verblasen der einzelnen Wildarten, mitunter auch unmittelbar nach der Bekanntgabe der Strecke des Tages. Auch hier werden die Brüche auf Hirschfänger, Waidblatt oder Hut mit „Waidmannsheil" und „Waidmannsdank" überreicht, mit der rechten Hand in Empfang genommen und an die rechte Seite der Kopfbedeckung gesteckt.

Es gilt als alter Brauch, nicht über die gelegte Strecke zu treten.

Das „Schüsseltreiben", in Süddeutschland und Österreich auch „Knödelbogen" genannt, beschließt den Jagdtag. Es ist eine Unsitte und den Revierinhabern gegenüber unhöflich, den ganzen Tag über mitzujagen, aber am Jagdessen nicht teilzunehmen, das alle Jäger noch einmal versammelt und den Tag ausklingen läßt. Ob ein Jagdkönig ernannt wird, ist ebenfalls regional unterschiedlich. Wo dies der Fall ist, hat dieser die Aufgabe, dem Jagdherrn und seinen Helfern den Dank aller Jäger und Jagdgehilfen auszusprechen. Mitunter schließt sich an das Essen ein „Jagdgericht" an, das in launiger Form vonstatten gehen sollte und an dem auch die Jagdgehilfen beteiligt sein sollten.

Während oder unmittelbar nach dem Essen wird der Jagdherr mit kurzen Worten noch einmal den Verlauf des Jagdtages ins Gedächtnis rufen und Jägern wie Treibern, Hundeführern wie Bläsern danken, unter Umständen auch Kritik üben. Er schließt seine Rede mit einem dreifachen „Horrido" auf das deutsche Waidwerk. Die Jagdkorona antwortet auf das dreimal ausgerufene „Horrido" jeweils mit „Joho". Der Jagdkönig oder – falls ein solcher nicht benannt wurde – der älteste Teilnehmer an der Jagd, wird möglichst sofort anschließend seine Dankesworte an die Revierinhaber und den Jagdleiter sagen und mit einem dreifachen „Horrido" an diesen schließen.

Weitere Bräuche, die ein jeder Jäger kennen sollte, sind, daß derjenige Schütze ein Stück *Schalenwild* als Erleger zugesprochen erhält, das von ihm den ersten Schuß erhalten hat, der es mit Sicherheit – auch mit Hilfe einer schwierigen Nachsuche – zur Strecke gebracht hätte. Bei *Niederwild*, das mit Schrotschuß zur Strecke kam, gilt der letzte Schuß, wozu aber der Fangschuß nicht zählt. In Zweifelsfällen entscheidet der Jagdleiter.

Schließlich sei noch erwähnt, daß nach österreichischem Brauch, der sich weitgehend auch in Deutschland durchgesetzt hat, das Zutrinken mit der linken Hand erfolgt, wenn der Zutrinkende dabei ein Waidmannsheil ausbringt (siehe auch Frevert, „Das jagdliche Brauchtum", Verlag Paul Parey).

4.7 Fragen & Antworten zur Gesellschaftsjagd

Beim Frettieren wie auch bei der Treibjagd auf Kaninchen empfiehlt sich eine besondere Art des Anstellens der Schützen, welche ist das?
Wegen möglicher Gefährdung durch unberechenbares Verhalten und Flüchten der Kaninchen empfiehlt es sich, jeweils zwei Schützen Rücken an Rücken anzustellen.

Was versteht man unter einem »Sack« bei einer Hasenstreife oder Kesseljagd und, weshalb darf »Sackbildung« nicht geduldet werden?
Durch das Zurückbleiben eines oder mehrerer Treiber hinter der sonst geraden Schützenlinie entsteht ein Sack. Dieser gefährdet bei der Schußabgabe Treiber und Schützen. Er stellt aber auch unwaidmännisches Verhalten dar, da zurückflüchtende Hasen mit Vorliebe in einen solchen Sack hineinlaufen.

Bei einer Kesseljagd stehen z. B. nur zwei brauchbare Jagdhunde zur Verfügung. Wo werden die Hunde mit ihren Führern eingeteilt?
Beim Auslaufen der Schützen und Treiber achtet man darauf, die Hundeführer so einzuteilen, daß sie sich bei auslaufendem Kessel möglichst gegenüber stehen.

Sie beschießen eine geflügelte Ente auf dem Wasser. In welchem Winkel prallen die Schrote von der Wasseroberfläche ab?
Annähernd im gleichen Winkel, in dem sie auf das Wasser auftraten.

Unter welchen Voraussetzungen kann ein Jagdleiter den Kugelschuß in das Treiben hinein erlauben?
Wenn möglichst dicht vor dem Schützen ein Geländehindernis (z. B. Steilhang) vorhanden ist oder der Schütze auf einem Hochstand oder Hochsitz angestellt wurde.

Ist auch der Mitjäger oder Jagdgast bei Treibjagden für die Disziplin der Treiber verantwortlich oder ist dies allein Sache des Jagdleiters?
Jeder Teilnehmer einer Gesellschaftsjagd ist für die Disziplin und Sicherheit des Ablaufens der Jagd mit verantwortlich.

Welche Witterung ist für die Durchführung einer Baujagd auf den Fuchs besonders günstig?
z. B. Schlackerschnee, Tauwetter und starker Wind sind günstig. Man sagt: »Sauwetter ist Bauwetter!«

Welche Flugweite haben Flintenlaufgeschosse im ungünstigsten Fall, und wie ist ihr Ablenkwinkel bei Auftreffen auf ein Hindernis?
Die Flugweite beträgt maximal 1,5 Kilometer, der Ablenkwinkel entspricht dem von Schrot.

Warum ist bei der Hasenjagd das einmalige großflächige Abtreiben einer Revierfläche dem mehrfachen Absuchen oder Stökern im kleinen Jägerkreis mit Hunden vorzuziehen?
In fast allen heimischen Revieren läßt der Hasenbesatz die mehrfache Bejagung eines bestimmten Revierteiles auf Hasen nicht mehr zu. Eine einmalige Bejagung bringt für das Wild weniger Unruhe als fortwährendes Anrühren. Auch sagt man, daß bei einer Streife oder Suche mehr Häsinnen zur Strecke kommen als bei einer großflächigen Treibjagd, da die Häsinnen sich länger in der Sasse drücken und eher erlegt werden als Rammler, die meistens eher »aufstehen«.

Was versteht man unter den »Jagdleitsignalen«?
Im Gegensatz zu den allgemeinen Signalen (z. B. Begrüßung, zum Essen) und zu den Totsignalen dienen die Jagdleitsignale dem sicheren Ablauf der Jagd.

Was hat jeder an einer Jagd teilnehmende Schütze unverzüglich zu tun, wenn während des Treibens das Signal »Treiber in den Kessel« (»Treiber rein!«) ertönt?
Er darf nicht mehr in den Kessel oder das Treiben hineinschießen. Die Jäger richten die Abstände zueinander aus, drehen sich bei Kesseltreiben nach außen und senden die Treiber in das Treiben hinein.

Wer ist bei der Ausübung der Baujagd auf den Fuchs der Jagdleiter und warum?
Jagdleiter bei der Baujagd ist stets der Hundeführer, sowohl aus Gründen der Sicherheit, da nur er allein seinen Stand verlassen darf, als auch, weil er allein das Verhalten seines Hundes richtig einzuschätzen weiß.

Was versteht man unter einer Ansitzdrückjagd oder Beunruhigungsjagd?
Eine Jagdart, bei der viele Schützen meist weiträumig im Revier verteilt ansitzen, während durch wenige meist ortskundige Treiber das Wild beunruhigt wird.

5 Die Fangjagd

Wie alle bisher beschriebenen Jagdarten ist die Fangjagd Jagdausübung im Sinne des § 1 Absatz 4 des BJG. Sie darf daher nur von Personen ausgeübt werden, die im Besitz eines gültigen Jagdscheins sind und Erlaubnis zur Jagdausübung haben. In Bayern muß der Fangjäger darüber hinaus die Teilnahme an einem speziellen anerkannten Fangjagdlehrgang nachweisen (siehe auch Band 5 „Der Jäger und sein Recht").

Die Fangjagd wird im wesentlichen während der Nachtstunden ausgeübt. Totfangfallen können bei Mißachtung bestimmter Vorsichtsmaßregeln eine Gefahr für den Menschen sein, weiterhin muß verhindert werden, daß gefangenen Tieren Leiden zugefügt werden, und schließlich muß ausgeschlossen werden, daß sich Tiere, die nicht dem Jagdrecht unterliegen oder die zu schonen sind, in den Fallen fangen. Für die Fangjagd gelten daher Regeln, die über die Vorsichts- und Sicherheitsregeln der sonstigen Jagdausübung hinausgehen.

Bezogen auf die Praxis des Fangjägers bedeuten diese Grundsätze:
– Es ist nicht waidgerecht, Fanggeräte zu benutzen, die nicht in einwandfreiem Zustand sind, bei denen z. B. die drehenden Teile korrodiert sind oder die Federkraft nachgelassen hat.
– Beim Aufstellen von Totfangfallen muß das in der freien Landschaft bestehende Betretungsrecht beachtet werden, d. h., über die üblichen Schutzvorkehrungen hinaus darf im näheren Umfeld der von Menschen regelmäßig begangenen Gegenden die Fangjagd mit Totfangfallen nur in Fangbunkern, Fanggärten oder sonstigen geschlossenen Räumlichkeiten ausgeübt werden.
– Alle Fallen müssen so aufgestellt und verblendet sein, daß Fänge geschützter freile-

Grundsätzlich gilt folgendes:
- Bei der Ausübung der Fangjagd sind die allgemein anerkannten Grundsätze deutscher Waidgerechtigkeit zu beachten.
- Es gilt die allgemeine Rechtspflicht, wonach jeder, der eine Gefahrenquelle schafft, die notwendigen Vorkehrungen zum Schutz Dritter zu treffen hat. Dies gilt insbesondere für Totfangfallen.
- Es ist verboten, Fanggeräte, die nicht unversehrt fangen oder nicht sofort töten, sowie Selbstschußgeräte zu verwenden.
- An Orten, an denen die Jagd – also auch die Fangjagd – die Sicherheit stören oder das Leben von Menschen gefährden könnte, darf nicht gejagt werden.
- Bei der Fangjagd auf wildernde Hunde und Katzen ist der jeweils in den Landesjagdgesetzen festgelegte Abstand von menschlichen Siedlungen einzuhalten.
- In befriedeten Bezirken – z. B. Dachböden – kann der Hauseigentümer dem Jagdausübungsberechtigten die Genehmigung zum Aufstellen von Fallen gewähren.
- Die Unfallverhütungsvorschrift Jagd (UVV-Jagd) § 6 der Landwirtschaftlichen Berufsgenossenschaften ist zu beachten.

bender Tierarten ausgeschlossen sind. Das gleiche gilt für Haustiere, die nicht im Rahmen des Jagdschutzes gefangen werden dürfen.
- Totfangende Fallen sollten nur nach vorangegangener Kirrung fängisch gestellt werden.
- Fallen für den Lebendfang müssen mindestens einmal täglich – Wieselfallen zweimal – kontrolliert werden. Alle übrigen Fallen sind täglich – morgens – zu kontrollieren. Auch die Fallenkontrolle muß durch einen befugten Jagdscheininhaber erfolgen.
- Lebendfanggeräte müssen dem gefangenen Tier genügend Raum bieten. Sie müssen ferner aus gesundheitsunschädlichem Material bestehen und dürfen keine Kanten, Ecken usw. aufweisen, an denen sich das gefangene Tier verletzen kann.
- Alle Lebendfallen für Haarwild müssen so gebaut sein, daß sich das Tier in absoluter Dunkelheit befindet. Die landesrechtlichen Bestimmungen sind in bezug auf Jagd- und Schonzeiten unterschiedlich. So ist in einigen Bundesländern (Rheinland-Pfalz und alle neuen Bundesländer) das Mauswiesel ganzjährig zu schonen, das gleiche gilt für den Baummarder. In fast allen Bundesländern sind Waschbär und Marderhund bejagbar, in einigen der Nerz. Es ist also erforderlich, daß sich der Fangjäger mit den jeweiligen landesrechtlichen Vorschriften vertraut macht.

Fast alles Raubwild ist heute Nachtwild. Eine mehr oder weniger zufällige Erlegung auf Pürsch oder Ansitz kann nur einen ganz geringen Teil des Nachwuchses einer Art abschöpfen. Auch bei niedrigem Niederwildbesatz ist in heutiger Kulturlandschaft der Besatz an Raubwild so hoch, daß er letztlich im ungünstigen Verhältnis zu dem des Niederwildes steht. Das liegt daran, daß kulturfolgende Raubwildarten, wie beispielsweise Fuchs

Merke: Wie grundsätzlich vor Antritt der Jagd ist es vor Ausübung der Fangjagd unerläßlich, sich über die jeweils geltenden landesrechtlichen Vorschriften zu informieren.

und Steinmarder, im Gegensatz zu vielen ihrer Beutetiere (z. B. alle Bodenbrüter) von der heutigen Bewirtschaftung der Flächen und anderen Umständen, wie beispielsweise erhöhtem Straßenverkehr, immer noch profitieren. So gibt es in der Regel in Revieren mit wenig Niederwild zwar relativ wenig Raubwild, aber immer noch soviel, daß viele Niederwild- und sonstige Arten an ihrer optimalen, dem Standort gerechten Ausbreitung gehindert werden. Gelingt es, den Raubwildbesatz nachhaltig zu vermindern, kann sich das Niederwild erholen, und es wird es meistens auch tun (was durch Biotopschutzmaßen, die parallel laufen, rascher gefördert wird). Hiermit ist aber wegen der nun gesteigerten Nahrungsgrundlage fast immer ein erhöhter Raubwilddruck verbunden. So muß mit der Verbesserung der Niederwildbesätze auch die Intensität der Raubwildbejagung erneut zunehmen, bis sich auf hohem Niveau ein tragbares Verhältnis zwischen beiden einstellt.

Für die Bejagung des Raubwildes stehen je nach Art neben der Jagd am Luderplatz, der Baujagd, dem morgendlichen Passen auf Pässen, dem Ausneuen und Auspochen und schließlich den gelegentlichen Erfolgen auf Pürsch und Ansitz die außerordentlich vielfältigen Möglichkeiten der Fangjagd offen, durch die in einer repräsentativen Umfrage in etwa 200 Revieren Bayerns 83 Prozent der Marder- und 54 Prozent der Fuchsstrecke erzielt wurden (Stand 1991/92).

Die Fangjagd erfordert indessen über die Kenntnis der erlaubten Fanggeräte hinaus gründliches Wissen um die Lebensgewohnheiten des Raubwildes, Beherrschung der handwerklichen Kunst des Fallenstellens und Zeit.

> **Merke:** Das meiste Raubwild ist Nachtwild. Besonders die Jagd mit der Falle unterliegt den Gesetzen der Waidgerechtigkeit, des Tierschutzes und des Jagdrechts.

Jedes Stück Raubwild hat seinen von ihm bewohnten Lebensraum. Überlappungen der Lebensräume von Wildtieren innerhalb der gleichen Art sind häufig, Wanderungen – insbesondere von Jungtieren – können über weite Strecken führen. Der Aktionsradius weiblicher Wildtiere ist im allgemeinen kleiner als der von männlichen. Die Gesamtgröße des Lebensraumes ist wiederum abhängig vom Nahrungsangebot. Fast alles Raubwild hält in seinem Revier feste Pässe ein, die es regelmäßig benutzt. In der Ranzzeit werden sie oft verlassen, die Reviere der Rüden verschwimmen dann ineinander.

Die Kunst des Fangjägers besteht darin, herauszufinden, wo die Hauptpässe verlaufen, wo sich Schnittstellen von Pässen befinden und mit welcher Intensität die Pässe während der Fangsaison belaufen werden. Ein guter Helfer dabei ist eine „Neue" bei geringem Frost und dunkler Nacht, die fast alles Raubwild auf die Läufe bringt. Hauptpässe sind die engen Verbindungen zwischen Dickungen, Feldrainen, trockenen Grabendurchlässen, Windschutzstreifen, bewachsenen Bachufern, Straßengräben und tiefe Pflugfurchen.

Die Entscheidung, welche Art

> **Merke:** Effektive Raubwildbejagung kann erst erfolgen, wenn die Hauptpässe und die Lebensweise des Raubwildes im betreffenden Revier bekannt sind.

von Fanggerät eingesetzt werden soll, hängt weitgehend von den örtlichen Verhältnissen ab. Es ist festzustellen, ob es überhaupt möglich ist, Fallen aufzustellen, und unbedingt darauf zu achten, daß Unfälle mit Menschen ausgeschlossen sind. Der Einbau erfolgt stets in sicherer Deckung, und tägliche Kontrolle muß gewährleistet sein. Unter Berücksichtigung dieser Voraussetzungen muß mitunter auf sonst gute Fangplätze verzichtet werden, oder es müssen diese besonders gesichert oder mit Hilfe der Anlage von Fangbunkern oder Fanggärten besondere Sicherung erfahren. Mitunter ist es sogar möglich, mit Hilfe von Fangsteigen, Schleppen und Kirrplätzen Fangplätze zu verlegen, so daß weder Unfälle geschehen noch durch Diebstahl Fallen verlorengehen. Die beste Tarnung der Falle ist gerade gut genug. Deshalb gehören Totfangfallen grundsätzlich in Fangbunker. Sie müssen eine Abdeckung erhalten, die verschließbar ist und beim Anheben des Deckels die Falle automatisch auslöst. Auch muß es geschonten oder geschützten Tieren unmöglich sein, versehentlich in die Falle zu geraten.

Fangbunker für Totfangfallen werden aus Rundhölzern, die unmittelbar nebeneinander in den Boden geschlagen werden, so angelegt, daß sie den Fangplatz umschließen. Sie werden danach mit Dürrästen oder Mist verblendet. Die Deckel sind verschließbar.

Fanggärten sind mit Maschendraht umhegte Plätze, in denen eine oder mehrere Fallen stehen, die ihrerseits gut verblendet sind. Der Zugang in den Fanggärten für das Wild erfolgt durch Schlupflöcher im Draht. Die Umzäunung ist mit einem Warnschild zu versehen.

Hauptfangzeiten sind der Herbst und der Frühwinter. In dieser Zeit fällt reichlich Tau, Reif, Regen oder Schnee, der den Bodenbewuchs über Tage und Wochen hin feucht, naß oder gar schlammig hält. Keine Raubwildart liebt es, am Ende seines Jagdtages naß in sein Tagesversteck zu fahren. Es versucht daher, während seiner Streifzüge nach Möglichkeit trocken zu bleiben und benutzt mit Vorliebe bewuchslose Pfade. Diesen Umstand kann sich der Fangjäger zunutze machen, indem er die Pässe mit Rechen und Schaufel von Bewuchs freihält und damit dem Raubwild angenehm macht. Fast unmerklich soll solch ein hergerichteter Paß – der Fangsteig – in den Zwangswechsel vor der Falle einmünden, indem man dort Dornen, Zweige, Steine oder Äste so steckt und legt, daß ihre Überwindung dem Raubwild Schwierigkeiten macht.

> **Merke:** Die Anlage von Fangsteigen und Zwangswechseln bringt vermehrt Raubwild zu den Fallen.

Frisch hergestellte oder gerade erst vom Händler bezogene Fallen bringen selten Erfolg, wenn sie nicht vor dem Einsatz gründlich verwittert werden. Die Verwitterung von Fangeisen erfolgt am besten durch Einreiben mit Erde, Laub und Humus aus der Nähe des Fangplatzes. Alle anderen Fallen, vor allem solche aus Holz, werden am besten verwittert, indem man sie für einige Wochen auf einen Kornspeicher stellt, mit Weizen beschickt und darauf rechnet, daß die hiermit angelockten Mäuse eine für das Raubwild angenehme Witterung verbreiten.

Die Fallen werden aufgestellt, wenn nach dem Auslegen und der Annahme von Kirrbrocken am Fangplatz zu erwarten ist, daß der Fangplatz angenommen wurde. Die Kirrbrocken sollen Leckerbissen sein, z. B. Eier für den Marder, Gescheidestückchen oder Fischköpfe für den Fuchs. Wird die Kirrung nicht oder nur schlecht angenommen, hilft gelegentlich die Anlage einer Schleppe.

Auch nach dem Aufstellen der Fallen ist es ratsam, sie zunächst für einige Tage nicht fängisch zu stellen, sondern weiter mit „Leckerbissen" zu beschicken, um sicher zu gehen, daß das Raubwild die leichte Veränderung nicht übelgenommen hat und vertraut zum Fangplatz kommt. Sobald eine regelmäßige Annahme erfolgt, wird die Sicherung entfernt. Voraussetzung ist, daß durch Abspüren feststeht, welches Wild die Falle angenommen und daß es Jagdzeit hat.

In Totfangfallen gefangenes Wild wird herausgenommen, der Balg geglättet und so schnell wie möglich abgebalgt. Die Falle wird wieder hergerichtet und zunächst nicht fängisch gestellt, sondern wiederum mit Kirrbrocken beschickt, bis diese regelmäßig angenommen werden. Wild, das sich in Lebendfallen gefangen hat, wird zunächst angesprochen, d. h., es wird festgestellt, ob die jeweilige Art Jagdzeit hat und im Rahmen des Jagdschutzes erlegt werden darf. Das Wild wird dann häufig aus der Falle herausgetrieben und mit Schrot erlegt, oder der Fang kommt in einen Sack und bekommt mit einem stabilen Stock einen heftigen Betäubungsschlag auf den Nasenansatz sowie einen Tötungsschlag auf die Drossel.

Merke: Genaues Abspüren des Fangplatzes ermöglicht selektiven Fang.

5.1 Fallen für den Totfang

Als Fallen für den Totfang sind zu verwenden:

I. Bügelfallen (Fangeisen). Sie müssen nach festgelegten Normen Grunderfordernisse erfüllen, und zwar hinsichtlich:

Abb. 81. Schwanenhals. **a** befestigter Köder, **b** entsichern durch Herumschwenken der Sicherungsvorrichtungen

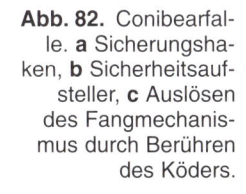

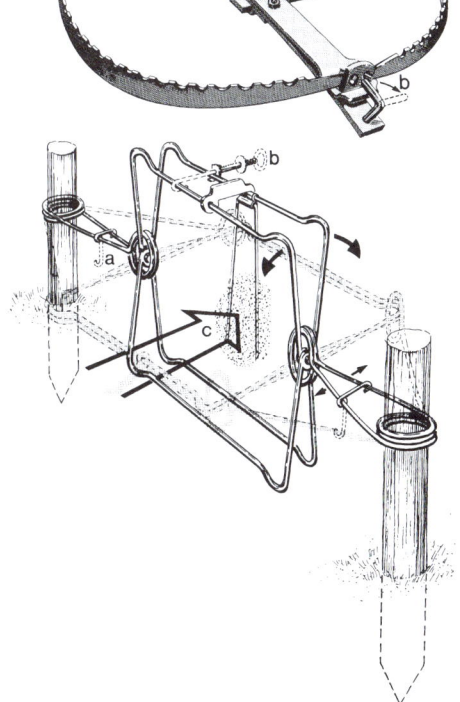

Abb. 82. Conibearfalle. **a** Sicherungshaken, **b** Sicherheitsaufsteller, **c** Auslösen des Fangmechanismus durch Berühren des Köders.

– Material
– Bauart
– Bügelweite
– Federkraft
– Auslösung nur auf Abzug

Hiernach sind folgende Fallentypen anzuwenden:

a) Abzugeisen mit zwei Federn zum Fang von Fuchs, Dachs, Marderhund und Waschbär
   1. 70er Bügelweite, Fang nur über die Federachse
   2. 56er/57er Bügelweite, Fang nur über den losen Bügel (Abb. 81)
b) Abzugeisen zum Fang von Marder und Iltis
   46er Bügelweite, Fang nur über den losen Bügel
c) Ei-Abzugeisen zum Fang von Marder
   37er Bügelweite, Fang nur über den losen Bügel

Die Fangjagd

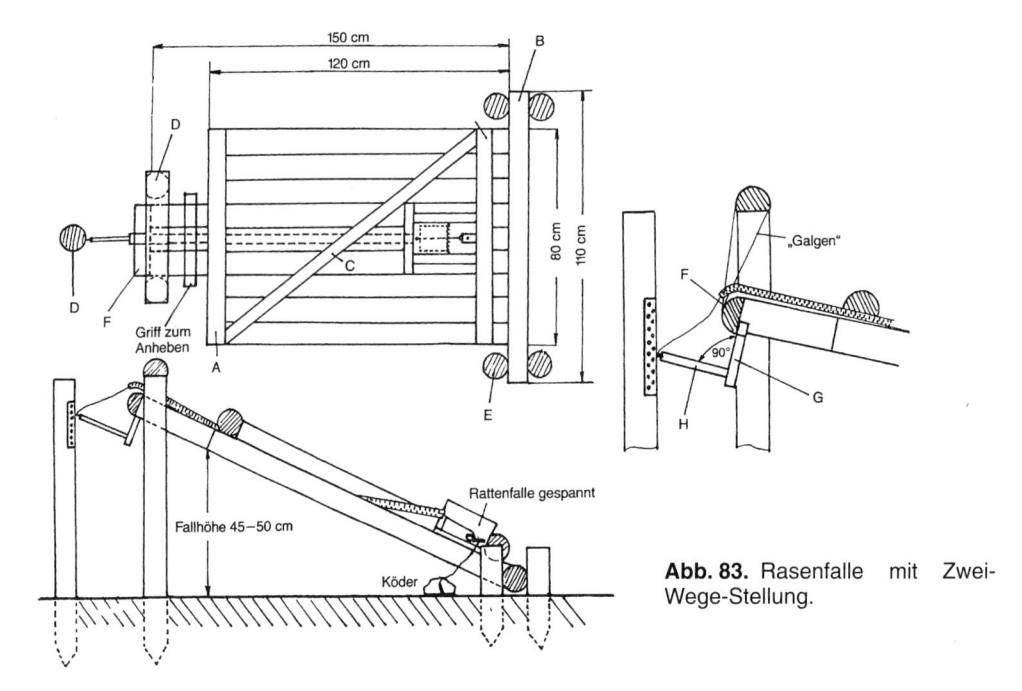

Abb. 83. Rasenfalle mit Zwei-Wege-Stellung.

II. Als weitere Fallen für den Totfang finden Verwendung:
a) *Conibearfallen* (sofern nicht per Ländergesetz verboten)
1. Einsatz bevorzugt zum Fang von Fuchs, Waschbär und Marderhund
Bügelweite 28 x 28 cm, jedoch mit zwei extrastarken Federn
2. Zum Fang von Marder, Iltis und Großwiesel
Bügelweite 20 x 20 cm, jedoch mit zwei extrastarken Federn (Abb. 82)
b) *Rasenfalle*
Einsatz bevorzugt zum Fang von Marder und Iltis
Auslösung: nur auf Abzug
Maße: 90/100 x 100/120 cm
Beschwerungsgewicht: 60 bis 80 kg (Abb. 83)
c) *Marderschlagbaum* (Abb. 84)
Zum Fang des Marders
Auslösung: nur auf Abzug
Maße: etwa 80 x 80 cm
Gewicht: 50 kg
d) *Scherenfalle*
Universalfalle zum Fang kleinen und mittleren Raubwildes bis hin zum Jungfuchs
Auslösung: nur auf Abzug
Beschwerung: mindestens 20 kg, besser 30 kf (Abb. 85)

Abb. 84. Es gilt für alle Fallen, nicht nur für diesen Marderschlagbaum, daß sie nur dann selektiv fangen, wenn der Auslösemechanismus auf Abzug, nicht auf Abtritt funktioniert. Auch die gezielte Beköderung spielt hierbei eine Rolle.

Alle Fallen für den Totfang, die auf Tritt oder Druck ausgelöst werden, dürfen nicht verwendet werden.

5.2 Fallen für den Lebendfang

Fallen dieser Art müssen unversehrt fangen. Als Fallen für den Lebendfang dürfen nur Kasten-, Röhren- und Netzfallen sowie sonstige Fanggeräte mit Sondergenehmigung verwendet werden. Darüber hinaus müssen die Fallen dem gefangenen Tier ausreichend Freiraum bieten, im Innenraum so beschaffen sein, daß Verletzungsmöglichkeiten für das gefangene Tier nahezu ausgeschlossen sind, schließlich müssen sie so gebaut oder verblendet werden, daß das gefangene Tier sich im Dunkeln befindet.

Unter den genannten Voraussetzungen sind folgende Anfor-

Fallen für den Lebendfang

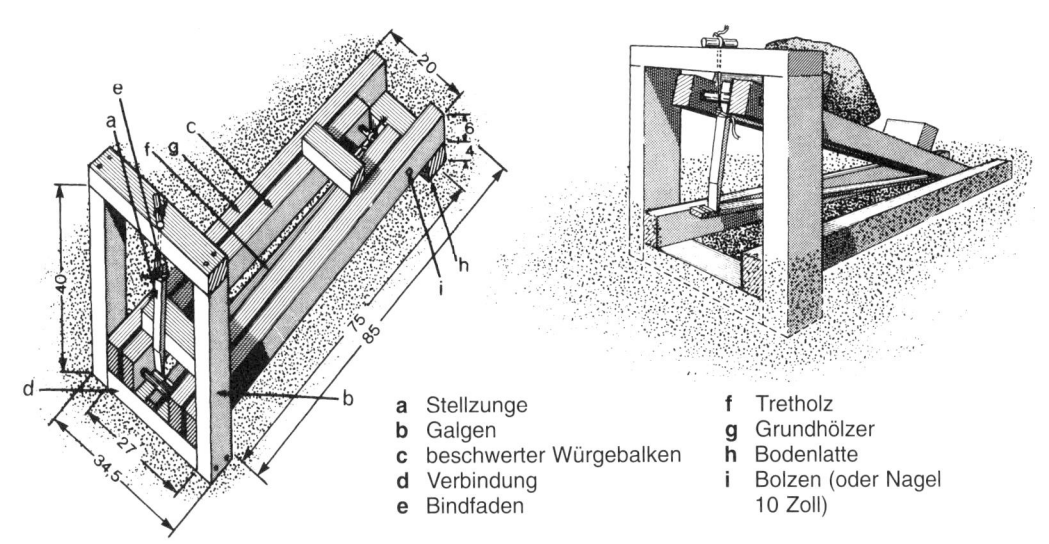

a Stellzunge	f Tretholz
b Galgen	g Grundhölzer
c beschwerter Würgebalken	h Bodenlatte
d Verbindung	i Bolzen (oder Nagel 10 Zoll)
e Bindfaden	

Abb. 85. Scherenfalle. links ausgelöste Scherenfalle, rechts (noch) auf Druck fängisch gestellt.

derungen an Kasten- und Röhrenfallen zu stellen:

I. Kastenfallen (Abb. 86)

a) Zum Fang von Fuchs, Dachs, Marder und Waschbär
Fangraum (Innenmaße):
Mindestlänge: 130 cm
Mindestbreite: 25 cm
Mindesthöhe: 35 cm
Material: Holz, Kunststoff, Beton

b) Zum Fang von Marder und Iltis
Fangraum (Innenmaße):
Mindestlänge: 100 cm
Mindestbreite: 20 cm
Mindesthöhe: 25 cm
Material: Holz, Kunststoff oder Beton

c) Zum Fang des Großen Wiesels/Hermelin (Wieselwippbrettfalle) (Abb. 87)
Fangraum (Innenmaße):
Mindestlänge: 50 cm
Mindestbreite: 8,5 cm
Mindesthöhe: 13 cm
Material: Holz, Kunststoff, Beton
Bedenken: Ausschlupfloch für Mäuse und Mauswiesel sowie Beschwerung der Wippe, damit diese nicht z. B. duch eine Maus ausgelöst wird! Grundsätzlich hierzu abweichende Bestimmungen der Bundesländer beachten.

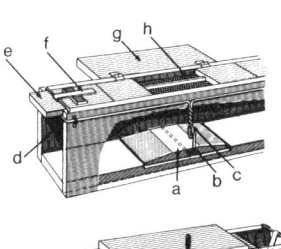

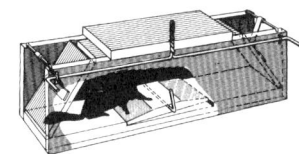

Abb. 86. Kastenfalle. **a** Stellbrett, **b** Dorn, **c** Stellzunge, **d** Haltestifte, **e** Fallbretter, **f** Fallbolzen, **g** Deckel, **h** Abschlußdraht. Unten Gefangen!

II. Röhrenfalle.
Einsatz bevorzugt zum Fang des Fuchses
Fangraum (Innenmaße):
Mindestlänge: 120 cm
Mindestdurchmesser: 25 cm

III. Habichtsfangkorb.
Der Einsatz darf nur mit Sondergenehmigung erfolgen. Das lebende Locktier muß ausreichend mit Futter und Wasser versorgt sein und nach Zuschlagen der Falle unversehrt entweichen können.

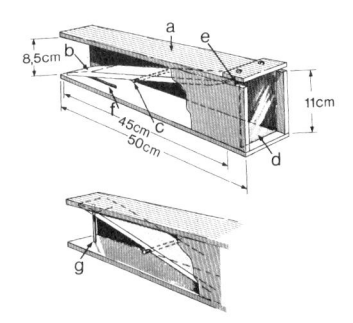

Abb. 87. Wieselwippbrettfalle. **a** Gehäuse, **b** Wippbrett, **c** Wippachse, **d** Glasverschluß (oder gelochtes Blech), **e** Luftschlitz (nur bei Glasverschluß), **f** Haltedorn (beweglich an vorderer Unterkante des Wippbretts), **g** Haltedorn (steht aufrecht, wenn Wippbrett hochwippt und verschließt durch Festhalten des Wippbretts den Eingang).

5.3 Fragen & Antworten zur Fangjagd

Was versteht man unter einem Fangsteig?
Von allen Bodenhindernissen freigeräumter schmaler Steig, der das Raubwild zur Falle hinlenkt und dessen Ende in einen Zwangspaß einmünden kann.

Was versteht man unter dem Begriff Selektivfang?
Die Anwendung von Fangmethoden und Fallenarten, die nur auf bestimmte Raubwildarten verwandt werden und Fehlfänge geschonter oder geschützter Wildtierarten ausschließen.

Warum müssen die Fallen alsbald nach Morgengrauen kontrolliert werden, und warum müssen Wieselfallen zweimal am Tag aufgesucht werden?
Raubwild ist in aller Regel Nachtwild, deshalb muß die Fallenkontrolle in den frühen Morgenstunden erfolgen. Wiesel hingegen sind Tagräuber, die Fallenkontrolle erfolgt daher am Tage und nach Möglichkeit zweimal.

Warum verspricht die Ausübung der Fallenjagd im ersten Jahr nach Übernahme eines Reviers in der Regel nur geringen Erfolg?
Weil man im Laufes des ersten Winters die Hauptpässe des Raubwildes einigermaßen kennengelernt hat und sich danach richtet.

Wozu dient die Beköderung noch nicht fängisch gestellter Fallen mit Kirrbrocken?
Das Ankirren des Raubwildes am Fangplatz dient einerseits dem relativ sicheren Fang, sobald das Wild die Kirrbrocken regelmäßig annimmt, andererseits wird durch die Art der Annahme der Kirrung häufig deutlich, um welche Wildart es sich handelt.

Weshalb ist der Erhalt der Fangjagd so wichtig?
Weil viele ständig zunehmende Raubwildarten – wie beispielsweise der Steinmarder – sonst nicht effektiv genug bejagt werden könnten.

Weshalb ist der Einsatz eines Schwanenhalses (Eisen) in fast allen Bundesländern erlaubt, der eines Tellereisens nicht?
Weil ausschließlich beköderte Fallen aufgestellt werden dürfen, dia auf Abzug auslösen. Das Tellereisen ist nicht tierschutzgerecht, da es auf „Tritt" auslöst und das Raubwild häufig nicht sofort tötet.

Weshalb ist es besonders wichtig bei der Fangjagd die länderrechtlichen Regelungen zu kennen?
Weil die Gesetze der Länder in Sachen Fangjagd nicht unerheblich voneinander abweichen.

Welche beiden Fallenarten dürfen ausschließlich in Deutschland zum Einsatz gelangen?
Ausschließlich solche, die entweder lebend und unversehrt fangen oder sofort töten.

6 Besondere Jagdarten

6.1 Die Jagd im Gebirge

Der gewöhnlich im Flachland pürschende Jäger muß, wenn er zum ersten Mal im Gebirge in Höhen von über 1500 Metern jagen will, Besonderheiten beachten, die ihm neu oder ungewohnt sind.

Da ist zunächst einmal der Wind (Abb. 89), der auch bei bekannter Hauptwindrichtung an Berghängen seine Eigendynamik entfaltet. Dies hängt mit der verschieden schnellen Erwärmung von Berg und Tal, Schatt-

Abb. 89. Windströmung bergwärts am Sonnenhang, talwärts am Schattenhang.

und Sonnseite zusammen. Da kühle Luft schwerer ist als erwärmte, fällt erstere stets nach unten ins Tal, letztere streicht nach oben auf den Berg. In der Praxis bewirkt dies, daß im Laufe des Vormittags, wenn die Berghänge von der Sonne bestrahlt werden, die Luft nach oben zieht, aber am Abend, wenn die Hänge wieder abkühlen, nach unten fällt. Will der Jäger auf seinem Pürschgang vor dem Umkippen des Windes auf der Sonnseite eines Berges aufsteigen, muß er bei Dunkelheit aufbrechen, und umgekehrt, will er auf dem Heimweg nach unten zu Erfolg kommen, so muß er rechtzeitig bei Sonnenlicht absteigen. Auf Schatthängen streicht die Luft fast immer zu Tal, wenn auch in allen Fällen durch Grate, Felsbänder und Zwischentäler Abweichungen möglich sind, die der ortskundig führende Jäger aus Erfahrung kennt.

Auch die Ballistik im Hochgebirge folgt anderen Gesetzen als im Flachland (Abb. 90 und Tabelle). Die in den Höhenlagen der Gebirge geringere Dichte der Luft schwächt ihren Widerstand gegenüber dem Geschoß. Daraus ergeben sich größere Geschoßgeschwindigkeit, verkürzte Geschoßflugzeit und eine entsprechend verringerte Zeit der Einwirkung der Anziehungskraft der Erde auf das Geschoß. Es fällt folglich während seines Fluges weniger und seine Bahn verläuft in vermindertem Krümmungsgrad. Man bezeichnet dieses Phänomen als *höhenbedingten Hochschuß*.

Bei Schüssen, die auf Entfernungen von mehr als 200 Metern und einem Winkel von mehr als 30 Grad nach oben oder unten, also bei Steilschüssen, abgegeben werden, tritt eine weitere Veränderung der Treffpunktlage auf, die man mit den Ausdruck

Abb. 90. Ballistik im Hochgebirge. Abkommen beim Schuß bergab und bergauf in steilen Schußrichtungen auf größere Entfernungen. Grundsätzlich gilt: Bergauf, bergrunter – halt immer drunter!

schußwinkelbedingter Hochschuß bezeichnet. Auch dieser ergibt bei allen Schüssen aus Gewehren, die in der Waagerechten eingeschossen wurden, einen erhöhten Verlauf der Geschoßflugbahn.

Die Tabelle zeigt die Treffpunktveränderungen eines Büchsenlaufes unter Einfluß der Höhenlage und des Schußwinkels. Bei Steilschüssen ist weiterhin zu beachten, daß man den Haltepunkt auf dem Wildkörper so wählt, daß das Geschoß den Kern der Kammer des Wildes durchschlägt. Das Geschoß muß also bei abwärts gerichteten Schüssen den Wildkörper entsprechend über, bei aufwärts gerichteten Schüssen unter demjenigen Punkt treffen, der auf der Einschußseite in der Waagerechten der Kammermitte liegt.

Daß die Bekleidung des Bergjägers den besonderen Anforderungen in Fels und wechselnder Witterung angepaßt sein muß, versteht sich von selbst. Trittsicheres, die Knöchel umfassendes Schuhwerk, möglichst regendichte und dennoch atmende Kleidung aus Wolle oder Loden, dazu Wäsche zum Wechseln oder zum Unterziehen sind Grundbedingungen für die Jagd im Gebirge.

6.2 Die Hüttenjagd

Die Hüttenjagd als Ansitzjagd mit Hilfe des lebenden Uhus ist fast in Vergessenheit geraten und ja im Grunde genommen auch nicht mehr zeitgemäß. Trotz vieler Wenn und Aber verdient es die Hüttenjagd jedoch, erhalten und gepflegt zu werden. Auch wenn Greifvögel in allen sowie Rabenvögel in vielen Bundesländern zur Zeit nicht bejagt werden dürfen, soll kurz auf die Jagd mit dem „Auf" eingegangen werden, auch wenn sie heutzutage, wenn überhaupt, mit einer Uhu-Attrappe aus Kunststoff ausgeübt wird.

Die Krähenhütte liegt in der

Tabelle. Auch wenn es sich hierbei nur um grobe Richtwerte handelt, ist es doch wichtig zu wissen, wie unterschiedlich die Treffpunktlage bei voneinander abweichenden Höhenlagen sein kann

Schießbedingungen und Ergebnisse	Treffpunktlage in cm[1] zur Visierlinie (Zielfernrohr) auf Entfernung					
	100 m	150 m	175 m	200 m	250 m	300 m
Tiefland (0 m über NN) und waagerechter Schuß: Normale Treffpunktlage	+4	+2	±0	−4	−15	−32
Gebirge in Höhenlage 1500 m über NN und waagerechter Schuß: Höhenlagebedingte Treffpunkterhöhung	+2	+3	+3	+4	+7	+12
Schußwinkel 30° auf- und abwärts (in jeder Höhenlage): Schußwinkelbedingte Treffpunkterhöhung	+2	+4	+5	+6	+8	+9
Höhenlage 1500 m und Schußwinkel 30° auf- und abwärts: Hierbei sich ergebende Treffpunktlage zur Visierlinie	+8	+9	+8	+6	±0	−11

[1] Werte abgerundet auf volle Zentimeter.

Regel in einem Revierteil, in dem die Krähen gern streichen, auf jeden Fall aber weithin äugen können. Sie sollte nach allen Seiten hin gut verblendet sein und eine Schießluke besitzen, die in Richtung des Lock-Uhus führt, sowie eine Dachluke, die freien Blick und Schuß auf den Fallbaum gibt, einen schwach belaubten oder toten Baum, der in jedem Fall in Schrotschußentfernung von der Hütte stehen muß.

Es gibt verschiedene Uhu-Attrappen entweder aus Kunststoff bzw. aufblasbar aus Gummi oder Federbälgen in Uhuform mit und ohne bewegliche Schwingen. Sie sind im Fachhandel erhältlich. Die Uhu-Attrappe wird in etwa 20 Metern Entfernung von der Krähenhütte auf einen etwa einen Meter hohen Block gesetzt. Die günstigsten Stunden für die Hüttenjagd sind der frühe Morgen sowie die Nachmittagsstunden und gegen Abend hin. Da die relativ klugen Rabenvögel häufig die Täuschung erkennen, ist es wichtig, sie bereits beim Anflug zu beschießen, was bei dem beengten Schußfeld nicht immer einfach ist. Die beste Wirkung hat der Kunstuhu aus Federbälgen, wenn er dazu noch bewegliche Schwingen hat.

Mit dem künstlichen Uhu läßt sich unschwer auch eine „Pürsch" bewerkstelligen, bei der man im Laufe eines Tages verschiedene Stellen im Revier aufsucht und den Kunstuhu dort auf eine mitgeführte Jule setzt, während man sich selbst in gute Deckung begibt. Der Nachteil des künstlichen Lockvogels wird aufgehoben durch die Möglichkeit, auch entlegene Revierteile zu bejagen.

6.3 Die Seehundjagd

Soweit überhaupt Seehunde bejagt werden dürfen, beschränkt sich die Jagdausübung – abgesehen von Abschüssen für wissenschaftliche Zwecke – auf die Erlegung kranker Hunde. Der Kugelschuß ist Bedingung, ebenso die Forderung, daß Seehunde nur dann beschossen werden dürfen, wenn sie an Land liegen, sich also auf einer Sandbank befinden. Die Begleitung durch einen Jagdführer ist obligatorisch.

Die eigentliche Jagdausübung findet bei ablaufender Flut statt, wenn die Sandbänke trockenfallen und die Hunde sich dort auflegen. Der Jäger trachtet danach, so schnell wie möglich auf einer solchen Bank den Ruheplatz der Hunde zu erreichen, wobei er natürlich die bereits anwesenden Seehunde ins Wasser treibt. Da Seehunde aber recht neugierig sind und auch schlecht äugen, kommen sie bald zurück, vor allem, wenn der Jäger sich in Art eines Seehundes niedertut und bewegt. Seehunde wittern sehr gut, der Wind spielt daher eine große Rolle. Der Schuß muß auf den Kopf abgegeben werden, die Schußentfernungen sind kurz.

6.4 Das Brackieren

Die Brackierjagd, also die Jagd mit laut jagenden Hunden auf Spur oder Fährte von Hase, Fuchs oder Reh, ist eine der ältesten Jagdarten überhaupt. Sie hat sich im deutschen und französischen Sprachgebiet nur in einigen Bergzügen erhalten, in der Bundesrepublik Deutschland insbesondere in Westfalen, in Österreich im Alpengebiet, in der Schweiz in den Kantonen des Jura sowie in Frankreich und Belgien vor allem in den Ardennen. In Skandinavien ist das Brackieren eine oft und gern ausgeübte Bejagungsart und gilt dem Schneehasen.

Zum Brackieren geeignete Jagdgebrauchshundrassen gibt es indessen weit über das genannte Gebiet hinaus, wo sie oft als Schweißhunde eingesetzt werden. Es sind dies vor allem die Deutsche Bracke, ferner die Dachsbracke in ihren verschiedenen Formen, die Brandlbracke, in der Schweiz und Frankreich eine große Anzahl verschiedener Züchtungen von Hoch- und Niederlaufhunden und in Skandinavien eine ebenso große Vielzahl von „Stövaren", von denen der Hamiltonstövare die breiteste Zuchtbasis hat. (Gelegentlich wird auch mit dem zu den Stöberhunden gehörenden Deutschen Wachtelhund als auch mit Teckeln brackiert.)

Die Jagd mit der Bracke macht sich die Eigenheit von Hase, Fuchs und Reh zunutze, sowohl bestimmte Pässe bzw. Wechsel zu halten als auch nach einiger Zeit langsamer Verfolgung durch den Hund wieder zur angestammten Umgebung zurückzukehren. Der Brackenjäger sucht zunächst einmal die frische Spur oder Fährte eines Wildes zu finden, um den oder die Hunde zu schnallen, wenn er

Abb. 91. Falknerei mit dem abgetragenen Beizvogel (hier ein Althabicht) und dem firmen Jagdgebrauchshund ist reizvolles Waidwerk.

glaubt, in der Nähe des Bettes oder der Sasse zu sein. Hat er eine Jagdgesellschaft von einigen Freunden bei sich, so müssen diese vor Beginn der Jagd möglichst lautlos auf den Hauptwechseln abgestellt worden sein.

Hat die Bracke Wild gefunden, so gibt sie Laut und bleibt auch anhaltend laut, solange sie auf der warmen Spur oder Fährte jagt oder sie wiederfindet. Bei vielen Bracken kann man an der Art des Lautes hören, an welcher Wildart sie jagt. Eine gute Bracke changiert nicht von einer frischen Fährte oder Spur zur anderen, sondern sucht, falls sie sich einmal verschossen hat, so lange weiter, bis die Spur oder Fährte „ihres" Stückes wiedergefunden wurde. Wird mit mehreren Hunden gejagt, so wird einer davon der Kopfhund der Meute sein. Zeigt er durch Lautgeben, daß er gefunden hat, so schlagen die anderen Hunde bei und fallen in das Geläut ein.

Die Brackierjagd ist in der Bundesrepublik Deutschland nach § 19 (2) 16 BJG nur auf Revierflächen von mehr als 1000 Hektar erlaubt. Sinnvoll ist sie nur dort, wo andere Arten der Treibjagd keinen Erfolg versprechen, also im Bergland, in großen Röhrichten und Sumpfgebieten. Nennenswerte Strecken lassen sich mit ihr nicht erzielen, dennoch – oder gerade deshalb – ist ihr Reiz von ganz besonderer Art.

6.5 Die Beizjagd

Die Ausübung der Beizjagd mit dem gezähmten Greifvogel, meist Habicht oder Falke, unterliegt neben zahlreichen uralten Gewohnheiten besonderen Bestimmungen des Jagdrechts, nach dem der Falkner zusätzlich zur Jägerprüfung (ohne Waffenprüfung) eine Falknerprüfung ablegen muß. Auch die Genehmigung zur Haltung von Greifvögeln ist gesetzlich geregelt.

Bei der Beize unterscheiden wir das Jagen von der Faust samt der freien Folge, wenn der Beizvogel dem Falkner von Baum zu Baum folgt. Wir nennen diese Form der Beize *Jagd im niederen Flug*. Sie wird vor allem mit Habicht, dem Sperber und dem Adler ausgeübt. Die *Jagd im hohen Flug* erfolgt hingegen mit allen Falkenarten auf hoch und weit fliegende Beutevögel. Hierzu zählt die *Jagd aus der Kappe*, wenn dem Falken nach Hochmachen des Wildes die Kappe abgezogen wird, und die *Jagd aus dem Anwarten*, wenn der Falke über dem Falkner Ring holt, also kreisend aufsteigt, sich über seinem Herrn in der Luft stellt und wartet, bis ein Stück Wild hochgemacht wird.

Die Beizjagd folgt Regeln, die Jäger und Gejagtem in gleichem Maße Chancen bietet; sie erfordert von Falkner, Beizvogel und Falkenhund ein hohes Maß an Wissen, Können und Erfahrung wie auch Disziplin und Geduld sowie hervorragendes Einfühlungsvermögen in das Wesen von Beizvogel und Beutetier.

6.6 Fragen & Antworten zu besonderen Jagdarten

Welche Luftströmung herrscht im Hochgebirge an einem sonnigen, sonst windstillen Tag am späten Vormittag nach einer kühlen Nacht?
In der Regel streicht der Wind dann von unten nach oben.

Was versteht man unter dem »höhenbedingten Hochschuß«?
Die im Hochgebirge dünnere Luft bedingt einen geringeren Widerstand gegenüber dem Geschoß. Es wird weniger gebremst, und seine Flugbahn verläuft gestreckter.

Welche Eigenschaften der Wildarten Reh, Hase und Fuchs macht sich der Brackenjäger zunutze?
Die genannten Wildarten benutzen bei ihrer Flucht vor den laut jagenden Bracken meist ihre angestammten Wechsel und Pässe und kehren nach einiger Zeit der Verfolgung wieder zum Ausgangspunkt zurück. Bei der Brackierjagd werden also Hauptwechsel besetzt, die aus und in das bejagte Gebiet führen.

Welche Arten von Greifvögeln werden vom Falkner hauptsächlich zur Beizjagd bei uns eingesetzt?
Habicht, Sperber, Adler und Falkenarten.

7 Das Versorgen des Wildes, Wildbrethygiene

Im Bundesjagdgesetz § 15 Abs. 5 wird dem Jäger zur Pflicht gemacht, erlegtes wie überfahrenes sowie auf andere Weise getötetes Wild „unter besonderer Berücksichtigung der hygienisch erforderlichen Maßnahmen" zu versorgen und eine Beurteilung vorzunehmen, ob das Wildbret „hinsichtlich seiner gesundheitlich unbedenklichen Beschaffenheit, insbesondere auch hinsichtlich seiner Verwendung als Lebensmittel" tauglich ist.

Nach dem Fleischhygienegesetz (FLHG) ergibt sich, daß grundsätzlich alles Haarwild der amtlichen Fleischuntersuchung unterliegt, Ausnahmen gelten für den Jäger nur unter bestimmten Voraussetzungen, die dann auch von ihm zu vertreten sind. Wer dennoch genußuntaugliches Wildbret in den Handel und zum Verzehr bringt, unterliegt den Strafbestimmungen des Fleischhygienegesetzes und des Lebensmittel- und Bedarfsgegenständegesetzes. Die amtliche Fleischuntersuchung darf unterbleiben, wenn keine Merkmale festgestellt werden, die das Wildbret als bedenklich für den menschlichen Genuß erscheinen lassen oder wenn es in der eigenen Küche verwendet oder unmittelbar an einzelne natürliche Personen zu deren eigenem Verbrauch abgegeben wird. Ebenso kann die Fleischuntersuchung unterbleiben, wenn das erlegte Haarwild unmittelbar nach dem Erlegen in geringen Mengen an nahegelegene Betriebe zur Abgabe an den Verbraucher geliefert wird. Obligatorisch ist die Trichinenschau bei Schwarzwild sowie auch bei allen anderen Fleisch- und Allesfressern (siehe auch Band 5 „Der Jäger und sein Recht").

Betroffen von diesen Gesetzesbestimmungen sind in erster Linie Revierinhaber, jedoch auch alle Personen, die im Auftrag oder mit Genehmigung des Revierinhabers Wild erlegen und/oder es versorgen.

Es ist somit Pflicht eines jeden Jägers, sich vor und nach dem Schuß, vor allem aber beim Versorgen des erlegten oder sonstwie zur Strecke gekommenen Wildes zu überzeugen, daß das Stück gesund und genußtauglich ist. Das gleiche gilt für Personen, die vom Revierinhaber mit dem Versorgen des Wildes betraut werden und dementsprechend fachkundig sein müssen.

In der Verordnung zum FLHG (Fleischhygienegesetz) sind nachfolgende Befunde als „bedenkliche Merkmale" aufgelistet. Diese ziehen immer eine amtliche Fleischuntersuchung nach sich, weil sie darauf hinweisen können, daß das Wildbret nicht für den menschlichen Verzehr geeignet ist. Die Merkmale sind aber nicht vollzählig aufgeführt.

Bedenkliche Merkmale beim Wild

Abnorme Verhaltensweisen oder Störungen des Allgemeinbefindens, wie Abmagerung, allgemeine Schwäche, Durchfall oder Aufblähungen, Störungen im Zusammenhang mit der Geburt.

Lähmungserscheinungen, Krämpfe sowie Lahmheit, soweit diese nicht auf frische oder abgeheilte Verletzungen zurückzuführen sind.

Tod durch andere Verletzungen als Schußverletzungen, wenn das Haarwild nicht unmittelbar nach der Verletzung aufgefunden wurde.

Sonstige sinnfällige Veränderungen außer Schußverletzungen..

Schwellungen der Gelenke oder Geschlechtsteile, Hodenvereiterungen, Leber- oder Milzschwellungen, Darm- und Nabelentzündungen.

Erhebliche Gasbildung im Magen-/Darmtrakt mit Verfärbung der inneren Organe.

Geschwülste und Abszesse, wenn sie zahlreich und verteilt in den inneren Organen vorkommen, mit Ausnahme von Lungenwurmknoten.

Fremder Inhalt in den Körperhöhlen, insbesondere Magen-, Darminhalt oder Harn, wenn Brust- und Bauchfell verfärbt sind.

Verklebung oder Verwachsung von Organen mit Bauch- oder Brustfell, sofern diese nicht völlig fest und trocken sind.

Das Versorgen des Wildes, Wildbrethygiene

Erhebliche Abmagerung oder Schwund einzelner Muskelpartien.

Erhebliche Abweichungen in Farbe, Konsistenz oder Geruch, ausgenommen artspezifischer Geschlechtsgeruch.

Offene Knochenbrüche, soweit sie nicht unmittelbar vor oder beim Erlegen entstanden sind.

Wird auch nur eines der genannten Bedenklichkeitsmerkmale festgestellt, so muß das zur Strecke gekommene Stück Haarwild der amtlichen Fleischuntersuchung zugeführt oder unschädlich beseitigt werden. Wird festgestellt, daß es sich um eine anzeigepflichtige Seuche handelt, so muß das Stück über die Fleischbeschau hinaus dem Amtstierarzt vorgeführt werden, der über weitere Maßnahmen entscheidet (§ 10 TiSG + VO).

Wildseuchen, die anzeigepflichtig sind (VO über anzeigepflichtige Seuchen):
Tollwut
Europäische Schweinepest
Newcastle Disease (Geflügelpest)
Räude
Aujeszkysche Krankheit
Brucellosen
Ornithose (Psittakose)
Hämorrhagische Krankheit der Hauskaninchen
sowie mehrere vornehmlich bei Haustieren bedeutsame Seuchen wie
Maul- und Klauenseuche
Milzbrand
Schweinepest
(siehe auch Band 2 „Der Jäger und sein Wild" sowie Band 5 „Der Jäger und sein Recht")

Abb. 92. Die Art und Weise, wie aufgebrochen wird, richtet sich ausschließlich nach hygienischen Gesichtspunkten. Das heißt bei Kammerschuß und problemlosem Transport (Bringung) von erlegtem Wild ist es das beste, das Stück vom Weidloch bis zum Kinnwinkel aufzuschärfen und Geräusch und Gescheide nach Öffnung des Schlosses in einem Stück herauszunehmen.

Die *unschädliche Beseitigung* erfolgt entweder durch Abliefern bei einer Tierkörperbeseitigungsanstalt oder durch Vergraben und Bedecken mit einer mindestens 50 Zentimeter starken Erdschicht, gemessen vom Rand der Grube. Das Vergraben darf nicht in Wasserschutzgebieten und nicht in unmittelbarer Nähe öffentlicher Wege und Plätze geschehen.

7.1 Wildbrethygiene

Die Ermittlung, ob eine Erkrankung oder Verletzung vorliegt, die als bedenkliches Merkmal einzustufen ist oder wegen des Verdachts auf Vorliegen einer Wildseuche zu einer Anzeige führen muß, beginnt bereits vor dem Schuß beim Ansprechen des Wildes.

Sämtliche Anzeichen, die zeigen, daß sich das Stück unnatürlich bewegt oder benimmt, müssen zu erhöhter Vorsicht mahnen und den Erleger veranlassen, beim Versorgen besondere Achtsamkeit walten zu lassen, sofern nicht bereits vor dem Erlegen feststeht, daß es sich eindeutig um eine frische Verletzung handelt (z. B. Stück, das im selben Treiben bereits eine Kugel bekam).

Besteht der Verdacht auf eine anzeigepflichtige Seuche, so sollte man das Stück nicht aufbrechen, sondern den Seuchenverdacht anzeigen (Seuchenverschleppungsgefahr). Generell ist es ratsam, daß sich der Versorgende auch selbst entsprechend schützt, d. h. beim Aufbrechen Handschuhe trägt, darauf achtet, daß er sich nicht verletzt und sein Aufbrechwerkzeug nach Gebrauch peinlich säubert. Ergibt sich erst beim Aufbrechen der Verdacht einer Wildkrankheit, so sind befallene oder zur näheren Untersuchung aufzubewahrende Wildteile extra zu verpacken und so mitzuführen, daß nicht Teile herausfallen oder Flüssigkeiten heraustropfen können.

Deshalb sollte der Jäger im Rucksack stets eine ausreichende Anzahl von Einmal-Handschuhen (sog. Tollwuthandschuhe) mit sich führen, dazu Plastikbeutel zur Aufbewahrung von Wildteilen sowie im Jagdwagen eine Kunststoffwanne zur Aufnahme des Wildkörpers. Bei Gesellschaftsjagden ist es Sache des Jagdleiters, dafür zu sorgen, daß die mit dem Versorgen des Wildes beauftragten Personen genügend mit den genannten Hilfsmitteln ausgerüstet sind.

Im weiteren Sinne beginnt die Wildbrethygiene bereits mit der *Revierhygiene*, durch die vorbeugend das Ausbrechen von Krankheiten oder auch Seuchen verhindert werden kann. Zu diesen vorbeugenden Maßnahmen gehören:

Vermeidung des Entstehens überhöhter Wildbestände/besätze. Die Gefahr hierzu besteht vor allem bei Schwarzwild, bei Gamswild, örtlich bei Reh- und Rotwild, gelegentlich bei Kaninchen, Enten und Fasanen.

Bei *Schwarzwild* führen überhöhte Bestände zum Ausbruch, zu schneller Ansteckung und Verbreitung der Schweinepest. Vorbeugend hilft starke Bejagung, vor allem des Nachwuchses. Bei Auftreten der Schweinepest sollten Treib- oder Drückjagden möglichst nicht mehr abgehalten werden, da sonst durch das Abwechseln eventuell bereits befallener Stücke die Seuche in anderen Revieren verbreitet wird.

Bei *Gamswild* begünstigen überhöhte Bestände den Ausbruch der Gamsräude und der Gamsblindheit sowie deren Verbreitung. Räudebefallene Stücke müssen erlegt werden, bei Auftreten der Gamsblindheit sollte jede Beunruhigung vermieden werden, um einer Verbreitung der Krankheit nicht noch Vorschub zu leisten. Übrigens können in diesem Fall auch stark befallene Stücke die Krankheit ausheilen.

Bei *Rot- und Rehwild* treten in zu hohen Beständen Lungenwurm und Leberegel verstärkt auf. Durch Verdünnung des Bestandes und raschen Abschuß stark befallener Stücke können die parasitären Krankheiten eingedämmt werden.

Fasanen, die durch unsachgemäße Hege konzentriert werden, erkranken häufig an Luftröhrenwurm, Geflügelpest und Kokzidiose. Sofern noch Hilfe möglich ist, besteht diese in rigoroser Verdünnung des Besatzes und Verbesserung oder Vergrößerung des Lebensraumes.

Wildenten, vor allem Stockenten, erkranken an Botulismus, wenn sie sich im Spätsommer in seichten und nährstoffreichen Gewässern in großen Scharen sammeln. Hilfe bringt nur Vertreibung von gefährdenden Wasserflächen (siehe auch Band 2 „Der Jäger und sein Wild").

Hygiene an Fütterungen. Die Fütterungen sind an ruhigen, möglichst äsungsarmen Orten (Fichten- oder Buchenalthölzern) einzurichten. Generell ist zu bedenken, daß selbst gutgemeinte Fütterungen zu Keimzellen von Krankheiten werden können, vor allem hinsichtlich Verwurmungen des Schalenwildes. Aber auch die Darreichung unsauberen, verschimmelten oder mit Fremdkörpern durchsetzten Futters kann Krankheiten auslösen. Falsche, also nicht wildtiergerechte Fütterung führt häufig zu Magen- und Darmerkrankungen, und darüber hinaus kann sie die Verbißbelastung im Revier erhöhen.

Alle Fütterungsanlagen müssen peinlich sauber gehalten werden, während der Fütterungszeit sind die Barren und Raufen von Zeit zu Zeit, besonders nach Wetterumschlag, zu reinigen. Verschimmelte Futterreste sind zu entsorgen. Alle Teile der Fütterungsanlagen sind gründlich zu reinigen, der Boden im Umkreis

7.2 Aufbrechen, Transport

Die Art und Weise des Aufbrechens hat sich nach dem Sitz des Schusses zu richten.
1. Bei reinen Kammerschüssen ist die nachfolgend beschriebene Methode die geeignete.
2. Bei „Weichschüssen" hingegen müssen wegen der Verunreinigung der Bauchhöhle zuerst die Bauchorgane entnommen, die Bauchhöhle gereinigt, und erst dann die ja noch saubere Brusthöhle angegangen werden. Man denke daran, daß, das Zwerchfell weit in die Brusthöhle vorgewölbt ist und Treffer im Magen-Leberbereich beide Körperhöhlen öffnen. Das sind elementar zu berücksichtigende Fakten.

Jedes zur Strecke gekommene Stück Wild muß so schnell wie möglich versorgt werden. Im Normalfall geschieht dieses Versorgen durch das Aufbrechen. Im engeren Sinn ist hiermit nur das Auftrennen der Beckennaht und das Auseinanderbrechen der Beckenknochen gemeint. Der Jäger versteht hierunter jedoch vor allem das Öffnen der Leibeshöhle und das Entfernen von Geräusch und Gescheide einschließlich des anschließenden Aufbrechens des Beckenraumes.

Unter bestimmten, allerdings seltenen Gegebenheiten fehlt die Zeit für ein gründliches Aufbrechen, bei besonders starkem Wild ist es auch mitunter einem einzelnen Menschen rein kräftemäßig nicht möglich, die notwendigen Wendebewegungen des Stückes durchzuführen. In solchen Fällen wird das Stück nur „gelüftet", d. h., es wird die Bauchdecke bis an den Brustkorb aufgeschärft und soviel wie möglich vom großen und kleinen Gescheide herausgezogen. Ein Abschärfen der herausgezogenen Teile findet nicht statt. Sinn dieses Lüftens ist, daß nicht durch Wärme und Gärung im Wildkörper Fäulnisprozesse eingeleitet werden, die zu einer merklichen Verschlechterung der Wildbretqualität führen.

Es ist selbstverständlich, daß gelüftetes Wild so bald wie möglich einer ordnungsgemäßen Versorgung zugeführt werden muß.

Gelüftetes Wild wird auf die Seite gelegt, damit das Gescheide nicht abreißen kann.

Es wird fernerhin die geschaffene Körperöffnung zum Auskühlen weitestmöglich (mit einem Stock o. ä.) gesperrt und anschließend gegen Mensch und Tier, vor allem aber gegen Fliegen, verblendet, d. h. mit grünen Zweigen belegt. Geschah die Erlegung während der Nacht und kann das Stück erst nach einigen Stunden abgeholt werden, so muß es gegen Raubwild und Sauen verwittert werden, weshalb man beispielsweise ein Taschentuch oder die Hülse der abgeschossenen Patrone darauf legt.

Schalenwild kann auf zweierlei Art und Weise aufgebrochen werden. Entscheidend ist, ob das Stück ohne schwierige Bergung transportiert werden kann oder ob es noch weite Strecken geschleift werden muß.

Im Normalfall wird das Aufbrechen wie folgt ausgeübt: Man legt das Stück auf den Rücken und tritt hinter das Wild, spreizt die Hinterläufe auseinander und entfernt bei männlichen Stücken Kurzwildbret und Brunftrute. Großzügig wird die Pinselregion umschärft, und man zieht Brunftrute samt Brunftkugeln mit Samensträngen vorsichtig nach hinten heraus und schärft sie ab.

Um nun das Gescheide und Geräusch auszulösen, fährt man, nachdem man mit äußerster Vorsicht einen kleinen Schlitz in die Bauchdecke geschärft hat, mit dem auf dem Rücken liegenden Messer, das zwischen Zeige- und Mittelfinger der Hand liegt, langsam vor, bis das Brustbein erreicht ist. Je nach Stärke bzw. Alter des Stückes läßt sich dann das Brustbein mit dem Messer oder der Knochensäge öffnen. Der Schnitt wird dann vom Stich bis zum Haupt fortgeführt. Drossel und Schlund werden abgeschärft und nach hinten Richtung Kammer herausgezogen. Mit wenigen Hilfsschnitten ist das Geräusch gelöst. Ein nächster Kreisschnitt umrandet das Zwerchfell. Danach können Geräusch und Gescheide aus dem Wildkörper herausgelegt werden. Noch befindet sich allerdings der Weiddarm im Stück. Um ihn zu entfernen, kann man auf zwei Arten fortfahren. Soll das Stück noch lange gezogen werden, so daß eine Verunreinigung des Wildbrets zu befürchten steht, empfiehlt es sich, das Schloß nicht zu öffnen. Im Weiddarm befindliche Losung wird weitestmöglich herausgedrückt und das Weidloch anschließend ringförmig, ohne den Weiddarm zu verletzen, von der Decke gelöst. Anschließend kann der Weiddarm in die Bauchhöhle hineingezogen und mit dem Gescheide herausgelegt werden. Die übliche Methode sieht allerdings das Aufbrechen des Schlosses vor. Dazu werden mit sorgfältigen Schnitten die Muskeln der Keulen möglichst genau zwischen den blauen Muskelhäuten durchschärft

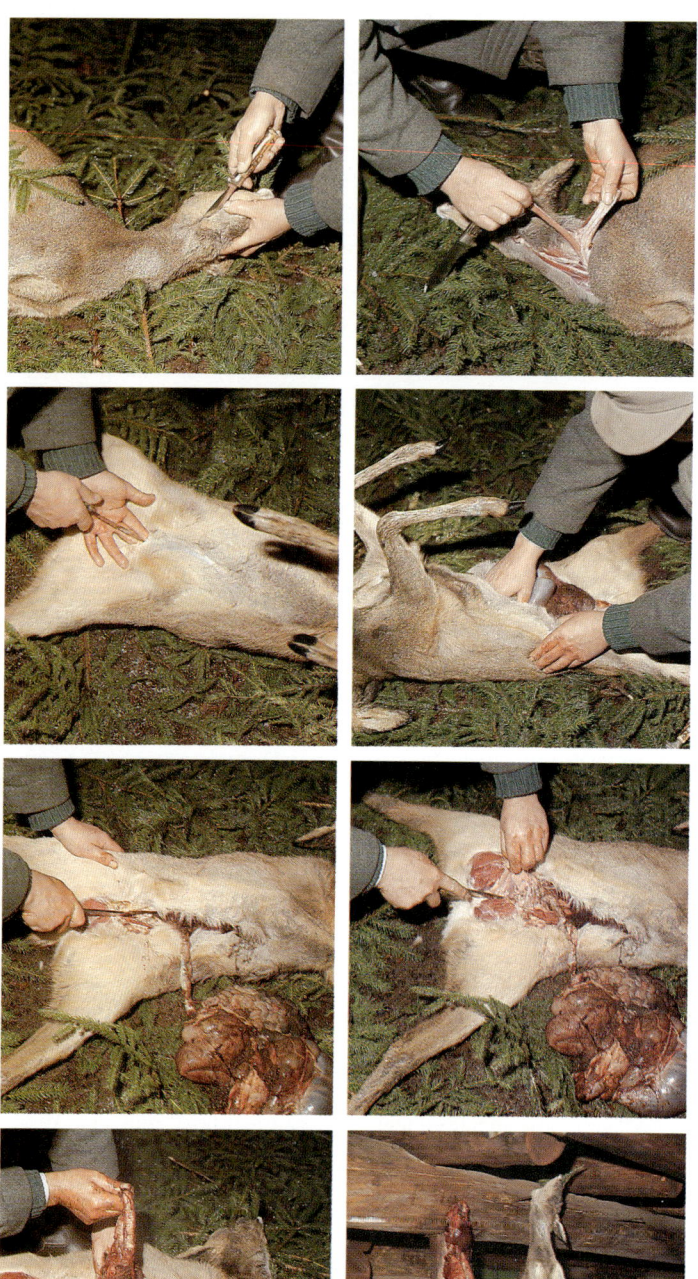

Abb. 93 – 100. Das Aufbrechen erlegten Schalenwildes nach der nebenstehend gezeigten herkömmlichen Methode ist heute meist nur noch bei Treffern üblich, die außerhalb der Kammer (z. B. bei Waidwundschuß) die Bauchhöhle verschmutzt haben.

93 Aufschärfen des Trägers vom Kopf bis zum Stich.
94 Trennen des Schlundes von der Drossel und Verknoten desselben, nachdem die Muskelhaut abgeschabt wurde.
95 Aufschärfen der Bauchdecke bis zum Brustkorb durch Fingerführung des Nickers.
96 Herausziehen des Schlundes durch das Zwerchfell und Herauslegen des Gescheides.
97 Auftrennen des Schlosses.
98 Auslösen des Weiddarms und der Blase.
99 Nach Abschärfen des Zwerchfells von den Rippenbogen Lösen der Herzbänder und Zurückziehen der Drossel: Herausziehen des Geräusches (Herz, Lunge, Leber, Nieren).
100 Das Stück hängt zum auskühlen mit gespreiztem Schloß. Daneben hängt das Geräusch an eingeschärfter Drossel mit aufgeschärften Herzkammern.

93	94
95	96
97	98
99	100

und das Schloß freigelegt und das Messer hebelnd mit sanftem Druck an der von oben fühlbaren Schloßnaht angesetzt. Bei älteren Stücken verlangt dies Können und sogar Kraftanstrengung; insbesondere bei Rotwild wird man sehr oft von der Säge Gebrauch machen müssen. In das geöffnete Schloß greift man vorsichtig (wegen der scharfen Knochenbruchkanten) mit beiden Händen und hebt das Becken an, bis es im Darmbein-Kreuzbeingelenk einseitig auseinanderbricht. Nun liegen Blase und Weiddarm frei und können entfernt werden, wobei der Weiddarm mit einem Kreisschnitt am Weidloch angeschärft wird.

Abb. 101. Gescheide sowie Geräusch werden bei der heute üblichen Aufbrechmethode mit einem Handgriff herausgezogen.

Bei weiblichen Stücken sind hiermit auch Scheide, Uterus, Eileiter und Eierstöcke entfernt, da diese zwischen Blase und Weiddarm liegen. Alsdann werden die an der Innenseite der Keulen am Beckenrand liegenden Brandadern aufgeschärft. Lymphknoten und Bindegewebe werden aus dem Lenden-Beckenraum entfernt. Letztlich läßt man das Stück ausschweißen.

Bei Schwarz-, Muffel- und Gamswild muß das Auslösen der Leber sehr vorsichtig geschehen, damit die Galle nicht reißt. Diese wird am Gallenleiter von der Leber gelöst und abgezogen.

Sobald das Geräusch aus dem Wildkörper entnommen ist, muß es durch eine Organbeurteilung hinsichtlich Geruch, Größe, Färbung und Beschaffenheit, auf Krankheiten und Genießbarkeit geprüft werden. Diese kann dadurch beeinträchtigt sein, daß es mit Gescheideinhalt verschmutzt ist, was durch sofortiges Waschen mit Trinkwasser behoben werden kann.

Weiterhin müssen alle Teile des Geräusches auf Anomalien untersucht werden. Am häufigsten wird festzustellen sein, daß die Lunge vom Lungenwurm befallen ist oder war. Solche Lungen sind nicht zu verwerten, sie sollten unschädlich beseitigt werden. In der Leber ist das Vorhandensein der Leberegel ein Grund, das Geräuschteil nicht zu verwerten, an den Nieren sind es Verformungen, Steine oder Zysten, die den Genuß ausschließen.

Das gesunde Geräusch wird sofort nach seiner Begutachtung zum restlosen Ausschweißen in einen Baum gehängt, wobei das Herz vorher so aufzuschärfen ist, daß der in beiden Kammern befindliche Schweiß auslaufen kann. Bereits geronnener Schweiß wird ausgedrückt.

Bei allem Wild, das eine Galle besitzt (z. B. Sau, Muffel, Gams, Hase, Kaninchen), wird diese vorsichtig entfernt, durch ausgetretene Gallenflüssigkeit verfärbte Teile der Leber sind großzügig abzuschärfen.

Zerschossene Geräuschteile sind ebenfalls abzuschärfen, Lunge oder Lungenteile mit größeren Blutergüssen sind nicht zum Verzehr geeignet. Es ist nicht ratsam, das Geräusch vor dem restlosen Auskühlen in den Rucksack zu legen. Die beste Transportart ist die, das Geräusch getrennt vom noch nicht ganz ausgekühlten Stück in einer Plastiktüte zu transportieren. Im Fahrzeug muß das Geräusch alsbald im Transportraum offen auf eine Unterlage gelegt werden.

Nieren und Lebern von brunftigem beziehungsweise rauschigem männlichen Wild sind nur bedingt genießbar, Herz und Lunge nehmen hingegen weniger Brunftgeschmack an. In der Brunft erlegten Gamsböcken werden die Brunftfeigen entfernt.

Nicht alle Schüsse sind meisterhaft angebracht, oft auch sitzt die Kugel „mittendrauf" und hat Gescheideteile verletzt, so daß Pansen- oder Gescheideinhalt in den Innenraum des Wildkörpers gedrungen ist. Nichts wäre falscher, als solchen Gescheideinhalt mit Farn, Moos oder Gras auszuwischen. Da-

> **Merke:** Das Geräusch verdient die gleiche sorgfältige Behandlung wie alles übrige Wildbret.

durch werden die vorhandenen Magen- und Darmbakterien, die zur Fäulnis führen, verrieben und finden dann den besten Nährboden. Das beste ist, derart verschmutztes Wild so schnell wie möglich – wenn es geht, noch im körperwarmen Zustand – unter reichlich fließend Trinkwasser gründlich auszuwaschen.

Nach dem Aufbrechen muß jedes Stück Wild gründlich ausschweißen und mit aufgesperrter Bauchhöhle auskühlen und austrocknen. Wenn möglich, wird es hierzu an einen Baum gehängt oder mit der geöffneten Schloßseite abwärts an einen Hang gelegt.

Der Transport erlegten Schalenwildes von der Erlegungsstelle bis zu einem Punkt, wo es von einem Fahrzeug aufgenommen werden kann, erfolgt wie jede andere Behandlung des Wildbrets mit Sorgfalt. Nach Möglichkeit wird alles Schalenwild mit dem Haupt voran, nicht „gegen den Strich" gezogen. Leichtes Wild wird so hoch wie möglich gehalten, damit es nicht mit der Erde in Berührung kommt. Sehr schweres Wild sollte man nicht durch ruckartiges Ziehen allein zu bewegen versuchen, sondern sich immer Hilfe holen. Beim Ziehen sehr schweren Wildes, insbesondere starker Hirsche, hat sich die Verwendung von Lederriemen, die um Geweih oder Läufe gebunden werden, sehr bewährt. Sehr schwierig sind starke Sauen zu bewegen. Am besten ist es, die Vorderläufe zu hessen, also einen Schnitt zwischen Knochen und Sehne zu legen, einen Stecken durch beide Läufe zu führen und dann zu zweit zu ziehen. Gams und auch schwaches Rotwild wird im Gebirge geliefert, indem man den Bergstecken durch die geheßten Läufe zieht und das Stück allein oder zu zweit transportiert.

> **Merke:** Der Transport und das Liefern von Schalenwild erfolgt so, daß jedes unnötige Eindringen von Schmutz und damit Keimen in das Stück vermieden wird.

7.3 Zerwirken

Dem Zerwirken voran geht im allgemeinen ein mehr oder weniger langes Abkühlen des Wildes in der Wildkammer oder im Keller. Daß der Zerwirkraum hygienisch einwandfrei und absolut frei von Ungeziefer und Fliegen sein muß, versteht sich von selbst.

Das eigentliche Zerwirken und Zerlegen des Wildbrets (im jägerischen Sprachgebrauch haben sich beide Ausdrucksformen miteinander verwischt) besteht aus dem Aus-der-Decke-Schlagen bzw. Abschwarten und Zerlegen des Wildbrets.

Ersteres wird bei allem Wild am zweckmäßigsten auf einem Zerwirktisch durchgeführt, der eine schnittfeste, gut zu reinigende Platte besitzt, oder auch am hängenden Stück, wobei dieses an den Hinterläufen, die eingeheßt wurden, an Haken angehängt wird.

Als nächstes erfolgt ein Ringschnitt an den Fußwurzelgelenken und das Aufschärfen der Decke an den Innenseiten der Läufe bis hin zur offenen Seite des Bauchraumes bzw. des Schlosses. Beim liegenden Stück wird hiernach zunächst mit dem Messer, später mit dem Handballen die Decke vom Wildkörper abgeschlagen.

Je feister ein Stück (Schwarzwild und Dachs) ist, desto öfter wird man das Messer zu Hilfe nehmen müssen, das aber immer nur unterstützend eingreifen soll, da die andere Hand die Decke so fest anzieht, daß sie sich mit Hilfe des Messers leicht löst. Beim hängenden Stück wird zunächst die Decke an den Keulen (Schlegeln) abgezogen, der Wedelansatz abgeschärft und alsdann von dort her beginnend mit Ballen nach unten gearbeitet, bis schließlich am Kopf des Stückes wieder das Messer in Aktion treten muß.

Schwarzwild wird abgeschwartet, indem man es aufhängt oder auf den Rücken in die Mulde eines hölzernen Schragens legt. Je nachdem, ob die Schwarte gegerbt werden soll oder nicht, erfolgt die mehr oder weniger sorgfältige Arbeit des Abschwartens, bei der man ein stets scharfes Messer mit schmalem Rücken benötigt. Soll die Schwarte gegerbt werden, so müssen die Schalen sorgfältig ausgelöst werden, was geschieht, indem man zunächst mit dem Messer die knorpelige Sohlenhaut zwischen den Schalen so tief wie möglich aufschärft, dann vorsichtig die Zehenknochen freilegt und diese dicht vor den Schalen mit einer Beißzange abkneift. Das restlose Auslösen der Knochenteile vollendet man entweder nach dem Abschwarten oder überläßt es dem Gerber.

Das weitere Abschwarten geschieht folgendermaßen: Man fährt mit dem Messer von der Bauchseite beginnend, in jedem Fall von innen arbeitend, unter der Decke mit der Messerschneide nach außen bis an die Stelle, an der der Unterkiefer an den Schneidezähnen zusammengewachsen ist. Sodann wird die Schwarte an den vier Läufen aufgeschärft, indem man von der Handwurzel zwischen den Schalen her in Richtung Brust arbeitet und dabei den Schnitt so gerade wie möglich legt. Da Schwarzwild nicht nur in der Feistzeit oft ringsum mit Weißem bedeckt ist, muß jedes Stück der Schwarte abgeschärft werden.

Schwierige Stellen sind das Haupt, wo an den Lichtern die Schwarte sehr dünn ist und die Teller und der Wurf sorgfältig entknorpelt werden müssen, sowie der Schild bei stärkeren Sauen, der eine Dicke bis zu fünf Zentimetern erreicht. Bei ihm darf man keinesfalls soviel Weißes wegschärfen, daß die Haarwurzeln angeschnitten werden, wodurch die Schwarte später bald die Borsten und damit ihr gutes Aussehen verliert. Dies gilt auch für alle anderen Teile der Schwarte.

Alles Schalenwild wird im allgemeinen auf der Decke zerteilt, Rehwild auch hängend am Haken. Auf jeden Fall muß sichergestellt sein, daß beim Zerteilen weder Schmutzpartikel noch Haare bzw. Borsten das Wildbret verschmutzen. Ist die Decke nicht sauber, weist sie schwere Schußverletzungen auf oder auch Blutergüsse, so sollte man das Wildbret auf einen Tisch legen. Als erstes werden alle zerschossenen Teile abgeschärft, Blutergüsse entfernt und Schmutz, der in die Schußkanäle gelangte, beseitigt.

Zerteilt wird in (Abb. 102): Blätter, Keulen oder Schlegel, Rücken oder Ziemer = Bratwildbret, Kopf, Hals, Rippen mit Flämen = Kochwildbret.

Die Arbeit wird mit einem scharfen, nicht zu kurzen Messer, einer Säge und/oder einem Beil vorgenommen. Zunächst schärft man mit einem kreisenden Schnitt die schmale Muskulatur zwischen Blattoberteil und Brustkern durch und hebt das Blatt ab. Um die Rippen abzutrennen, ritzt man jede einzelne Rippe von innen und außen vier Finger vom Rückgrat entfernt mit dem Messer an – von außen sieht man an dieser Stelle eine weiße Trennaht –, so daß eine gerade Linie parallel zur Wirbelsäule entsteht. Sinnvollerweise verwendet man zum Abtrennen der Rippen eine Knochensäge oder eine Knochenschere. Nunmehr schärft man genau vor den Keulen, vor dem Darmbein, den Rücken mit dem Waidmesser ab und schlägt den Wirbelknochen von innen durch. Die beiden Keulen lassen sich nun durch einen Schnitt, der vom Wedel her geführt wird, sowie durch gleichzeitiges Drehen gegen das Messer leicht lösen. Sodann wird der Rücken am Hals-/Trägeransatz durchschlagen und je nach Bedarf in Vorderziemer und Wedelziemer (Rosenziemer) geteilt. Auch der Hals-/Träger kann bei starkem Wild noch einmal geteilt werden. Beim männlichen Wild ist das Haupt bereits entfernt worden, beim weiblichen wird es als verwertbares Kochwildbret von Deckenresten gesäubert, gelegentlich auch durch einen Sägeschnitt aufgetrennt und in Teilen verwertet.

Muß aus Gründen schwieriger Bergung und Bringung ein Stück

Abb. 102. Das Zerwirken. **K** Kopf, **H** Hals, **VR** Vorderrippen, **HR** Hinterrippen, **B** Blatt, **VZ** Vorderziemer, **MZ** Mittelziemer, **HZ** Hinterziemer, **L** Lappen, **K** Keule (Schlegel).

> **Merke:** Das Zerwirken und Zerlegen von Schalenwild erfolgt nach den Gesetzmäßigkeiten der Anatomie des Wildkörpers; es sei hierbei – auch beim Zerwirken auf der Decke im Revier – so zu verfahren, daß die Genußtauglichkeit des Wildbrets nicht beeinträchtigt wird.

Wild am Ort der Erlegung zerwirkt werden, so geschieht dies im Prinzip in gleicher Weise. Je nach dem Vorhandensein von einer oder mehreren Hilfskräften können aus dem Wildkörper verschieden viele Teile hergestellt werden, die man dann in die ganze oder halbe Decke gewickelt transportiert.

7.4 Versorgen des Niederwildes

Hauptgebot bei der Einzeljagd ebenso wie bei der Gesellschaftsjagd auf Niederwild ist, daß das erlegte Wild in einwandfreiem Zustand zum Verbraucher gelangt. Hierzu ist erforderlich, daß es so schnell wie möglich *auskühlt*, daß es in kühlem Zustand gehalten und bei längerem Hängen vorher *ausgedrückt, ausgeworfen* oder *ausgefahren* oder besser noch aufgebrochen wird. Es gibt keinen Grund, mit Niederwild anders zu verfahren, als mit Schalenwild.

Federwild, das in der warmen Jahreszeit erlegt wird, kühlt schon aus, wenn man es während der Suche, des Buschierens oder Stöberns am Hals an den Galgen der Jagdtasche hängt. Das Niederlegen an einem schattigen Platz erfüllt nicht die Bedingung gleichmäßigen Auskühlens, wohl aber das Aufhängen an einem schattigen, luftigen Ort.

Die Blase von Hase und Kaninchen wird ausgedrückt, indem man das Stück mit der einen Hand über die Schulter faßt, während Daumen oder Handballen der anderen Hand mit festem Druck die Bauchseite herunterstreicht, wodurch die Blase geleert wird.

Das Auswerfen von Haarwild wurde bisher so vorgenommen, daß man mit einem Schnitt an der hinteren Seite der Bauchdecke diese quer öffnet, mit zwei oder drei Fingern hineingreift und das Gescheide herauszieht. Der Weiddarm wird kurz vor seinem Austritt abgerissen. Das Geräusch verbleibt im Wildkörper einschließlich der Leber, die eine Delikatesse ist. Zum Transport wird die Blume durch die Bauchdecke gezogen und in das durch den ersten Schnitt entstandene Loch gestopft.

Dieses Verfahren entspricht jedoch nicht den wildbrethygienischen Erfordernissen, Haarniederwild sollte grundsätzlich wie Schalenwild aufgebrochen werden.

Die Bezeichnung Auswerfen rührt daher, daß man früher nur den Schnitt durch die Bauchdecke vornahm, um dann den Hasen mit kräftigem Schwung nach unten zu schleudern, wodurch sich das Gescheide von selbst löst und ausgeworfen wird.

Das Ausfahren wurde früher nur bei starkem Federwild, also Auerhähnen, Trapphähnen und Adlern geübt. Es sollte im Zeichen erhöhter Anforderungen an die Wildbrethygiene bei allem Federwild durchgeführt werden. Unter Ausfahren ist heute allerdings ein vollständiges Entfernen aller inneren Organe mit anschließender Reinigung des Körperinnenraums zu verstehen. Hierzu wird ein Längs-

Abb. 103. Auf einer Treibjagd erlegtes Niederwild wird nach Ablasen des Treibens sogleich zum Auskühlen luftig aufgehängt. Haarwild mit dem Kopf nach unten und mit einer Schnur verbundenen Hinterläufen; Federwild mit dem Kopf nach oben.

schnitt in die Bauchdecke unmittelbar im Anschluß an die Kloake, vorgenommen. Vorsichtig ist dann mit Zeige-und Mittelfinger soweit wie möglich in die Körperhöhle hineinzugreifen, so daß die Speise- und auch Luftröhre mit stetem Zug nach hinten entfernt werden können. Alle Innereien werden sich auf diese Weise mit einem Mal entfernen lassen! Das sogenannte Aushakeln mit Hilfe eines Aststückchens und dem Ansatz eines Seitenastes zerreißt häufig bereits bei den ersten Drehungen den Weiddarm und ist deshalb abzulehnen. Ebenso wenig geeignet sind Auszieher, wie sie im Handel zu erwerben sind. Sie bestehen aus Metall und haben eine eher runde Kralle, die den Darm aber auch beschädigen kann. Das Ausweiden ist vor allem bei Wildenten erforderlich, die bei fast jedem Wetter sehr schnell verhitzen und ungenießbar werden. Schnepfen brauchen nicht so schnell behandelt zu werden, auch dann nicht, wenn der Erleger den sogenannten Schnepfendreck – das ist der feingewiegte und mit zahlreichen Kräutern gewürzte Darm – nicht verbraucht, da Schnepfen nicht zum Verhitzen neigen. Bei Wildtauben muß sobald wie nur möglich der Kropf entfernt werden, da dessen Inhalt eine sehr schnelle Gärung durchmacht. Hierzu wird mit zwei Fingern die Halshaut aufgerissen und der Kropf mit ziehend-drehender Bewegung entfernt. Selbstverständlich ist auch bei Tauben analog zum übrigen Federwild zu verfahren.

Bei den Rammlern der Wildkaninchen sind vor allem in den Monaten Februar bis Oktober die Analdrüsen abzuschärfen.

7.5 Abschwarten, Streifen

Allem erlegten Raubwild kann der Balg abgezogen werden. Es wird *gestreift*; der Dachs wird *abgeschwartet*. Die Erläuterung des Streifens soll am Fuchs erfolgen, da es an allem Raubwild in gleicher Art verläuft. Bei dieser Arbeit am *Fuchs* sollte der Jäger aus Gründen des Eigenschutzes gegen Infektion mit dem Fuchsbandwurm stets Handschuhe und einen Mundschutz tragen; als Notbehelf reicht auch das starke Anfeuchten des Balgs, um das Verstäuben der winzigen Bandwurmeier zu verhindern. Auf diese Schutzmaßnahme sollte man nicht wegen des vermeintlich unwaidmännischen Aussehens verzichten: Die eigene Unversehrtheit ist höher anzusetzen. Unverzichtbar ist auch ein hygienisch einwandfreies Arbeiten, wozu das Händewaschen ebenso zählt wie der Rauchverzicht. Dem auf dem Rücken liegenden, *gestreckten* Fuchs wird an den Innenseiten der Hinterläufe, von den Ballen anfangend bis zum Weidloch, die Haut aufgeschärft, und zwar am hinteren Rand der Keulen, wo der Strich der Haare umschlägt. Dann wird der Balg vollständig an Branten und Zehen gelöst und die Krallen mit der Zange abgekniffen, damit sie am Balg bleiben. An den Vorderläufen geschieht das gleiche bis zum Rumpf. Danach wird der Fuchs geheßt und an den Hinterläufen an einen starken Nagel gehängt. Nunmehr wird der Balg der Hinterläufe bis zum Weidloch gestreift und die Lunte von der Rübe gelöst. Am schonendsten geschieht dies, indem man die Wurzel der Lunte mit einer Faust fest umfaßt und die Lunte mit der anderen Hand vom Wurzelende her so lange um sich selbst dreht, bis ein Knacken anzeigt, daß sich die Haut vom Wirbel löst. Hat man sich auf diese Art bis zur Spitze vorgearbeitet, schneidet man sich einen etwa daumendicken Ast, kürzt ihn auf etwa 15 Zentimeter, spaltet ihn zur Hälfte ein, öffnet den Spalt, klemmt ihn fest über der Rutenwurzel ab, drückt die Spaltteile mit Kraft zusammen und streift den Balg ab. Gute Dienste bietet dabei auch eine einfache Wäscheklammer. Daraufhin wird der Balg über den Kopf gezogen, was besondere Behutsamkeit erfordert, da die Haut um Augenlider, Nase und Lefzen sehr dünn ist.

Der rohe Balg wird mit dem Haar nach innen über ein Spannbrett gezogen (Abb. 104), mit Lefzen und Nase durch schwache Nägel am Brett befestigt und gestreckt. Das Brett muß so lang sein, daß die Lunte nicht den Boden berührt. Es darf auch keine scharfen Ränder haben. Die Lunte wird durch einen geraden Schnitt von der Wurzel bis zur Spitze aufgeschärft und mit Zeitungspapier, das leicht anklebt, auseinandergehalten. Ebenso kommen Papierstreifen auch in die Innenseiten der Branten, Gehöre und Lefzen, damit sich nichts beim Trocknen einrollen kann. Ist der Balg trocken, wird er abgenommen, umgedreht und sauber ausgekämmt. Sollte er *zu* trocken geworden sein, stellt man ihn vor dem Umdrehen an einen feuchten Ort.

Hat das Raubwild viel Fett, was im Frühwinter oft der Fall ist, so muß der Balg nach dem Aufspannen auf das Brett mit Holzasche oder Salz eingerieben werden.

Der *Dachs* wird wie der Fuchs zunächst an den Läufen, dann aber auch vom Weidloch bis an die Unterseite des Windfanges aufgeschärft. Das Messer muß wegen des meist reichlich vorhandenen Feistes Schnitt für Schnitt geführt werden, ein Streifen ist unmöglich. Ähnlich wie bei dem Abschwarten des Schwarzwildes muß auch beim Dachs darauf geachtet werden, daß das Messer nicht die Haarwurzeln abtrennt. Hierdurch bleibt viel Feist an der Schwarte, die deshalb um so sorgfältiger mit Holzasche oder Salz eingerieben werden muß.

7.6 Trophäenbehandlung

Trophäen dienen entweder als Schmuck, Hutzier oder werden in verschiedenster Art an den Wänden der Jägerstube befestigt. Zu den Trophäen gehören sowohl die Geweihe der Cerviden als auch der Kopfschmuck der Boviden wie Gams, Mufflon und Steinbock, die Fänge des Raubwildes, die Nager von Murmel, Biber und Bisam, jedoch auch die Malerfedern einiger Flugwildarten, insbesondere der Waldschnepfe, von der auch der Schnepfenbart gebietsweise Verwendung als Hutschmuck findet. Ferner zählt man die Grandeln und Haken des Rot- und Sikawildes, die Waffen der Sauen, das ausgerupfte Rückenhaar der im Winter erlegten Gamsböcke als Gamsbart und dasjenige der Sommergams als Gamsradl gebunden, die Rückenborsten des Schwarzwildes als Saubart, die Brunftmähne des Rothirsches, die langen Haare vom Pinsel des Bartgamsbockes und die Schnurrhaare des Hasen zu den Trophäen. Schließlich sind da noch die Erpellocken der Stockerpel, der Stoß von Auer- und Birkhahn und auch die Weidkörner aus dem Magen des Auerhahns. Trophäen gehören im allgemeinen dem Erleger.

Die Präparation und das Aufsetzen des Kopfschmuckes

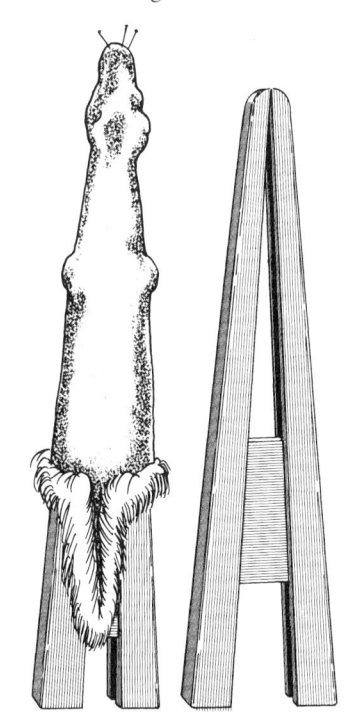

Abb. 104. Spannbrett

der Geweih- und Hornträger, der Waffen des Schwarzwildes sowie die Herrichtung von Grandeln und sonstigen Erinnerungsstücken erfolgt nach folgenden Mustern:

Aufsetzen eines Rehgehörns
Hierbei werden folgende Arbeitsgänge durchgeführt:
1. Abschärfen des Hauptes zwischen Hinterhaupt und erstem Halswirbel durch Einschärfen der Decke ringsum bis auf die Wirbelsäule und Durchtrennen der zugehörigen Gelenke von einer Seite her und Abkippen nach der anderen Seite.
2. Ablösen der Decke vom Kinnwinkel her. Vorsicht beim sehr empfindlichen Nasenbein!
3. Auslösen der Lichter mittels eines Rundschnittes und Trennens der Sehnen und Häute.
4. Auslösen des Unterkiefers durch Einschärfen der Muskulatur bis auf den Knochen und Ausheben des Kiefers.
5. Einspannen des Schädels in eine Werkbank oder Gehörnsäge, Durchtrennen des Schädels je nach Wunsch mit großem oder kleinem verbleibenden Schädelteil. Die Knorpelverbindung an der Nase wird mit dem Messer durchtrennt. Ausschaben des Gehirns.
6. Wässern des Schädels und des Unterkiefers für möglichst 24 Stunden in kaltem, mehrmals zu wechselndem Wasser.
7. Vorsichtiges, nicht sprudelndes Auskochen des Schädels und des Unterkiefers in einem Topf unter Beigabe eines Spül- oder Waschmittels. Das Kochwasser darf die Rosen nicht bedecken. Der Unterkiefer ist nach etwa 25 Minuten ausreichend gekocht, der Schädel je nach Alter des Bockes nach 35 bis 45 Minuten. Anschließend mit kaltem Wasser abschrecken.
8. Säubern von Schädel und Unterkiefer mit Hand und Messer von Deckenresten, Muskeln, Knochenhäuten u. a.
9. Säubern der Innenseite des Schädels, Entfernen der Knorpel im Nasenbein sowie der porösen Knochen zwischen Nasenbein und Schädelhöhle.
10. Bleichen des Schädels nach Umhüllung mit Watte oder Papiertaschentüchern (Achtung: Rosen müssen freibleiben!) mit Hilfe von 30prozentigem Wasserstoffperoxid für etwa drei Tage.
11. Aufsetzen des Schädels entweder durch Aufschrauben, Aufkleben, Aufspannen oder – am besten – mit Hilfe von Heißklebung in punktförmigem Auftrag.

Aufsetzen eines Hirschgeweihs, Herrichten der Grandeln
1. Die Grandeln werden ausgelöst, indem man mit einem Messer vor und hinter den Grandeln einen tiefen Schnitt bis auf den Knochen führt und die Grandeln anschließend mit dem Messer durch eine Hebel- und Drehbewegung von oben her aushebelt.
2. Das Abschärfen des Hauptes geschieht wie beim Rehbock.
3. Die Decke am Haupt wird vom Hinterhauptknochen her abgeschärft, und zwar durch die Rosen hindurch bis zum Ansatz des Nasenbeins, wo man mit dem Abschärfen aufhört, um später beim Abkochen zu verhindern, daß die Nasenbeinstücke auseinanderfallen.
4. Nach dem Auslösen des Lekkers wird der ganze Schädel in kaltes Wasser gestellt, das mehrfach gewechselt werden muß, und für etwa 24 Stunden gewässert. Das Wildbret wird hierdurch weich, Blutkörperchen aufgelöst.
5. Das Abkochen geschieht wie beim Reh, dauert jedoch eine bis eineinhalb Stunden. Danach wird das Haupt in kaltem Wasser abgeschreckt.
6. Ablösen der Decke vom Nasenbein und Abschaben allen verbliebenen Wildbrets am Schädel, Auslösen des Unterkiefers und der Lichter.
7. Auslösen der Knorpel im Nasenbein.
8. Einspannen des Schädels in eine Werkbank oder Geweihsäge und Setzen des Sägeschnittes je nach Belieben. Reinigung des Schädels von Hirn und Wildbret, Sehnen und Knorpelresten.
9. Bleichen usw. Analog wie beim Rehbock.
10. Die Grandeln werden mit einem Messer vorsichtig gereinigt und in einem lichtundurchlässigen Behältnis aufbewahrt, da Licht ihrer Färbung schadet. Das Zusammenfassen der nicht für Schmuckstücke vorgesehenen Grandeln erfolgt mit Siegellack oder – dauerhafter – mit einem Schnellkleber.

Herrichten von Gamskrucken
1. Ablösen des Hauptes (s. o.).
2. Abtrennen der Decke.
3. Entfernen des Wildbrets vom Schädel, beginnend unterhalb der Schläuche. Vorsicht

hierbei, da zu hoher Messeransatz die untersten Jahresringe beschädigen kann!
4. Auslösen der Lichter, Aushebeln des Unterkiefers, Auslösen des Leckers.
5. Sägeschnitt – üblicherweise – unter den Lichtern mit Hilfe einer Gehörnsäge, Ausschaben des Gehirns.
6. Eintägiges Wässern, Abkochzeit je nach Alter zwischen 30 und 60 Minuten. Vorsicht: Das Wasser darf die Krucken nicht berühren!
7. Entfernung von Knorpeln und porösen Knochenmassen.
8. Durchstoßen der Schädeldecke an den als dunkle Punkte erkennbaren Ansätzen der Stirnzapfen mit Hilfe eines Dorns zur besseren Austrocknung des Inneren der Schläuche.
9. Bleichen des Schädels und Aufsetzen wie bei Rehbock.

Herrichten von Muffelschnecken
1. Abschärfen des Hauptes, Entfernen der Decke wie bei Rothirsch, Auslösen der Lichter und des Leckers.
2. Aushebeln des Unterkiefers nach Trennung der Muskulatur.
3. Wässern und Abkochen von 30 bis 45 Minuten. Der Schädel muß *mit* den Schnecken von Wasser bedeckt sein!
4. Die Schneckenschläuche werden abgezogen, aus den Schläuchen das weiche Gewebe ausgeschabt, ebenso wird vorsichtig das auf den Stirnzapfen sitzende Gewebe abgeschabt.
5. Der Schädel wird mit Hilfe einer Gehörnsäge beschnitten und anschließend samt Stirnzapfen gebleicht.
6. Die gesäuberten Stirnzapfen werden mit Papier umwickelt und leicht mit Leim bestrichen, die Schläuche wieder aufgepaßt und am unteren Ende verleimt.
7. Aufgesetzt wird der Schädel nach Verhärten des Leims auf einem Spezialbrett.

Herrichten von Keilerwaffen
1. Lösen der Schwarte vom Schädel nach Abschärfen desselben im Hinterhaupt-Atlasgelenk.
2. Auslösen des Leckers und des Unterkiefers.
3. Trennen der Unterkieferäste.
4. Zersägen des Unterkiefers im Bereich des M1 und des Oberkiefers unter Beachtung, daß etwa zwei Drittel der Gewehre und der Haderer im Kieferknochen sitzen.
5. Auslösen der Waffen entweder durch Mazerieren, also Faulen unter Luftabschluß in einem mit Wasser gefüllten Plastikbeutel, oder durch Abkochen in etwa 30 Minuten. Die Haderer können nach vorn, die Gewehre müssen wegen ihrer noch konischen Form bei jüngeren, etwa bis zu vier Jahre alten Keilern nach hinten herausgeschoben werden. Bei älteren Keilern können sie nach vorn gezogen werden.
6. Haderer und Gewehre werden langsam getrocknet und alsdann z. B. mit Zweikomponentenkleber, Bienenwachs oder Paraffin gefüllt.
7. Aufsetzen nach Geschmack auf ein Brett oder Schmuckholz mit Kontaktkleber oder sonstiger Halterung, gelegentlich auch ohne Aufzusetzen Umwicklung mit Silberdraht oder -blech mit Aufhängevorrichtung.
8. Nicht fachgerecht verfüllte Gewehre, aber auch das Aufhängen oder Verwahren eines Gewaffs an einem Ort mit stark wechselnden Temperaturen können zum Reißen der Keilertrophäen führen.

Das **Rupfen des Gamsbartes** findet nach Möglichkeit am noch warmen Stück statt. Die Haare vom Trägeransatz werden als erste genommen, dann arbeitet man sich langsam auf dem Rücken nach hinten, wobei die Haare gegen den Strich ausgezogen werden, jeweils zu kleinen Büscheln zwischen Papier gelegt und von Wolle befreit werden. Auch von der Gamsgais erhält man ein schönes Radl.

> **Merke:** Ein guter Jäger trägt keine Trophäen, die er nicht selbst erbeutet hat, er „schmückt sich nicht mit fremden Federn".

Die **Malerfedern** sitzen bei Hühnervögeln und Schnepfen stets an der gleichen Stelle an der Außenseite der Handschwinge (Schwingenbug), der Schnepfenbart hingegen unmittelbar über dem Stoßansatz auf der Fettdrüse am Pürzel (Abb. 105).
Haare vom Brunfthirsch, Borsten der Sau, Pinselhaare des Gamsbockes, und auch die Barthaare des Hasen werden immer einzeln angefaßt und ausgerupft, niemals abgeschnitten. Das Bart-

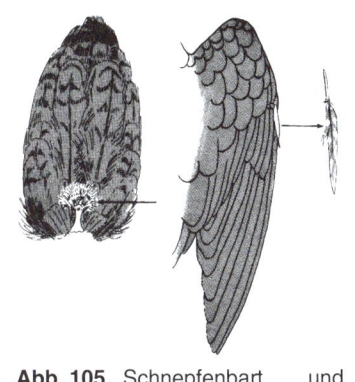

Abb. 105. Schnepfenbart und Malerfedern

Das Versorgen des Wildes, Wildbrethygiene

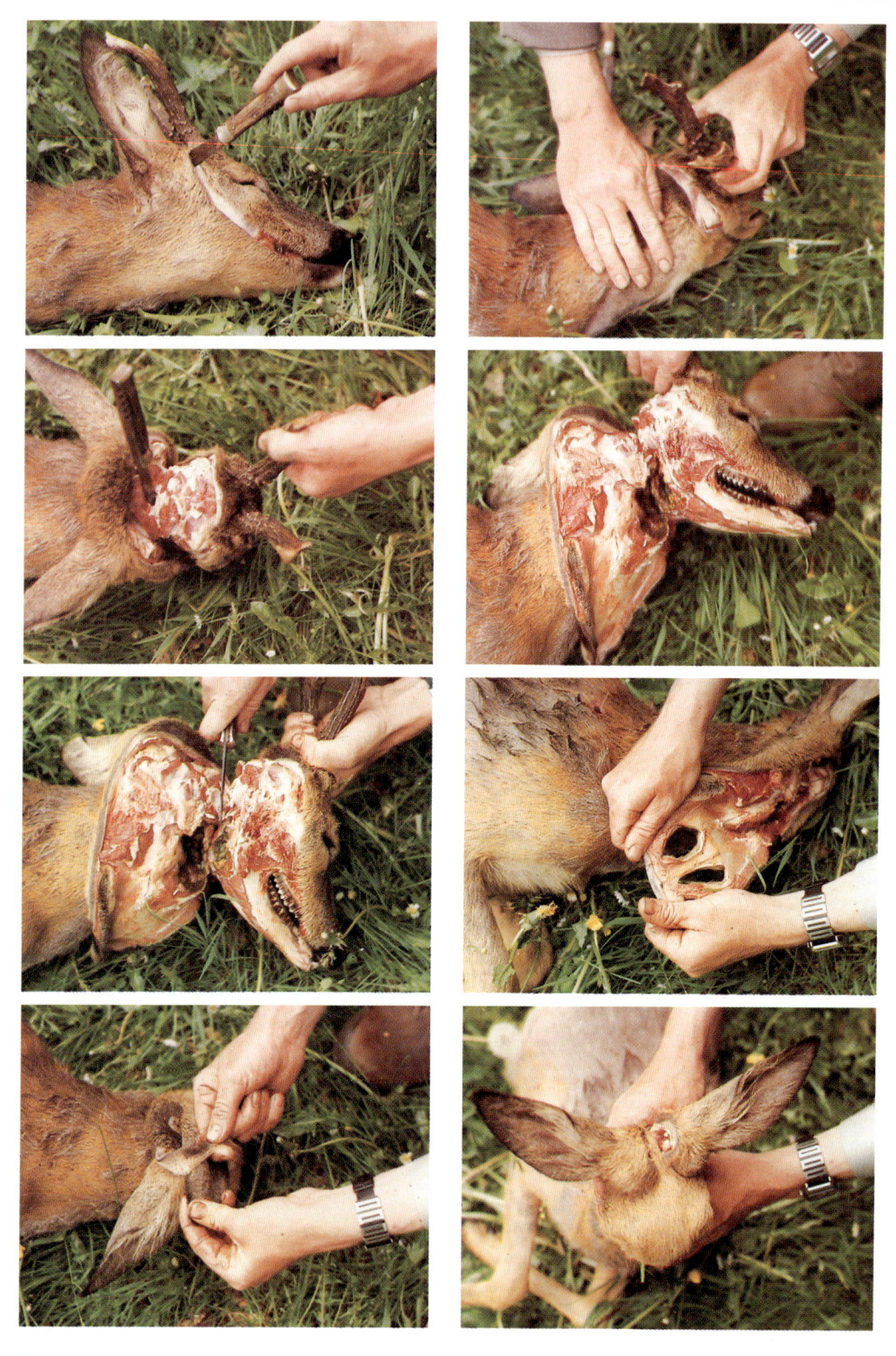

binden ist eine Kunst, die man erlernt haben muß. Sie wird gewerblich ausgeübt, und man sollte sie Spezialisten überlassen.

7.7 Wild für den Präparator

Wildarten, die man nur selten bejagen kann, aber auch Wild, das an seinem Kopfschmuck Anomalien ausgebildet hat, werden häufig ganz oder teilweise präpariert. Will man bei besonderen Stücken ganz sicher gehen, so setzt man sich am besten telefonisch mit dem Präparator seiner Wahl in Verbindung und führt die Erstversorgung und den Transport nach seinen Anweisungen aus.

Generell gilt folgendes: Flugwild muß sofort nach dem Erlegen gesäubert werden, d. h., jeder ausgetretene Schweißtropfen wird mit saugfähigem Material abgetupft, das Gefieder geglättet und alle Körperöffnungen – nach dem Auskühlen – verschlossen. Letzteres geschieht dadurch, daß man kleine Wattebäusche zusammendreht und die so entstandenen Würste in Ein- und Ausschuß, Schnabel und Weidloch stopft. Ist der Vogel gut ausgekühlt, wird ihm ein Nylonstrumpf vom Kopf her übergezogen. So vorbereitet geht er per Expreß auf den Transport.

Soll von Haarwild ein Ganzpräparat angefertigt werden, so muß man beim Aufbrechen darauf achten, daß keine Knochen, auch nicht das Schloß, verletzt werden. Auch an der Decke sollten möglichst wenige Schnitte vorgenommen werden, also z. B. kein Drosselschnitt. Die Öffnung der Bauchdecke reicht nur bis an das Brustbein. Der Transport erfolgt so, daß kein Haar ausgerissen wird. Das Auskühlen muß im aufgehängten Zustand vorgenommen werden.

Bei Halbpräparaten, also Kopf und Vorschlag eines Stückes Schalenwild, wird das Stück bis auf das Fortlassen des Drosselschnittes normal aufgebrochen und dann zum Lüften frei aufgehängt. Faustregel ist hierbei, daß der Präparator ungefähr die Decke des Vorderkörpers bis hinter die Blätter gebraucht. Am sinnvollsten ist der Schnitt an der *Trägeroberseite*, der, von innen her geführt, kein Haar verletzt. Alsdann löst man den Träger und restlichen Wildkörper aus. Sodann klappt man nach eintägigem Austrocknen in luftigem, kühlem Raum die Decke nach innen ein und versendet dieses per Expreß-Paket an den Präparator.

Am besten aber ist es, sich nach dessen Wünschen zu richten und bei Unsicherheit immer diejenige Lösung zu wählen, die am zu präparierenden Teil den geringsten Schaden anrichten kann.

Abb. 106 – 113. Abtrennen des Hauptes beim Bock.
106 und 107 Aufschärfen der Decke vom Unterkiefer zum Hinterkopf über den Nacken.
108 Freischärfen des 1. Halswirbels.
109 Abdrehen des Hauptes im Halswirbelgelenk.
110 Noch ein Schnitt, und das Haupt ist abgetrennt.
111 Durch die Schlitze in der Unterkieferdecke ...
112... werden die Lauscher gesteckt...
113... und der Hals ist zweckmäßig geschlossen.

106	107
108	109
110	111
112	113

7.8 Fragen & Antworten zur Versorgung des Wildes und zur Wildbrethygiene

Was versteht man unter dem »Lüften« von erlegtem Schalenwild?
Unter Lüften versteht man das Aufschärfen der Bauchdecke etwa bis an das Brustbein ohne Entfernung von Gescheide und Geräusch oder das Aufschärfen der Innenseiten der Blätter speziell bei Schwarzwild. Das Lüften ist nur als kurzfristiges Provisorium zu betrachten; das eigentliche Aufbrechen muß unverzüglich danach – z. B. nach Verbringen des Stückes aus Fels oder Moor – erfolgen, da sonst schnell eine Beeinträchtigung der Genußtauglichkeit des Wildbrets erfolgen kann.

Welche Wildarten werden weshalb abgeschwartet, und welche aus der Decke geschlagen?
Schwarzwild – im Gegensatz zu allem anderen Schalenwild – und Dachs werden abgeschwartet, da bei ihnen wegen des mit der Schwarte verbundenen Weißen ein Aus-der-Decke-schlagen im eigentlichen Sinn nicht möglich ist.

Welche heimischen Wildarten verhitzen nach dem Erlegen besonders schnell?
Schwarzwild und Wildenten, bei Wildtauben setzt alsbald Kröpfgärung ein.

Wie ist die Genußtauglichkeit eines erlegten Stückes Schalenwild mit starkem Hautdasselbefall zu beurteilen, und was ist zu tun?
Hautdasselbefall beeinträchtigt zwar die Genußtauglichkeit nicht, aber die Dasseln müssen herausgelöst werden.

Wie erreicht an, daß ein aufgebrochenes Stück Schalenwild, das nicht sofort weiter versorgt werden kann, ausreichend gut auskühlt?
Das Stück wird auf den Rücken gelegt, bis zur Drossel hin aufgeschärft und der Brustkorb durch ein quergestecktes Holz gespreizt. Bei (starkem) Schwarzwild werden zusätzlich die Vorderläufe zum Brustkorb hin gelüftet. Optimal wäre es, das Stück danach an den Hinterläufen an einem schattigen Ort aufzuhängen, um es ausschweißen zu lassen.

Wann empfiehlt es sich, das Schloß erlegten Schalenwildes nicht aufzubrechen?
Wenn das Stück über weite Strecken geschleift oder sonstwie transportiert werden muß und bei geöffnetem Schloß eine Verschmutzung des wertvollen Keulenwildbretes zu befürchten ist.

Was ist zu veranlassen, wenn bei einem Stück Wild bereits vor seiner Erlegung unnormale bedenkliche Verhaltensweisen beobachtet wurden?
Das Stück ist unbedingt der veterinärmedizinischen Untersuchung vorzuführen.

Wann wird der Gamsbart gerupft und wo sitzt er?
Möglichst unmittelbar nach dem Erlegen am noch warmen Stück rupft man den auf dem Widerrist und Rücken sitzenden Gamsbart.

Wo befinden sich beim Aufbrechen eines Stückes Schalenwild die Brandadern?
Sie befinden sich beiderseits auf der Innenseite des Hinterziemers am Keulenansatz in der Nähe des Schlosses.

Woran erkennt man beim erlegten Hasen einen Befall mit Kokzidien?
Beim Ausweiden an der rötlichen Verfärbung des Darmes.

Wie erfolgt bei fast allen wiederkäuenden Wildarten die Anstekkung mit Magen- und Darmwürmern?
Die Larven der Würmer werden mit den Äsungspflanzen aufgenommen

Die Salmonellose ist auch auf den Menschen übertragbar. Wie schützt man sich dagegen?
Durch peinlichste Sauberkeit bei und nach der Versorgung des Wildes sowie durch gutes Durchbraten des Wildbrets.

Was ist unbedingt zu beachten, wenn ein weidwundes Stück Schalenwild erst am darauffolgenden Tag (durch Nachsuche) zur Strecke kommt?
Die Bauchhöhle des Stückes ist nach dem Aufbrechen alsbald sorgfältig mit fließendem Wasser zu reinigen und muß zu Fleischbeschau vorgeführt werden.

Was versteht man unter »unschädlicher Beseitigung« eines toten Tieres?
Entweder das Verbringen in eine Tierkörperbeseitigungsanstalt oder das Vergraben und Bedecken mit einer mindestens 50 Zentimeter starken Erdschicht im Revier (in Wasserschutzgebieten untersagt).

Welche der inneren Organe des Schalenwildes bezeichnet man als Geräusch?
Herz, Lunge, Leber und Nieren.

Teil 2
Die Hundeführung

Von Heinrich Uhde

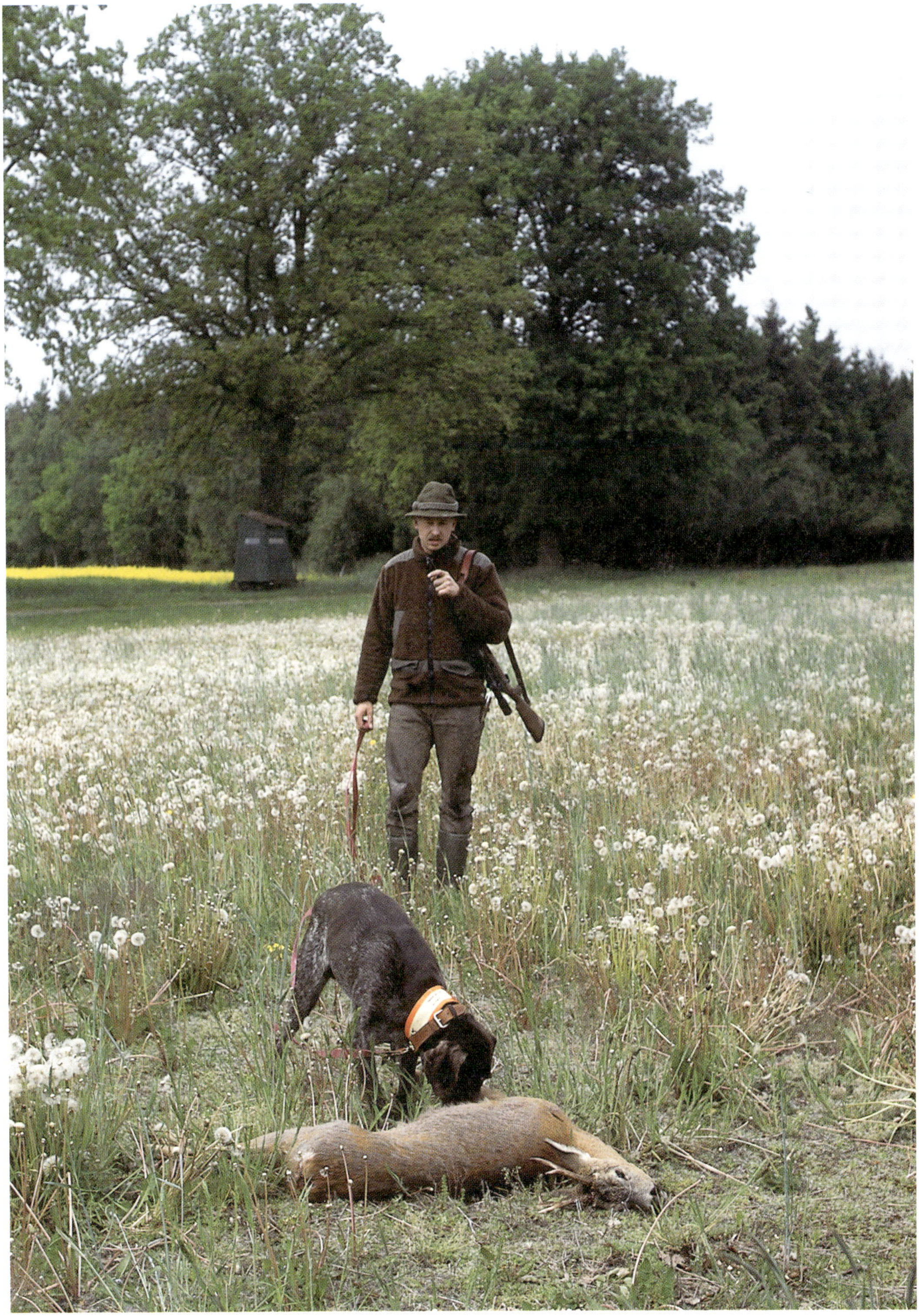

8 Bedeutung und Aufgabe des Jagdhundwesens

Ein Naturfreund, der sich entschlossen hat, die Jägerprüfung zu machen, muß sich auch mit dem Jagdhundwesen befassen. Könnte es nicht sein, daß die ganze Führung der Jagdhunde eine überkommene Tradition ist, die unter den heutigen Verhältnissen eine vermeidbare Belastung bedeutet, einen alten Zopf, den es abzuschneiden gilt, ein Überbleibsel aus Zeiten, da nicht jedermann die Möglichkeit hatte zu jagen? Nein, der werdende Jäger wird sich mit um so größerer Passion und Einsicht mit dem Jagdhundwesen beschäftigen, wenn er dessen überragende Bedeutung, auch für die Jagd der heutigen Zeit, erfahren und begriffen hat.

8.1 Jagdethische Bedeutung

Um die jagdliche Bedeutung des Jagdgebrauchshundwesens erfassen zu können, muß man sich bewußt sein, daß der Grundsatz der waidgerechten Jagdausübung den Einsatz von Jagdhunden mit umschließt; dieser ist integrierter Bestandteil der Jagd überhaupt.

Eine verbindliche Beschreibung dessen, was Waidgerechtigkeit bedeutet oder beinhaltet, fehlt. Waidgerechtigkeit wird definiert als „den waidmännischen Vorschriften entsprechend" oder „die Jagd nach allen Regeln richtig ausübend". Andere Erklärungen definieren Waidgerechtigkeit im Rahmen moralischer Imperative, unter anderen dem, daß der Jäger weder Müdigkeit noch Zeit scheuen dürfte, um angeschossenes (angeschweißtes) oder durch Straßenverkehr verletztes Wild zur Strecke zu bringen. Diesem Imperativ kann ein Mensch, weil seine Sinne hier allein nicht ausreichen, nur unter Zuhilfenahme eines anderen Wesens entsprechen, das sich mit seinen Sinnen in den Dienst des Menschen stellt, nämlich des Jagdhundes. Das Verantwortungsgefühl gegenüber dem Wild als gleichberechtigtem Geschöpf kommt in der Verwendung des Jagdhundes zum Ausdruck.

Hans Krieg, der schon fast legendäre langjährige Vorsitzende des Deutschen Naturschutzbundes, berühmter Zoologe und passionierter Jäger, hat den Versuch unternommen, in einer Reihe von Thesen die waidgerechte Jagdausübung zu interpretieren, von denen die 7. lautet: „Die Zucht und Dressur guter und scharfer Jagdhunde liegt im Interesse waidgerechter Jagd und Hege. Eine Hauptaufgabe dieser Hunde liegt darin, etwa angeschossenes Wild so rasch wie möglich von Leiden zu erlösen; ihre Hilfe ist unentbehrlich."

Die Führung eines zielgerichtet gezüchteten und gut ausgebildeten Jagdhundes ist also wesentlicher Bestandteil der heutigen Jagd vor dem Hintergrund humanitären, dem Tierschutz dienenden Gedankenguts. Das kommt auch zum Ausdruck, wenn der Deutsche Jagdschutz-Verband in seinem Manifest zur Jagdmoral unter Ziffer 3 ausführt: „Zu jedem Schuß – insbesondere Kugelschuß – gehören die genaue Untersuchung und das Verbrechen des Anschusses sowie die gewissenhafte Nachsuche. Ferner ist es eine selbstverständliche Ehrenpflicht, krank über die Grenze gegangenes Wild, in Sonderheit Schalenwild, dem Jagdnachbarn sofort zu melden."

Es ist heute undenkbar, daß jeder Jäger einen Jagdhund führt; aber dies ist auch keine jagdmoralisch unabdingbare Voraussetzung. Allerdings unterliegt jeder Jäger der ethischen Verpflichtung, dafür Sorge zu tragen, daß ein brauchbarer Jagdhund immer dann zur Verfügung steht, wenn die Umstände dem Jäger nicht erlauben, das Stück Wild zu finden und es gegebenenfalls von seinen Leiden zu erlösen. Das Jagen mit dem Hund bedingt aber auch bei dem Jäger, der keinen eigenen Jagdhund führt, ganz bestimmte Verhaltensweisen und setzt gewisse Kenntnisse voraus. Schließlich erfordern es Achtung und Respekt vor denjenigen, die sich Zucht, Ausbildung und Führung brauchbarer Jagdhunde zur Aufgabe gemacht haben. Daher sind Kenntnisse vom Jagdgebrauchshundwesen aus dem Wissensschatz eines Jägers nicht fortzudenken.

8.2 Wirtschaftliche Bedeutung

Neben die jagdethische Bedeutung tritt auch die wirtschaftliche Bedeutung des Jagdgebrauchshundwesens innerhalb der Jagd. Wieviel Wild letztlich durch brauchbare Jagdhunde vor dem Verludern gerettet und der Verwertung zugeführt wird, ist bislang nicht genau festgestellt. Allein der Verein Hirschmann (zur Zucht und Führung der Hannoverschen Schweißhunde) hält Jahr für Jahr fest, wieviel Wild unter erschwerten Umständen von Hannoverschen Schweißhunden zur Strecke gebracht wurde. Das entsprach allein im Jagdjahr 1992/93 einem Betrag von etwa einer dreiviertel Million DM. Eine Summe, die sich vervielfacht, wenn man die Leistungen der Bayerischen Gebirgsschweißhunde und anderer auf Schweiß arbeitender Hunde hinzurechnen. Unberücksichtigt sind hierbei die Werte, die durch das Nachsuchen von Niederwild gerettet werden. Es kommt noch hinzu, daß in vielerlei Beziehung ein wirtschaftlicher Nutzen aus der Jagd überhaupt erst durch den Einsatz von Hunden vor dem Schuß erzielt werden kann.

Nicht so sehr im Vordergrund steht und weitgehend unbekannt ist, daß der Jagdhund selbst im übrigen ein nicht unbedeutender Wirtschaftsfaktor ist. Beispielsweise ist der Jagdhund für die Versicherungswirtschaft nicht uninteressant. Die Jagdhundhaltung hat Einfluß auf die Versicherungsprämien der Jagdhaftpflicht; man kann Jagdhunde gegen Krankheit und Tod, selbst gegen Diebstahl versichern. Erheblicher sind die Kosten, die für die Haltung von Jagdhunden aufgewandt werden, sie dürften sich pro Jahr in der Bundesrepublik auf weit über 50 Mio. DM belaufen.

8.3 Gesetzliches Erfordernis

Die 18. Tagung der Internationalen Jagdkonferenz im April 1980 faßte den Katalog der Grundsätze für die Jagdausübung neu; unter anderem heißt es dort: „In der Erkenntnis, daß für die waidgerechte (anständige) Jagdausübung in aller Regel der brauchbare Jagdhund unentbehrlich ist, sollte der Gesetzgeber bestimmen, daß bei der Jagd, vor allem bei der Nachsuche, entsprechend ausgebildete Jagdhunde in genügender Anzahl mitge-

führt und verwendet werden." Das Bundesjagdgesetz hat bislang dieser Forderung ausdrücklich noch nicht entsprochen, allerdings lautet der § 1 Abs. 3 des Bundesjagdgesetzes: „Bei der Ausübung der Jagd sind die allgemein anerkannten Grundsätze deutscher Waidgerechtigkeit zu beachten." Den Grundsätzen deutscher Waidgerechtigkeit entspricht die Zucht, Ausbildung und Führung brauchbarer Jagdhunde. Die Jagdgesetze der einzelnen Bundesländer gehen weiter und auferlegen dem Jäger in differenzierter Weise ganz bestimmte Pflichten im Zusammenhang mit der Jagdhundführung. Beispielsweise besagt Artikel 3 Abs. 3 des Niedersächsischen Landesjagdgesetzes: „Der Jäger hat, den Geboten der Waidgerechtigkeit entsprechend, mit brauchbaren Jagdhunden zu jagen. Es muß jeweils mindestens ein brauchbarer Jagdhund
1. für die Jagd in einem Jagdbezirk ständig zur Verfügung stehen,
2. bei jeder Such-, Drück- oder Treibjagd, bei jeder Jagd auf Schnepfen oder Wassergeflügel mitgeführt werden,
3. bei jeder Nachsuche eingesetzt werden."

Diese und ähnliche Vorschriften sind auch weitgehend bußgeldbewehrt.

8.4 Frage & Antwort zur Bedeutung und Aufgabe des Jagdhundwesens

Wo ist die Pflicht zur Jagdhundführung gesetzlich festgelegt?

Im unbestimmten Rechtsbegriff der „Waidgerechtigkeit" des § 1 BJG, sowie in den Jagdgesetzen der Länder ausdrücklich.

9 Einsatzmöglichkeiten der Jagdhunde

Die Prinzipien der gültigen Jagdmoral (Waidgerechtigkeit) fordern die Führung eines brauchbaren Jagdhundes.

Das Jagdhundwesen ist aber auch ein Wirtschaftsfaktor, dessen Bedeutung sich aus dem Wert des mit Hunden zur Strecke gebrachten Wildes ergibt sowie aus den Aufwendungen für Zucht, Ausbildung und Haltung der Jagdhunde.

Aus jagdethischen und auch wirtschaftlichen Gründen auferlegt der Gesetzgeber dem Jäger die Pflicht zur Jagdhundführung.

Nachdem die Notwendigkeiten der Führung brauchbarer Jagdhunde auf der Jagd dargelegt worden ist, drängt sich die Frage auf, wo und wie denn diese Hunde jagen, wie sie eingesetzt werden und wann man ihrer bedarf. Bei der Beschreibung der Einsatzmöglichkeiten und der Aufgaben der Hunde muß man unterscheiden, ob der Hund vor dem Schuß arbeitet oder nach dem Schuß, d. h., ob er zunächst einmal dem Jäger hilft, überhaupt zu Schuß zu kommen, oder ob und wie er dem Jäger behilflich ist, des getöteten oder verwundeten Wildes nach dem Schuß habhaft zu werden.

Bei der Beschreibung des Einsatzes der Jagdhunde wird sinnvollerweise unterschieden nach dem Bereich der Umgebung und der Revierbeschaffenheit, in der der Hund jagt, nämlich dem Wald, dem Feld und dem Wasser.

9.1 Wald

Der Laie assoziiert die Jagd meist mit dem Bild eines Jägers oder Försters, der mit seinem Hund im Wald herumstreift. So soll zunächst die Arbeit der Jagdhunde im Wald betrachtet werden.

9.1.1 Vor dem Schuß

Die Arbeit des Hundes vor dem Schuß im Wald kann darin bestehen, daß er seinen Herrn, den Jäger, lediglich auf der Pürsch begleitet und während des Ansitzes auf ihn wartet, also für alle Gelegenheiten zur Verfügung steht. Es kann sein, daß der Hund in lockerer Verbindung zum Jäger sucht, während dieser sich mit dem Hund durch den Wald bewegt. Man spricht vom

Buschieren. Es kann auch sein, daß der Hund über oder unter der Erde relativ selbständig arbeiten muß, d. h. über der Erde eine Dickung absucht oder unter der Erde einen Bau, um auf Fuchs oder Dachs zu jagen.

Im Vordergrund dieser Arbeiten steht das *Stöbern*, eine Arbeit, die der Mensch kaum allein erfüllen könnte. Beim Stöbern muß sich der Hund ohne seinen Herrn in die Dickung begeben und das Wild herausdrücken, möglichst so, daß es auf einen der angestellten Schützen oder den Jäger selbst zuwechselt. Der Hund ist dabei völlig auf sich allein gestellt und arbeitet im wesentlichen ohne Verbindung zu seinem Herrn, praktisch wie ein Treiber. Der Hund hat während des Stöberns keinen Sichtkontakt mehr zu seinem Herrn, er weiß lediglich, daß dieser draußen an einem bestimmten Platz wartet, um in Zusammenarbeit mit ihm Beute zu machen.

Unabdingbar bei dieser Arbeit des Hundes ist, daß er mindestens sichtlaut jagt. Ein stummer Hund ist für die Waldjagd unbrauchbar. Der Jäger ist beim Stöbern darauf angewiesen, die Jagd des Hundes mit dem Ohr zu verfolgen. Ist der Hund nicht mindestens sichtlaut, bleiben die draußen stehenden Jäger im ungewissen über das, was sich in der Dickung abspielt. Die Kenntnis dessen, was dort geschieht, ist jedoch Voraussetzung für einen Erfolg der Stöberjagd, denn nur so können sich die Jäger auf zustehendes Wild vorbereiten oder andere Maßnahmen treffen, wie beispielsweise das Schnallen weiterer Hunde, das Abblasen des Treibens oder auch weiteres Zuwarten mit diesem.

Der kundige Jäger vermag auch häufig aus der Art des Hundelautes zu entnehmen, worauf der Hund jagt. Auch das ist für den weiteren Ablauf der Jagd wichtig. Der gute Stöberhund entfernt sich so weit von seinem Herrn, bis er die ihm zugewiesene Parzelle gründlich abgesucht hat, wobei er in der Praxis die Grenzen an den abgestellten Jägern erkennt. Diese Grenzen darf nun wiederum der Hund nicht „verletzen". Tut er es doch, spricht man von „Überjagen".

Die Eigenschaft, nur in dem von den Jägern umstellten Komplex zu jagen, die „Bogenreinheit", lernt ein Hund nur in der Praxis. Er macht im Laufe der Zeit die Erfahrung, daß es nur lohnend ist, in der von den Meutegenossen Jägern umstellten Dickung zu stöbern. Nach dem Abblasen des Treibens kehrt der firme Stöberer alsbald zu seinem Herrn zurück.

Gute Stöberer in dem beschriebenen Sinne gibt es leider nur sehr wenige, da die Möglichkeit, einen Hund häufig in der Jagdpraxis beim Stöbern einzusetzen, vielerorts nicht gegeben ist. Ein Hund, der nicht bogenrein ist und überjagt, kann den Erfolg einer Jagd ebenso negativ beeinflussen wie einer, der sich nicht von seinem Herrn entfernt, sondern „klebt" oder „rändelt". Ein solcher Hund bewegt sich nur wenige Meter in die Dickung hinein und verdirbt seinem Herrn den Anlauf.

Ein Hund, der nicht zum Stöbern geschnallt ist, muß sich auf dem Stand bei seinem Führer absolut ruhig verhalten. Jede Bewegung, jede Lautäußerung kann anwechselndes oder zustehendes Wild warnen und zum Abdrehen oder Umkehren veranlassen.

Die Stöberjagd gilt im allgemeinen dem Hasen, dem Fuchs und der Sau, bisweilen auch dem Kaninchen. Reh- und Rotwild werden in aller Regel bei der Stöberjagd vor den Hunden nicht geschossen. Beim Stöbern auf Sauen sind größere Hunde leichter als kleinere der Gefahr ausgesetzt, gefährlich geschlagen zu werden. In jüngerer Zeit werden, auch unter dem Gesichtspunkt der erforderlichen Reduktionsabschüsse bei Schalenwild und um zu häufige Beunruhigungen des Wildes zu vermeiden, sogenannte „Anrührjagden" veranstaltet. Bei diesen wird während oft mehrstündiger, großräumiger Treiben das Wild nur „angerührt" und versucht, es möglichst nicht hochflüchtig vor die anstehenden oder ansitzenden Schützen zu bringen. Schnelle, hochläufige Hunde haben sich dabei nicht so bewährt, wie Tekkel, Terrier, Spaniels und Wachtelhunde.

Der stöbernde Hund befindet sich, wenn er Wild hochmacht, manchmal Hunderte von Metern von seinem Herrn entfernt, er muß das Wild irgendeinem Schützen möglichst schußgerecht vorbringen.

Ganz anders beim *Buschieren*: Hier bewegt sich der Jäger selbst in relativ übersichtlichem Gelände, im Wald oder Feldgehölz. Er begleitet schußbereit den in Sichtweite vor ihm suchenden Hund, woraus sich schon die Arbeitsweise desselben ergibt. Dieser darf sich nicht selbständig und weit, wie beim Stöbern, von seinem Herrn entfernen. Er muß vielmehr mit seinem Führer Verbindung haltend vor diesem kurz „unter der Flinte" suchen, nur so weit, daß der Jäger immer noch in der Lage ist, aufstehendes oder abstreichendes Wild auf gerechte Entfernung anzusprechen und zu beschießen.

Beim Buschieren gilt die Jagd dem Hasen, dem Kaninchen – der Jäger freut sich, wenn einmal ein Fuchs vorkommt –, in Rand- und Feldgehölzen auch dem Fasan. Die Erfolgschancen steigen, wenn der Hund vorsteht; in die-

Abb. 116. Meist nur vor schneidigen Teckeln oder Terriern ist der Fuchs zu bewegen seinen Bau zu verlassen. In der Jägersprache sagt man: der Fuchs wird gesprengt.

sem Fall kann der Jäger sich auf das Kommende einrichten. Er kann näher herankommen, eine günstige Schußposition auswählen und unter Umständen sogar am Benehmen des Hundes merken, was dieser in der Nase hat. Die „Schrecksekunde", die manchmal den Erfolg verdirbt, fällt fort. Aufstehendes oder abstreichendes Wild darf der Hund nicht verfolgen.

Hat der Jäger nicht oder vorbeigeschossen, muß der Hund ruhig weitersuchen. Apportieren oder nachsuchen darf er erst, wenn er den entsprechenden Befehl dazu erhält. Es leuchtet ein, daß das gute Buschieren ein gezügeltes Temperament des Hundes und eine sehr enge Verbundenheit zum Führer voraussetzt. Stöbern erfordert fast gegensätzliches Verhalten. In der Praxis findet man nicht sehr häufig Hunde, die gleichermaßen sehr gute Feldarbeit leisten, hervorragend stöbern und dann auch noch kurz unter der Flinte zur Freude des Jägers buschieren.

Erheblich mehr Selbständigkeit als beim Buschieren muß der Hund bei der Arbeit unter der Erde, bei der *Bauarbeit* zeigen. Gearbeitet wird auf Fuchs, selten auf Dachs, da dieser in der Hauptzeit der Bodenjagd, den Wintermonaten, Schonzeit genießt. Es gilt dem Fuchs mit seinem reifen Winterbalg von Ende Oktober bis Februar, den Jungfüchsen von Ende April bis Juli unter Beachtung der Vorschriften der Setzzeiten.

Die bei der Baujagd eingesetzten Teckel und Terrier dürfen einerseits nicht zu winzig sein, um beim Zusammentreffen mit ihrem Gegner nicht schon von vornherein zum zweiten Sieger bestimmt zu sein, andererseits dürfen sie nicht zu groß sein, um dem Fuchs auch durch die unterirdischen Gänge folgen zu können. Von Bedeutung ist dabei Form und Tiefe der Brust (Brustumfang) des Hundes, der Bodenabstand ist nicht ausschlaggebend. Den Bauhund müssen für die erfolgreiche Arbeit unter der Erde ferner Wesensfestigkeit, Mut und Jagdverstand auszeichnen. Er muß auch anhaltend laut vorliegen, d. h. den Fuchs anhaltend bedrängend verbellen, damit, was stets die „letzte Lösung" ist, im Notfall nach ihm gegraben, ein „Einschlag" gemacht werden kann.

Ein Bauhund, der aus Überpassion oder Ängstlichkeit Laut gebend ohne jede Wildberührung durch den leeren Bau schlieft, ist für die Baujagd untauglich. Man spricht in diesen Fällen von einem „baulauten" Hund, einem Hund, der mit dem „waidlauten" über der Erde vergleichbar ist. Letzterer durchmißt laut bellend eine Dickung oder wird z. B. beim Buschieren laut, ohne daß er mit dem Auge oder mit der Nase Wild wahrgenommen hat oder wahrnimmt. Baulaut und Waidlaut sind höchst unerwünschte Eigenschaften; der wartende Jäger wird verunsichert, zu falschen Schlüssen verleitet und umsonst in Spannung gehalten.

Nach ihrer Arbeitsweise bei der Baujagd werden „Flieger" oder „Sprenger" von „Packern" oder auch „Stehern" unterschieden. Die Flieger und Sprenger schliefen ein, suchen und finden das Wild, bedrängen es, verlassen den Bau wieder, schliefen erneut ein, attackieren das Raubwild von einer anderen Seite und beunruhigen es auf diese Weise anhaltend, bis es verunsichert den Bau verläßt. Das setzt allerdings voraus, daß die (wenigen) zur Baujagd versammelten Schützen sich so verhalten, daß der Fuchs von ihrer Anwesenheit nichts bemerkt hat.

Die Steher und Packer sind im Gegensatz dazu bestrebt, ihre Gegner hautnah zu bedrängen, zu packen und gegebenenfalls zu würgen. Die Arbeitsweise dieser Hunde veranlaßt den Fuchs häufig, nicht zu springen, sondern sich vielmehr in eine Endröhre zurückzuziehen und dort zu verteidigen. Ist ihm das gelungen und er sitzt in einem Erdkessel oder einer Endröhre, wird ihn auch ein guter Sprenger nicht mehr zum Verlassen des Baues veranlassen können.

Der Packer hingegen wird laut vorliegen und den Jäger dazu zwingen, einen Einschlag zu machen.

Die Arbeitsweise des scharfen Erdhundes kann auch für ihn selbst Gefahren heraufbeschwören, ganz abgesehen von den Blessuren, die er bei der Auseinandersetzung mit dem Raubwild davontragen kann. Hat sich nämlich z. B. der Fuchs, vornehmlich aber der Dachs, in eine Endröhre gedrückt und weiß keinen Ausweg mehr, versucht er sich zu „verklüften". Der im Endrohr sitzende Fuchs oder Dachs gräbt zwischen sich und dem Hund einen Erdwall auf, durch den wiederum sich der Hund hindurchwühlt, um seinerseits Erdreich hinter sich aufzuschichten. In der immer enger werdenden Röhre ist der Hund in seiner Bewegungsfreiheit außerordentlich beschränkt, er kann sich nicht mehr wenden und hat hinter sich Rückweg und die Luftzufuhr abgeschnitten. In solchen Ausnahmefällen kann bisweilen nur noch der Mensch helfen, der mit dem Ohr den Verlauf der Jagd unter der Erde verfolgt hat und weiß, wo er einen Einschlag auch zur Rettung des Hundes zu machen hat.

Ist bei einem Einschlag der Hund mit dem Fuchs oder Dachs gefunden, so kann der Jäger das Raubwild waidgerecht töten. Erwähnenswert in diesem Zusammenhang ist noch die unterschiedliche Kampfesweise von Fuchs und Dachs.

Der sich verteidigende Dachs schützt oft mit einer Art Schild seinen Nacken, den er, indem er den Kopf zwischen die Vorderläufe nimmt, dem Hund entgegenhält. Der bedrängte Fuchs keckert dagegen seinen Gegner meist mit weit geöffnetem Fang an. Aus dieser Position heraus schlägt der Fuchs mit kurzen Attacken nach Oberkopf und Oberfang des Hundes, während der Dachs die Angriffe des Hundes ruhiger abwartet und im günstigen Augenblick blitzschnell von unten nach oben schlägt und ihm daher vorzugsweise Verletzungen an Brust, Kehle, Hals und Unterfang beibringt.

Effektive Baujagd, auch im Sinne der Reduzierung der Füchse mit firmen Erdhunden, bedeutet, in möglichst kurzer Zeit das Raubwild aus dem Bau ins Freie zu sprengen, wo es von sich umsichtig verhaltenden Schützen erlegt wird. Graben müssen ist stets die schlechteste Lösung in bezug auf die Hunde.

Die *Pürsch* im Wald ist eine Jagdart, bei der die meisten Jäger ihren Hund nicht dabei haben wollen, weil er erfahrungsgemäß stört. Eine derartige Einstellung ist eigentlich ein gewisses Armutszeugnis für den Führer, denn die Begleitung des Hundes bereichert auch diese Jagdart ungemein. Überdies wird der gut abgeführte Hund seinen Herrn auf vieles aufmerksam machen, was diesem mit seinen stumpfen Sinnen entgeht. Letztlich ist der Hund immer und sofort zur Stelle, um seinem Herrn zu helfen, sollte einmal ein Schuß trotz aller Sorgfalt nicht den gewünschten Erfolg gehabt haben.

Bei der Pürsch bewegt sich der Jäger langsam und vorsichtig, jedes Geräusch vermeidend und seine ganze Aufmerksamkeit der Umgebung schenkend, in unübersichtlichem Gelände. Nur hin und wieder kann er seinem vierläufigen Begleiter einen flüchtigen Blick zuwerfen, und er wendet sich ihm nur dann zu, wenn der Hund ihn auf etwas aufmerksam macht.

Die Besonderheiten dieser Jagdart erfordern einen Hund, der gehorsam, ruhig und mit seinem Herrn in erprobter Jagdkumpanei zusammengewachsen ist. So etwas kommt nicht von heute auf morgen. Nur enge, häufige Beschäftigung mit und Eingehen auf den Hund, gemeinsames Jagen unter den verschiedensten Bedingungen formen ihn, der nicht störend wirkt, sondern nützlich ist. Der möglichst unangeleinte Hund begleitet seinen Herrn auf kurze Entfernungen (frei bei Fuß), wobei er nicht immer an der linken Hosennaht kleben muß. Der Hund, der weiß, worum es geht, wird sein Tempo dem des Herrn angleichen und ebenso wie dieser, jedoch auf seine Art, vorzugsweise mit der Nase, die Umgebung erforschen. Dabei kann er, mit hoher Nase in den Wind stechend, seinen Führer auf Wild aufmerksam machen, das dieser überhaupt noch nicht wahrgenommen hat, oder er verweist auch Losung, Spuren, Trittsiegel oder andere für den Jäger interessante Indizien. Bisweilen eilt der Hund wenige Schritte voraus und hat vor dem Jäger Einblick in ein Gestell oder einen Querweg. Aus der Haltung des Hundes vermag der Jäger zu erkennen, ob sich dort Wild befindet oder nicht.

Die Verständigung zwischen Führer und Hund ist auf Gesten oder geflüsterte Kommandos beschränkt, und der fein abgeführte Hund läßt seinen Herrn bei aller Aufmerksamkeit, die er auch seiner Umwelt schenkt, nicht aus dem Auge. Auf leisen Befehl oder auf Handzeichen läßt der Hund sich ablegen, auf eine sparsame Geste kommt er nach, bleibt sitzen, stehen oder kommt zurück zum Führer. Ein solchermaßen abgeführter Hund wird vom Jäger auch bei entsprechendem Wetter mit zum Ansitz genommen; er braucht nicht die Stunden, die sein Herr auf dem

Hochsitz oder im Schirm verbringt, im Auto auszuharren.

Sehr schnell lernt der vierläufige Jagdhelfer, sich zu Füßen seines Herrn oder unten an der Leiter der Kanzel ruhig zu verhalten, während er dennoch aufmerksam verfolgt, was sich in seiner Umgebung tut. Bisweilen rollt er sich auch zusammen und schläft, bis irgendein Geräusch wieder seine Aufmerksamkeit erregt. Er reagiert jedoch nicht in einer Weise, die anwechselndes Wild stören würde, vielmehr läßt der Hund das Wild ohne Laut zu geben oder sonst auf sich aufmerksam zu machen, an sich vorüberziehen. Mancher Jagderfolg ist einem Jäger nur beschieden gewesen, weil er seinen Hund für den Fall des Falles immer bei sich gehabt hat.

9.1.2 Nach dem Schuß

Wenn der Jäger auch häufig ohne Beute nach Hause kommt und oftmals viele Stunden des Jagens vergehen, ohne daß er überhaupt einen Schuß abgibt, so haben die beschriebenen Jagdarten doch letztlich das Ziel, Beute zu machen. Dabei ist es trotz allen Bemühens unvermeidlich, daß bisweilen das Wild nicht im Feuer verendet, sondern krank fortflüchtet, in der Deckung verendet oder sich nach mehr oder weniger langer Flucht drückt oder ins Wundbett geht. In diesen Fällen kann nur noch der erfahrene Jagdhund helfen, da dem Vermögen des Menschen unüberwindliche Grenzen gesetzt sind.

Im Wald werden von den Niederwildarten bevorzugt Reh, Hase, Kaninchen und Fuchs bejagt sowie die in Deutschland vorkommenden Hochwildarten wie Rotwild, Damwild, Sikawild, Muffel- und Schwarzwild.

Die Arbeit des Hundes auf der Spur eines kranken Stück

Abb. 117. Die Begleitung des vierläufigen Jagdhelfers bei Pürsch und Ansitz kann auch für diese Jagdarten eine Bereicherung sein.

Niederwildes, mit Ausnahme des Rehs, bezeichnen wir als Verlorenbringerarbeit, denn in aller Regel ist der Jagdhund in der Lage, das auf der kranken Spur gefundene Stück Wild auch zu bringen, zu apportieren. Ist ein Stück Haarnutzwild oder ein Fuchs krankgeschossen, so findet man auf dem Anschuß häufig Wolle oder etwas Schweiß, bisweilen auch Knochensplitter; beim Flugwild oft Federn. Hier wird der Hund nun umsichtig angesetzt und mit dem Kommando: „Such verloren apport" geschnallt. Dabei hat sich der Führer möglichst ruhig und gelassen zu benehmen, damit der Hund, der durch das Jagdgeschehen und die Schüsse unter Umständen schon in seiner Passion überschäumt, nicht noch mehr in seiner Konzentrationsfähigkeit beeinträchtigt wird.

Der Hund soll nun die aufgenommene Spur oder das Geläuf verfolgen, bis er das meistens verendete Stück Wild findet oder das noch nicht verendete Stück Wild hochmacht, es „sticht", dann lauthals verfolgt, es fängt und seinem Herrn zuträgt, nachdem er es unter Umständen vorher „abgetan", getötet, hat. Ein kranker Fuchs nimmt bisweilen noch einen Bau an, in den ihm ein Vorstehhund oder ein größerer Stöberhund nicht folgen kann. Findet der Jäger durch Zufall oder mit Hilfe seines Hundes den Bau, dann kann er den vielleicht nur leicht kranken Fuchs mit einem Bauhund bejagen. Der firme Bauhund ist in der Lage, den verendeten Fuchs, wenn es die Gegebenheiten erlauben, herauszuziehen.

In diesem Zusammenhang muß auf eine große Unsitte hingewiesen werden, nämlich die, daß auch im Wald die Hunde häufig zum Bringen geschnallt werden, wenn das Stück Wild in Sichtweite verendet ist. Es ist doch wohl einleuchtend, daß nur ein Hund, der konzentriert und von dem Willen beseelt, zum Erfolg zu kommen, vornehmlich seine Nase auf der Spur einsetzt, letztendlich den krankgeschossenen Hasen oder Fuchs zur Strecke bringt. Während einer, der es verlernt hat, mit der Nase zu arbeiten, und vielmehr, auf den schnellen Erfolg erpicht, nur mit dem Auge sich vergewissert, wo es etwas zu apportieren gibt, dieser schweren Arbeit alsbald nicht mehr gewachsen sein wird. *Das fördert, ja ruft in den meisten Fällen erst das unsinnige Verhalten des Jägers hervor, wenn er seinen Hund zu Diensten „mißbraucht", die er selbst oder ein Treiber erledigen kann.* In Sichtweite gefallenes Wild ist also vom Jäger selbst oder von einem Treiber zu holen. Hier reichen unsere eigenen Sinne und Kräfte aus, die des Hundes müssen für den wirklichen Notfall zur Verfügung gehalten werden.

Ein derartiger Notfall liegt auch vor, wenn eine Nachsuche auf krankes (z. B. Schuß oder Straßenverkehr) Schalenwild durchgeführt werden muß. Bei der Schweißarbeit kommt es wie wohl bei keiner anderen Arbeit mit dem Jagdhund darauf an, daß sich Führer und Hund in einem Höchstmaß ergänzen und beide über ein ebensolches Maß an Erfahrung verfügen. Dazu kommt, daß richtiges Verhalten schon vor Abgabe des Schusses, während des Schießens und auch unmittelbar danach ganz wesentlich den Erfolg einer Nachsuche beeinflussen kann. Es hängt also viel vom Schützen selbst ab, ob im Fall des Falles das von ihm angeschweißte Stück auch gefunden wird. Daher muß ausnahmsweise im Zusammenhang mit der Schweißarbeit auch auf das Verhalten des Schützen eingegangen werden, denn in der Mehrzahl der Fälle wird der Schütze selbst nicht der Führer eines eigenen Schweißhundes sein.

Schweißhund bedeutet in diesem Zusammenhang nicht die Bezeichnung ganz bestimmter Hunderassen, sondern unter einem Schweißhund verstehen wir hier jeden für eine Nachsuche brauchbaren Jagdhund. Das kann auch beispielsweise ein Vorstehhund, Teckel oder Terrier sein. Zur körperlichen Konstitution eines Nachsuchenhundes müssen insbesondere Fährtenwille, Ruhe, Sicherheit, Selbständigkeit und Riemenfestigkeit treten. Eine gute Nase ist selbstverständlich, indessen nicht, wie häufig angenommen wird, das, was jeden guten Schweißhund besonders auszeichnet. Unter Fährtenwille verstehen wir die innere Einstellung eines Hundes zu der einmal angefallenen (aufgenommenen) Fährte, deren Halten allein zum Erfolg führt. Mit diesem Fährtenwillen muß außerordentliche Ruhe gepaart sein, die den Hund befähigt, bei auftauchenden Schwierigkeiten nicht oberflächlich zu faseln, sondern intensiv und konzentriert weiter zu buchstabieren.

Ob eine Fährte von der Hundenase gut wahrgenommen werden kann, ob sie gut „steht", hängt von verschiedenen Einflüssen ab. Von Bedeutung ist zum Beispiel der Untergrund. Es dürfte einleuchtend sein, daß eine Wundfährte auf bewachsenem Boden leichter zu halten ist als auf einem befahrenen Abfuhrweg. Von noch größerer Bedeutung sind die Witterungseinflüsse. Starker Wind, sehr starker Regen, aber auch starke Hitze und Kälte können es unter Umständen schwierig machen, der Fährte nachzuhängen. Es sind aber auch andere Einflüsse denkbar.

Hängen im Heidekraut oder in Blaubeersträuchern während des Altweibersommers viele Spinnennetze, so kann die Nase des suchenden Hundes schon nach wenigen Metern von einem dicken „Pelz" bezogen sein, was die Arbeit außerordentlich erschwert. Mit solchen Schwierigkeiten wird nur ein Hund fertig, der „die Ruhe nicht verliert", sondern durch Bogenschlagen, selbständiges Zurückgreifen oder Vorsuchen den Anschluß wiederzufinden trachtet. Schwierigkeiten können sich ferner aus Spuren, Fährten und Geläufen ergeben, die die Ansatzfährte kreuzen (Verleitungen). Hier kommt es darauf an, daß der Hund sich nicht auf „Abwege begibt", sondern sich bemüht, fährtensicher auf der Ursprungsfährte weiter zu arbeiten.

Die Selbständigkeit ist schon angesprochen. Sie muß einen guten Schweißhund auszeichnen, denn das durch Erfahrung erworbene Wissen um das „Rezept" bei einer Nachsuche, ist ein wesentlicher Umstand, von dem mancher Erfolg abhängt. Das verfolgte Wild versucht sich durch Widergänge und Absprünge dem Verfolger zu entziehen. Mit derartigen Schwierigkeiten muß ein Hund selbständig fertig werden. In einer parkähnlichen Landschaft ist es dem Schweißhundführer ein leichtes, dem suchenden Hund zu folgen. Geht es jedoch durch Unterholz, über Windbrüche, durch Dickungen und ähnliches, so hat der Führer häufig Mühe, den Schweißriemen nicht aus der Hand zu lassen. Er wird oft gezwungen sein, den Hund in der Fährte warten zu lassen, und es kann auch vorkommen, daß ein Schweißriemen erst einmal wieder entwirrt werden muß. All das wird einen Hund, der „riemenfest" ist, nicht beeindrucken.

Der verantwortungsvolle Jäger wählt die Waffe und die Patrone entsprechend der zu bejagenden Schalenwildart aus. Es ist eine Unsitte, mit zu kleinen hochrasanten Geschossen stärkeres Wild zu beschießen und sich in manchmal nicht zu übertreffender Verantwortungslosigkeit darauf zu verlassen, daß man einen tödlichen Trägerschuß anbringen kann. Wer sich zur Jagd entschließt, sollte sich stets vergewissern, daß für den Notfall ein Nachsuchengespann zur Verfügung steht. Auch sollte man selbst für eine eventuelle Nachsuche bereit sein und Zeit haben, denn es besteht nicht nur die moralische, sondern auch die gesetzliche Verpflichtung, grundsätzlich an einer selbst verursachten Nachsuche teilzunehmen.

Alsdann sind bis zur Abgabe des Schusses und danach möglichst alle Umstände zu registrieren, die eine Rekonstruktion des Schusses ermöglichen und Anhaltspunkte für den Sitz der Kugel liefern. Letzteres sind insbesondere die Reaktionen des Wildes, die man Schußzeichen

Abb. 118. Gründliche Untersuchung des Anschusses ist wichtig, erst dann wird der Nachsuchenhund am langen Riemen angesetzt.

nennt. Es ist Sorge dafür zu tragen, daß die Indizien, die dem Schweißhundführer weitere Hinweise auf den Sitz der Kugel ermöglichen, die sogenannten Pürschzeichen *(Im ersten Teil dieses Bandes, dem Teil „Jagdbetrieb", befindet sich eine ausführliche Darstellung der Pürsch- und Schußzeichen)*, erhalten bleiben. Der Schütze sollte unter gar keinen Umständen selbständig ohne Hund versuchen, das Stück Wild zu finden. Die Gefahr, daß das im Wundbett sitzende Stück aufgemüdet wird und nun kilometerweit zieht, ist zu groß. Eine auf eigene Kappe durchgeführte Nachsuche auf Schwarzwild ist überdies nicht ungefährlich. Es hängt nicht allein vom Schweißhund und seinem Führer ab, daß ein krankes Stück Wild von seinen Leiden erlöst und das Wildbret verwertet werden kann, vielmehr muß auch der Schütze das seinige dazu tun. Er erfüllt seine Pflicht, wenn er die Hinweise auf der folgenden Seite für das Verhalten bei der Jagd auf Schalenwild für die Nachsuche strikt beachtet.

Hat sich der Schweißhundführer am Anschuß eingefunden, so wird der Hund zunächst in der Nähe des Anschusses abgelegt und der Anschuß gründlichst untersucht. Anhand der vorgefundenen Pürschzeichen versucht sich der Schweißhundführer ein Bild zu machen über den Sitz der Kugel, wobei die Beobachtungen des Schützen hinsichtlich der Schußzeichen so genau wie möglich dargestellt werden sollten.

Als hilfreich haben sich hierbei auch sogenannte „Schnitthaarbücher" erwiesen, die bei Nachsuchen mitgeführt werden. Zur Strecke gekommenen Stücken werden dafür von den einzelnen Körperteilen Haare entnommen und mit entsprechender Bezeichnung in das Büchlein eingeklebt, so daß an Ort und Stelle Vergleiche vorgenommen werden können.

Nachdem sich der Schweißhundführer über den Sitz der Kugel ein Bild gemacht hat, werden weitere Vorkehrungen getroffen. Sprechen die Anzeichen mit hoher Wahrscheinlichkeit dafür,

Das muß der Jäger vor und nach dem Schuß bedenken

1. Vor Antritt der Jagd muß der Jäger sicher sein, daß gegebenenfalls ein geeignetes Nachsuchengespann, er selbst wie u. U. auch weitere Jäger für die Nachsuche zur Verfügung stehen.
2. Vor dem Schuß sind Standort und Haltung des Schützen und des Wildes genau einzuprägen.
3. Im Schuß ist auf Schußzeichen (Reaktionen des Wildes, Klagen, Kugelschlag, Aufwirbeln von Staub, Schnee usw.) zu achten.
4. Nach dem Schuß ist sofort zu repetieren und eventuell nachzuschießen. Im übrigen ist völlige Ruhe zu bewahren und auf weitere Reaktionen des Wildes zu achten (Brechen, Schlegeln, Klagen, Husten usw.).
5. Nur wenn die Möglichkeit ausgeschlossen ist, daß das u. U. kranke Stück Wild den Jäger wahrnimmt, darf nach angemessener Wartezeit der Anschuß auf Pürschzeichen (Eingriffe, Schnitthaar, Körperflüssigkeiten und -inhalt, Knochensplitter usw.) vorsichtig untersucht werden. Unterbleiben sollte diese Untersuchung, wenn das natürliche Licht nicht mehr ausreicht. Ist der Anschuß feststellbar, sollte er verbrochen und erforderlichenfalls abgedeckt werden. Gefundene Teile wie Schnitthaare oder Deckenfetzen sollten mitgenommen und frischhaltend aufbewahrt werden.
6. Die Nachsuche hat mit einem Gespann zu erfolgen, das den voraussichtlichen Schwierigkeiten gewachsen sein wird. Grundsätzlich darf nicht vor Ablauf von drei Stunden nach dem Schuß mit der Nachsuche begonnen werden. In die Dunkelheit hinein darf mit Ausnahme kurzer Kontrollsuchen nicht nachgesucht werden.
7. Der Nachsuchenführer ist baldmöglichst vom Erfordernis einer Nachsuche zu unterrichten.
8. Bei der Nachsuche hat der Hundeführer die Stellung eines Jagdleiters, es gilt § 3 der Unfallverhütungsvorschrift „Jagd" in der Fassung vom 1. 1. 1981. Insbesondere darf der abgestellte Schütze selbständig seinen Platz nicht verlassen oder auf das vom Hund *gestellte* Stück schießen (vgl. Bd. 5).
9. Dem Hundeführer sind *alle* Umstände, die mit dem Schuß in Zusammenhang stehen, mitzuteilen, er unterliegt einer selbst auferlegten „Schweigepflicht".
10. Vorstehende Hinweise gelten sinngemäß für die Nachsuche auf angefahrenes Schalenwild.

daß das Stück Wild noch lebt und u. U. noch einmal hochgemacht werden wird, müssen weitere Schützen benachrichtigt werden, um entsprechend abstellen zu können. Nicht notwendig ist dies, wenn die Pürsch- und Schußzeichen auf eine Totsuche schließen lassen.

Zuletzt begibt sich der Hundeführer mit seinem Hund am lang ausgelegten, abgedockten Schweißriemen zum Anschuß, an dem der Hund unter Umständen noch Pürschzeichen verweist. Dies wird auch im weiteren Verlauf der Fährte geschehen. Der Schweißhundführer kennzeichnet die Pürschzeichen.

Dazu bedarf es nicht unbedingt gerechter Bruchzeichen, vielmehr hat sich das Hinlegen von Papiertaschentüchern oder insbesondere farbigen Trassierbands in der Praxis sehr bewährt, wenn auch manch einer die Nase darüber rümpfen mag.

Zur Ausrüstung des Schweißhundführers gehört selbstverständlich eine Nachsuchenbüchse, die robust und kurzläufig ist, nicht über die Schulter hinausragt und aus der ein relativ unempfindliches Geschoß verschossen werden kann. Auch das Jagdhorn gehört zur Ausrüstung des Schweißhundführers, denn es ist häufig das einzige Mittel, mit dem er sich im fremden Revier verständlich machen kann, wenn er aus den verschiedensten Gründen plötzlich allein ist.

Ist die Nachsuche keine Totsuche, sondern führt der Hund an ein warmes Wundbett oder flüchtet das nachgesuchte Wild vor dem Hund fort, so kommt es zum Verfolgen des Wildes durch den Hund. Der Schweißhund wird geschnallt, indem man die Schweißhalsung über den Kopf zieht. Er muß nun möglichst fährtenlaut, aber mindestens sichtlaut das Wild verfolgen und stellen. Zu wehrhaftem Wild soll er einen Respektabstand einhalten, um sich nicht selbst zu gefährden.

Dem lautgebenden Hund darf sich nun aus Sicherheitsgründen nur der Schweißhundführer nähern, der, wenn sich die Gelegenheit dazu bietet, selbst den Fangschuß anträgt. Am gestreckten Stück überreicht der Schweißhundführer dem Schützen den Bruch. Dieser wiederum gibt nach altem Brauch davon ein Zweiglein dem Schweißhundführer zurück, der es seinem Hund in die Halsung steckt. Ist doch der Hund derjenige, dem dieses Stück Wild zu verdanken ist.

Zur Nachsuche gehört auch das Totverbellen und das Totverweisen. Ein Totverbeller ist ein Hund, der, geschnallt, beim gefundenen verendeten Stück Wild anhaltend Laut gebend verharrt, bis sein Herr den Weg zu ihm gefunden hat. Der Totverweiser bleibt dagegen nicht beim Stück, sondern sucht seinen Herrn wieder auf und gibt durch ganz bestimmte, diesem vertraute Verhaltensweisen zu erkennen, daß er das verendete Stück gefunden hat. Auf entsprechende Weisung führt er seinen Herrn alsbald dorthin. Die bekannteste Art des Verweisens ist die des Bringselverweisens. An der Halsung des Hundes ist ein Holz- oder Lederknebel von etwa 15 cm Länge so angebracht, daß der Hund in der Lage ist, diesen am Stück in den Fang zu nehmen, um, zum Herrn zurückgekehrt, auf diese Weise verständlich zu machen, daß er am Stück war. Der „laute Verweiser" gibt durch anhaltendes Lautgeben nach dem Zurückkommen vom Stück zu erkennen, dieses gefunden zu haben. Andere Verweiser springen an ihrem Herrn auf ganz charakteristische Weise hoch, fassen ihn am Lodenmantel oder führen ihn sogar am Schweißriemen, den sie an einem Ende in den Fang nehmen, zum Stück.

Über die unterschiedliche Zweckmäßigkeit des Verbellers und Verweisers ist viel gestritten worden. Der praxisbewährte Verbeller oder Verweiser kann durchaus nützlich sein. Grundlage aller erfolgreichen Nachsuchen ist und bleibt jedoch immer wieder die Riemenarbeit.

9.2 Feld

Der Jäger im Feld kann bei der Jagdausübung eigentlich allen Wildarten begegnen, die es zu bejagen gibt. Indessen wird er Sauen nur dann im Feld bejagen, wenn sie im Getreide, Rapsschlag oder im Maisfeld stecken. Ähnliches gilt für Rotwild oder Damwild. Es gibt auch Fuchsbaue im Feld, die ebenso wie im Wald bejagt werden, und auch das Reh wird vornehmlich, wenn die Feldreviere entsprechend Deckung bieten, dort bejagt. Für diese Jagdarten gilt all das, was auch für die Jagd im Wald vor und nach dem Schuß schon ausgeführt ist. Spricht man von der Feldarbeit eines Jagdgebrauchshundes, so geht es vornehmlich um die Jagd auf Hase, Fasan und Rebhuhn.

9.2.1 Vor dem Schuß

Spricht man vom Feldhund, so hat auch der heutige Jäger häufiger noch Bilder aus vergangener Zeit vor Augen: Große Rübenschläge, Stoppelschläge noch im September, Kartoffelfelder, auf denen Bauernfamilien von Hand Kartoffeln roden, qualmende Kartoffelfeuer und dazwischen der Jäger mit seinem weiträumig vor ihm suchenden Hund. Der Grünrock winkt den Landwirten zu, sein Hühnergalgen ist prall gefüllt mit schweren Herbsthühnern.

Diese Zeiten sind heute fast überall lange vorbei. Es folgte zwar vorübergehend eine Epoche, in der relativ hohe Fasanenbesätze Suchjagden mit dem Hund im Feld ermöglichten, aber auch die Fasanen wurden auf die Dauer mit der großflächigen intensiven Bewirtschaftung der Feldflur letztlich nicht fertig. Die Besätze gingen z. T. erheblich zurück oder erloschen ganz. Der Anbau von Mais nahm ge-

Abb. 119. Dank seiner feinen Nase zieht der Vorstehhund auf weite Entfernung Wild im Feld an, macht es fest und steht vor.

bietsweise erheblich zu, dort, wo noch Rebhühner in ausreichender Zahl vorkommen, nimmt das hohe Halmenmeer die zur Hühnerjagdsuche mit dem Hund notwendige Sicht. Einmal hochgemachte Rebhühner „verschwinden" fürs erste im Maisdschungel. Der Jäger vermag nicht festzustellen, wo die Hühner einfielen oder wo, wenn überhaupt, der Hund vorsteht. Ähnlich steht es vielerorts, aber gottlob nicht überall, um die Bejagung des Feldhasen auf der Suche.

Der großflächige Rückgang des Niederwildes prägt jedoch die Arbeit des Jagdhundes vor dem Schuß, wenngleich Flächenstillegungen, Ackerrandstreifen-Programme und weniger werdender Einsatz von Chemie in der Landwirtschaft für die Zukunft ein wenig hoffen lassen. Gebietsweise steigen die Niederwildbesätze nicht unerheblich an.

Aber auch heute bleiben kaum noch Stoppel liegen, mehr und mehr Straßen ziehen sich durch die Reviere, die letzten Feldwege werden befestigt, und der Verkehr auf ihnen nimmt zu. Das bedeutet, daß der Feldhund der Gegenwart oft nicht mehr Gelegenheit hat, wie seine Vorfahren praktische Erfahrungen auf arten-, deckungs- und äsungsreichen Feldern zu sammeln, die für die Arbeit vor dem Schuß erforderlich sind. Nach wie vor jedoch muß der gute Feldhund bei der Jagd auf Rebhühner Wind nutzend und ausdauernd das Feld absuchen. Hat er gefunden, soll er anziehen, vorstehen und gegebenenfalls nachziehen, wenn das Wild gelaufen ist, um letztlich fest vorzustehen, bis der Jäger ohne Übereilung herangekommen ist. Auf der Fasanensuche muß der Hund ebenfalls, wenn auch häufig nicht ganz so weiträumig, zu finden versuchen. Auch hier gilt es, häufig am Wegrandbewuchs, da die Felder kahl sind, das Wild „festzumachen". Dabei zieht er in typisch schleichender Manier an, steht zwischendurch immer wieder vor und zieht nach, bis das Wild sich in Deckung fest drückt. Jetzt gilt es, daß der Feldhund in aller Ruhe durchsteht, bis der ihn begleitende Jäger herangekommen ist, das Stück Wild herausstößt und so auf waidgerechte Entfernung zu Schuß kommt. Der Hund darf aufstehendes Wild nicht verfolgen und apportiert erst auf ausdrückliches Kommando.

Ähnliches gilt, wenn der Hund einen Hasen oder ein Kanin in die Nase bekommen hat und vorsteht. Auch hier darf er nicht dem aufstehenden Wild folgen, sondern muß vielmehr verharren und weitere Befehle seines Herrn abwarten. Sei es, um den kranken, seinen Blicken entschwundenen Hasen nachzusuchen oder nach einem Fehlschuß die Suche wieder aufzunehmen.

Bei der Feldarbeit kommt es letztlich darauf an, daß der Jäger durch die Arbeit seines Hundes zu Schuß gebracht wird. Wichtig ist, daß der Hund sich so weit von seinem Herrn entfernen darf, als dieser in der Lage ist, ihm mit dem Auge zu folgen. Auf der Stoppel mag der Hund bei entsprechendem Gehorsam, also ruhig, ausgediente Schläge von 150 oder gar 200 Meter in der Breite absuchen, sein Herr und Meister ist ja in der Lage zu verfolgen, wenn er vorsteht. Anders ist es in Rüben- oder unter Umständen auch hochwüchsigen Zwischenfruchtschlägen. Hier ähnelt die Arbeit schon mehr der eines buschierenden Hundes. Wenn es allerdings gilt, Fasanen aus einem Maisschlag herauszutreiben, dann leistet der Hund überhaupt keine klassische Feldarbeit mehr, vielmehr stöbert er im schon beschriebenen Sinne. Voraussetzung für eine angenehme und erfolgversprechende Feldarbeit ist neben weiträumiger ausdauernder Suche die Feinnasigkeit, die sich im weiten Anziehen, Vorstehen und zuverlässigen Nachziehen ausdrückt. Besonders im Feld müssen die Hunde am Wild gehorsam sein. Dieser Wildgehorsam ist nicht zu verwechseln mit Wildreinheit. Letztere bedeutet, daß ein Jagdhund überhaupt nicht an einer ganz bestimmten Wildart jagt, also abbricht. Ersteres heißt, daß der Jagdgebrauchshund auf entsprechendes Kommando sofort davon abläßt, dem Stück Wild weiter nachzusetzen. Gerade heute in gebietsweise wildarmer Zeit ist es nicht immer leicht, einen Jagdhund entsprechend abzuführen, denn in vielen Gebieten fehlt es an der Möglichkeit entsprechender Einarbeitung. Wenn Niederwild aber für manche Hunde einen „gewissen Seltenheitswert" hat, muß man sich nicht wundern, wenn sie diesem viel eher nachsetzen, als wenn aufstehendes Wild für ihn praktisch zu den täglichen Erlebnissen im Revier gehört. Und dennoch muß gerade heute auf einen unbedingten Gehorsam großer Wert gelegt werden, denn bei den schon angesprochenen Verkehrsverhältnissen ist Gehorsam die beste Lebensversicherung für den Jagdhund. Es kommt vor, daß ein zweiter Hund, ohne selbst Wildwitterung zu haben, einen anderen vorstehenden Hund eräugt und auch eine Vorstehhaltung einnimmt, in solch einem Fall spricht man vom Sekundieren. Steht ein Hund neben einem anderen *mit* Wildwitterung vor, spricht man vom „Mitstehen".

Unerwünschte Eigenschaften bei Vorstehhunden sind: Einspringen, Blenden, Blinken,

Knautschen, Totengraben und Anschneiden. Häufig führen solche Verhaltensweisen zum Nichtbestehen einer Prüfung, auf der der Hund läuft.

9.2.2 Nach dem Schuß

Hat ein Hund ein Stück Wild im Feld gefunden und steht es vor, so treten wir es heraus und achten streng darauf, daß der Hund nun dem Stück Wild nicht nachsetzt. Wenn der Jäger sich zum Schuß entschließt, darf ihn der Hund dabei nicht behindern.

Verendet das Stück Wild in Sichtweite, so holt der Jäger sich das Wild selbst oder läßt es von einem Dritten aufnehmen. Wenn das Stück Wild noch nicht verendet ist, wird es auf waidgerechte Weise getötet, sei es durch einen Fangschuß oder auf andere Art (siehe Hinweise im ersten Teil dieses Bandes). Auf keinen Fall jedoch darf in diesem Stadium der Jagdausübung der Hund eingesetzt werden. Es ist schon darauf hingewiesen worden, daß wir uns des Hundes nur bedienen, wenn unsere Kräfte und Sinne nicht mehr ausreichen. Anderenfalls würde der Hund alsbald nur noch mit den Augen jagen und sich nicht mehr mit der Nase auf die Wundspur konzentrieren oder mit dem Geläuf arbeiten. Hier jedoch beginnt die wesentliche Arbeit des Feldhundes nach dem Schuß.

Wenn der geflügelte Fasan, das geständerte Rebhuhn ins hohe Kraut gefallen sind, wenn der beschossene Fuchs verschwunden ist oder der kranke Hase den Mais angenommen hat, beginnt die eigentliche Arbeit für den Hund. Der Jäger wird zum Anschuß gehen, an dem häufig, wie schon beschrieben, Wolle oder Schweiß, manchmal auch Federn zu finden sind. Hier setzt er den Hund ruhig an

Abb. 120. Einen Jagdhund, dem Passion, Durchhaltewillen, Wasserfreude und Bringfreude zueigen sind, geht so leicht keine Ente verloren, auch nicht in Schilf, Sumpf und kaltem Wasser.

und läßt ihn arbeiten, in der Hoffnung, daß er das Stück Wild findet und ordnungsgemäß apportiert. Hierbei ist darauf zu achten, daß der Griff des zutragenden Hundes so sein muß, daß das Wildbret nicht in Mitleidenschaft gezogen wird. Spielt ein Hund mit einem erlegten Stück Wild herum oder packt er zu stark zu, spricht man von einem „Rupfer" oder „Knautscher".

Bei den winterlichen Treibjagden liegt der Hauptaufgabenbereich des Jagdhundes, neben dem Durchstöbern dichter Deckung, hauptsächlich nach dem Schuß. Auch hier ist eine häufig zu beobachtende Unsitte, daß Hunde auf jeden in Sichtweite verendenden Hasen geschnallt werden. Viele kranke Hasen entkommen, weil die Hunde durch die Nachlässigkeit, den Unverstand und auch die Bequemlichkeit der Jäger auf diese Art verdorben sind. Der Hund gehört bei der Treibjagd in offenem Gelände an den Riemen und wird nur zum Stöbern und auf der Wundspur geschnallt. Zwischen reinen Feldtreiben, d. h. wenn abgeblasen ist, hat der Hund Gelegenheit, sich auszulaufen und auch zu lösen.

9.3 Wasser

Während fast alle Niederwildarten zurückgegangen sind, gilt dies nicht für die Enten, insbesondere die Stockente. Dieser Kulturfolger ist dankbar für jede Hegemaßnahme, und die Entenstrecken geben keine Veranlassung zu Sorgen. Überall, wo Wasser im Revier vorhanden ist, ob fließend oder stehend, ist mit Enten zu rechnen; bei entsprechender Hege (nicht Massen-Fütterung außerhalb der Notzeiten) ist es durchaus möglich, sie an das Revier zu fesseln. So werden viele Jäger ihre Hunde am Wasser oder bei der Entenjagd einzusetzen Gelegenheit haben; vielerorts mehr als „in den guten, alten Zeiten".

9.3.1 Vor dem Schuß

Meistens wird die Ente auf dem abendlichen oder morgendlichen Strich bejagt, d. h., der Jäger steht zu der Zeit, da die Enten streichen, möglichst gedeckt an einem vorher ausgewählten Platz in der Nähe des Gewässers und versucht, die streichenden, einfallenden oder aufstehenden Enten zu beschießen.

Dabei sitzt der gehorsame Gebrauchshund neben ihm und stört ihn möglichst wenig. Nach einigen Tagen hat der kluge Hund verstanden und gelernt, um was es geht. Man kann beobachten, daß er die heranklingelnden Enten häufig schon eher wahrnimmt als der Jäger selbst, der aus dem Benehmen seines Hundes alsdann schon erkennen kann, aus welcher Richtung das Flugwild zu erwarten ist. Der aufmerksame Hund verfolgt die Enten nach dem Schuß mit den Augen und merkt sich oft erstaunlich lange, wohin sie gefallen sind. Diese Eigenschaft machen sich die Engländer auch bei der Abführung eines Hundes im Feld zunutze. Nach englischer Methode wird diese die Nachsuche erleichternde Merkarbeit eingeübt und anerzogen.

Wenn die Größe des Gewässers und ein ausreichender Schilfbestand es erlauben, kann die Ente auch außerhalb der Zeit, in der sie streicht, bejagt werden, wenn man sie zum Aufstehen bringen kann. Dazu bedient man sich des Hundes, der nun das Schilf, ähnlich wie schon etwa bei der Stöberarbeit im Wald beschrieben, durchstöbert. Der Hund, der hier erfolgreiche Arbeit leisten will, muß ausdauernd, hart und voller Wasserpassion sein, denn es ist nicht leicht, anhaltend im tiefen, dichten und manchmal recht kalten Schilfwasser zu stöbern. Es gehören auch Gehorsam und Lenkbarkeit des Hundes dazu.

Der am Ufer stehende Führer und Jäger hat unter Umständen beobachtet, wo Enten eingefallen oder hingeschwommen sind, und der im Schilf stöbernde Hund muß sich nun ohne großes Geschrei dorthin dirigieren lassen, um die Enten dann zum Aufstehen zu bringen, wenn sich der Jäger in Schußentfernung befindet. Hunde, die diese Arbeit vollkommen beherrschen, sind recht selten. Letztendlich wird derartiges Stöbern nur in der Praxis erlernt, wenn der Hund in einer Gegend beheimatet ist, in der das Stöbern im Schilf „von Kindes Beinen an" zu seinen Arbeiten gehört. Bisweilen sind die Schilfbestände auch so groß, daß aufstehende Enten vom Ufer aus nicht mehr beschossen werden können. Dann sind die Jäger gezwungen, mit Booten hinauszufahren und unter Umständen auch den Hund vom Boot aus stöbern zu lassen oder vom Boot aus anzusitzen. Dann muß der den Jäger begleitende Hund sich besonders ruhig verhalten, damit das Boot nicht ins Schwanken gerät und der Jäger nicht beim Schießen behindert wird. Das Ein- und Aussteigen aus dem schwimmenden Boot muß vom Hund geübt und gelernt werden. Nach einiger Praxis beherrscht er es, bisweilen muß der Jäger, mindestens beim Wiedereinsteigen, behilflich sein.

9.3.2 Nach dem Schuß

Die Arbeit des Jagdgebrauchshundes nach dem Schuß im Wasser entspricht grundsätzlich der auf dem Land, auch wenn hier hin und wieder auf Sicht gebracht werden muß, denn ins tiefe Wasser geht der Jäger nicht, um die erlegte Ente zu holen. Der Hund hat mit der Nase die Spur des kranken Wildes zu verfolgen, bis er es selbst zur Strecke bringen kann. Allerdings besteht hier die große Schwierigkeit, daß die Geruchspartikelchen des verfolgten Wildes nicht auf dem Land oder an Pflanzen haften, sondern auf dem Wasser; der Hund hat eine „Schwimmspur" zu verfolgen. Es ist zunächst für viele unfaßbar und fast an Zauberei grenzend, wie die feine Hundenase die Schwimmspur wahrzunehmen und zu halten vermag. Allerdings ist Voraussetzung für den Erfolg hier der unbedingte Wille des Hundes, die kranke Ente zur Strecke zu bringen. Bei starkem Wind oder auch in fließendem Gewässer wird es erheblich schwieriger sein, der schwimmenden Ente zu folgen als bei weniger starkem Wind auf einem stehenden Gewässer, einem Teich, einem kleinen See. Die Hunde sind unter Umständen sogar in der Lage, die Geruchspartikelchen, die von einer tauchenden Ente an die Wasseroberfläche aufsteigen, wahrzunehmen und so mit der Nase über dem Wasser der „Spur" der tauchenden Ente zu folgen.

Hat der Hund die Ente gefaßt, so ist es, wie bei anderem Wasserwild auch, von besonderer Bedeutung, daß er sie nicht mehr ausläßt. Wie oft ist es schon vorgekommen, daß Hunde sich am Ufer schütteln, die Ente dabei ablegen oder den Griff lockern, und der Vogel entkommt erneut ins Schilf. Eine solche Ente, durch Erfahrung gewitzt, wird durch Tauchen und Verstecken versuchen, dem Hund zu entkommen; und so manche ist auch nicht wiedergefunden worden. Hier gilt es also darauf zu achten, daß sich der Hund keine Nachlässigkeiten erlaubt. Wenn er eine kranke Ente aus dem schützenden Schilf herausgedrückt hat, sollte der Jäger bemüht sein, sie mit einem Schuß zu erlegen.

Eine Ente, die vom Hund gefunden ist und verfolgt wird, ist von diesem noch lange nicht immer gefangen. Allerdings ist beim Schießen Vorsicht geboten. Ein Hund, der von einem Schrotkorn getroffen ist, wird dieses mit der Ente in Verbindung bringen. Von einer Sekunde zur anderen kann man einen Hund so verderben für die Arbeit an der sichtigen Ente. Daß bei dem Schuß auf das flache Wasser wegen der Gefahr durch abprallende Schrote für andere Menschen größte Aufmerksamkeit geboten ist, ist wohl selbstverständlich.

9.4 Fragen & Antworten zu den Einsatzmöglichkeiten der Jagdhunde

Welche wesentlichen Aufgaben des Jagdhundes vor dem Schuß kennen wir?
a) im Wald
b) im Feld
c) im Wasser
a) Stöbern, Buschieren und Bauarbeit (wenn der Bau im Wald liegt)
b) Suche, Vorstehen
c) Stöbern im Schilf

Bei welchen Arbeiten ist der laute Jagdhund unabdingbar?
Beim Brackieren, Stöbern, bei der Bauarbeit und der Nachsuche.

Was ist Bogenreinheit?
Bogenreinheit bezeichnet die Eigenschaft des Hundes, nicht zu „überjagen", d. h., sich möglichst nicht hinter gesundem Wild aus dem jeweils gerade bejagten Revierteil (= Bogen) zu entfernen.

Bei welchen Arbeiten im Wald müssen die Jagdhunde selbständig arbeiten?
Beim Stöbern und bei der Bauarbeit.

Welche beiden „Laut"äußerungen sind bei einem Jagdhund nicht erwünscht?
Waid- und Baulaut sind unerwünscht.

Was ist ein „Einschlag"?
Das Aufgraben des Baues, um an Hund und Wild zu gelangen.

Warum ist ein Hund auf der Pürsch als Begleiter angebracht?
Er „sieht" für den Jäger mit der Nase vieles, was diesem mit den Augen entgeht und ist für einen möglichen Einsatz sofort zur Stelle.

Welche wesentliche Aufgabe hat der Jagdhund nach dem Schuß?
Nachsuche (und eventuelles Bringen oder Verweisen) allen nicht im Schuß verendeten und nicht mehr vom Jäger selbst erreichbaren Wildes.

Was sind
a) **Schußzeichen? Nennen sie Beispiele!**
b) **Pürschzeichen? Nennen Sie Beispiele!**
a) Als Schußzeichen bezeichnet man alle Reaktionen des Wildes als Folgen des Schusses (Klagen, Zeichnen, Brechen, Schlegeln, Kugelschlag, Aufwirbeln von Staub, Schnee etc.)
b) Pürschzeichen sind Fährten und Spuren, die Rückschlüsse auf den Sitz der Kugel ermöglichen – (Eingriffe, Körperteile- und -flüssigkeiten, Schnitthaar, Knochensplitter, etc.)

Welche Eigenschaften zeichnen den zur Nachsuche eingesetzten Jagdhund aus?
Fährten- und Finderwille, Wesensfestigkeit, sehr enges, auf Gehorsam und Führigkeit basierendes Verhältnis zum Führer, Fährtensicherheit, Riemenfestigkeit, Feinnasigkeit, Laut.

Wer „leitet" eine Nachsuche auf Schalenwild?
Stets der Schweißhundführer

Was ist ein Verweiser?
Ein Hund, der vom frei gefundenen Stück Wild, das er nicht bringen kann oder soll, zurückkommt und dies seinem Führer auf charakteristische Weise (freies Verweisen, lautes Verweisen, Bringselverweisen) zu erkennen gibt (verweist).

10 Der Jagdgebrauchshundverband

Der Jagdgebrauchshund wird im Wald, im Feld und im Wasser vor und nach dem Schuß überall dort eingesetzt, wo bei der Jagd den körperlichen und geistigen Kräften des Menschen Grenzen gesetzt sind. Die Sinne des Hundes ergänzen die des Menschen, ein erfolgreiches Jagen setzt ein harmonisches Miteinander zwischen Hund und Herrn voraus. Der Hund ist nicht der Knecht des Jägers, sondern sein Gehilfe. Wir haben bisher gesehen, welche Bedeutung das Jagdgebrauchshundwesen für die Jagd hat, und es erhebt sich die Frage nach der Institution, die sich des Jagdgebrauchshundwesens angenommen hat. Das ist der Deutsche Jagdgebrauchshundverband. Er ist die einzige Organisation auf dem Gebiet des Hundewesens und der Jagd, die die beiden Kriege dieses Jahrhunderts und alle Wirrnisse der Zeit ohne Auflösung und Zersplitterung überstanden hat.

10.1 Geschichte

Die Geschichte des offiziellen Jagdgebrauchshundwesens ist, wenn auch in einer besonderen Ausprägung, ein Teil der Geschichte der Jagd. Die Entwicklung des Jagdhundwesens mag zum Teil eigenen Gesetzmäßigkeiten unterliegen, nicht zu trennen ist sie jedoch von der Jagdausübung, die sie prägt, nach deren Erfordernissen sie sich zu richten hat.

Schon vor der Revolution des Jahres 1848 wurden die ersten Jagdhundvereine in Deutschland gegründet.

Im Jahre 1879 wurde die „Delegierten-Commission" (DC) ins Leben gerufen. Daran waren fünf Vereine beteiligt, die jeweils Delegierte in die Hauptversammlung entsandten. Die DC stellte „Rassekennzeichen" für Jagdhunde auf, später auch für Nicht-Jagdhunde. Das erste Hunde-Stammbuch, das „Deutsche Hundestammbuch" für alle Hunderassen, wurde eingerichtet. Das Schwergewicht der Bestrebungen der DC richtete sich jedoch immer mehr auf den selbstzweckbestimmten Hundesport und entfernte sich vom zweckbedingten Jagdhundwesen. Das führte zu einer Trennung und im Jahre 1899 zur Gründung des „Verbandes der Vereine für Prüfung von Gebrauchshunden zur Jagd", dem späteren Jagdgebrauchshundverband.

Im Jahre 1933 wurde eine Einheitsorganisation des deutschen Hundewesens unter autoritärer Führung befohlen, der „Reichsverband für das Deutsche Hundewesen" (RDH). Der RDH umfaßte das deutsche Kartell für Hundewesen, die Delegiertenkommission und den Verband von Vereinen zur Prüfung von Gebrauchshunden zur Jagd. Der Verband war zur „Fachschaft für das Jagdgebrauchshundwesen im RDH" geworden. Im Jahre 1937 löste der spätere Vorsitzende und Ehrenvorsitzende des Verbandes, Ostermann, den Verband aus dem RDH.

Von jenem Zeitpunkt ab führt der Verband die Bezeichnung „Jagdgebrauchshundverband" (JGHV). Nach einer kriegsbedingten Zwangspause nahm der JGHV seine Arbeit im Jahre 1949 unter Beteiligung der Delegierten jagdkynologischer Vereine aus den drei Westzonen wieder auf. Mit diesem Wiederbeginn nach dem Zweiten Weltkrieg war der erneute Anstoß gegeben für eine kontinuierliche Fortentwicklung des immer stärker werdenden JGHV bis zur Wiedervereinigung. Nach der Wende des Jahres 1989 wurde am 20. Mai 1990 in Motzen bei Berlin der „Jagdhundeverband der DDR" ins Leben gerufen. Dieser „JHV" strebte von vornherein eine Fusion mit dem JGHV und das Ziel an, für die Zukunft den JGHV als alleinige Spitzen- und Dachorganisation auf dem Gebiet des gesamten Jagdgebrauchshundwesens Deutschlands anzuerkennen. Der Weg dazu wurde in einer gemeinsamen Vereinbarung gefunden. Wenige Wochen später wurde der JHV auf dem Verbandstag 1991 des JGVH „übernommen", so daß seit dem 24. März 1991 die Einheit auf dem Gebiet des Jagdgebrauchshundwesens in Deutschland wieder hergestellt war.

10.2 Heutige Stellung

Die grundsätzliche Bedeutung des JGHV hat sich seit der Gründung bis zum heutigen Tage nicht geändert. Der JGHV war nie Selbstzweck, sondern verstand und versteht sich als ein in das allgemeine Jagdwesen integriertes besonderes Instrument zur Pflege des Jagdgebrauchshundwesens.

Das kommt insbesondere in seinem Verhältnis zu anderen Dach- und Spitzenorganisationen zum Ausdruck, soweit gemeinsame Interessen oder Belange berührt werden. Ganz eng ist selbstverständlich das Verhältnis zum Deutschen Jagdschutz-Verband. Die beiden Verbände sind gegenseitig in ihren Gremien vertreten; vom DJV über die Landesjagdverbände bis hin zu den Kreisgruppen, Jägerschaften und Hegeringen sind die Institutionen des Hundewesens mit denen der Jägerei persönlich und sachlich miteinander verwoben.

Neben dem JGHV als der Spitzen- und Dachorganisation für das gesamte Jagdgebrauchshundwesen in der Bundesrepublik existiert der Verband für das Deutsche Hundewesen (VDH). Als Spitzen- und Dachorganisation aller anderen Hundezuchtverbände außer den Jagdhunden, insbesondere für das Ausstellungswesen, vertritt er die Bundesrepublik Deutschland in der Weltorganisation FCI (Fédération Cynologique Internationale).

Die Arbeit mit dem Jagdgebrauchshund kann zu Interessenkonflikten mit dem Tierschutz führen. In der Vergangenheit ist es im wesentlichen gelungen, derartige Gegensätze auszuräumen, teilweise sogar in gemeinsamen Entschließungen. Bisweilen bedarf es jedoch auch bei Streitfragen gerichtlicher Klärung, wie beispielsweise der Einsatz lebender Enten bei Prüfungen.

10.3 Zusammensetzung

Satzungsgemäß ist der JGHV die Dachorganisation der Jagdgebrauchshund-, Prüfungs- und Zuchtvereine sowie der Landesjagdverbände und ihrer Gliederungen in der BR Deutschland, soweit diese Mitglieder sind. Er setzt sich zusammen aus Vereinen, die Prüfungen nach den Ordnungen des Verbandes veranstalten, Zuchtvereinen sowie assoziierten Vereinen des Auslandes.

Am 1. Januar 1995 gehören dem JGHV an:

102 Prüfungsvereine
109 Vorstehhund-Zuchtvereine
26 andere Zuchtvereine
40 Kreisgruppen
13 Landesjagdverbände
6 assoziierte Vereine des Auslandes

Organe des Verbandes sind die Hauptversammlung, das Präsidium, das erweiterte Präsidium, der Ehrenrat und die Stammbuchkommission.

10.4 Ziele

Der JGHV geht davon aus, daß ohne einen brauchbaren Jagdhund eine waidgerechte Jagdausübung aus jagdethischen (tierschutzgerechten) und jagdwirtschaftlichen Gründen nicht möglich ist. Satzungsgemäß hat er sich deshalb die Aufgabe gestellt, alle Vereine zusammenzuschließen, die durch Prüfung, Zucht, belehrende Tätigkeit für die Beschaffung brauchbarer Jagdhunde sorgen und damit dem waidgerechten Jagen dienen wollen.

10.5 Instrumente

Diese vom Verbandszweck bestimmten Ziele versucht der JGHV auf verschiedenen Wegen zu erreichen. Im Vordergrund steht die Festsetzung gemeinsamer Prüfungsordnungen und Richtlinien für das Heranbilden und Ernennen der Verbandsrichter sowie die Führung des Deutschen Gebrauchshundstammbuches (DGStB) als Leistungsstammbuch.

Die Prüfungsordnungen des Verbandes dienen sowohl züchterischen Zwecken als auch der Feststellung, ob ein Jagdhund ein ganz bestimmtes Leistungsniveau erreicht hat. Daneben gibt es Prüfungsordnungen der einzelnen dem Jagdgebrauchshundverband angeschlossenen Zuchtvereine, insbesondere derer, die sich nicht der Zucht von Vorstehhunden verschrieben haben. Die Prüfungsordnungen sind kein Instrument, das unabänderlich wäre. Vielmehr bedürfen sie der fortwährenden Beobachtung, ob sie noch den Gegebenheiten der Zeit und der Bewährung in der Prüfungspraxis entsprechen. Von Zeit zu Zeit werden sie nach entsprechender Vorbereitung neu beschlossen und den Erfordernissen der Gegenwart angepaßt. Die Vorarbeiten leisten dafür besonders berufene Prüfungsordnungskommissionen, Beschlußorgan ist jeweils die Hauptversammlung (Verbandstag).

Das Feststellen der Ergebnisse auf den jeweiligen Prüfungen kann nur so gut sein, wie die Richter qualifiziert sind. Daher hat es sich der JGHV zur Aufgabe gemacht, die Verbandsrichter möglichst intensiv auf ihre zukünftige Aufgabe vorzubereiten und ihnen erst die Verbandsrichtereigenschaft nach entsprechender Bewährung zuzuerkennen. Dafür sind besondere Richtlinien erlassen, die auch von Zeit zu Zeit ergänzt und überarbeitet werden.

Das deutsche Gebrauchshundstammbuch (DGStB) als Leistungsstammbuch ist eine in der Welt einmalige Institution. Bei keiner Tierart besteht ein so langer und vollständiger Nachweis über die auf Prüfungen erbrachten Leistungen, wie sie für die Jagdhunde in Deutschland im DGStB niedergelegt worden sind. Nach mehrfachem Verlagswechsel ging das Eigentumsrecht an dem DGStB 1906 in die Hände des JGHV über. Mittlerweile enthält der jährlich erscheinende umfangreiche Band die Ergebnisse sämtlicher Prüfungen, die nach den Prüfungsordnungen des JGHV und der dem JGHV angeschlossenen einzelnen Zuchtvereine abgehalten werden. Darüber hinaus enthält er eine statistische Zusammenstellung der Zuchtprüfungen sowie die Niederschriften der Hauptversammlungen, die Texte der Prüfungsordnungen, die Namen der Träger von Ehrengaben und einen Bildteil. Das im DGStB bislang und auch für die Zukunft gesammelte Material ist unentbehrlich für jeden interessierten Jagdgebrauchshundmann, insbesondere den Züchter. Darüber hinaus ist es historisch bedeutsam, da es die Geschichte des JGHV festhält. Das DGStB wird von einem besonders dafür berufenen Stammbuchführer des JGHV geführt.

Der JGHV verleiht Auszeichnungen (Ehrengaben) an verdiente Vereine, Züchter und Führer: die Statuette, die Plakette, die Nadeln für Führer und Züchter, die Nadeln für Schweißhundführer und -züchter, das Verlorenbringerabzeichen und das Haltabzeichen. Auf den meisten der Ehrengaben ist der sogenannte „Sperlingshund" dargestellt. Das Abbild des einen Fuchs apportierenden DK-Rüden ist wohl allen Jagdgebrauchs-

> **Merke:** Der Jagdgebrauchshundverband (JGHV) ist seit 1899 die Dach- und Spitzenorganisation für das gesamte Jagdgebrauchshundwesen in Deutschland. Er begreift sich als integrierter Bestandteil des deutschen Jagdwesens, seine Sonderstellung als unabhängige Institution ist in der Bedeutung und der Aufgabenstellung des Jagdgebrauchshundwesens begründet. Die Tätigkeiten und Bestrebungen des JGHV sind nicht Selbstzweck, sondern dienen der waidgerechten Jagdausübung aus jagdethischen und jagdwirtschaftlichen Gründen.

hundleuten bekannt und eine Art Wahrzeichen für das Deutsche Jagdgebrauchshundwesen geworden. Entstanden ist der „Sperlingshund" nach einer Zeichnung des Hundemalers Professor Sperling. Nach ihr wurde im Jahr 1926 eine Bronzestatuette geschaffen. Das Abbild des Sperlinghundes ist beim deutschen Patentamt in München für den JGHV urheberrechtlich geschützt. Die Statuette wird für außergewöhnliche Verdienste um das Jagdgebrauchshundwesen verliehen.

Die Plakette wird vergeben für Züchter oder Ausbilder und Führer, die mindestens fünf verschiedene Hunde mit einem ersten Preis in das DGStB gebracht haben. Die Ehrennadeln werden in Bronze, Silber und Gold an Züchter oder Führer vergeben, die jeweils 10, 15 oder 20 Hunde mit einem I. Preis in das DGStB gebracht haben. Die Ehrennadeln für Züchter, Ausbilder und Führer von Schweißhunden werden in Bronze, Silber und Gold vergeben an Züchter von Hannoverschen Schweißhunden, Bayerischen Gebirgsschweißhunden und Alpenländischen Dachsbracken, wenn auf Nachsuchen unter erschwerten Bedingungen oder Hauptprüfungen eine bestimmte Anzahl von Punkten erreicht sind.

Für Verlorenbringerarbeiten auf natürlicher Wundfährte wird das Leistungszeichen „Vbr" zuerkannt, der Besitzer des Hundes erhält ein entsprechendes Hutabzeichen. Dieses darf er nur so lange tragen wie der betreffende Hund in seinem Besitz bzw. am Leben ist. Für besonderen Gehorsam am Hasen kann ein besonderes Leistungsabzeichen verliehen werden, das seinen äußeren Ausdruck in einem besonderen „Halt-Abzeichen" findet.

10.6 Fragen & Antworten zum Jagdgebrauchshundverband

Seit wann etwa kann man von einem „offiziellen" (organisierten) Jagdgebrauchshundwesen in Deutschland sprechen!
Seit Mitte des 19. Jahrhunderts.

Was bedeuten die Abkürzungen
a) JGHV
b) VDH
c) FCI
d) DJV
e) DGStB?

a) Jagdgebrauchshundverband
b) Verband für das Deutsche Hundewesen
c) Féderation Cynologique Internationale
d) Deutscher Jagdschutz-Verband
e) Deutsches Gebrauchshund-Stammbuch

Was ist ein Hund einer „anerkannten" Jagdhundrasse?
Der Jagdhund einer Rasse, dessen Zuchtverein Mitglied des JGHV ist.

Wie erkenne ich an der Ahnentafel, ob es sich um den Hund einer anerkannten Rasse handelt?
Auf der Ahnentafel ist der Stempel mit dem „Sperlingshund".

11 Die anerkannten Jagdgebrauchshunde

Die Jagdgebrauchshunde, deren Bedeutung umschrieben und deren Arbeitsgebiete skizziert sind, gilt es nun im einzelnen zu besprechen. Wichtig dabei ist zu wissen, daß die Jagdgebrauchshunde, wie alle Hunde, vom Wolf abstammen. Die wissenschaftlich auch vertretenen Ansichten, daß andere Hundeartige (Caniden) wie Schakal, Fuchs oder Kojoten als Ahnherren des Hundes in Frage kommen können, sind als überholt anzusehen. Dabei ist jedoch wichtig zu merken, daß die Wölfe sich individuell und geographisch stark unterscheiden. Der Wolf dürfte wohl zu verschiedenen Zeiten an verschiedenen Orten unabhängig domestiziert worden sein. Mit dieser Domestikation hat vermutlich eine unbewußte Auslese stattgefunden. Später wurde die natürliche Auslese vom Menschen selbst weitgehend ausgeschaltet. Die spezifische Nutzung des Hundes und bestimmte Neigungen der Menschen haben zu der heute großen Zahl unterschiedlicher Hunde geführt.

In Mitteleuropa und im Norden der alten Welt kann der Hund wohl als das älteste Haustier des Menschen angesehen werden, während in Kleinasien Schafe, Ziegen und Rinder früher domestiziert wurden. Die Domestikation des Hundes begann nach heutigem Wissensstand um den Zeitraum zwischen 10000 bis 8000 v. Chr.

Von der großen Anzahl auf der Welt jagender Hunde sind in unserem Zusammenhang nur die sogenannten „anerkannten Jagdgebrauchshunde" bedeutsam. Das sind die, deren zuchtbuchführender Verein dem Jagdgebrauchshundverband angeschlossen, d. h. Mitglied im JGHV ist.

11.1 Unterscheidungskriterien

Bei der Einordnung der anerkannten Jagdgebrauchshunde müssen wir uns ganz bestimmter Ordnungskriterien bedienen. Diese Kriterien sind der Arbeits-

und Aufgabenbereich des Hundes, sein Herkunftsland und die Haarart.

Im Rahmen der Einsatzmöglichkeiten der Jagdhunde sind die einzelnen Aufgaben schon skizziert. Ihnen entsprechend werden Jagdhunde in sechs Kategorien eingeteilt: Vorstehhunde, Schweißhunde, jagende Hunde, Erdhunde, Stöberhunde und Apportierhunde. Zu den jagenden Hunden muß noch ein Wort verloren werden: Sie spielen heute wegen der beschränkten Jagdmöglichkeiten kaum noch eine Rolle. Mit den jagenden Hunden, den Bracken, übten schon die Germanen die Jagd aus. Mit ihnen wurde alles Wild gejagt, sie fielen die Spur oder Fährte an und verfolgten lauthals das Stück, bis es zur Strecke kam. Diese Art des Jagens hat nichts mit Hetzen zu tun, denn während die Bracken mit tiefer Nase dem nicht sichtigen Wild folgen, besteht das Hetzen im Verfolgen sichtigen Wildes. Der mit der Nase jagende Hund ist nicht so schnell wie das verfolgte Wild, jedoch viel ausdauernder. Der Erfolg der Brackenjagd beruht auf der Eigenart des bejagten Wildes, sich in der Regel nicht aus seinem sozialen Raum zu entfernen, sondern alsbald zu versuchen, wieder an den Ausgangspunkt der Jagd zurückzukehren. Die Zeit, bis dies geschehen ist, hängt von der Wildart ab sowie davon, ob es sich um ein altes oder junges Stück handelt. Die Parforcejagden der Vergangenheit auf starkes Schalenwild erforderten einen großen Aufwand an Hunden, Pferden und Reitern. Heutzutage wird die Brackenjagd nur noch auf Hase und Fuchs in bestimmten Gebieten Deutschlands ausgeübt.

Bedeutsam für den „Standard" eines Jagdhundes ist sein Ursprungsland. Standard ist die verbindliche Beschreibung des äußeren Erscheinungsbildes eines Hundes. Zuständig und allein berechtigt im Hinblick auf diese verbindliche Beschreibung ist das Ursprungsland. Der Standard wird hinterlegt bei der FCI (Fédération Cynologique Internationale) mit dem Sitz in Brüssel. Dort sind die existierenden verbindlichen Beschreibungen der vorkommenden Haushund-Rassen und -schläge, also die Standards, gesammelt. Die FCI hat die Hunde in vier Kategorien eingeteilt, die sich aber nicht nach den für uns jagdlich allein wichtigen und ausschlaggebenden Kriterien richten. Bei unserer Betrachtung ist also zu unterscheiden zwischen Hunden, als deren Ursprungsland Deutschland gilt, d. h. für deren Standard und seine Festlegung Deutschland bei der FCI zuständig ist, und denen, für deren Standard ein nicht deutsches Land im Rahmen der FCI federführend ist.

Schließlich ist gegebenenfalls nach der Haarart der Hunde eine Unterscheidung zu treffen, und zwar zwischen rauhhaarigen, kurzhaarigen und langhaarigen Hunden. Über die Art der Behaarung gibt die des Kopfhaares untrüglich Auskunft: Ein Hund, dessen Kopf kurz behaart ist und lediglich mit Augenbrauen und Bart versehen, ist ein rauhhaariger Hund. Ein Hund, dessen gesamter Kopf, mit Ausnahme der Behänge, an denen sich lange Haare (Fransen) befinden, kurz behaart ist, ist ein Vertreter der langhaarigen Hunde. Einer schließlich, an dessen Kopf und Behängen sich kein einziges längeres Haar befindet, zählt zu den kurzhaarigen Hunden.

Gute und schlechte Jagdhundrassen gibt es nicht – es kommt stets auf das Einsatzgebiet an.

11.2 Die einzelnen Rassen und Schläge

Haustierrassen sind vom Menschen in geschlechtlicher Isolation gehaltene Untereinheiten von Haustieren einer Art, die sich in mehreren Merkmalen unterscheiden. Wo dies nicht zutrifft, d. h., wo beispielsweise nur die Haarfarbe oder Haarbeschaffenheit Unterscheidungskriterium sind, spricht man von Schlägen innerhalb einer Rasse.

11.2.1 Vorstehhunde

Sie zählen zu den größten Vertretern der Jagdgebrauchshunde. Ihr Name weist auf das den Feldhund auszeichnende Verhalten, das sie von allen anderen Hunderassen und Schlägen unterscheidet, das Vorstehen. Dieses wurzelt mehr oder weniger im Jagdverhalten aller Caniden, ist genetisch bedingt und züchterisch bis hin zu seinen heutigen Ausdrucksformen beeinflußt. Ein Vorstehhund, der suchend Wildwitterung in die Nase bekommt, unterbricht sein Suchverhalten und bleibt nunmehr je nach den Umständen (Entfernung zum Wild, Wildart, Erfahrung, Erziehung usw.) stehen oder nähert sich auch „schleichend" dem Wild (er „zieht an"). Am bekanntesten ist die Vorstehpose, in der der Hund mit weit vorgestrecktem Haupt die Nase in den Wind steckt, die Wildwitterung einsaugt und dabei einen Vorderlauf erhoben hat. Es gibt aber auch Hunde, die „vorliegen" oder irgendeine Zwischenstellung einnehmen. Entfernt sich das Wild, so rückt der Hund nach, er „zieht nach", bis das Wild wieder „festgemacht" ist.

Deutsche Vorstehhunde. Die deutschen Vorstehhunde zeigen

Abb. 123. Deutsch-Drahthaar (DD). Schulterhöhe: Rüde 60–67 cm, Hündin 56–62 cm.

Abb. 124. Griffon (Gr). Schulterhöhe: Rüde 55–60 cm, Hündin 50–55 cm.

im wesentlichen gleiche Arbeitsleistungen und Anlagen und unterscheiden sich lediglich in für die Arbeit relativ belanglosen Äußerlichkeiten, wie im Haar oder – in geringerem Maße – der Größe. Da sie alle letztlich auf die gleichen Ahnen zurückblicken, erscheint es gerechtfertigt, von der Rasse „Vorstehhund" zu sprechen und innerhalb dieser Rasse die im einzelnen aufgezählten als Vertreter bestimmter Schläge anzusehen.

Die rauhhaarigen Vertreter des deutschen Vorstehhundes sind Deutsch-Drahthaar, Griffon, Deutsch-Stichelhaar und Pudelpointer.

Der Deutsch-Drahthaar (DD) ist der am meisten hierzulande geführte Vorstehhund. Neben dem Brackenblut, das in ihm wie in fast allen Jagdhunden fließt, führt er, wie auch die anderen rauhhaarigen Schläge, das Blut der früheren rauh-zotthaarigen Hirtenhunde (Canis pastoralis). Der Deutsch-Drahthaar ist ein Vorstehhund von edler Erscheinung, harter, die Haut vollkommen schützender Behaarung und lebhaftem Temperament. Die Farbe ist dunkel- bis mittelbraun, es gibt Braun- und Hellschimmel, auch Schwarzschimmel mit und ohne Platten.

Das rauhe Haar soll gut mit Unterwolle versehen sein und durch seine Härte und Dichte guten Schutz gegen Witterungseinflüsse und Verletzungen bieten. Er soll betonte Augenbrauen haben und einen kräftigen, jedoch nicht zu langen Bart, Rumpflänge und Schulterhöhe sollen sich entsprechen, das Stockmaß (Schulterhöhe, auch Widerrist oder Rist, vgl. S. 153) beträgt für Rüden 60 bis 67 und bei Hündinnen 56 bis 62 cm. Der zuchtbuchführende Verein ist der Verein „Deutsch-Drahthaar", 1902 gegründet und heute der mitgliedsstärkste Vorstehhund-Zuchtverein der Bundesrepublik. Ein weiterer rauhhaariger deutscher Vorstehhund ist der Griffon (Gr). Seine Herkunft entspricht der des DD, gezüchtet wird er schon länger. Der Holländer Korthals hatte das Ziel, aus der uneinheitlichen Vielzahl rauhhaariger Vorstehhunde einen rauhhaarigen, überall brauchbaren, schnellen, feinnasigen und wasserfreudigen wie spurfesten Vollgebrauchshund zu züchten.

Der Griffon soll mittelschwer sein, von blau-grauer Farbe, grau mit blauen Platten, blau mit Grauhaaren gestichelt oder einfarbig braun. Die Behaarung soll zwar rauh und harsch sein, jedoch nicht kraus oder wollig. Typisch und unverwechselbar macht den Griffon das rauhe Haar am Kopf auch neben Bart und Augenbrauen. Der Griffon-Club wurde im Jahre 1888 gegründet.

Zu den rauhhaarigen deutschen Vorstehhunden zählt auch der Deutsch-Stichelhaar (DSt). Im Äußeren unterscheidet sich der Deutsch-Stichelhaar kaum vom DD. Typisch für ihn soll jedoch nach der Standard-Beschreibung das Haar sein, das eine sehr ins einzelne gehende Darstellung erfährt. Auch in der Größe entspricht der DSt dem DD. Heute wird der Deutsch-Stichelhaar schwerpunktmäßig in Ostfriesland gezüchtet, zuchtbuchführender Verein ist der 1892 gegründete „Club Stichelhaar".

Um einen besonders leistungsstarken Jagdgebrauchshund zu erhalten, wurde Ende des vorigen Jahrhunderts bewußt wiederholt, was früher zu den rauhhaarigen Vorstehhundschlägen geführt hatte. Englische Vollblutpointer schweren Schlages wurden mit dem harthaarigen, schweren Königspudel gekreuzt. Ergebnis war der rauhhaarige Pudelpointer (PP). Nach dem Zuchtziel sollte das äußere

Abb. 125. Deutsch-Stichelhaar (DSt). Schulterhöhe: Rüde 60–66 cm, Hündin weniger.

Abb. 126. Pudelpointer (PP).

Erscheinungsbild der Neuzüchtung einem typischen Pointer entsprechen, jedoch mit dürrlaubbraunem, rauhem Haarkleid. Der „Verein Pudelpointer" betreut die Rasse seit 1897.

Neben den rauhhaarigen deutschen Vorstehhunden kennen wir zwei kurzhaarige Vertreter: den Deutsch-Kurzhaar und den Weimaraner. Der Deutsch-Kurzhaar (DK) hat als Ahnen ebenfalls die Bracken deutschen Ursprungs, jedoch fließt in ihm auch das Blut des Pointers aus Spanien und England. Die Gesamterscheinung des Deutsch-Kurzhaar soll die eines edlen, harmonischen Hundes sein, dessen Äußeres Ausdauer, Schnelligkeit und Kraft gewährleistet. Er ist von typischer Vorstehhundgröße, Rüden zwischen 62 und 66 cm, Hündinnen dürfen kleiner sein, jedoch nicht unter 58 cm. Die Haarfarbe ähnelt der der anderen Vorstehhunde: braun und selten schwarz mit und ohne Abzeichen, als Schwarz- und Braunschimmel in verschiedener Ausprägung.

Der Deutsch-Kurzhaar hat sich, auch jenseits der Grenzen Deutschlands, als vielseitiger Jagdgebrauchshund bewährt. Er wird seit 1891 vom „Club Deutsch-Kurzhaar" betreut.

Der Weimaraner (W) ist etwas größer als der Deutsch-Kurzhaar, das Stockmaß für Rüden beträgt 59 bis 70 cm und für Hündinnen 57 bis 65 cm. Besonders auffallend ist die Farbe des Weimaraners: silber-, reh- oder mausgrau, doch gibt es auch Übergänge zwischen diesen Farbtönen. Der Kopf und die Behänge sind meist etwas heller. Weiße Abzeichen sind nur in Andeutungen an Brust und Zehen zulässig. Die Augen sind bernsteinfarben, dunkel bis hell, im Welpenalter himmelblau. Der Ursprung des Weimaraners ist sehr umstritten, es werden die verschiedensten Theorien vertreten. Sicherlich ist jedoch die alte Keltenbracke als Ahne anzusehen. Der Weimaraner wurde als eigenständige Rasse im Jahr 1896 anerkannt. 1897 wurde ein Weimaraner-Zuchtverein gegründet, eine Neugründung erfolgte 1951 durch den „Verein zur Züchtung des Weimaraner Vorstehhundes". Der Weimaraner ist ein Vollgebrauchshund auf allen Gebieten, zum Teil wird er, auch in Übersee, als Polizei- und Schutzhund geführt. Neben dem kurzhaarigen Weimaraner findet man zunehmend auch die langhaarige Variante dieses Vorstehhundes.

Am bekanntesten unter den langhaarigen deutschen Vorstehhunden ist jedoch der Deutsch-Langhaar (DL). Das lange Haar wird dieser Vorstehhund, wie die übrigen langhaarigen Vorstehhunde auch, von den langhaarigen Vogel- und Stöberhunden des Mittelalters erhalten haben. Der Deutsch-Langhaar der Gegenwart ist einfarbig braun, braun mit weißem oder geschimmeltem Brustfleck, braun-weiß, oder es gibt ihn als Dunkelschimmel, Hellschimmel oder auch Forellenschimmel. Seit 1879 gibt es Vereine, die sich der Zucht des Deutsch-Langhaar verschrieben haben. Der Deutsch-Langhaar-Verband wurde im Jahre 1926 ins Leben gerufen.

Der große schwarz-weiße Münsterländer (GM) wird häufig als Bruder des Deutsch-Langhaar bezeichnet. Während beim DL die schwarze Farbe verboten ist, ist diese verbindlicher Bestandteil des beschreibenden Standards beim Großen Münsterländer. Er entspricht in seiner Größe den anderen deutschen Vorstehhunden und ist ein züchterisches Kind des westfälischen Münsterlandes, das als seine Heimat angesehen wird. 1919 wurde der „Verein für die Reinzucht der Großen schwarz-weißen langhaa-

Abb. 127. Deutsch-Kurzhaar (DK). Schulterhöhe: Rüde 62–66 cm, Hündin 58–63 cm.

Abb. 128. Kurzhaariger Weimaraner (W). Schulterhöhe: Rüde 59–70 cm, Hündin 57–65 cm.

Abb. 129. Langhaariger Weimaraner (W). Schulterhöhe: Rüde 59–70 cm, Hündin 57–65 cm.

Abb. 130. Deutsch-Langhaar (DL). Schulterhöhe: Rüde 63–66 cm, Hündin 60–63 cm.

rigen Münsterländer Vorstehhunde" gegründet. 1922 erfolgte die Anerkennung durch die Delegiertenkommission.

Zu unterscheiden vom GM ist der Kleine Münsterländer Vorstehhund (KlM). Dieser kleinste der deutschen Vorstehhunde ist durch Edmund Löns, den Bruder des Heidedichters, unter dem Namen „Heidewachtel" herausgestellt worden. Der Hund heißt jedoch heute, entsprechend seinem Verwendungszweck, Kleiner Münsterländer Vorstehhund. Er soll den Gesamteindruck eines eleganten, mittelgroßen Hundes vermitteln mit der erforderlichen körperlichen Substanz, um allen jagdlichen Anforderungen gerecht zu werden. Die Rüden sollen eine Schulterhöhe von 52 bis 56 cm haben, die Hündinnen eine solche von 50 bis 54 cm. Er ist von weißbrauner Farbe mit Platten oder einem Mantel, es gibt auch Braunschimmel und bisweilen auch lohfarbene Abzeichen am Fang, an den Augen und am Waidloch (Jungklausche Abzeichen). Der „Verband für Kleine Münsterländer Vorstehhunde" wurde im Jahre 1912 gegründet.

Englische Vorstehhunde. Bei den Vorstehhunden, deren Ursprungsland England ist, unterscheiden wir zwei Rassen, den Pointer und Setter in drei typischen Schlägen.

Die Ahnen des kurzhaarigen Pointers (Pt) stammen aus Spanien. Die Engländer lernten diesen spanischen Feldspezialisten kennen und schätzen und formten ihn züchterisch ihren Vorstellungen entsprechend um. Der heutige Pointer ist ein bei starker Bemuskelung Kraft ausstrahlender Hund, dennoch voller Eleganz und Adel in der Ruhe und bei der Arbeit. Die Schulterhöhe für Rüden beträgt 58 bis 62 cm, für Hündinnen 55 bis 60 cm. Das Haar ist kurz, glatt, glänzend, die durchweg weiße Grundfärbung ist mit entweder gelben, orangefarbenen, schwarzen oder braunen Platten und Flecken versehen; dunkel einfarbige Hunde sind sehr selten.

Die drei Setterschläge Eng-

Die einzelnen Rassen und Schläge

Abb. 131. Großer Münsterländer (GM).

Abb. 132. Kleiner Münsterländer (KIM). Schulterhöhe: Rüde 52–56 cm, Hündin 50–54 cm.

Abb. 133. Pointer (Pt).

Abb. 134. English Setter (ES). Schulterhöhe: Rüde 64–68 cm, Hündin 61–65 cm.

lands gehen alle zurück auf die langhaarigen Stöberhunde Englands, deren Vorstehanlage erkannt und gefördert wurde, als man mit Fangnetzen und Schußwaffen jagte. Diese Hunde standen das gefundene Wild vor, ja sie lagen manchmal oder „saßen" auch. Von diesen „sitting dogs" oder „sitting spaniels" stammen die drei Setterschläge ab, wie sie auch ihre Namen von dort herleiten. Die Trennung in die drei bekannten Schläge soll erst im vorigen Jahrhundert erfolgt sein, in der Folgezeit züchtete man in England, Schottland und Irland die jeweils grundständigen Setter rein.

Der English Setter (ES) ist ein Hund mit klarer Linienführung, elegantem Aussehen und ebensolchen Bewegungen. Als charakteristisch wird seine freundliche und ruhige Natur erwähnt. Die Grundfarbe des English Setters ist weiß, versehen mit schwarzen, gelben, braunen oder orangefarbenen Tupfen, auch dreifarbig, die gleichmäßig über den Körper verteilt sind. Eine Plattenfärbung ist nicht erwünscht. Die Rüden sollen ein Stockmaß über 68 cm haben, die Hündinnen ein solches um 65 cm.

Der Irish Setter (IS) ist heute nur in seinem prächtigen mahagonifarbenen Haarkleid bekannt, während er ursprünglich auch andersfarbig gezüchtet wurde. Nach seinem Standard soll der Irish Setter in seiner Gesamterscheinung ein rassiger, eleganter und harmonisch gebauter Hund großen Schlages sein, bei Rüden mit einer Schulterhöhe von 65 bis 70 cm, bei Hündinnen weniger. Die Schulterhöhe deutscher Züchtungen liegt meist darüber.

Die schwerste Form unter den Setterschlägen ist der Gordon Setter (GS). Nach dem vom englischen Kennel Club 1950 aufgestellten Standard soll er stilvoll in Galopplinie gebaut sein, mit vollblutmäßigem Aussehen, das dem eines schweren Jagdpferdes vergleichbar sein soll. Die Farbe ist ein tiefglänzendes Kohlschwarz ohne das geringste Zeichen eines Rotschimmers mit tiefem kastanienbraunen Brand.

Abb. 135. Irish Setter (IS). Schulterhöhe: Rüde 68–72 cm, Hündin 65–69 cm.

Abb. 136. Gordon Setter (GS). Schulterhöhe: Rüde 66 cm, Hündin 62 cm.

Die Schulterhöhe der Rüden soll 66 cm betragen, die der Hündinnen 62 cm.

Die vier beschriebenen englischen Vorstehhunde sind von Haus aus Feldspezialisten, wobei vielleicht eine Ausnahme für den Gordon Setter zu machen ist, der in seiner schottischen Heimat als *der* Hund der Berufsjägerei gilt. Die Engländer jagten und jagen auch heute noch mit Pointern und Settern, deren Aufgabe lediglich darin besteht, das Flugwild zu suchen und zu finden, während die Arbeit nach dem Schuß von anderen Hunden wie Spaniels und Retrievern erledigt wird. Die englischen Vorstehhunde werden in Deutschland vom „Verein für Pointer und Setter" betreut. Daneben gibt es für jede der Rassen bzw. für jeden der Schläge einen besonderen Verein oder auch mehrere.

Ungarische Vorstehhunde. Der ungarische Vorstehhund ist von Haus aus kurzhaarig. Er soll ein Körpergewicht von 22 bis 30 Kilo haben, die Rüden eine Widerristhöhe von 57 bis 64 cm, die Hündinnen eine solche von 53 bis 60 cm. Das ganze Tier ist mittelmäßig pigmentiert in gelblichbrauner Farbe. Die Farbe des Nasenspiegels und weiterer kleiner Hautpartien tritt als dunklere Abweichung dieser semmelgrauen Farbe auf, nie ist sie schwarz oder schiefergrau. Der ungarische Vorstehhund (UV) – von Haus Magyar Vizsla geheißen – ist auf allen Gebieten der Jagd brauchbar wie die deutschen Vorstehhunde. Es gibt auch eine rauhhaarige Variante dieses Hundes seit etwa 50 Jahren. Der ungarische Vorstehhund wird in Deutschland vom „Verein Ungarischer Vorstehhunde" seit 1977 betreut.

Französische Vorstehhunde. Seit 1979 zählt in der Bundesrepublik auch ein französischer Vorstehhund zu den anerkannten Jagdgebrauchshunden, der Epagneul Breton. Der „Bretone", wie er kurz genannt wird, war vorher bei uns recht unbekannt. In Frankreich ist er dagegen einer der bekanntesten und am meisten geführten Jagdgebrauchshunde. Der Bretone ist ein typischer Vorstehhund und in seiner Gesamterscheinung stämmig, gedrungen, kraftvoll mit energischen Bewegungen und intelligentem Gesichtsausdruck. Die Idealgröße für Rüden liegt bei 48 bis 50 cm, bei Hündinnen zwischen 47 bis 49 cm. Das Haar dieser Hunde ist halblang, eher glatt als leicht gewellt und von weiß-roter bis kastanienbrauner Farbe, bisweilen auch geschimmelt. Andere Farbschläge sind unbedeutend. Der Bretone hat eine etwa 10 cm lange Rute, die gerade oder senkrecht getragen wird, an ihrem Ende eine kleine charakteristische Haarlocke. Häufig werden die Welpen schon mit dieser Stummelrute gewölft. Nach der Intention des „Clubs für Bretonische Vorstehhunde" soll der Hund, wie unsere Vorstehhunde auch, ein „Mädchen für alles" sein, allerdings sind Abstriche bei der Arbeit im Wald und am Raubwild zu machen. Offenbar zeichnet ihn auch eine besondere Sensibilität aus, die eine einfühlsame Führerhand verlangt.

Neben diesem französischen Vorstehhund gibt es weitere langhaarige, aber auch kurzhaarige und rauhhaarige französische Vorstehhunde, die vom JGIIV anerkannt und bislang in einem Verein zusammengeschlossen sind, dem Verein „VBBFL" (Französische Vorstehhunde). Diese Hunde müssen der Vollständigkeit halber genannt werden.

Bei den langhaarigen (Epagneul) handelt es sich neben dem schon beschriebenen Epagneul

Abb. 137. Magyar Viszla – ungarischer Vorstehhund (UK). Schulterhöhe: Rüde 56–61 cm, Hündin 52–57 cm.

Abb. 138. Epagneul Breton – Bretone. Schulterhöhe: Rüde 48–50 cm, Hündin 47–49 cm.

Breton um den Epagneul Francais, den Epagneul Picard, den Epagneul bleu de Picardie sowie den Epagneul du Pont-Audemère. Die rauhhaarigen sind die Griffons à poil dur, Nivernais und à poil laineux sowie der Barbet. Kurzhaarig schließlich sind die Braque du Bourbonnais, d'Arriège, d'Auvergne, Dupuy, Francais und Saint Germain.

11.2.2 Schweißhunde

Während grundsätzlich alle Jagdhundrassen und -schläge, unabhängig von ihrer Größe, zur Nachsuche auf krankes Schalenwild geeignet sind, haben wir in den beiden Schweißhundrassen in Deutschland ganz typische Spezialisten.

Der Hannoversche Schweißhund wird grundsätzlich nur auf der Fährte kranken Hochwilds geführt, also Rotwild, Schwarzwild, Dam-, Sika- und Muffelwild, der Bayerische Gebirgsschweißhund auch auf Gams- und Rehwild. Sie sind die Hunde, die heute den Ahnen unserer „hängeohrigen" Jagdhunde, den Keltenbracken, am nächsten stehen.

Etwa seit den Zeiten Karls des Großen konnte man vom Leithund als einer besonderen Rasse sprechen, der im Wege der Vorsuche das zu bejagende Hochwild bestätigte, einzelne Stücke unter Umständen auch lancierte. Mit der Entwicklung der Jagd mit der Schußwaffe ergab sich ein weiterer Aufgabenbereich für den Leithund, nämlich die Nachsuche nach dem Schuß. So entwickelten sich die Spezialisten für die Schweißarbeit, die sich auch heute noch mit ihrer speziellen Abführungsmethode am leistungsfähigsten für die schwierige Arbeit auf der Fährte kranken Wildes erwiesen haben.

Der Hannoversche Schweißhund (HS) verdankt seine Existenz und sein Überleben dem Hannoverschen Jägerhof. Nur dort war es möglich, nach der Revolution des Jahres 1848 die Hohe Schule der Schweißhundführung weiter zu betreiben und zu fördern, so daß uns diese Hunderasse bis heute zum Wohl des Wildes erhalten geblieben ist. Der Hannoversche Schweißhund ist ein mittelgroßer, kräftiger, verhältnismäßig niedrig gestellter, lang gestreckter Hund mit einem übermittellangen breiten Behang, kurzem, dichtem, derbem bis harschem Haar, das am hinteren Keulenrand und an der Unterseite der Rute etwas länger und gröber ist. Die Rüden haben eine Schulterhöhe von 50 bis 55 cm, die Hündinnen von 48 bis 52 cm. Geringe Abweichungen werden toleriert, die Farbe ist hell- bis dunkelhirschrot, z. T. mehr oder weniger gestromt, mit und ohne Maske.

Der Bayerische Gebirgsschweißhund (BGS) verdankt sein Entstehen den besonderen Umständen der Jagd im Hochgebirge. Als mit der Entwicklung der Schußwaffen zuverlässige Schweißhunde im bayerischen und österreichischen Hochgebirge immer notwendiger wurden, griff man zunächst auf den leichteren Schlag des Hannoverschen Schweißhundes zurück, der jedoch mit den besonders schwierigen Verhältnissen nicht fertig wurde. Man benötigte einen leichteren Hund, der auch ohne Riemen frei suchte, anhaltend laut jagend hetzte und auch totverbellte. Aus bodenständigen Bracken schuf man eine leichte Schweißhundrasse, in die später mehrfach Hannoveraner Blut eingekreuzt wurde. Der BGS soll ein leichterer, sehr beweglicher und muskulöser, mittelgroßer Hund sein. Die Rüden sollen ein Stockmaß von nicht mehr als 50 cm, die Hündinnen von nicht mehr als 45 cm haben. Der Körper wirkt langgestreckt und hin-

Abb. 139. Hannoverscher Schweißhund (HS). Schulterhöhe: Rüde 50–55 cm, Hündin 48–53 cm.

Abb. 140. Bayerischer Gebirgsschweißhund (BGS). Schulterhöhe: Rüde 48–50 cm, Hündin bis 45 cm.

ten etwas überhöht. Das kurze Haar soll dicht und glatt anliegen, feiner am Kopf und an den Behängen, rauher und länger an Bauch und Keulen. Die Farbe ist von tief hirschrot über ockergelb bis semmelfarben, auch geflammt oder dunkel gestichelt.

11.2.3 Jagende Hunde

Die Besonderheiten der Jagd mit den Bracken, den jagenden Hunden, einzeln oder in der Meute, ist schon skizziert worden. Da diese Art des Jagens unter den heutigen Revierverhältnissen kaum noch möglich ist, die Bracken jedoch von Haus aus Anlagen mitbringen, die sie auch zu anderen Arbeiten befähigen, werden diese Rassen und Schläge heute meist anderweitig eingesetzt. Insbesondere sind sie wegen des Jagens mit tiefer Nase und wegen ihres ausgeprägten Fährten- und Spurwillens geeignet, als Schweißhunde eingesetzt zu werden. Hier haben sie auch heutzutage ihr besonderes Aufgabengebiet, insbesondere die österreichischen Hunde. Mehr oder weniger aus Selbstzweck in sportlicher Manier wird heute in Deutschland vereinzelt mit englischen Bracken gejagt.

Deutsche jagende Hunde. Die beiden deutschen Brackenrassen sind im Sauerland beheimatet, im Vordergrund steht die Deutsche Bracke, auch Sauerländer Bracke geheißen oder nach ihrem Hauptzuchtort „Olper Bracke". Sie wird als einzige hochläufige deutsche Bracke heute noch gezüchtet und von dem 1911 gegründeten Deutschen Brackenclub zu Olpe betreut. Er sieht seine Aufgabe darin, die von den Vorfahren überkommene uralte Brackenjagd neben den überlieferten Hornrufen mit dem kupfernen „Sauerländer Halbmond" zu bewahren und die vermutlich älteste überhaupt bekannte Jagdhundrasse vor dem Untergang zu schützen. Die Deutsche Bracke ist nach ihrer Gesamterscheinung ein leichter, eleganter, hochstehender, kräftiger und muskulös gebauter Jagdhund mit edlem, verhältnismäßig leichtem und trockenem Kopf. Diesen zieren relativ lange Behänge. Sie ist ein kurzhaariger Hund. Die nach unten gebogene, dicke, etwas buschige Rute hat eine weiße Spitze. Die Grundfarbe des Hundes ist weiß, gewöhnlich mit einer durchgehenden Blesse als Halsring sowie an der Brust, an den Läufen und an der Rutenspitze. Als weitere Farben gibt es Rot-Gelb, Gelb, Grau, Schwarz, Schwarz oder Dunkelgrau mit anderen Farben gemischt, jedoch niemals Braun. Die Deutsche Bracke hat eine Schulterhöhe von 45 bis 53 cm.

Diesem Hund ähnlich bis auf die niederen Läufe und bei relativ längerem Rücken ist die Sauerländer Dachsbracke. Im übrigen gleicht sie in den Merkmalen dem größeren Vetter, auch sie wird vom Deutschen Brackenclub betreut. Sie hat eine Risthöhe von 35 bis 38 cm.

Österreichische jagende Hunde. Die Alpenländische Dachsbracke hat mit der soeben beschriebenen Sauerländer Dachsbracke nichts zu tun. Diese rote Dachsbracke des Erzgebirges und der Alpenländer gibt es in der bestehenden einheitlichen Form erst seit jüngerer Zeit. Ihre Vorfahren erfreuten sich genau wie sie besonderer Beliebtheit als „kleiner Schweißhund". Die Dachsbracke wurde erstmals 1886 unter diesem Namen erwähnt und eroberte sich in der Folgezeit die Alpenländer. 1910 wurde der Club Dachsbracke in Österreich gegründet, in der Bundesrepublik Deutschland wurde der Verein Dachsbracke 1961 ins Leben gerufen. Die

Die einzelnen Rassen und Schläge

Abb. 141. Deutsche Bracke. Schulterhöhe: 45–53 cm.

Abb. 142. Dachsbracke. Schulterhöhe: 34–42 cm.

Schulterhöhe dieser Dachsbracke soll mindestens 34 cm betragen, höchstens 42 cm, wobei die Idealmaße zwischen den Extremen liegen. Das Haar soll derb, hart, gut anliegend, kurz, aber nicht glatt sein. Am besten ist es, wenn es einem Otterfell ähnelt. Tief hirschrote Hunde werden als ideal gefärbt angesehen, es gibt jedoch auch andere Rottöne, z. T. mit schwarzer Stichelung, schwarzem Sattel und dunkler Maske. Eine Schwarzfärbung ohne braune Abzeichen ist fehlerhaft.

Neben dieser Dachsbracke der Alpenländer haben die österreichischen Länder Kärnten, Tirol und die Steiermark ihre eigenen Brackenschläge, die in der Bundesrepublik Deutschland vom Deutschen Brackenverein betreut werden. Diese drei Brackenrassen sind aus den bodenständigen Wildbodenhunden, den alten Bracken, hervorgegangen und haben ihre heutige Form durch spezielle Züchtung erfahren.

Die Bracke Kärntens ist die Brandlbracke, die nach dem Beschluß der Delegiertenkommission des Jahres 1883 keine weißen Abzeichen haben darf. Die Brandlbracke ist ein mittelgroßer langliniger Hund mit breitem Oberkopf, jedoch schmalem Fang. Das fest anliegende, dichte und elastische Kurzhaar wird nach zwei Grundfarben unterschieden. Einmal gibt es schwarze Hunde mit kleinen, scharf abgegrenztem Brand oder rötlichbraune oder rot-gestichelte, die weiße Abzeichen an den Pfoten haben, einen Bruststern und seltener einen weißen, schmalen Halsring. Die Schulterhöhe dieser Hunde beträgt 46 bis 58 cm. Wegen der gelben oder roten Tupfen über den Augen wurden und werden diese Hunde von der Jägerei auch „Vieräugel" genannt.

Im Gegensatz zur Brandlbracke wurde die Tiroler Bracke nicht ausschließlich nach der Farbe selektiert. Ihre Rassemerkmale wurden 1908 festgelegt. Bei ihr handelt es sich um eine mittelgroße Bracke mit einer Schulterhöhe von 42 bis 48 cm, von leichter, jedoch kräftiger und beweglicher Erscheinung und viel Adel. Das Haar ist derb, dicht, kurz mit dichter Unterwolle. Man unterscheidet einen rot-schwarzen Schlag, dessen Grundfarbe tief hirschrot bis tief rot ist, mit schwarzem Mantel oder Sattel, und einen roten Schlag, dem die schwarzen Abzeichen fehlen.

Im Gegensatz zur Brandlbracke und zur Tiroler Bracke ist die Bracke der Steiermark ein rauhhaariger Hund. Diese Rauhhaa-

Abb. 143. Alpenländische Dachsbracke.

Abb. 144. Brandlbracke. Schulterhöhe: 52–58 cm.

Abb. 146. Beagle. Schulterhöhe: 33–40 cm.

rige Steirische Hochgebirgsbrakke ist entstanden aus bodenständigen Bracken, in die eine Hannoversche Schweißhündin und rauhhaarige Istrianer Bracken eingekreuzt wurden. In ihrem Umriß entspricht sie etwa der Brandlbracke, die Konturen sind jedoch wegen des rauhen, harten, groben Haares nicht so deutlich, die Farbe ist rot- bis fahlgelb.

Englische jagende Hunde. Die Vollständigkeit gebietet es, auch die Meutehunde mit zu erwähnen, wenn auch bei uns mit ihnen die Jagd auf lebendes Wild nicht mehr ausgeübt wird. Die in Meuten jagenden Foxhounds und Beagles werden in der Vereinigung der Meutehalter im Deutschen Reiter- und Fahrerverband betreut. Sie ist dem Jagdgebrauchshundverband angeschlossen.

Der heutige englische Foxhound stammt wahrscheinlich aus Kreuzungen des alten Normannenhundes mit verschiedenen bodenständigen Bracken Großbritanniens. Seit dem 11. Jahrhundert wird die Jagd zu Pferde mit der Hundemeute in ganz Britannien betrieben. Unterschiedlich nach Farbe und Schnelligkeit gab es eine große Anzahl von Hunden in den verschiedenen Grafschaften. Der heutige englische Foxhound ist ein idealer Meutehund mit dafür ausgezeichneten Qualitäten. Er ist in der Lage, viele kilometerlange Jagden immer im Galopp durchzuhalten, manchmal mehrmals wöchentlich während einer langen Saison. Der englische Foxhound soll nicht unter 56 cm und nicht über 63 cm Schulterhöhe haben. Auch beim Foxhound kommt es nur darauf an, daß er die Farbe der jagenden Hunde (hounds) und das kurze, dichte, derbe, glänzende Haar dieser Art hat. Die Farben für die jagenden Hunde sind Schwarz-Weiß-Rot, Stichelungen von Weiß mit Hasengrau, Braun, auch Gelb oder Lohfarbig, wie auch Blau (Schwarz) mit Weiß gemischt.

Neben den Foxhounds werden die Beagles als Meutehunde in der Bundesrepublik gehalten. Der Beagle ist der kleinste englische Laufhund, ihm folgen in England die Jäger teilweise auch zu Fuß. Die erwünschte Größe des Beagles liegt zwischen 33 und 40 cm.

Im Gegensatz zu der erwähnten Vereinigung der Meutehalter im Deutschen Reiter- und

Abb. 145. Foxhounds.

Abb. 148. Kurzhaarteckel (KT).

Abb. 149. Rauhaarteckel (RT).

Fahrerverband hat der Beagle-Club Deutschland den Versuch unternommen, die im Beagle schlummernden jagdlichen Eigenschaften auch für die Jagd mit ihm als Solohund zu wecken und zu fördern.

Ein weiterer Verein, der „Verein Jagd-Beagle", betreibt krasse Leistungszucht vor dem Hintergrund jagdlicher Verwendung.

11.2.4 Erdhunde

Bei diesen Hunden handelt es sich um solche, deren Aufgabengebiet von der Größe her ursprünglich und insbesondere unter der Erde lag, die Bauhunde. Diesen Beruf üben die Erdhunde heute jedoch nicht mehr ausschließlich aus. Vielmehr sind sie, so weit ihnen ihre Größe nicht Grenzen setzt, auch „Mädchen für alles". So sind die Teckel oft ordentliche Schweißhunde; sie können leichtes Wild apportieren, sie stöbern und buschieren. Die hochläufigen Terrier sind umfassender brauchbar, denn sie sind in der Lage, auch mit schwierigen Bodenverhältnissen fertig zu werden, und können meist Wild bis zu einem leichten Hasen oder einem Fasan apportieren. Auch sind sie in der Lage, Wasserarbeit fast wie ein großer Hund zu leisten.

Deutsche Erdhunde. Die verschiedenen Teckelschläge und der Deutsche Jagdterrier sind die Erdhunde deutschen Ursprungs. Am bekanntesten ist wohl der Teckel, der schon seit Jahrhunderten beschrieben wird. Seine Ahnen sind ebenfalls die Keltenbracken. Vermutlich durch Defektmutation und die Einkreuzung anderer Hunde sind die heutigen Teckelschläge entstanden. In vergangenen Jahrhunderten war ein kurzhaariger Dachshund bekannt und wurde beschrieben. Die Urform des Teckels ist der schwarz-rote Kurzhaarteckel. Um den kurzhaarigen Teckel äußerlich widerstandsfähiger zu machen, kreuzte man rauhhaarige Terrier und Pinscher ein, was die Folge hatte, daß dieser Hund auch schärfer wurde. Der langhaarige Schlag verdankt seine Entstehung vermutlich der Kreuzung des kurzhaarigen Urschlages mit alten deutschen langhaarigen Vogelhunden.

Die ersten Rassekennzeichen wurden 1879 aufgestellt, 1888 wurde der Deutsche Teckelclub gegründet, in jüngster Zeit hat er, wie andere Zuchtvereine

Abb. 147. Deutscher Jagdterrier (links) und Rauhaarteckel.

Abb. 150. Langhaarteckel (LT).

Abb. 151. Deutscher Jagdterrier (DJT). Größe: 33–40 cm.

auch, „Konkurrenz" bekommen. Die allgemeine Erscheinung des Teckels soll die eines Hundes mit niedriger, kurzläufiger, langgestreckter, derb bemuskelter Gestalt und herausfordernder Haltung des Kopfes sein. Die Behaarung des kurzhaarigen Teckels soll kurz, dicht, glänzend und glatt anliegend sein, die des rauhhaarigen Teckels mit Ausnahme von Fang, Augenbrauen und Behang anliegend, hart drahtig und mit Unterwolle durchsetzt. Am Behang ist die Behaarung fast glatt, Bart und Augenbrauen sind buschig ausgeprägt. Der langhaarige Teckel hat eine längere seidige Behaarung, die sich insbesondere am Hals, an der ganzen Unterseite des Körpers, an den Behängen und an der Hinterseite der Läufe wie an der Unterseite der Rute verlängert. Die Teckel müssen eine gewisse Mindestgröße haben, um auch den jagdlichen Anforderungen genügen zu können. Je nach Brustumfang unterscheidet man neben der Normalform des Kurzhaarteckels (KT), des Rauhhaarteckels (RT) und des Langhaarteckels (LT) noch Zwergteckel und Kaninchenteckel.

Von den mehr als zwanzig Terrierrassen und Schlägen gibt es lediglich eine deutschen Ursprungs. Der Deutsche Jagdterrier (DJT) ist bewußt als reiner Arbeitsterrier gezüchtet worden, bei seiner Entstehung war auch der Zufall nicht unbeteiligt. Der Ausstellungssport vernachlässigte auf dem Kontinent die jagdlichen Anlagen des Foxterriers. Einige durch die ständigen Querelen verbitterte Jäger wandten sich ab und suchten einen den deutschen Jagdverhältnissen entsprechenden Terrier zu züchten. Der Zufall kam ihnen zur Hilfe: In einem Wurf Foxterrier lagen vier schwarz-rote Terrier, die mit aus England erworbenen schwarz-roten Welshterriern den Grundstein für die deutsche Jagdterrierzucht legten. Der Schädel des Deutschen Jagdterriers ist flach und schmal, zwischen den Ohren breiter als der des Foxterriers. Der Jagdterrier soll dickes, hartes Rauhhaar oder derbes, jedoch nicht zu kurzes Glatthaar haben. Die Schulterhöhe beträgt 33 bis 40 cm, das ideale Arbeitsgewicht 9 bis 10 kg für Rüden, bei Hündinnen weniger. Seit 1926 betreut der Deutsche Jagdterrier Club den einzigen deutschen Terrier.

Englische Erdhunde. Von den englischen Erdhunden ist besonders der Foxterrier (FT) in Deutschland bekannt. Er wird auch von Nichtjägern in seiner rauh- und glatthaarigen Variante geliebt und geführt.

Urahn des englischen Foxterriers ist eine schwarz-rote Form altenglischer Terrier, in die, damit sie der Meute bei der Reitjagd besser folgen konnten, Beagle-Blut eingekreuzt wurde. Der Foxterrier wurde bei Reitjagden mitgeführt, um den Fuchs, wenn er eine Deckung oder auch einen Bau angenommen hatte, wieder zur Flucht zu veranlassen. Der Foxterrier soll einen wachsamen, beweglichen Ausdruck haben, der innere Spannung widerzuspiegeln in der Lage ist. Der Rumpf soll von quadratischer Form sein. Beim glatthaarigen Schlag soll das Haar dicht, hart und nicht zu lang sein, jedoch immer fest anliegend. Der rauhhaarige Schlag soll drahtiges Haar haben, das in seiner Beschaffenheit einer Kokosmatte ähnelt. Die Grundfarbe des Terriers ist weiß, der Körper kann mit schwarzen oder tannenfarbigen Platten oder Abzeichen verziert sein. Rüden sollten ein Stockmaß von nicht mehr als 40 cm haben und etwa 8 Kilo wiegen; Hündinnen sind kleiner und leichter.

Ein weiterer englischer Ter-

Abb. 152. Glatthaariger Foxterrier.

Abb. 153. Rauhaariger Foxterrier.

rier ist zunehmend in den vergangenen Jahren bei uns in Reiter- und Jägerhand zu beobachten: der Jack Russell Terrier. Die zu beobachtenden Exemplare weisen eine große äußere Bandbreite auf, es gibt ausgesprochen hübsche Hunde darunter, andererseits aber auch welche, die das Auge auf den ersten Blick nicht erfreuen. Begründer dieser Rasse ist der 1795 in Dartmouth geborene Pfarrer John (Jack) Russell, der unter Zuhilfenahme der verschiedensten Terrierrassen und -schläge weniger auf Schönheit als auf einen arbeitstauglichen Terrier hinzüchtete. So war und ist das Erscheinungsbild dieses Terriers recht unterschiedlich. Es gibt glatthaarige und rauhaarige Exemplare. Letztendlich wurde die Rasse am 22. 1. 1990 vom englischen Kennel Club anerkannt, ein offizieller Interimstandard wurde unter dem Namen „Parson Jack Russell Terrier" publiziert. Die FCI hat schließlich am 2. Juli 1990 die vorläufige Anerkennung der Rasse beschlossen. Damit war der Weg offen für eine Anerkennung beim VDH und insbesondere beim Jagdgebrauchshundverband. Die Rasse wird von verschiedenen Clubs vertreten. Der erste und gegenwärtig alleinige Vertreter der Rasse im JGHV ist der Jack Russell Terrier Club Deutschland (JRTCD). Der Jack Russell soll nach seinem Standard, und das hat er in der Praxis auch schon erwiesen, im wesentlichen ein Gebrauchsterrier sein, der sowohl für die Arbeit unter als auch über der Erde geeignet ist. Er soll kleine, V-förmige Ohren haben, eine kupierte Rute, der Farbe nach vollständig weiß oder mit lohfarbigen, zitronengelben oder schwarzen Abzeichen, vorzugsweise beschränkt auf Kopf oder Ansatz der Rute bei einer Größe der Rüden von etwa 35 cm und der Hündinnen 33 cm.

11.2.5 Stöberhunde

Auch die unter der Rubrik der Stöberhunde zusammengefaßten Rassen und Schläge haben ihr Aufgabengebiet nicht ausschließlich im Bereich des Stöberns. Auch sie sind heute in der

Abb. 154. Jack-Russell-Terrier.

Abb. 155. Deutscher Wachtelhund (DW). Schulterhöhe: Rüde 48–54 cm, Hündin 45–51 cm.

Abb. 156. Cocker-Spaniel (CSp). Schulterhöhe: Rüde 48–54 cm, Hündin 45–51 cm.

Lage, außer beispielsweise dem festen Vorstehen, alle „anfallenden Arbeiten" zu erledigen, lediglich bei den Spaniels sind von der Größe her gewisse Grenzen gezogen.

Deutsche Stöberhunde. Der einzige deutsche Stöberhund ist der Deutsche Wachtelhund (DW). Ahnen dieses Hundes sind wohl auch die Keltenbracke und die altdeutschen langhaarigen Vogelhunde, die sich auf vielen Abbildungen wiederfinden. Ende des vorigen Jahrhunderts machten sich einige begeisterte Jäger daran, den alten deutschen Stöberhund „wiederzuentdecken", was 1903 zur Gründung des Deutschen Wachtelhund-Clubs in München führte. Heute wird dieser Hund vom Verein für Deutsche Wachtelhunde betreut. Der Deutsche Wachtelhund ähnelt dem Deutsch-Langhaar-Vorstehhund, ist jedoch nicht so hochläufig, sondern ein Hund von ausgesprochen gestreckter Figur. Er soll bei edler Gesamterscheinung gute Knochen haben und gut bemuskelt sein. Ein Rüde soll etwa zwischen 47 und 54 cm Stockmaß haben, eine Hündin entsprechend weniger, jedoch nicht unter 42 cm. Der Deutsche Wachtelhund hat ein kräftiges, dichtes, leicht gewelltes Langhaar, an Hals, Nacken und Rücken auch lockig; die Läufe, die Keulen und die Rute sind länger behaart. Es wird in zwei Farbschlägen gezüchtet, entweder meistens einfarbig dunkelbraun, vielleicht mit weißen Abzeichen an Brust, Zehen und Brand oder auch fuchs- und hirschrot oder als Braunschimmel.

Englische Stöberhunde. Neben dem Deutschen Wachtelhund werden in Deutschland als Stöberhund zwei englische Spaniels geführt, die im wesentlichen die gleichen Aufgaben haben, und die meisten von ihnen können diese wie der Deutsche Wachtelhund erfüllen. Außerdem bei uns geführten Cocker Spaniel und dem Springer Spaniel gibt es eine große Anzahl weiterer Spaniels, die in Deutschland jedoch keine Rolle spielen. Der Cocker Spaniel (CSp) hat seinen Namen wohl von seiner ursprünglichen jagdlichen Aufgabe, nämlich dem Stöbern nach Federwild (cocks). Er soll seiner Allgemeinerscheinung nach ein kleiner, kräftiger und lebhafter Jagdhund sein, ausgewogen kompakt und mit denselben Maßen vom Widerrist zum Boden wie vom Widerrist zum Rutenansatz. Das lange Haar soll anliegend sein, seidig und niemals drahtig oder wellig. Die Cocker sind ein-, zwei- oder dreifarbig, bei den einfarbigen ist, ausgenommen die Vorderbrust, kein Weiß erlaubt. Die Hündinnen sind etwa 38 bis 40 cm hoch, Rüden um ein geringes größer.

Der Springer Spaniel (SSp) ist mit etwa 51 cm Schulterhöhe größer als der Cocker Spaniel. Er wird in Deutschland relativ wenig geführt, da der deutsche Jäger einen sicher spurlaut jagenden Stöberhund braucht, eine Anlage, die beim Springer Spaniel wie bei allen englischen Jagdhunden im Heimatland kaum ausgeprägt ist. Mehr als dem Springer Spaniel sind dem Cocker Spaniel Liebenswürdigkeit und Schönheit zum Verhängnis geworden, denn nur noch ein recht geringer Prozentsatz der gezüchteten Spaniels stammt aus jagdlicher Zucht. Ein Jäger sollte sich daher genauestens orientieren und umsehen, ehe er sich einen Spaniel für die Jagd zulegt. Jagdlich durchgezüchtete Hunde sind aber durchaus zu finden.

Abb. 157. Labrador Retriever (Gr). Schulterhöhe: Rüde 56–57 cm, Hündin 54–56 cm.

Abb. 158. Golden Retriever (Gr). Schulterhöhe: Rüde 56–61 cm, Hündin 55–57 cm.

11.2.6 Apportierhunde

Die Apportierhunde sind von Engländern und Amerikanern aus der Erkenntnis heraus gezüchtet, daß der Forderung nach Vielseitigkeit im praktischen Jagdbetrieb Höchstleistungen in einzelnen Disziplinen entgegenstehen. Mit Ausnahme der Schweißhunde (HS und BGS) kennen wir derartiges Spezialistentum in Deutschland nicht. So werden die in Deutschland geführten Apportierhunde auch nicht lediglich zum Suchen und Bringen kranken Wildes eingesetzt, sondern sie sind in gewissem Umfang auch in der Lage, vor dem Schuß zu arbeiten, zu stöbern oder zu buschieren, insbesondere auch im Wasser. Nach dem Schuß sind sie bedingt auch als Schweißhunde einsetzbar.

Englische Apportierhunde. Die bekanntesten Retriever sind der Labrador Retriever und der Golden Retriever. Es ist schwer nachzuvollziehen, wann und wie die einzelnen Schläge der Retriever herangezüchtet worden sind. Ihr Ursprung ist wohl auf der kanadischen Halbinsel Labrador zu suchen, von deren Ostküste sie ihren Weg nach England gefunden haben. Sie stammen aus einem Land mit kaltem und rauhem Klima, viel Wind, was alles sich in ihrem äußeren Erscheinungsbild ausdrückt. Der Labrador Retriever ist ein kräftiger kurzer Hund mit breitem Schädel und breitem, tiefem Brustkorb. Er hat eine kurze anliegende Behaarung mit sehr dichter Unterwolle. Die Höhe für Rüden ist zwischen 55 und 57 cm ideal, bei Hündinnen liegt sie zwischen 54 und 56 cm. Die am Ansatz sehr dicke Rute, die sich allmählich gegen die Spitze verfeinert und vollständig kurz und dicht behaart ist, ist eine Besonderheit dieser Rasse. Das Haar mit der wasserabstoßenden Unterwolle ist im allgemeinen schwarz, rotbraun oder gelb, letzteres variiert zu cremefarbenen Schattierungen.

Die allgemeine Erscheinung des Golden Retrievers ist die eines ebenmäßigen, lebhaften, kraftvollen Hundes mit glattem Haar, untersetzt mit wasserabweisender Unterwolle und einer glatten oder gewellten Rute, die mit einer Fahne versehen ist. Jede Schattierung von goldgelb bis creme ist gestattet, jedoch nicht rot oder mahagonibraun. Die Größe entspricht etwa der des Labradors.

Neben diesen bekannteren Schlägen kennen wir noch den „curly coated" Retriever, den sein krauses Haar auszeichnet. Er ist mit einem am ganzen Körper gelockten Haarkleid bedeckt; die Löckchen sollen nicht seidig sein, sondern kurz und nicht glänzend. Er ist schwarz oder leberfarbig. Er ist einige Zentimeter größer als die zuvor beschriebenen Retriever.

Der lang- oder wellhaarige Retriever („flat" oder „wavy coated" Retriever) stellt eine gelungene Mischung der vorbezeichneten Retrieverschläge dar. Andere Rassen und Schläge sind eingekreuzt, so ist ein Hund von mittlerer Größe mit intelligentem Ausdruck entstanden. Der langhaarige Hund, dessen Gewicht sich zwischen 27 und 31,5 Kilo bewegen soll, soll dicht, fein und schlicht behaart sein; er ist schwarz oder leberbraun.

Amerikanische Apportierhunde. Ein in Deutschland wenig bekannter und kaum geführter Retriever ist amerikanischen Ursprungs: Der Chesapeake Bay Retriever, dessen Namensgebung auf ein Schiffsunglück im Jahre 1807 in der Chesapeake Bay zurückzuführen ist. Aus dem Wrack wurden zwei Neufundländer gerettet, die Ahnen des späteren Retrievers wurden. Besonders wichtig und bemerkenswert an diesem Hund ist das Haar, das nicht mehr als 4 cm lang sein soll, hart und von dichter Unterwolle untersetzt und ölig, um zu verhindern, daß kaltes Wasser bis zur Haut vordringt, wenn der Hund im Wasser arbeitet. Das Haar soll dem Wasser widerstehen wie das Federkleid der Ente. Es ist leicht gewellt an den Schultern, am Hals und am Rücken; der Hund ist dunkelbraun bis blaßrot, Rüden sind bis 66 cm groß, Hündinnen bis 61 cm.

11.2.7 Laiki (Rußland)

Die Laiki waren bis zur Wiedervereinigung in den alten Bundesländern relativ unbekannte Jagdhunde, man kannte sie bestenfalls als Helden aus der Raumfahrt oder als bisweilen bewunderte exotische Begleiter des Menschen. Wegen der politischen Nähe der neuen Bundesländer zur ehemaligen Sowjetunion waren die Laiki indessen dort schon gebräuchlich und gehörten zu den anerkannten Jagdgebrauchshunden. Die Laiki stellten nämlich in der ehemaligen Sowjetunion eine traditionelle Jagdgebrauchshundrasse des Nordens und Ostens dar. Sie sind von der Aufgabenstellung her vielleicht am besten mit unseren Stöberhunden zu vergleichen, wie das Wort Laika auch übersetzt bedeutet: Steller oder Verbeller. Die Laiki werden als vielseitige Jagdhunde beschrieben und eingesetzt, beispielsweise bei der Jagd auf Elchwild, Schwarzwild, Waldhühner und Zobel, wobei ihre Vielseitigkeit damit noch nicht erschöpft und beschrieben ist. In den Ländern der ehemaligen Sowjetunion gab und gibt es daher eine Vielzahl von verschiedenen Jagdgebrauchshunden, die sich meist auf die Bejagung bestimmter Wildarten bezieht. Von den offiziellen Rassen, besser gesagt Schlägen, ist die Finnisch-Karelische Laika wohl die seltenste, die Westsibirische Laika die populärste und am universellsten einsetzbar. Ihr folgt die Russisch-Europäische Laika, ebenfalls sehr verbreitet ist die Ostsibirische Laika. Der Rein- und Leistungszucht sowie der Verbreitung der Rassegruppe Laika in Jägerkreisen hat sich der Laika Club in Deutschland verschrieben, der Mitglied im Jagdgebrauchshundverband ist.

Die Laiki sind, unterschieden natürlich nach ihren schlagspezifischen Besonderheiten, quadratische, mittelgroße Hunde mit einer Schulterhöhe von etwa 50 bis 60 cm. Bei uns bislang völlig ungewohnt sind die Stehohren. Das insgesamt kurze Haarkleid ist hart mit gut entwickelter Unterwolle, wobei die Farbe des Haars je nach Schlag verschieden ist. Es gibt die Farben Schwarz, Grau, Weiß, „Pfeffer und Salz", dunkelhaarig mit weißen Flecken. Aber auch Weiß mit dunklen Flecken ist erlaubt.

Abb. 159. Russisch-europäischer Laika.

> **Merke:** Die Kenntnis von den einzelnen anerkannten Jagdhundrassen und -schlägen ist wesentlich, um sich gegebenenfalls beim Kauf eines Hundes richtig entscheiden zu können. Sie ist wichtig, um in der Natur frei herumlaufende Hunde im Rahmen des Jagdschutzes als Jagdhunde richtig ansprechen zu können. Die zur Zeit anerkannten Jagdhundrassen und -schläge ergeben sich nochmals aus nachfolgender Übersicht; sie führen mit Ausnahme der Terrier und Laiki alle das Blut der Keltenbracke und sind durch Einkreuzungen spezialisiert. Urahn aller ist der Wolf.

11.2.8 Zusammenfassende Übersicht

Vorstehhunde

Deutsche Vorstehhunde

Rauhhaarig:
Deutsch-Drahthaar (DD)
Griffon (Gr)
Deutsch-Stichelhaar (DSt)
Pudelpointer (PP)

Kurzhaarig:
Deutsch-Kurzhaar (DK)
Weimaraner (W)

Langhaarig:
Deutsch-Langhaar (DL)
Großer schwarz-weißer Münsterländer (GM)
Kleiner Münsterländer Vorstehhund (KlM)
Weimaraner (W)

Englische Vorstehhunde

Kurzhaarig:
Pointer (Pt)

Langhaarig:
English Setter (ES)
Irish Setter (IS)
Gordon (Schottischer) Setter (GS)

Ungarische Vorstehhunde
(Magyar Vizsla)

Kurzhaarig:
Ungarischer Vorstehhund (UK)

Rauhhaarig:
Drahthaariger Ungarischer Vorstehhund (UD)

Französische Vorstehhunde

Rauhhaarig:
Griffon à poil dur
Griffon Nivernais
Griffon à poil laineux Boulet
Barbet

Kurzhaarig:
Braque du Bourbonnais
Braque d'Ariège
Braque d'Auvergne
Braque Dupuy
Braque Francais
Braque Saint Germain

Langhaarig:
Epagneul Breton
Epagneul Francais
Epagneul Picard
Epagneul bleu de Picardie
Epagneul du Pont-Audemère

Schweißhunde

Hannoverscher Schweißhund (HS)
Bayerischer Gebirgsschweißhund (BGS)

Jagende Hunde

Deutsche jagende Hunde

Deutsche Bracke
Sauerländer Dachsbracke

Österreichische jagende Hunde

Alpenländische Dachsbracke
Brandlbracke
Tiroler Bracke
Rauhhaarige Steirische Hochgebirgsbracke

Englische jagende Hunde

Foxhound
Beagle

Erdhunde

Deutsche Erdhunde

Teckel:
rauhhaarig (RT)
kurzhaarig (KT)
langhaarig (LT)
auch als Zwerg- und Kaninchenteckel

Terrier:
Deutscher Jagdterrier (DJT)
rauh- und glatthaarig

Englische Erdhunde

Terrier:
Foxterrier (FT)
rauh- und glatthaarig
Jack Russell Terrier

Stöberhunde

Deutsche Stöberhunde

Deutscher Wachtelhund (DW)

Englische Stöberhunde

Cocker Spaniel (CSp)
Springer Spaniel (SSp)

Apportierhunde

Englische Apportierhunde

Labrador Retriever
Golden Retriever
Flat or wavy coated Retriever
Curly coated Retriever

Amerikanische Apportierhunde

Chesapeake Bay Retriever

Laiki (Rußland)

Russisch-Europäische Laika
Westsibirische Laika
Ostsibirische Laika
Finnisch-Karelische Laika

11.3 Fragen & Antworten zu den Gebrauchshunden

Welches Wildtier ist der Ahn sämtlicher Hunde?
Der Wolf.

Nach welchen drei Ordnungskriterien werden die Jagdhunde eingeteilt?
Herkunftsland, Haarart, Arbeitsbereich.

Was ist der „Standard" eines Hundes?
Verbindliche Beschreibung vornehmlich der äußeren Merkmale und des Erscheinungsbildes einer Hunderasse bezeichnet man als Standard.

Welche drei Haararten kennen wir bei den Jagdhunden?
Kurz-, Lang- und Rauhhaar.

In welche Gruppen werden herkömmlicherweise die Jagdhunde nach ihrem Einsatzgebiet eingeteilt?
In Vorstehhunde, Schweißhunde, Jagende Hunde, Erdhunde, Stöberhunde und Apportierhunde.

12 Körper und Verhaltensweisen

So wie ein Führerscheinbewerber grundsätzlich über die Funktionen des von ihm später zu führenden Fahrzeugs unterrichtet sein muß, muß ein Jäger, wie beispielsweise auch bei seiner Waffe, im wesentlichen über seinen Hund Bescheid wissen, d. h., er muß ihn äußerlich und in seiner „Funktionsweise" begriffen haben. Dazu gehören Kenntnisse vom Äußeren eines Jagdhundes, das Wissen um wesentliche Fehler und Mängel am Äußeren, um die Sinne des Jagdhundes und seine Verhaltensweisen.

12.1 Beschreibung des Äußeren

Die Nase ist eines der wichtigsten Organe des Hundes, denn mit ihr „sieht" der Hund seine Umwelt. Die Riechschleimhaut des Hundes selbst ist mehr als hundertmal größer als die des Menschen und bedeckt – zur Veranschaulichung – etwa die Fläche, die dem Umfang eines Hundekörpers gleichkommt. Die äußeren Teile der Nase sind meist schwarz, bisweilen rasseeigentümlich braun oder rot. Die für uns erkennbaren Nasenlöcher sind die äußeren Öffnungen, die durch eine Scheidewand getrennt sind. Röhren führen von ihnen getrennt in den Rachenraum.

Von diesem Nasenschwamm führt der Nasenrücken zum Stirnansatz. Der Nasenrücken ist meist gerade, bisweilen jedoch auch rasseeigentümlich konvex oder konkav. Man spricht dann von einer „Ramsnase" oder „Sattelnase". Der Winkel zwischen Nasenrücken und Stirnansatz wird als „Stop" bezeichnet, der ebenfalls je nach Rasse unterschiedlich ausgeprägt ist. Es folgen alsdann, wenn man der Körperlinie folgt, der Oberkopf, das Genick und die Nackengegend. Wo die Halslinie aufhört, beginnt der Widerrist, ein Punkt, der über dem Schulterblatt gelegen ist und an dem, ausgehend vom Erdboden, das Stockmaß gemessen wird.

Zwischen dem eigentlichen Rücken und dem Rücken im weiteren Sinne (Lende) befindet sich eine sogenannte „Rückendelle". Sie ist nicht fehlerhaft, sondern begründet in dem Umstand, daß an dieser Stelle das Rückgrat einen kleinen Knick hat. Die Kruppe ist je nach Rasse unterschiedlich steil oder abfallend; an ihrem Ende befindet sich der Rutenansatz. Die Rute selbst, der Schwanz, ist den Jagdhunden zum Teil kupiert, zum Teil nicht. Das Kupieren der Rute ist erforderlich bei allen Hunden, die kurz behaart sind und von „Berufs wegen" viel stöbern und buschieren. Ein nicht kupierter Hund würde Gefahr laufen, sich die Rute zu verletzen und wundzuschlagen. Aus diesem Grund ist das Kupieren der Rute bei bestimmten Jagdhundrassen bislang erlaubt, wird es wohl auch in Zukunft bleiben. Die untere Begrenzung der Silhouette wird als Unterbauch und Unterbrust bezeichnet.

Die Augen und Ohren sind je

nach Rasse und Schlag äußerlich unterschiedlich. Die Stellung der Augen wie auch die Augenfarbe variieren. Mit Ausnahme des Auges beim Weimaraner Vorstehhund wird ein möglichst dunkles Auge angestrebt. Die Ohren heißen bei allen Jagdhundrassen „Behänge", lediglich die Terrier haben Ohren, wohl auch die Laikí.

Das weibliche Geschlechtsorgan heißt „Schnalle" und unterscheidet sich anatomisch kaum von dem anderer weiblicher Säugetiere. Der Penis des Rüden, „Feuchtglied" genannt, ist mit einem Knochen versehen, der bei keinem anderen Tier festgestellt worden ist. Die Hoden nennt man „Geschröte" oder „Kurzwildbret".

Das größte Organ des Hundes ist die Haut, die den ganzen Hundekörper bedeckt und mit den äußeren Schleimhäuten in die verschiedenen Körperöffnungen übergeht. In der Haut enden die verschiedenen Drüsen, in ihr sitzen Haar und Krallen. Die Haare sind fadenförmige Horngebilde von unterschiedlicher Struktur, man unterscheidet beispielsweise Deckhaar oder Unterhaar, Winterhaar und Sommerhaar. Das Haar soll den gesamten Körper bedecken, insbesondere auch Brust und Unterbauch. Neben Bart und Augenbrauen hat die von der übrigen Körperbehaarung abweichende längere Behaarung an bestimmten Körperstellen bestimmte Bezeichnungen: Die langen Haare an den Behängen heißen „Fransen", an den Vorderläufen „Federn", an den Oberschenkeln der Hinterläufe „Hosen"; die langbehaarte Rute hat eine „Fahne". Zu den Drüsen des Hundes zählen die Talg-, die Schweiß- und die Milchdrüsen. Echte Schweißdrüsen sind beim Hund nur an den Pfoten zu finden.

Talgdrüsen in ausreichender Anzahl sorgen beim gesunden Hund für Glanz und Widerstandsfähigkeit des Haars. Typisch für den Hund sind auch die Analdrüsen, die die Größe einer Erbse bis zu einer Haselnuß haben und sich links und rechts an der Innenseite des Waidlochs (After) befinden.

Die Krallen sind besondere Hautorgane und bestehen aus sich ständig erneuernden Hornhülsen. In aller Regel haben die Hunde vier Zehen und fünf Pfotenballen. Bisweilen kommt es vor, daß Welpen mit einer allein sitzenden fünften Zehe oberhalb des Ballens am inneren Teil der Hinterläufe gewölbt werden, man spricht dann von einer „Wolfskralle" oder „Afterklaue". Sie muß alsbald entfernt werden, denn später kann sie durch Hinterhaken oder gar Abreißen zu Verletzungen führen.

Das dem Menschenskelett ähnliche Skelett des Hundes besteht aus der Wirbelsäule, dem Brustkorb mit den Rippen, die sich im Brustbein vereinen, dem Schädel, den vier Gliedmaßen und der Rute. Die stark entwickelten Hintergliedmaßen sind durch die Beckenknochen mit der Wirbelsäule verbunden, während die Vorderläufe lediglich mit Muskeln am Rumpf „befestigt" sind. Es ist wichtig zu erkennen, daß der Hund nicht auf Sohlen läuft wie der Mensch, sondern gleichermaßen auf Zehen- und Fingerspitzen.

Das Gebiß des Hundes ist sein wichtigstes Werkzeug und seine einzige Waffe. Es besteht aus Schneidezähnen, Eckzähnen, Vorbackenzähnen (Prämolaren) und Backenzähnen (Molaren). Das Milchgebiß des Hundes hat 28 Zähne: je 6 Schneidezähne, je 2 Fangzähne unten und oben und je 6 Backenzähne. Der Durchbruch der Milchzähne erfolgt im Alter von 3 bis 4 Wochen und ist mit 5 bis 6 Wochen abgeschlossen. Schon gegen Ende des vierten Lebensmonats werden die Milchzähne gewechselt, im Alter von 6 bis 7 Monaten ist das Ersatzgebiß vollständig ausgebildet. Dieses besteht aus 6 Schneidezähnen, 2 Eckzähnen und 8 Vorbackenzähnen jeweils im Ober- und Unterkiefer und 4 Backenzähnen im Oberkiefer und 6 Backenzähnen im Unterkiefer, insgesamt also 42 Zähnen.

Wie bei anderen Tierarten gibt es auch für das fertige Gebiß des Hundes eine Zahnformel, wobei diese für das Zahnsystem die Anzahl der Zähne in je einer Ober- und Unterkieferhälfte angibt:

$$\frac{3\ 1\ 4\ 2}{3\ 1\ 4\ 3} = 42$$

Die Eckzähne werden häufig auch als „Fangzähne" entsprechend ihrer besonderen Aufgabe bezeichnet. Der Zahnformel entsprechend werden die Zähne mit Buchstaben und Ziffern bezeichnet, und zwar die Schneidezähne mit „S", die Eckzähne mit „F", die Prämolaren durchlaufend mit „P1" bis „P4" und Molaren mit „M1" bis „M4" bzw. „M1" bis „M3" im Unterkiefer. Die Schneidezähne dienen beim Hund der Körperpflege und dem Ab- und Beknabbern von Gegenständen, etwa von Knochen. Die Fangzähne dienen zum Festhalten und Töten der Beute und als Waffe bei Auseinandersetzungen mit Gegnern. Die Vorbackenzähne und die Backenzähne haben ihre Aufgabe beim Zerkleinern der Nahrung. Eine Sonderstellung nehmen der P4 im Oberkiefer und der M1 im Unterkiefer ein, denn diese beiden Zähne stehen auf Lücke und gleiten beim Schließen der Kiefer scharf schnei-

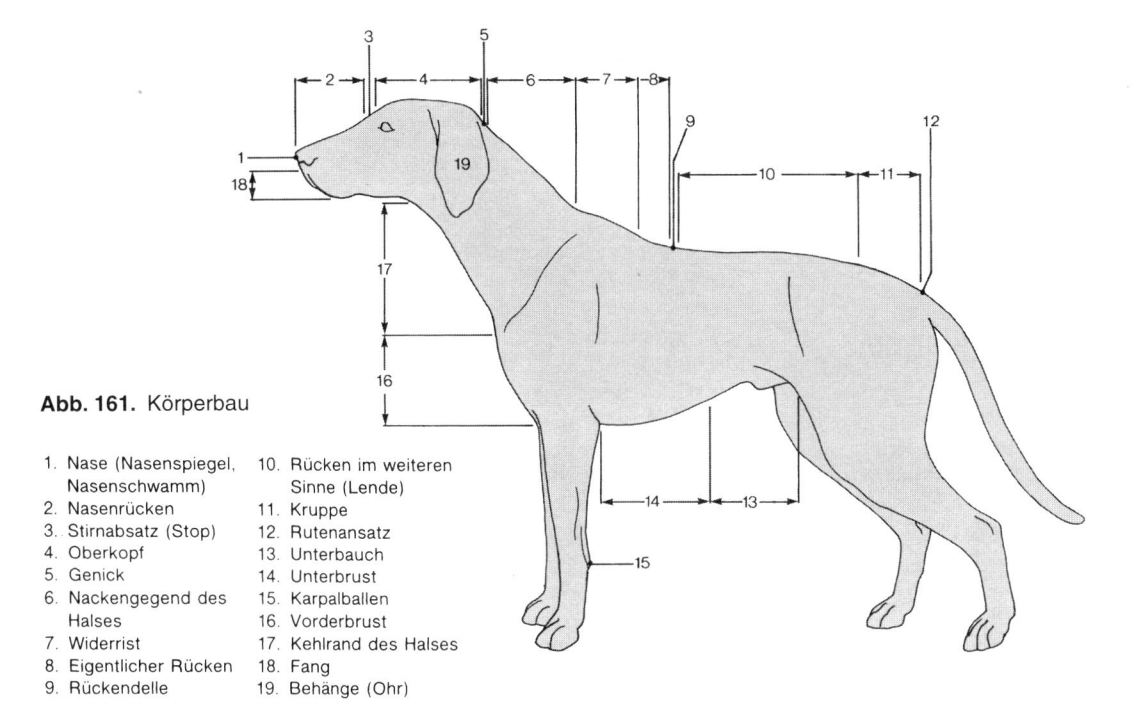

Beschreibung des Äußeren

Abb. 161. Körperbau

1. Nase (Nasenspiegel, Nasenschwamm)
2. Nasenrücken
3. Stirnabsatz (Stop)
4. Oberkopf
5. Genick
6. Nackengegend des Halses
7. Widerrist
8. Eigentlicher Rücken
9. Rückendelle
10. Rücken im weiteren Sinne (Lende)
11. Kruppe
12. Rutenansatz
13. Unterbauch
14. Unterbrust
15. Karpalballen
16. Vorderbrust
17. Kehlrand des Halses
18. Fang
19. Behänge (Ohr)

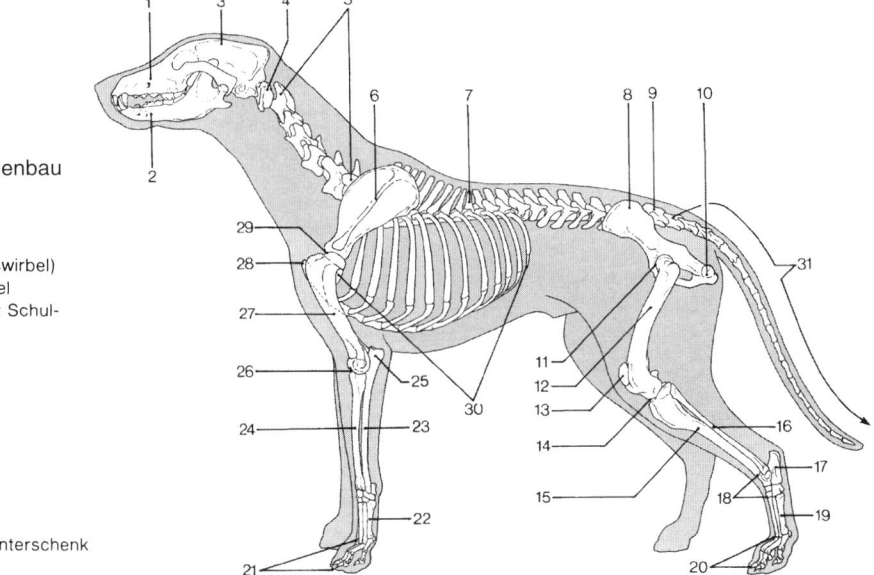

Abb. 162. Knochenbau

1. Oberkiefer
2. Unterkiefer
3. Scheitelbein
4. Atlas (= 1. Halswirbel)
5. Übrige Halswirbel
6. Schulterblatt mit Schulterblattgräte
7. 10. Brustwirbel
8. Hüftbein
9. Kreuzbein
10. Sitzbeinhöcker
11. Hüftbeingelenk
12. Oberschenkel
13. Kniescheibe
14. Kniegelenk
15. Schienbein ⎫ Unterschenk
16. Wadenbein ⎭
17. Fersenbein
18. Sprunggelenk
19. Hintermittelfußknochen
20. Knochen der Zehen (der Beckengliedmaße)
21. Knochen der Zehen (der Schultergliedmaße)
22. Vordermittelfußknochen
23. Elle ⎫ Unterarm
24. Speiche ⎭
25. Ellbogen
26. Ellbogengelenk
27. Oberarm
28. Brustbeinspitze
29. Schultergelenk
30. 13 Rippen
31. Schwanzwirbel

157

dend aneinander vorbei, wodurch der Hund in der Lage ist, sich passende Stücke von der Beute nicht nur abzureißen, sondern auch abzuschneiden. Diese Zähne werden entsprechend auch „Reißzähne" oder „Brechscherenzähne" genannt.

12.2 Fehler und Mängel

Unabhängig von den rassespezifischen und im Standard festgehaltenen einzelnen Körpermerkmalen der verschiedenen Rassen und Schläge gibt es Fehler und Mängel, die jedem Jäger vertraut sein sollten. Beim normalen gesunden Auge liegen die Lider fest auf dem Augapfel auf, so daß das Eindringen von Fremdkörpern weitgehend vermieden wird und Reizungen nicht entstehen können. Bisweilen sehen wir jedoch bei den Hunden das sogenannte „offene Auge" als Folge einer Bindegewebsschwäche. Hier ist der erforderliche Schluß zwischen Unterlid und Augapfel nicht vorhanden, so daß eintretende Fremdkörper, insbesondere bei Jagdhunden, leicht zu Entzündungen führen können. Weiterhin kann es vorkommen, daß das Augenlid nach außen oder auch nach innen zum Augapfel hin eingerollt ist. Bei diesen krankhaften Abweichungen von der Normalform spricht man von „Ektropium" bzw. „Entropium". Das Entropium bewirkt, daß die Wimpern den Augapfel reizen und Entzündungen hervorrufen. Auch in weniger ausgeprägten Fällen wird der Hund fortwährend gereizt und gestört. Das Ektropium hat ähnliche Erscheinungen zur Folge wie das offene Auge. Ektropium und Entropium sind operabel, jedoch wie das offene Auge ein Grund, mit diesen Hunden nicht zu züchten.

Der eigentliche Rücken des Hundes, die Lende, sollte möglichst gerade verlaufen. Die Rückenlinie darf nicht nach unten durchgebogen sein, sie darf sich auch nicht nach oben wölben. In dem einen Fall spricht man vom „Senkrücken", im anderen vom „Karpfenrücken". Beides ist fehlerhaft.

Wir kennen vier Gangarten beim Hund, den Schritt, den Trab, den Halbtrab oder Paßgang und den Galopp. In aller Regel bewegt sich der unangeleinte Hund ausdauernd im Trab, viele der Jagdhunde, beispielsweise Feldhunde und Stöberhunde, bei ihrer Arbeit vor dem Schuß im Galopp. Das setzt eine anatomisch einwandfreie Stellung der Läufe voraus. Die Läufe sollen von vorn und von hinten gesehen möglichst parallel zueinander stehen, die Pfoten sollten geschlossen sein, damit Fremdkörper nicht zwischen die Zehen eindringen können. Ist dies der Fall, spricht man von einer „offenen Pfote". Sind die Hinterläufe so gestellt, daß die Pfoten nach außen zeigen und die Fersenbeine nach innen, so spricht man von „Kuhhessigkeit", bei „O-beinigen" Hunden von „Faßbeinigkeit". Sind die Pfoten regelwidrig nach außen gedreht, steht der Hund „zehenweit", im anderen Fall „zeheneng".

Die Hoden werden beim männlichen Welpen im Leib zurückgehalten und wandern erst später in den Hodensack. Unterbleibt dies, spricht man von „Kryptorchismus", wandert nur ein Hoden in den Hodensack, spricht man von „Monorchismus".

Einleuchtend ist, daß wesentliche Zähne im Gebiß eines Hundes nicht fehlen dürfen. Das trifft sicherlich nicht auf die verkümmerten und letztlich bedeutungslosen Zähne P1 und M3 zu, wichtig ist jedoch, daß im übrigen sämtliche Zähne vorhanden sind. Je nach Standard und Zuchtordnung führt das Fehlen weiterer Zähne zum Zuchtausschluß. Das gleiche gilt für eine anormale Stellung der Zähne. Als ideal angesehen wird das sogenannte Scherengebiß, bei dem die Schneidezähne einer Schere gleich aneinander vorbeigleiten. Von einem Zangengebiß spricht man, wenn die Schneidezähne wie bei einer Zange aufeinanderstoßen, was noch toleriert wird. Fehlerhaft sind jedoch die Gebißformen des Vor- oder Rückbeißers, wobei die Schneidezähne des Unterkiefers wegen Verkürzung des Oberkiefers vorstehen oder bei Verkürzung des Unterkiefers hinter den Zähnen des Oberkiefers liegen. Bezeichnend für „Vor- oder Rückbiß" ist stets die Stellung des Unterkiefers.

12.3 Sinne

Im Vordergrund dieser Betrachtung stehen die fünf Sinne, mit denen auch wir Menschen ausgestattet sind und von denen man manchmal scherzhaft behauptet, wir hätten sie nicht mehr beieinander.

Während wir Menschen in erster Linie unsere Umwelt mit dem Auge wahrnehmen, „sieht" der Hunde seine Umwelt wohl mehr mit der Nase, seinem Geruchssinn. Um wieviel besser der Hund „riechen" kann als der Mensch ist Spekulation. Es gibt Wissenschaftler, die behaupten, die Geruchsempfindlichkeit eines Hundes sei hundertmillionenmal größer als die eines Menschen. Was jeder Hundehalter weiß, ist, daß der Hund die Nase benötigt und benutzt, um sich überhaupt in allen denkbaren Lebenslagen zurechtzufinden, d. h. zu überleben. Neben das scharfe Wahrnehmungsvermögen tritt beim Hund die Fähigkeit, zwischen sehr ähnlichen Gerüchen zu unterscheiden. Die Reize werden hervorgerufen durch flüchtige Substanzen, die in den verschiedensten Konzentrationen in der Luft oder auf den Gegenständen vorhanden sind. Z. T. sind sie auch im Wasser löslich. Sie erregen je nach ihrer chemischen Zusammensetzung die Sinneszellen. Je nach den konkreten Umständen muß der Hund seine Schnüffeltätigkeit verschieden einrichten. Er muß sich nach dem Wind, nach der Luftfeuchtigkeit richten, er muß berücksichtigen, daß manche Substanzen leichter oder auch schwerer sind als Luft, woraus sich die verschiedensten Verhaltensweisen ergeben. Das Wunder der Hundenase ist bislang kaum erforscht, die Erfahrungen in der Praxis zeigen immer wieder, daß wir das Riechvermögen des Hundes weit unterschätzen. Jeder Jäger und Hundemann, der schon längere Zeit jagt, kann geradezu von Wundern berichten, wie auch andere Diensthunde bisweilen unerklärliche Leistungen erbringen. Ist es beispielsweise nicht erstaunlich, daß Hunde es vermögen, am Geruch eineiige Zwillinge auseinanderzuhalten?

Wenn der Hund auch ganz vorzugsweise seine Umwelt „erriecht", so läuft er ansonsten jedoch nicht „fast blind" herum. Hier scheint der Hund dem Menschen jedoch etwas unterlegen zu sein. Hunde sind mit an Sicherheit grenzender Wahrscheinlichkeit nicht in der Lage, wie wir Farben wahrzunehmen, sondern sie unterscheiden lediglich helle und dunkle Töne, so daß ihre Umwelt etwa so aussieht, wie wir sie im Schwarzweißfernsehen erleben. Ein weiterer wesentlicher Unterschied zwischen Mensch und Hund besteht darin, daß durch die seitliche Augenstellung beim Hund dessen Gesichtswinkel um 30° bis 50° größer ist. So können die Bewegungen um einen Hund herum von diesem besser erfaßt werden, was allerdings mit dem Nachteil verbunden ist, daß die Stellung der Augen das plastische Sehen weniger begünstigt. Auch die Entfernung, in der ein Hund noch genau wahrnehmen kann, scheint nicht so groß zu sein wie beim Menschen. Die weniger gute Ausbildung des Auges im Vergleich zur Nase wird damit begründet, daß Hunde ursprünglich „Dämmerungstiere" gewesen sind, wofür auch ihr vergleichsweise besseres Sehvermögen in der Dämmerung spricht.

Das Gehör des Hundes wiederum ist erheblich feiner ausgebildet als das des Menschen. Der Hund kann doppelt so hohe Frequenzen wahrnehmen wie wir, und das auch über größere Entfernungen hinweg als der Mensch. Damit verbunden ist auch ein außerordentlich feines Unterscheidungsvermögen.

Viele Hundebesitzer erkennen dies beispielsweise daran, daß der Hund seinen Pkw dem Geräusch nach aus einer Vielzahl anderer gleichen Modells herauszufinden in der Lage ist. Das feine Wahrnehmungsvermögen des Hundes ist „berufsnotwendig". Dem kommt auch die Beweglichkeit des Hundeohres entgegen, was besonders fein bei Rassen und Schlägen zu beobachten ist, die noch Stehohren haben wie der Wolf. Bei unseren Jagdhunden mit den meist langen Behängen besteht nur mehr die Möglichkeit, diese mit entsprechenden Muskeln andeutungsweise in gewisse Richtungen zu stellen, was jeder aufmerksame Beobachter erkennen kann.

Der Geschmackssinn des Hundes ist offenbar eng verbunden mit seinem Geruchssinn, wir sollten uns jedoch hüten, hier mit menschlichen Maßstäben zu messen. Was einem Menschen schmeckt, muß für einen Hund noch lange keine Delikatesse sein. Die Geschmacksknospen, mit denen ein Hund schmeckt, befinden sich an den verschiedensten Stellen innerhalb des Fangs (Mauls), von wo die empfangenen Reize über Nervenzellen zum Gehirn weitergeleitet werden. Vor dem Fressen beschnuppert ein Hund meist ganz intensiv seine Nahrung, woraus zu schließen ist, daß die wesentliche „Vorprüfung" über das Geruchsorgan erfolgt und der Geschmack eine relativ untergeordnete Rolle spielt.

Unter dem Tastsinn verstehen wir den Sinn, mit dem man aktiv oder passiv etwas erfühlt. Die verschiedensten Organe beim Hund verschaffen ihm die unterschiedlichsten Empfindungen. Sie befinden sich auf der Haut, in den Muskeln oder auch in den Eingeweiden und lassen den Hund beispielsweise Temperaturen erfühlen, Schmerz oder auch Körperkontakte spüren. Daneben dienen diesem „Ertasten" auch die Haare an den verschiedenen Körperstellen. Bekannt sind die Borsten, die gleich „Schnurrhaaren" von den Lefzen des Oberfanges abstehen. Daneben kennen wir in diesem Zusammenhang etwa auch den Gleichgewichtssinn, der dem Hund vermittelt, in welcher Lage er sich befindet und Empfindungen ganz allgemeiner Natur wie Hunger, Durst, das Bedürfnis, sich zu lösen, zu nässen oder auch für das geschlechtliche Empfinden.

Ein weiterer Sinn, häufig als sechster Sinn des Hundes bezeichnet, soll kurz erwähnt werden: das Heimfindevermögen. Dieses Heimfindevermögen hat nichts zu tun mit dem Vermögen eines Hundes, nach einer weiten Jagd auf der eigenen Spur wieder zum Ausgangspunkt zurückzufinden, wo entweder sein Herr auf ihn wartet oder vernünftigerweise ein Gegenstand, wie etwa Rucksack, Liegedecke oder ähnliches hinterlassen wurde. Das Heimfindevermögen ist ein bislang ungeklärtes Phänomen, vergleichbar dem von Brieftauben oder Zugvögeln, die ohne menschlich erfaßbare Kenntnis einen bestimmten Weg finden, wie etwa auch Lachse oder Aale den Weg vom offenen Meer in das heimatliche Süßwasser „kennen". Es handelt sich hier um das Heimfinden von Hunden, die per Auto oder Flugzeug verschickt wurden und nach häufig sicherlich strapaziösen „Fußmärschen" wieder nach Hause zurückfanden. Worin dieses Vermögen letztendlich begründet ist, ist noch nicht erforscht. Voraussetzung scheint jedoch zu sein, daß ein Hund, um sicher zurückfinden zu können, eine ungestörte Jugendentwicklung durchgemacht haben muß und über einen hohen sozialen Rang in seiner „Heimatfamilie" verfügt.

12.4 Verhaltensweisen

Neben der reinen Körperlichkeit und den mehr oder weniger ausgeprägten verschiedenen Sinnen wird eine Tierart oder auch ein Individuum entscheidend geprägt durch die speziellen Verhaltensweisen, die es auszeichnen. Diese Verhaltensweisen, wenn sie einer ganz bestimmten Norm entsprechen, dienen letztendlich sowohl für sich selbst als auch in ihrer Gesamtheit der Selbsterhaltung wie der Arterhaltung. Abweichende Verhaltensweisen können zu einer Gefahr für das Individuum oder auch für eine ganze Population werden. Die Kenntnis der Verhaltensweisen des Hundes für den Jäger ist aus zweierlei Gründen wichtig: Einmal ist nur eine verhaltensgerechte Behandlung des Hundes tierschutzgerecht; zum anderen ist sie ein unabdingbares Erfordernis für die Ausbildung eines Hundes zum Jagdhund, der in der späteren Praxis den „Berufsanforderungen" optimal entspricht. Die Verhaltensweisen des Hundes sind noch relativ wenig erforscht, noch viel weniger sind jedoch die Ergebnisse des bisherigen wissenschaftlichen Bemühens zum Allgemeingut der Jäger und Hundeführer geworden.

Bestimmte Verhaltensweisen sind umweltunabhängig, sie sind erblich (genetisch) bedingt, andere sind umweltbedingt, der Hund entwickelt sie nach ganz bestimmten Erfahrungen.

Die Erörterung der Verhaltensweisen muß sich notwendigerweise auf die wichtigsten Erkenntnisse beschränken.

12.4.1 Erblich bedingte Verhaltensweisen

Auf die erblich bedingten Verhaltensweisen hat der spätere Eigentümer oder Führer eines Hundes keinen, der Züchter nur in beschränktem Maße Einfluß. Allerdings kann man auf längere Sicht durch entsprechende Zuchtauswahl genetisch bedingte Verhaltensweisen in gewissem Rahmen fördern oder unterdrücken.

Schon die Embryonalentwicklung eines Welpen wird letztlich von den Genen gesteuert. Nach der Geburt ist der Welpe sofort in der Lage, beispielsweise zu atmen, späterhin wird der junge Hund krabbeln, laufen, springen und den Hinterlauf nach der Pubertät heben, wenn er ein Rüde ist. Alle diese Verhaltensweisen sind unabhängig von äußeren Bedingungen. Sie setzen lediglich einen bestimmten Reifegrad voraus, in dem, genetisch bedingt, der Hund das beschriebene Verhalten alsdann beherrscht.

Weitere für uns in diesem Zusammenhang wichtige genetisch bedingte Verhaltensweisen zeichnen den Hund aus. Wenn ein Hund etwa einen Insektenbiß oder -stich abwehrt, dann legt er eine bestimmte Verhaltensweise aufgrund eines äußeren Anlasses an den Tag. Man spricht von einer „Reaktion".

Hat ein müder Hund lange genug geschlafen, dann erwacht er, wenn das Schlafbedürfnis gestillt ist, ohne daß es eines äußeren Anlasses bedürfte. Für das Aufwachen ist eine innere Bedingung maßgebend, man spricht in diesem Fall von einer „Aktion". Wenn ein Hund Durst oder Hunger verspürt und seinen Wasser- oder Futternapf gefüllt vorfindet, so beginnt er zu trinken oder zu fressen. Das Trinken oder Fressen sind Reaktionen auf den Reiz, den Wasser oder Futter als äußerer Anlaß auf den Hund ausüben. Hat der Hund genug getrunken und sich sattgefressen, so vermögen Wasser und Futter den Hund nicht mehr dazu veranlassen, weiterhin zu trinken und zu fressen, woraus sich der Schluß ergibt, daß eine weitere Bedingung zu der soeben beschriebenen Reaktion hinzutreten muß, nämlich die innere Bereitschaft, Wasser oder Futter zu sich nehmen zu wollen. Das gilt

Abb. 163. Das Erbgut ihrer Vorfahren tragen auch diese Deutschen Jagdterrier-Welpen in sich; jetzt beginnt die Prägung durch die Umwelt.

für die meisten aller Reaktionen. Sie benötigen für ihre Auslösung einen bestimmten äußeren Reiz, zu dem eine innere Bedingung treten muß. Diese äußeren Reize und inneren Bedingungen bestimmen auch die Intensität, mit der Hunde reagieren.

Ganz bestimmte Reaktionen sind nicht von inneren Bedingungen abhängig, nämlich die einfach und schnell ablaufenden „Reflexe". Ihre typische Bedeutung liegt darin, daß bei Wahrnehmung einer Gefahr der gefährdete Körperteil sofort der Bedrohung entzogen wird. Diese schnellen Schutzreflexe sind normalerweise stets funktionsbereit und hängen allein, wie schon betont, von dem auslösenden Reiz ab. Man denke nur einmal an einen geladenen Weidezaundraht, mit dem ein Hund in Berührung kommt: Er wird sich sofort „reflexartig" mit einem Satz in Sicherheit bringen.

Nun findet jedoch ein Hund, der Durst oder Hunger oder die innere Bereitschaft hat, sich zu paaren, nicht immer gleich einen Napf Wasser, eine gefüllte Futterschüssel oder eine läufige Hündin vor. Er muß sich vielmehr darum „bemühen". Was hier im Verhalten abläuft, ist erblich bedingt, es geschieht „instinktiv". Instinkte sind nach einer griffigen Definition „Verhaltensweisen, deren wichtigste Teilabläufe erblich festgelegt und für die Erhaltung des Individuums oder den Fortbestand der Art durchschnittlich vorteilhaft sind". Das mag im einzelnen am hungrigen Hund veranschaulicht werden: Verspürt ein Hund Hunger, so besteht bei ihm die innere Bereitschaft, das Bedürfnis zu fressen. Findet er nichts vor, so beginnt er, sich auf die Suche nach etwas Freßbarem zu begeben. Der Hunger bewirkt mithin zweierlei: Er ist die Ursache für die Bereitschaft, Nahrung aufzunehmen, und ist gleichzeitig der Antrieb, sich solche zu suchen, sich unter Umständen Beute zu verschaffen. Bereitschaft und Antrieb sind also zwei Ausdrucksformen einer bestimmten inneren Bereitschaft.

Der suchende Hund wird, wenn er Glück hat, bei einem Ausflug irgendwann einmal den Duft von etwas Freßbarem in die Nase bekommen. Er wird sich nun gezielt dieser Duftquelle nähern und ein Stück Fleisch finden, ein fortgeworfenes Butterbrot oder etwas ähnliches. Die beiden soeben beschriebenen Phasen im Verhalten des Hundes, nämlich das zunächst ziellose Herumsuchen und alsdann die zielgerichtete Annäherung an die Beute, das Butterbrot, nennt man „Appetenzhandlung". Wenn nun unser Hund das Butterbrot auffrißt, dann ist dies die alles abschließende Reaktion, die man als „Endhandlung" bezeichnet. War das Butterbrot so groß, daß der Hunger des Hundes völlig gestillt ist, so ist der Versorgungszustand jetzt hergestellt, das Bedürfnis gestillt und der Antrieb, die Bereitschaft zur Nahrungsaufnahme, im Moment gleich null. Erst wenn nach Stunden oder noch längerer Zeit der Versorgungszustand wieder schlechter wird, steigt erneut die Bereitschaft zur Nahrungsaufnahme, der Antrieb, etwas zu finden, und unter normalen Umständen kommt es wiederum zu dem Ablauf des schon geschilderten spezifischen Verhaltens.

Wichtig in diesem Zusammenhang ist zu wissen, daß alle Verhaltenstendenzen zueinander im Verhältnis der gegenseitigen Hemmung stehen, d. h., daß die jeweils am stärksten aktivierte Verhaltenstendenz alle schwächeren unterdrückt. Ein Rüde, der einer läufigen Hündin folgt, wird Hunger und Durst so lange „vergessen", wie seine „Liebesgelüste" stärker sind als Hunger und Durst. Ein Hund, der zum „Gassigehen" aus dem Haus gelassen wird, wird „vergessen, sein Geschäft zu machen", wenn er beispielsweise der Katze des Nachbarn ansichtig wird. Er wird zunächst versuchen zu hetzen und zu fangen. Erst wenn er die Jagd hat abbrechen müssen, wird wieder sein Trieb, sich zu lösen, der stärkste sein, und der Hund wird sich sein ihm genehmes Plätzchen suchen und sein Geschäft verrichten.

12.4.2 Erfahrungsbedingte Verhaltensweisen

Ein Hund macht fast tagtäglich neue Lebenserfahrungen. Je jünger ein Hund, je weniger vertraut er mit seiner Umwelt ist, um so intensiver wirken die verschiedenen Einflüsse, denen er ausgesetzt ist, auf ihn ein. Jede dieser Erfahrungen zu speichern würde eine unnütze Belastung bedeuten. Das Kriterium, nach dem Erfahrungen gespeichert werden, ist das der Nützlichkeit im Hinblick auf Arterhaltung und Selbsterhaltung. Welche Lerngesetzlichkeiten zum Überleben in der Umwelt und zur Arterhaltung geeignet sind, wird uns nun beschäftigen. Von Bedeutung ist in diesem Zusammenhang, daß der Hund ganz bestimmte bleibende Lernresultate nur in ganz bestimmten Zeiträumen oder Lebensabschnitten erzielt, wobei die Zeiträume oder Lebensabschnitte wiederum genetisch verankert, d. h. erblich bedingt sind.

Lerngesetze. Die skizzierten erblich angelegten Verhaltensabläufe werden im wesentlichen bedingt durch äußere Einflüsse, Reize, die den Hund zu *erfahrungs*bedingtem Verhalten veranlassen. Das Verhalten in seiner tatsächlichen Ausprägung ist also sowohl vom genetischen Material als auch von der Umwelt und den Erfahrungen abhängig, die der Hund macht. Verhalten ist gewissermaßen das Widerspiel dieser beiden Komponenten, d. h. das Resultat des Lernens. Die wesentlichen vier Lerngesetzlichkeiten sollen uns beschäftigen.

Erinnern wir uns dazu der Bemerkungen zu den erblich bedingten Verhaltensweisen. Die schnellen Schutzreflexe entfernen das Individuum aus einem Gefahrenbereich oder schützen es auf andere Weise. Werden nun Reize, die einen Schutzreflex auslösen, wiederholt durch bestimmte Wahrnehmungen angekündigt, so ist es sinnvoll, schon auf diese Ankündigung hin mit dem Reflex zu antworten, denn auf diese Art und Weise bleibt dem Hund mehr Zeit und Raum, sich zu schützen oder in Sicherheit zu bringen.

Der Hund, der sich einmal am geladenen Weidezaun elektrisiert hat, hat in seinen Erfahrungsschatz nicht nur den Schmerz aufgenommen, sondern auch alle äußeren Begleitumstände, hier insbesondere den Zaun. Es wird dem Hund höchstens noch ein- oder zweimal passieren, daß er sich an diesem Zaun elektrisiert. In Zukunft wird der ursprünglich völlig neutrale Anblick des Zauns den Hund veranlassen, diesen zu meiden oder jedenfalls tief geduckt unter den Drähten hindurchzukriechen oder unter Umständen darüber hinwegzuspringen. Daraus folgt das allgemeine Prinzip eines bedingten Reflexes: Geht dem auslösenden Reiz für einen Reflex, insbesondere einen Schutzreflex, mehrfach ein sonst neutraler Reiz unmittelbar voraus, so kann dies einen Lernvorgang verursachen mit dem Ergebnis, daß fortan auch der zunächst nur ankündigende Reiz die Reaktion auslöst.

Erinnern wir uns an den hungrigen Hund, der sich auf die Suche nach etwas Freßbarem gemacht hat. Der Hund, der beispielsweise die Erfahrung gemacht hat, in einer bestimmten Mülltonne von Schulkindern fortgeworfene Butterbrote zu finden, wird bei entsprechendem Appetit diese Mülltonne immer wieder aufsuchen. Für den Hund ist es sinnvoll, diesen Ort im Gedächtnis zu behalten. Daraus folgt das Prinzip der bedingten Appetenz: Nimmt ein Lebewesen vor oder während einer Antriebsbefriedigung eine ursprünglich neutrale Reizsituation wahr, so kann dies einen Lernprozeß mit dem Ergebnis hervorrufen, daß diese Reizsituation künftig zum Anlaß oder auch zum Ziel für das zugehörige Appetenzverhalten wird. Dadurch gewinnt also ein Appetenzverhalten neue erfahrungsbedingte auslösende und richtende Reize.

Jedem, der sich mit Hunden befaßt hat, ist das „Pfötchen geben" geläufig. Das Heben einer Pfote oder auch das Berühren eines Menschen mit dieser durch den erwachsenen Hund ist eine der Kontaktaufnahme im sozialen Bereich dienende Verhaltensweise. Ein dem Hund zugeneigter Mensch wird diese Verhaltensweise mit Freude zur Kenntnis nehmen und ihn daraufhin streicheln, mit Worten beloben oder auch einmal einen Happen verabreichen. Aus der Sicht des Hundes ist es also sinnvoll, „Pfötchen zu geben", da dies erfahrungsgemäß zu einer Triebbefriedigung führt. Daraus läßt sich das Lernprinzip der bedingten Aktion ableiten: Folgen auf ein Verhaltenselement ein oder mehrmals Erfahrungen, die eine Belohnung für das Lebewesen darstellen, so verknüpft sich der durch die Belohnung befriedigte Trieb mit dem Verhaltenselement und stellt es in seinen Dienst.

Antriebe können auf diese Weise neue ausführende Verhaltensweisen gewinnen. Bekannt ist das Erlebnis eines Jagdhundes im Wasser, der sichtig eine kranke Ente verfolgt. Dabei kam er mit einem stromführenden Weidedraht, der im Schilf hing, in Berührung, worauf der Hund sofort abdrehte und nicht mehr zu veranlassen war, einer sichtigen Ente zu folgen. Ohne Ente und auf der Schwimmspur arbeitete der Hund nach wie vor. Aus der Sicht des Hundes ist es auch sinnvoll, die Reizsituation (Ente im Schilf) mit der für ihn abschreckenden Erfahrung in Zukunft zu meiden. Das Verhalten des Hundes ist ein Ergebnis des allgemeinen Prinzips der bedingten Aversion: Folgt auf die Wahrnehmung einer neutralen oder zuvor angestrebten Reizsituation einmal oder mehrmals eine schmerzhafte oder ängstigende Erfahrung, so verknüpft sich die Reizsituation mit der Verhaltenstendenz des Vermeidens, die je nach den Umständen zur Flucht oder zur Hemmung der Annäherung führt.

Schließlich sei der Kettenhund in Erinnerung gerufen, der auf einem Grundstück den Fremden anbellt und auch zu attackieren versucht. Der vielleicht an einer langen Kette oder einem Laufdraht angebundene Hofwächter stürzt sich auf den Eindringling, prallt jedoch nicht, wenn sich dieser außerhalb seines Aktionskreises befindet, in die stramme Kette, sondern hält mit seiner Attacke unmittelbar vor diesem für ihn mit Sicherheit schmerzhaften Ereignis ein. Zuvor hat der Hund offenbar mehrfach die Erfahrung gemacht, daß das unkontrollierte Losstürzen an einer ganz bestimmten Stelle unangenehm wird, es erscheint sinnvoll, daß der Angriff schon zuvor gehemmt wird. Der Hund hat nach dem Prinzip der erfahrungsbedingten Hemmung gelernt. Folgt einem Verhalten einmal oder mehrmals eine Erfahrung mit negativer Valenz wie Schmerz oder Schreck, so erfolgt ein Lernvorgang mit dem Ergebnis, daß das Verhalten hinfort selten oder gar nicht mehr ausgeübt wird. Der Unterschied zur bedingten Aversion besteht darin, daß bei dieser der Reiz abstoßend wirkt, während bei der bedingten Hemmung die Ausübung des Verhaltens letztendlich gehemmt ist, unabhängig vom Reiz.

Entwicklungsphasen. Es ist schon angedeutet, daß für manche angeborenen Verhaltensweisen die auslösenden Reizsituationen in einer genetisch vorbestimmten Lebensphase ihren wesentlichen und bleibenden Eindruck hinterlassen. Beim Menschen nennt man derartige Vorgänge „Fixierung", bei den Tieren „Prägung". Der Begriff „Prägung" stammt aus der Verhaltensforschung. Sein Vater ist Konrad Lorenz, der diesen Ausdruck zunächst jedoch nur auf Vögel bezog. Heute wird er ganz allgemein auf alle Tierarten angewandt. Die Prägung erfolgt in bestimmten, bisweilen sehr kurzen Zeiträumen. Man spricht in diesem Zusammenhang von Prägungsphasen oder sensiblen Phasen sowie, wenn diese sehr kurz sind, von kritischen Phasen. Es handelt sich bei diesen Phasen also um ein angeborenes Kurzzeitlernvermögen, das einen Lernvorgang ähnlich der bedingten Appetenz zur Folge hat. Gelernt wird beispielsweise, wer „Artgenosse" ist, wer der spätere Sexualpartner ist, welches die Beutetiere sind. Beispielsweise lernt der junge Hund den Anblick der Mutter: Ein angeborenes Bedürfnis nach Kontakt läßt den jungen Hund eine Reizsituation (Anblick der Mutter) finden, es erfolgt eine Befriedigung des Kontaktbedürfnisses durch Kontaktaufnahme mit der Mutter. Dadurch wird die Reizsituation zum erlernten Orientierungsziel des Appetenzverhaltens. Der Unterschied zur bedingten Appetenz liegt jedoch

Abb. 164. Mit ihren etwa acht Wochen haben Welpen wie diese Deutsch-Kurzhaar ihre erste Prägungsphase bereits abgeschlossen. Jetzt kommen sie in ihre neue Umgebung, es folgt die Sozialisierungsphase.

darin, daß die Lernfähigkeit auf eine sensible Phase beschränkt, das Lernergebnis unwiderruflich ist und Verhaltensstörungen die Folge sind, falls eine sensible Phase ohne Prägungserfolg vergeht.

Nachfolgend sollen die für uns wichtigen Entwicklungsphasen des Hundes gestreift werden, wobei zu bemerken ist, daß die bisherigen Ergebnisse der Verhaltensforschung es nicht erlauben, die Zeiträume genau einzugrenzen, und offenbar manche Hunderassen oder -individuen nur noch unvollkommen die genetischen Voraussetzungen zu einer gelungenen Prägung besitzen. Die erste der für uns wichtigen sensiblen Phasen durchläuft der Hund etwa von der dritten bis zur achten Lebenswoche. Diese Phase nennen wir „Prägungsphase" (im engeren Sinne, denn Prägungen erfolgen auch noch später). Innerhalb dieser Prägungsphase lernt der junge Hund, wer seine „Artgenossen" sind. Aus Versuchen weiß man, daß Welpen, die während dieser Zeit nicht ein bestimmtes Minimum an Kontakt mit Menschen hatten, meist zeitlebens scheu und ängstlich gegenüber diesen bleiben, während sie mit ihresgleichen ganz natürlich verkehren. Haben jedoch junge Hunde ausreichend Gelegenheit, sich mit Menschen zu befassen und unmittelbaren Kontakt zu ihnen aufzunehmen, so werden sie auch nach Abschluß dieser sensiblen Phase in Zukunft freudig bereit sein, den Menschen als „zweiten Artgenossen" anzuerkennen, und zwar für das ganze Hundeleben. Nicht jedoch wird grundsätzlich der Mensch als Geschlechtsgenosse anerkannt, denn die Prägung auf den Menschen begrenzt sich auf den Funktionskreis der Rudelbildung.

Bislang hat unser Hundekind also nur „gelernt", wer in Zukunft zu seinesgleichen zählt, ohne daß das Verhalten zu diesen Lebewesen schon geordnet wäre. Der Prägungsphase folgt ein Lebensabschnitt, in dem Erkunden, Neugierverhalten, Spielen und Nachahmen wesentlicher Lebensinhalt sind. In dieser „Sozialisierungsphase", etwa in der achten bis zwölften Lebenswoche, entwickelt der Hund ein auf diesen Zeitraum begrenztes Lernvermögen zur Gemeinschaftsbildung. Aus dem ursprünglichen Nebeneinander der Welpen wird ein Miteinander, ein Füreinander. Während in der Prägungsphase das Spiel darauf gerichtet war, die als Artgenossen erkannten Lebewesen in ihren Reaktionen kennenzulernen, entwickeln sich nun Spiele, die von Gemeinsamkeit getragen sind. Im Vordergrund stehen „Beutefangspiele", im Rahmen derer die Erfahrung gemacht wird, daß gemeinsames Handeln erfolgreicher und damit lustvoller ist.

Wenn Welpen in dieser Entwicklungsphase lediglich mit ihresgleichen zu spielen Gelegenheit haben, können sie später nicht in dem Maß auf Spielaufforderungen eines Menschen eingehen. Hat umgekehrt ein Welpe in dieser Phase nur Gelegenheiten, mit Menschen, jedoch nicht mit anderen Hunden zu spielen, wird er danach Spielaufforderungen durch andere Hunde in der Regel verständnislos gegenüberstehen.

Festzuhalten bleibt jedoch auch hier, daß Abschwächungen möglich sind und der Hund manches durch Lernen nachholen kann. In der nun folgenden Rangordnungsphase stehen Kampf- und Jagdspiele im Vordergrund der Aktivitäten der Hundemeute. Eine Rangordnung kann zwar schon in der Prägungsphase beobachtet werden, indessen ist diese Rangordnung meistens fast ausschließlich von der körperlichen Stärke der Welpen bestimmt. Ausgehend von der Erkenntnis, daß der Hund ein Lernwesen ist und das Lernen für ihn eine mindestens so große Bedeutung hat wie angewölftes Können, je älter er wird, wäre es ein verkehrtes Ausleseprinzip, wenn allein die körperliche Kraft über das weitere Lebensschicksal bestimmen würde. Daher spielt sich nunmehr eine Rangordnung ein, die vornehmlich auf einer psychischen Überlegenheit beruht, die allerdings in aller Regel auch mit einer körperlichen Überlegenheit einhergehen dürfte.

Es tritt in dieser Phase auch die psychische Überlegenheit des Vaterrüden deutlich in den Vordergrund. Das Verhalten der Welpen und Junghunde diesem gegenüber ist nicht von der Furcht vor seiner körperlichen Stärke geprägt, sondern von der Anerkennung seiner Autorität im Sinne von Lebenserfahrung. Die Junghunde haben gelernt, daß die Verhaltensweisen der Eltern, so unverständlich sie vielleicht auch sein mögen, stets positive Auswirkungen haben. Es wird in diesem Lebensabschnitt der Grundstein gelegt für das, was die Verhaltensforschung als „Gefolgschaftstreue" bezeichnet.

Im nun folgenden fünften und sechsten Lebensmonat wären junge Wölfe – in unserem Fall junge Hunde – so alt, daß sie für die bevorstehende Jagdsaison vorbereitet werden müssen. Das geschieht außerhalb des bisherigen Lebensbereiches im späteren Jagdgebiet. Die jungen Wölfe und auch die jungen Jagdhunde lernen in dieser Zeit ein gruppenbindendes Zeremoniell, das das Rudel zur Gemeinschaftsjagd verbindet. Es wird eine Art von Arbeitsteilung festgelegt, wobei die Begabungsschwerpunkte der einzelnen Meutemitglieder eine Rolle spielen. Die in dieser „Rudelordnungsphase" erlernten Verhaltensweisen haben nichts mit der Rangordnung zu tun, die garantiert, daß das Leben im Rudel nicht ständig durch Aggressionen belastet wird.

Mancher Jäger beschäftigt sich nicht nur theoretisch mit dem Hund, sondern kauft sich einen Welpen mit dem Ziel, aus ihm einen für seine Ansprüche ordentlichen Jagdgebrauchshund zu machen. Der Erfolg hängt vom Verhalten des hundeführenden Jägers ab. Es kann das eines Menschen sein, der „wie ein Hund denkt", sich vollkommen in ihn einfühlt. Es kann aber auch ganz und gar von bloßer Theorie bestimmt sein. Zwischen diesen Polen finden wir jedoch die verschiedensten Typen der Hundeführer.

Es ist unmöglich, hier den Weg zum fertigen Hund in Einzelheiten zu beschreiben, eine Beschränkung auf einige grundlegende Überlegungen ist angezeigt.

> **Merke:** Der Jagdhund ist ein „Wolf", der vom Menschen äußerlich nach seinen jagdlich zweckbestimmten Vorstellungen gezüchtet und geformt ist. Körperliche Fehler und Mängel können seine jagdliche Eignung beeinträchtigen. Seine Sinne sind denen des Menschen zum Teil weit überlegen, er wird damit zu einer vollkommenen Ergänzung des Jägers.
>
> Genetisch bedingt lernt ein Hund nach bestimmten Gesetzmäßigkeiten, wobei die Prinzipien der jeweils *erfahrungs*bedingten Appetenz, Aktion, Aversion und Hemmung im Vordergrund stehen. Bestimmte Verhaltensweisen erlernt ein Hund nur in genetisch festgelegten Entwicklungsphasen (= Prägung). Bleibt hier ein Lernerfolg aus, so kann er unter Umständen nicht oder nur unvollkommen nachgeholt werden. Durch widrige äußerliche Umstände kann es auch „Fehlprägungen" geben. Wesentliche Entwicklungsphasen sind für den Jagdhund die Prägungs-, Sozialisierungs-, Rangordnungs- und Rudelordnungsphase.

12.5 Fragen & Antworten zu Körper und Verhaltensweisen

Welches ist das wichtigste Organ des Hundes und warum?
Die Nase. Mit ihr „sieht" der Hund „seine" Welt.

Wie nennt man die Ohren der Jagdhunde?
Behänge, beim Terrier und den Laiki Ohren.

Wieviel Zähne hat der Hund im
a) **Milchgebiß**
b) **fertigen (Ersatz-)Gebiß?**
a) 28 Zähne
b) 42 Zähne.

Welche Zähne sind für den Hund besonders wichtig?
Die Fangzähne (Eckzähne) und die Brechscherenzähne (Backenzähne, P_4 im Ober- und M_1 Unterkiefer).

Was sind Kryptorchismus und Monarchismus?
Kein oder nur ein Hoden ist in den Hodensack „gewandert".

Was wissen Sie zum
a) **Hörvermögen**
b) **Sehvermögen**
des Hundes?
a) Der Hund empfängt mit dem Gehör mehr Frequenzen als der Mensch und hat ein feines Unterscheidungsvermögen.
b) Weniger gut als des Menschen ist das Sehvermögen des Hundes. Im wesentlichen sieht er wohl „schwarz-weiß".

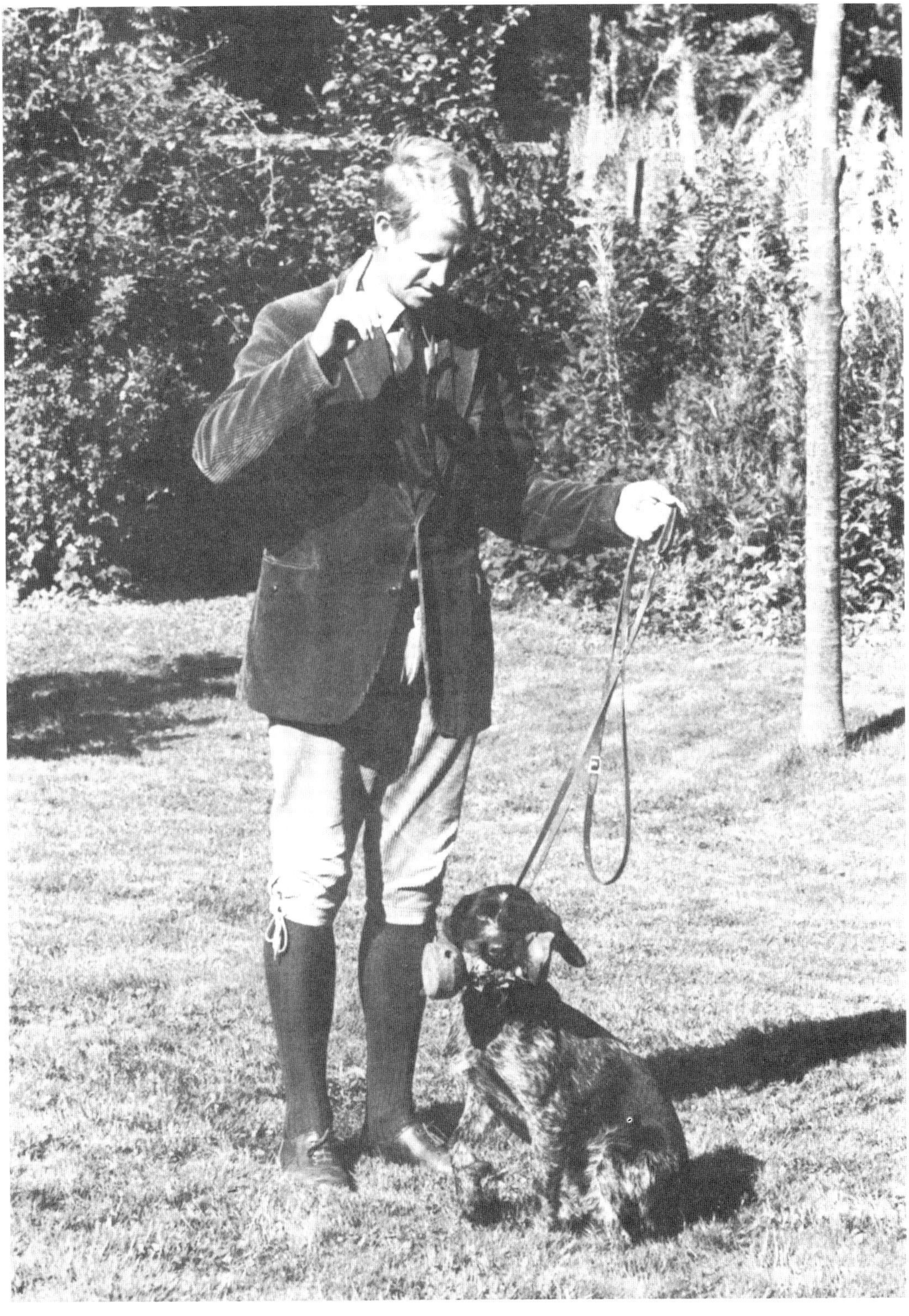

13 Ausbildung

Der Weg zum fertigen Hund wird mit den verschiedensten Begriffen umschrieben, am bekanntesten sind „Dressur", „Abführung", „Ausbildung". Dagegen versteht man unter „Führung" den Gebrauch des dressierten, des abgeführten, des ausgebildeten Hundes.

Der Begriff der Dressur wurde schon vor vielen Jahrzehnten als das Bemühen empfunden, den Hund artgerecht und seinem Wesen entsprechend zu behandeln. Allerdings wird der Begriff auch heute noch gleichgesetzt mit „Parforce-Dressur". Man verbindet mit ihm eine widernatürliche, den Hund geradezu vergewaltigende Behandlung.

Unter „Abführen" versteht man das Bemühen, den Hund auf seine jagdlichen Aufgaben vorzubereiten, inhaltlich ist er wohl gleichzusetzen mit dem Begriff der Dressur.

Der Begriff des „Ausbildens" ist zumindest in der althergebrachten Jagdkynologie weniger geläufig als die zunächst erwähnten beiden Begriffe. Er setzt sich aber mehr und mehr durch, weil er keine „gewalttätige" Assoziation hervorruft. Indessen stellt „Ausbilden" begrifflich das Bemühen dar, aus einem Unfertigen nach bestimmten Vorstellungen ein Fertiges zu gestalten, wobei man von bestimmten naturgegebenen Voraussetzungen auszugehen hat. Es obliegt nun dem Können des Ausbilders, das Beste aus diesen Möglichkeiten zu machen. Ein Welpe ist ein solch unfertiges, noch ungeformtes Wesen, das es gilt, unseren Vorstellungen entsprechend zu gestalten, wobei das Ergebnis weitgehend vom Können des einzelnen Ausbilders abhängt.

13.1 Voraussetzungen beim Ausbilder

Undenkbar ist die Ausbildung des Jagdhundes durch jemanden, der nicht die Möglichkeit hat, dies im Revier – und das ist nun einmal der Arbeitsplatz des Jagdhundes – inmitten jagdlichen Geschehens zu tun, und der *nicht von tiefer Zuneigung zum Hund beseelt ist.* Die Ausbildung eines Jagdhundes außerhalb eines Revieres und außerhalb des jagdlichen Geschehens hat als Ergebnis eher einen Zirkushund, nicht jedoch einen Jagdkumpan. Auch eine Ausbildung ohne innere Anteilnahme muß scheitern. Reine Artistik oder wirtschaftliche Überlegungen sind schlechte Voraussetzungen für eine erfolgreiche Ausbildung.

Das Ausbilden erfordert eine Art ganz bestimmter Sensibilität, die in der Zuneigung zum Hund verwurzelt ist und in der Bereitschaft, ihn auf der Jagd als gleichberechtigten Gefährten und Gesellen anzuerkennen. Allein die Liebe zum Hund reicht jedoch nicht aus. Der Ausbilder muß über genügend Zeit verfügen, um sich dem Hund zu widmen. Der Hund ist eben ein soziales Wesen und bedarf des häufigen Kontaktes zu seinen Meutegenossen, mit denen er Erfahrungen machen will und muß, d. h. mit denen er lernt. Ein Hundeführer, der nur kurz am Wochenende oder wenige Minuten am Tag für seinen Hund Zeit hat, sollte sich seinen Wunsch verkneifen, selbst einen Jagdhund auszubilden. In einem solchen Fall ist es angebracht, lieber damit zu warten, bis er die nötige Muße dazu hat.

Schließlich kennzeichnen zwei wesentliche persönliche Eigenschaften den erfolgreichen Ausbilder. Er muß über Selbstbeherrschung verfügen, liebevoll und zugleich wirklich konsequent sein können.

Während der Ausbildung wird wohl jeder Hundeführer mehrfach an Punkte kommen, an denen er das Gefühl hat, gescheitert zu sein. In diesen Situationen die Contenance zu verlieren und ein Verhalten an den Tag zu legen, das für den Hund unverständlich ist, wäre für das angestrebte Ausbildungsziel außerordentlich schädlich, ja vielleicht nicht wieder gutzumachen. Der Ausbilder muß immer gefühlsmäßig oder intellektuell in der Lage sein, sich selbst zu kontrollieren und seine Handlungsweisen auf die des Hundes einzustellen. Nur dann kann er sich dem Hund verständlich machen und irgendwann einmal den erstrebten Erfolg erzielen. Läßt er sich jedoch in Erregung oder Wut zu Handlungen hinreißen, die für den Hund unverständlich sind, zu Strafen oder auch zu brutalen Tätlichkeiten, so zerstört er nicht nur das Vertrauensverhältnis des Hundes zu ihm, sondern kann auch einen „Lernerfolg" mit umgekehrtem Vorzeichen herbeiführen. Konsequent sein heißt, den Hund in allen unter gewissen Umständen auch von uns provozierten Lernsituationen immer und immer wieder die gleiche gute oder schlechte Erfahrung machen zu lassen. Weihnachten können wir uns vielleicht unseren Kindern gegenüber eine erzieherische Nachlässigkeit einmal erlauben, weil wir unser Verhalten gegenüber den Kindern begründen können. Das können wir jedoch einem Hund gegenüber nicht, und Inkonsequenz hat schon viele Ausbilder scheitern lassen.

13.2 Anwendung der Lerngesetzlichkeiten

Wir haben die Möglichkeit, ganz bewußt die Umweltbedingungen zu schaffen, in denen der Hund nach den beschriebenen Lernprinzipien Erfahrungen macht, die zu den gewünschten Zielen führen. Soweit es um die „Programmierung" innerhalb der sensiblen Phasen geht, haben wir auch die Gelegenheit, auf das „Programm" Einfluß zu nehmen. Mit letzterem wollen wir beginnen und auf einzelne Möglichkeiten der Einflußnahme eingehen.

Innerhalb der Prägungsphase ist es für den Praktiker wichtig zu wissen, was der persönliche Kontakt in dieser frühen Jugendentwicklung für das spätere Verhalten des Hundes bedeutet. Die Kontaktfreudigkeit wird in dieser Phase festgelegt, und zwar in Abhängigkeit von der Intensität der Berührungskontakte, die der Welpe in der Prägungsphase mit dem Menschen gehabt hat. Umgekehrt muß sich jeder Züchter darüber im klaren sein, was es bedeutet, wenn die Mutterhündin verunglückt und er einen Einzelwelpen im sonst hundefreien Haushalt künstlich aufzieht. Er erreicht eine fast vollkommene Prägung auf den Menschen, die später zu gewissen, wenn auch nicht unüberbrückbaren Schwierigkeiten führen kann, wenn der ältere Jagdhund erstmals in seinem Leben mit anderen Hunden in Berührung kommt.

Das Lebewesen Jagdhund wird also schon in diesen ersten Lebenswochen ganz entscheidend ausgebildet, die Verantwortung hat der Züchter. Nach dem Verkauf des Welpen in der siebten oder achten Lebenswoche geht die Verantwortung nunmehr auf den Führer über. In der nun folgenden Sozialisierungsphase bedeutet das, daß der Hundeführer mit seinem Schützling vor allem viel gemeinsam spielt. Das gemeinsame Spiel ist lustbetont und bringt mehr als das, was der Welpe bislang im Spiel der Prägungsphase erlebt hat. Der sich im Welpen entwickelnde Drang zum gemeinschaftlichen Handeln kann in jeder Richtung spielerisch ausgenutzt werden, um künftige Arbeitsleistungen vorzubereiten. Wir können den Welpen lehren, die Nase zu gebrauchen, wenn wir uns versteckt oder eine Schleppe gelegt haben, wir können ihn lehren, daß das spielerische Herantragen von Gegenständen ein angenehmes Verhalten von unserer Seite zur Folge hat, womit wir den Grundstein für das freudige Apportieren legen. Zur Sozialisierung gehört aber auch schon eine gewisse Unterordnung, im speziellen Fall unter die Führung des Menschen, des Hundeführers. Fehlende Zeit und Muße in diesem Lebensabschnitt sowie mangelnde Konsequenz und Gradlinigkeit in unseren Verhaltensweisen lassen viele Chancen ungenutzt vorübergehen und sind der Grund für manches spätere Fehlverhalten des Hundes.

In der nun folgenden Rangordnungsphase steht im Vordergrund des Bestrebens unseres jungen Hundes, sich einen ganz bestimmten Rang innerhalb der Meute „Familie" zu „erkämpfen". Wir haben jetzt ganz besonders und mit großer Konsequenz darauf zu achten, dem Hund nicht durchgehen zu lassen, was wir nicht dulden wollen. Die psychische Überlegenheit gewinnt eine besondere Bedeutung. Der Jäger muß sich jetzt bemühen, das Fundament für die „Gefolgschaftstreue" seines vierläufigen Begleiters zu legen.

Durch viel Beschäftigung mit dem Hund, durch „Jagdspiele" im Revier und unser Bemühen, den Hund immer wieder die Erfahrung machen zu lassen, daß unser Verhalten für ihn letztendlich positive Auswirkungen hat, nehmen wir Einfluß auf die spätere „Führigkeit" des Hundes. Unter Führigkeit verstehen wir die Bereitschaft eines Hundes, dem von ihm anerkannten Meuteführer folgsam, aber ohne Zwangseinwirkung dienstbar zu sein. Sie zeigt sich ausschließlich in der engen Zusammenarbeit mit dem Führer.

Scharf zu unterscheiden von der Führigkeit ist der Gehorsam eines Hundes als ständige Bereitschaft, sich in jeder Situation seinem Führer schnell und sicher unterzuordnen, ja zu unterwerfen. Der Gehorsam ist eine anerzogene Bereitschaft zur Reaktion, die Führigkeit eine vorrangig genetisch bedingte Verhaltensqualität. Unterordnung und Führigkeit sind für den Gehorsam von nicht geringer Bedeutung, indessen darf man die Begriffe nicht vermischen, wenn man einen Hund richtig ausbilden und auch beurteilen will.

Haben wir uns als Ausbilder in der Rangordnungsphase viel mit dem Hund, auch im Revier, beschäftigt, so trifft uns diese Pflicht in vermehrtem Maße in der nun folgenden Rudelordnungsphase. In dieser Zeit des Lernens lernt auch der Jungwolf über das simulierende Spiel hinaus die Jagd in der Praxis kennen, was für unseren jungen Jagdhund bedeutet, daß wir ihn auch schon die ersten jagdlichen Erfahrungen in der Praxis machen lassen müssen. Insbesondere kommt es darauf an, ihn mit der Rollenverteilung vertraut zu machen. Der Stöberhund muß beispielsweise lernen, daß er sich gegebenenfalls von seinem Führer entfernen darf, daß dieser immer auf ihn wartet und daß das Hochmachen von Wild unter Umständen einen gemeinsamen Erfolg zeitigt. Der Schweißhund hingegen muß lernen, daß nur im Zusammenhang mit dem Führer das Verfolgen einer Krankfährte Erfolg verspricht. Der Bauhund wiederum muß lernen, ähnlich wie der Stöberhund, daß der Jäger „draußen" wartet und er, der Hund, sich im Vertrauen auf die Hilfsbereitschaft seines Herrn unter der Erde mit dem Raubwild beschäftigen darf und muß. Ähnliches gilt für den Feldhund, der die Grundbegriffe der Suchjagd erlernen muß, oder für die Arbeit am Wasser.

Wir haben gesehen, daß wir uns innerhalb der sensiblen Pha-

Abb. 166. Am Ende der Übungsfährte liegt z. B. eine dem jungen Hund vertraute Wilddecke, unter der er das begehrte Futter weiß.

sen bemühen müssen, die genetisch bedingte Bereitschaft zum Lernen auszunutzen. Dabei müssen wir uns selbstverständlich der Lern- und Lehrgesetzlichkeiten bewußt sein, nach denen ein Hund ganz bestimmte Erfahrungen macht. Nur durch Erfahrungen lernt ein Hund. Wir haben die Möglichkeit, ihn die entsprechenden Erfahrungen machen zu lassen, um an die von uns angestrebten Ziele zu gelangen. Es ist unmöglich, hier im vorgegebenen Rahmen die Ausbildung eines Hundes für die jagdliche Praxis an Hand der beschriebenen Gesetzlichkeiten darzulegen. Exemplarisch soll dies jedoch an einem Beispiel geschehen, das offenbar vielen Jägern Schwierigkeiten bereitet, nämlich die Einarbeitung eines Jagdhundes auf Schweiß.

Die Ausbildung dazu beginnt schon in dem Augenblick, in dem wir den Hund mit sieben oder acht Wochen erhalten, denn es gibt wohl keine Arbeit in der jagdlichen Praxis, in der es so auf das Miteinander zwischen Hund und Führer ankommt, wie bei der Nachsuche auf Schalenwild. In der Hoffnung, daß der Hund gleichermaßen auf Menschen und Hunde geprägt ist, bemühen wir uns sofort, das Fundament für die Lernfähigkeit durch viel Beschäftigung zu legen. Später bemühen wir uns darum, daß der Hund uns als Meuteführer anerkennt und seine Rolle für die spätere Jagd „zu spielen" erlernt. Wenn der junge Hund bei uns eingewöhnt ist, lernt er zunächst, eine kleine Halsung zu tragen. Wenn er das nach wenigen Tagen anstandslos tut, gewöhnen wir ihn daran, an der Leine geführt zu werden. Das geschieht nach dem Prinzip der bedingten Hemmung in Kombination mit dem Prinzip der bedingten Appetenz: Wenn der Hund auszubrechen versucht, wird er mit der ruckenden Leine „bestraft". Bewegt er sich dicht bei uns, wird er gelobt, abgeliebelt oder auch mit einem Häppchen belohnt.

Parallel dazu lassen wir den Hund zunächst die Erfahrung machen, daß das Aufnehmen einer von uns gezeigten Spur zu einem Ziel führt, das Triebbefriedigung verspricht. Wir bedienen uns also des Prinzips der bedingten Appetenz. In der Praxis sieht das so aus, daß wir zu einem Zeitpunkt, in dem unser junger Hund nach unseren Erfahrungen hungrig ist, irgendwo den ihm bekannten Futternapf mit leckerem Futter verstecken. Dann legen wir mit einem Stück Lunge oder Pansen eine Schleppe von 80 bis 100 Metern oder tropfen auch schon Schweiß. Diese Spur zeigen wir dem Hund und animieren ihn lebhaft, mit der Nase zu arbeiten. Das genetisch bedingte Neugierverhalten wird den Hund veranlassen zu suchen. Er findet die gefüllte Futterschüssel, kann seinen Hunger stillen und wird fortan das Suchen auf der Spur (Fährte) in den Dienst der Antriebsbefriedigung stellen.

Man liest und sieht auch häufig, daß an das Ende dieser künstlichen Spuren Decken oder Schwarten gelegt werden. Das ist eine Möglichkeit, den Hund zu „motivieren", allerdings müssen wir uns dabei bewußt sein, daß auch das Finden der Decke zu einer Triebbefriedigung führen muß. Allein die Decke, die ihm alsbald wieder fortgenommen wird, wird in aller Regel kein Grund für den Hund sein, fortlaufend und für alle Zukunft danach zu suchen. Vielmehr kann das zu einer Frustration führen, also zu einem umgekehrten Lernerfolg. Wir müssen den Hund künftig spielen und „kämpfen" lassen, damit er den entsprechenden Trieb abreagieren kann. Daraus ergibt sich für die Praxis zweierlei: Einmal muß vor der Übung irgendein Trieb der Befriedigung harren und andererseits muß eben dieser Trieb am Ende der Fährte auch befriedigt werden können.

Ein satter Hund hat kein Interesse an der vollen Futterschüssel, ein müder Hund, mit dem man lange gespielt hat, hat kein Interesse mehr an dem „Spielzeug" am Ende der Fährte. Ein Führer, der die Antriebslage des Hundes unberücksichtigt läßt, wird kaum Erfolge erzielen. Wichtig ist auch, daß der Hund am Ende der Fährte eine Situation vorfindet, die er schon kennt und in der er, ohne daß andere Verhaltenstendenzen aktiviert werden, Befriedigung findet. Das heißt, daß die Futterschüssel dem Hund bekannt sein und von ihm begehrtes Futter enthalten muß, daß er mit der Rehdecke oder Sauschwarte, die er vorfindet, vertraut ist.

Findet der junge Hund am Ende der Fährte erstmals die Schwarte eines Winterkeilers, so kann das bei ihm Entsetzen und Furcht auslösen, mit der Folge, daß er zunächst kaum geneigt sein wird, nochmals eine ihm vom Herrn gezeigte Fährte zu verfolgen, da dies, wie er verknüpft, zu einem „schrecklichen Erlebnis" führt. Ein Lernerfolg nach dem Prinzip der bedingten Aversion wäre die Folge.

Eines Tages werden wir den jungen Hund, der zunächst die Kunstfährten ganz frei gearbeitet hat, auch an die Schweißhalsung und den Schweißriemen nehmen und arbeiten lassen. Wenn der Hund mittlerweile das entsprechende Alter erreicht und gelernt hat, leinenführig zu sein, wird das keine Schwierigkeiten mehr bereiten. Nun haben wir die Möglichkeit, unser erstrebtes Lernziel nach einem weiteren Prinzip zu beeinflussen, nämlich dem Prinzip der bedingten Hemmung.

Auf der Fährte wird der Hund vielen Versuchungen begegnen, denen er zunächst geneigt ist nachzugehen. Er findet die Fährten, Spuren oder Geläufe anderer Wildtiere, er sieht andere Hunde oder wird durch verschiedenste Geräusche oder Gerüche abgelenkt. In einer solchen Situation erinnern wir den Hund durch einen leichten Ruck am Schweißriemen und das mehr oder weniger unfreundlich betonte Kommando „Zur Fährte" daran, daß er den „Pfad der Tugend" verlassen hat. Wir bleiben nun stehen und beloben den Hund in dem Augenblick, in dem er wieder die Ansatzfährte anfällt, und ermuntern ihn mit dem freundlichen Befehl „Such, verwundt, mein Hund".

Meist werden die bislang beschriebenen Übungen zunächst im Garten, später in einem nicht weit entfernten Waldstück abgehalten, unter Umständen auch immer zur gleichen Tageszeit, nämlich wenn Herrchen Feierabend hat. Wir freuen uns über die schnellen Fortschritte des jungen Hundes und sind erstaunt, wenn wir plötzlich an einem Sonntag morgen in einem fremden Revier versuchen, eine Kunstfährte zu arbeiten.

Wir sind erstaunt, denn vielleicht haben wir den Eindruck, einen Hund am Riemen zu haben, der überhaupt noch nie eine Rotfährte gearbeitet hat. Das ist verständlich: Nicht nur unser eigenes Verhalten geht in das Lernen ein, vielmehr auch alle anderen Umweltgegebenheiten wie Zeit, Ort, Wetter und ähnliches. Wir müssen also darauf bedacht sein, auch die äußeren Gegebenheiten immer unterschiedlich zu gestalten, damit keine starren Gewohnheiten in den Lernprozeß einfließen, wie es beispielsweise bei Zirkustieren sinnvoll ist. Diese müssen immer und immer wieder in der gleichen Umgebung ihre Kunststücke vollführen, bei denen es ganz wesentlich darauf ankommt, daß jeder Hocker, jede Lampe, jedes Gitter seinen bestimmten Platz hat.

Die weitere Ausbildung bei der Schweißarbeit ergibt sich zwangsläufig: Die Fährten werden länger, die verwendete Schweißmenge geringer, und die Stehzeit dehnt sich immer mehr aus. Eines Tages ist unser Hund soweit, daß wir meinen, ihn auch in der Praxis einsetzen zu können. Dann müssen wir möglichst darauf bedacht sein, daß die erste Arbeit in der Natur auch Erfolg hat, denn um dieses Erfolges willen und nicht uns zuliebe arbeitet der Hund mit tiefer Nase auf der Fährte.

Die ersten erfolgreichen Arbeiten in der Natur verfestigen das von uns angestrebte Ausbildungsergebnis, in der weiteren Praxis ist es dann nicht so schlimm, wenn es zu Fehlsuchen kommt und der Erfolg ausbleibt.

Die praktische Folgerung aus der Anwendung der Lerngesetzlichkeiten kann also nur sein, mit der Ausbildung möglichst frühzeitig, also im Welpenalter, zu beginnen. Die Ausbildung beginnt schon beim Züchter und muß unmittelbar beim späteren Führer fortgesetzt werden.

Im Alter von sechs bis acht Monaten muß die Grundausbildung eines jungen Hundes abgeschlossen sein. Diese Grundausbildung umfaßt sowohl das Erlernen der für die spätere Jagdpraxis erforderlichen Verhaltensweisen als auch das Kennenlernen seines späteren Arbeitsbereiches, des Reviers. Nie mehr bedarf ein Hund so intensiver Betreuung und Beschäftigung wie in den ersten sechs bis acht Lebensmonaten, da in diesen Zeitraum die sensiblen Phasen fallen und bei mangelnder Betreuung die Gefahr unerwünschter Lernerfolge besteht. Danach ist unser junger Hund beileibe noch kein fertiger Jagdhund. Er hat jedoch das Fundament, auf dem nunmehr in der jagdlichen Praxis aufgebaut werden kann. Bei entsprechender gesunder genetischer Veranlagung und richtiger Ausbildung in allen Abschnitten werden wir in unserem jungen Hund auch kaum einem Vierläufer begegnen, der Wesensschwächen zeigt.

Unter dem Wesen eines Hundes ist die Gesamtheit der angewölften und erworbenen Verhaltensweisen zu verstehen. Das Wesen ist der Verhaltenszustand eines Hundes, in dem er sich zum jeweiligen Zeitpunkt der Begegnung zeigt, wobei eine innere Ausgewogenheit erwünscht ist, die selbst beim Eintreten außergewöhnlicher äußerer Einflüsse bestehen bleibt oder sich schnell wieder einstellt. Hunde, die selbst unter außergewöhnlichen Umwelteinflüssen „ihre Ruhe bewahren", sind wesensfest, wobei diese Ruhe nicht mit Phlegma oder Trägheit zu verwechseln ist. Wesensschwach ist dagegen ein Hund, der infolge angewölfter oder erworbener nervöser Reizbarkeit überempfindlich auf alles Ungewöhnliche reagiert. Derartige Hunde sind auch unter Jagdhunden häufig anzutreffen und oft das Ergebnis unsachgemäßer Behandlung durch den Menschen.

Bewährt haben sich bei der Ausbildung von Jagdhunden Lehrgänge, die von Jagdhundvereinen oder auch Institutionen der Jägerschaft abgehalten werden. Hier leiten erfahrene Rüdemänner den jungen Jäger mit seinem Hund an und helfen ihm, vermeidbare Fehler gar nicht erst zu machen. Darüber hinaus besteht innerhalb der Lehrgänge wie sonst nirgendwo die Möglichkeit, seinen Hund mit Artgenossen zusammen artgerecht auszubilden und ihn in sonst nicht möglicher Weise den Versuchungen auszusetzen, die man bei der Ausbildung eines Hundes unbedingt benötigt. Die Hunde haben hier die Möglichkeit, mit „ihresgleichen" zu spielen, und können bis zu einem gewissen Grad innerhalb der sensiblen Phasen ein gesundes, artspezifisches Verhaltensrepertoire entwickeln.

13.3 Ausbildungs-Hilfsmittel

Allein mit des Geistes Gaben ist ein Hund nicht auszubilden. Der Mensch bedarf dazu der verschiedensten Hilfsmittel, von denen die wichtigsten nachfolgend erwähnt und beschrieben werden sollen. Bei der Anwendung der Hilfsmittel ist in jedem Stadium der Ausbildung ein Prinzip ganz besonders zu beachten, das Prinzip des geringsten Mittels. Das heißt, daß wir jedes Ausbildungshilfsmittel nur immer in der allergeringsten unbedingt notwendigen Stärke anwenden. Einerseits bedeutet jedes Mehr ein vermeidbares Übermaß, andererseits haben wir die Möglichkeit, im Notfall stärker auf den Hund einzuwirken.

Das wichtigste Hilfsmittel bei der Ausbildung eines Hundes ist die Stimme des Menschen. Wir können unsere Stimme modellieren, wir können laut und leise sprechen, wir können flüstern und brüllen. Je nachdem, ob wir den Hund loben oder ihn eine unangenehme Erfahrung machen lassen wollen, können wir ihn sanft oder strafend ansprechen, wir können unsere Stimme heben und senken, je nach dem Zweck der Übung. Das Prinzip des geringsten Mittels bedeutet in diesem Zusammenhang, daß wir von vornherein nur ganz leise, ja fast flüsternd mit dem Hund sprechen, auch wenn wir ihn rügen. Eine laute Stimme verbietet sich häufig schon aus der praxisbezogenen Verwendung eines Jagdhundes. Wir sollten beispielsweise im Wald nicht herumschreien oder laut sprechen, wir müssen uns flüsternd mit dem Hund „unterhalten". Der Kommunikation dienen auch unsere Gesten, mit denen wir einen Hund veranlassen können, sich hinzulegen, abzulegen, heranzukommen, nach links oder rechts zu suchen oder zum Stöbern in der Dickung zu verschwinden. Auch diese Gesten sollen und müssen so sparsam wie nur möglich sein. Deshalb begleiten wir unsere akustischen Kommandos zunächst mit unverkennbaren Gesten, um später das Gesprochene fortzulassen, worauf der Hund alsbald nur noch auf die optischen Signale reagiert.

Ein wichtiges Hilfsmittel bei der Ausbildung eines Hundes sind die verschiedenen Halsungen.

Es gibt Halsungen aus den verschiedensten Materialien. Zu empfehlen ist für den Jagdhund immer eine Lederhalsung, die auf Zug gestellt werden kann. Daneben gibt es Dressurhalsbänder, in deren einer Seite kleine Dornen eingearbeitet sind, die bei entsprechendem Druck dem Hund Schmerz verursachen können. Die mit den Stacheln versehene Hälfte der „Koralle" kann mit einem Griff umgedreht werden, so daß die Stacheln nach außen weisen und nun der Hund keine Beeinträchtigungen mehr empfindet. Derartige Dressurhalsbänder sollten ausschließlich in „Härtefällen" und nur ausnahmsweise sowie nach Anweisungen eines erfahrenen Ausbilders eingesetzt werden.

Wird ein Hund nach dem Prinzip des geringsten Mittels von vornherein an der nicht würgenden Lederhalsung geführt und mit einem Ruck zur Ordnung gerufen, so erübrigt sich in den meisten Fällen die Anwendung eines derartigen Dressurhalsbandes. Wenn man jedoch von Anbeginn an den jungen Hund mit einem würgenden Stachelhalsband führt, kann man sich von ihm alsbald an dieser Halsung auch am Fahrrad einen Berg hochziehen lassen. Der Hund ist „harthalsig" geworden.

Bei der Schweißarbeit wird der Hund an einer speziellen Schweißhalsung geführt, einer sehr breiten Halsung, die den Hals des suchenden Hundes sanft umschließt und ihn nicht beeinträchtigt. Sie ist mit einem Wirbel für die Schnalle des Riemens versehen. Ein derartiger Wirbel ist bei anderen Halsungen nicht erforderlich, da sich der entsprechende Wirbel an der Leine befindet. Wenn ein Hund frei arbeitet, sollte er auch von der Halsung befreit sein, vor allem jedoch bei der Wasserarbeit und der Bauarbeit. Es gibt Signalhalsbänder aus den verschiedensten Materialien, die auffallend gefärbt und mit der Adresse des Eigentümers versehen sind. Diese Signalhalsbänder weisen den Hund als Jagdhund aus und helfen, ihn seinem Eigentümer zurückzugeben, wenn er sich einmal verlaufen oder verjagt haben sollte. Derartige Halsungen sind meistens mit sogenannten Klettverschlüssen versehen, die aufreißen, falls der Hund sich irgendwo im Gelände festhaken sollte.

Über die Halsung ist der Hund mit den verschiedensten Arten von Leinen mit seinem Herrn verbunden. Für die Grundausbildung hat sich eine kurze Leine von etwa einem Meter Länge am praktikabelsten erwiesen. An ihr kann der Hund kurzgehalten und geführt werden, ohne daß sie hinderlich wirkt.

Bei der späteren Ausbildung, wenn wir uns weiter vom Hund entfernen müssen, ohne Gefahr laufen zu wollen, daß sich der Hund unserer Einwirkung entzieht, wird er an einer sogenann-

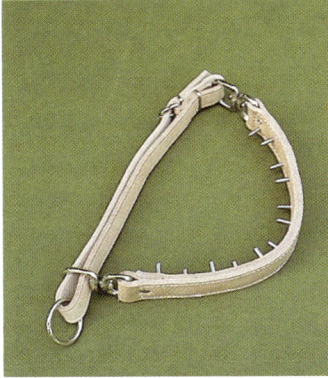

Abb. 167. Halsungen. **a** Flaches Würgehalsband als Alltagshalsung, **b** Zwangshalsung mit Stacheln und zwei starken Wirbeln, **c** Schweißhalsung mit Schweißriemen (von oben nach unten).

ten Feldleine geführt, einer Leine, die im Gegensatz zu den übrigen Lederleinen aus Perlon oder einem anderen haltbaren Material gefertigt ist. Sie ist 10 bis 40 m lang, ein reines Dressurmittel und in der Jagdpraxis ohne Verwendungszweck. Hier wird der Hund meistens an einer Führerleine geführt, die der Jäger sich über Schulter und Oberkörper hängt und die an der Halsung des Hundes mittels verschiedener Konstruktionen so befestigt ist, daß sie durch einen einfachen Handgriff gelöst werden kann.

Der Schweißriemen ist ein langer aus Leder gefertigter Riemen, möglichst ohne Nähte, an dessen einer Seite sich eine Schnalle befindet, mit der der Schweißriemen an der Schweißhalsung befestigt ist, und dessen anderes Ende frei ausläuft. Nach gerechter Art wird dieser Schweißriemen, wenn er nicht benutzt wird, aufgedockt; der Hund wird alsdann an diesem aufgedockten Schweißriemen geführt. Schweißriemen haben eine Länge von etwa 10 bis 12 m.

Zur akustischen Verständigung zwischen Herrn und Hund dient, insbesondere über weite Entfernungen, die Hundepfeife. Am bekanntesten ist die Doppelpfeife, auf deren einem Ende man einen langanhaltenden Pfiff gleicher Tonhöhe abgeben kann, auf deren anderem Ende getrillert wird. Mit dem ersteren Pfiff rufen wir den Hund heran oder erregen auch, je nach Abführung, nur seine Aufmerksamkeit, während er mit dem Triller in aller Regel zum Hinlegen (Downmachen) veranlaßt werden soll.

Auf dem langen Weg bis hin zum zuverlässigen Verlorenbringer müssen wir mit den verschiedensten Apportiergegenständen arbeiten. Das Apportierholz, mit dem wir unsere ersten Übungen beginnen, muß leicht und dem Hund angenehm sein, da es in diesem Stadium noch nicht auf schweres Apportieren ankommt und der Hund sein zweites fertiges Gebiß noch nicht in jedem Fall hat. Es empfiehlt sich daher ein der Größe des Hundes angepaßtes Apportierholz, dessen Griffstück mit weichem Material, das möglichst die Witterung des Führers hat, umwickelt ist. Im weiteren Verlauf der Ausbildung werden dann immer größere und schwerere Apportierhölzer genommen, die nach und nach mit Bälgen und Federn versehen werden, um den Hund mit den verschiedensten Witterungen vertraut zu machen.

Abb. 168. Schwerer Apportierbock mit 10 auswechselbaren Holzscheiben, die durch Eisenscheiben ersetzt werden können.

Dann tritt an die Stelle des Apportierholzes als Übergang zum Wild ein Sandsack, eine halb mit Wasser gefüllte Plastikflasche oder ähnliches Gerät, das mit Wildbälgen überzogen ist. Diese wiederum werden durch kaltes Wild ersetzt, bis der Hund unter unserer unmittelbaren Einwirkung stehend einmal warmes, frisch erlegtes Wild apportieren darf und muß oder bis er schließlich einmal auf der Spur oder dem Geläuf eines kranken Stück Wildes geschnallt wird.

Zum schweren Apportieren dient der sogenannte Oberländer Apportierbock, dessen Gewicht durch aufzuschraubende Holz- und Metallscheiben bis auf etwa 18 Pfund gebracht werden kann. Ein weiteres Hilfsmittel beim Apportierenlernen ist heutzutage dank des technischen Fortschritts der „Teleboc". Der Teleboc ist ein Abschußgerät, mit dem ein Spezialapportierbock etwa 70 bis 80 m weit fortgeschossen werden kann. Der Spezialapportierbock ist aus schwimmfähigem Kunststoff und kann mit Balg und Federn versehen werden. Es entsteht beim Abschießen ein gewehrähnlicher Knall, so daß wir mit diesem Gerät ein hervorragendes Mittel in der Hand haben, die jagdliche Praxis weitgehend zu simulieren und den Hund widerstandsfähig zu machen gegen Versuchungen, denen er bei der praktischen Jagd ausgesetzt ist.

Ein anderes technisches Hilfsmittel ist seit längerer Zeit bekannt: das Teletakt-Gerät. Mit diesem Hilfsmittel haben wir die Möglichkeit, über größere Entfernungen mittels Funkimpuls dem Hund einen für ihn unangenehmen dosierbaren Stromschlag zu versetzen und damit gegebene und richtig verstandene Befehle zu sanktionieren.

Seit langem ist durch das Teletakt-Gerät gottlob der nicht zu verantwortende „Strafschuß" völlig überflüssig geworden. Zu warnen ist vor Geräten, die in Eigenbau hergestellt worden sind, da technische Mängel den sinnvollen Einsatz einschränken können und nach dem derzeitigen Stand der Wissenschaft und der technischen Entwicklung allein die professionell hergestellten und angebotenen Geräte den Anforderungen des Tierschutzes genügen.

Das Gerät besteht aus einem Sender und einem Empfänger. Letzterer ist in eine Spezialhalsung integriert, die durch Elektroden bei entsprechendem Impuls aus einem kleinen Aggregat Stromstöße abgibt. Voraussetzung für eine sinnvolle Anwendung ist, daß unser Hund ganz bestimmte Befehle grundsätzlich zu befolgen gelernt hat und der Hund die Sanktionierung bei der Nichtbefolgung dieses Befehls nicht mit der Spezialhalsung in Verbindung bringt. Es bedarf also einer bestimmten Vorbereitung auf den Einsatz des Geräts, indem wir den Hund über zwei bis drei Wochen vorher mit einer dem Originalhalsband in jeder Beziehung entsprechenden Attrappe sich bewegen lassen und auch nach Anwendung des Geräts diese Attrappe nicht sofort entfernen. Es gibt das Gerät für große und kleine Hunde, und man kann es heute als technisch ausgereift bezeichnen.

Ungeachtet dessen werden Bedenken gegen die Anwendung dieses Hilfsmittels erhoben. Man hält es für nicht mit dem Tierschutz vereinbar. Die erhobenen Bedenken gehen jedoch ins Leere, wenn das Teletakt ordnungsgemäß angewandt wird. Es muß mit technisch einwandfreiem Gerät gearbeitet werden, wozu die psychologisch richtige Vorbereitung des Hundes kommt. Der Hund muß den Befehl, den es zu sanktionieren gilt, einwandfrei verstanden haben, und es muß gewährleistet sein, daß eine Assoziation zwischen Halsung, Empfänger und Sanktion nicht möglich ist. Das Teletakt-Gerät sollte nur in der Hand eines erfahrenen Ausbilders angewandt werden, mindestens sollte man einen solchen zu Rate ziehen, wenn man glaubt, nicht mehr ohne dieses Hilfsmittel auskommen zu können.

Der Einsatz des Teletakts ist stets die letzte Lösung, wenn offensichtlich verstandene Befehle nicht ausgeführt werden und der Einsatz anderer Hilfen – wie das Hineinlaufenlassen in die lange Feldleine – versagten.

Zwar nicht zur Ausbildung, jedoch als wertvolle Hilfe beim Einsatz der Hunde haben sich „Früchte" der Telemetrie erwiesen. Die Telemetrie wird seit über 30 Jahren in der Wildbiologie genutzt, um Informationen über Wildtiere zu erhalten. Ausgehend von den dabei erzielten Ergebnissen und gemachten Erfahrungen, war es eigentlich selbstverständlich, daß man sich die Telemetrie auch nutzbar machte, um Hunde, insbesondere Schweißhunde, die sich im Rahmen einer Nachsuche verlaufen hatten, wiederzufinden. Das Verfolgen von Wild endet nicht immer wenige 100 Meter nach dem Schnallen, und der stellende Hund ist vom Führer vom Schnallpunkt aus zu hören. Vielmehr kann der Hund sich hierbei über Kilometer entfernen, oder aber ein Hund hat sich beispielsweise bei der Hetze verirrt. Schlimmstenfalls ist er von wehrhaftem Wild geschlagen und liegt in einer Dickung oder nach einem Verkehrsunfall im Straßengraben. Für diese Fälle wird der Hund mit einem Halsbandsender ausgerüstet, der Hundeführer seinerseits hat einen kleinen Empfänger bei sich, ggf. kann er Peilantennen zur Hilfe nehmen. In entsprechender Anwendung dieser Technik werden auch Erdhunde mit Halsbandsendern ausgerüstet, so daß man genau weiß, wo der Hund vorliegt, sollte er sich einmal verklüftet haben. Auf diese Art und Weise ist schon mancher Erdhund gerettet worden.

Seit geraumer Zeit bekannt, jedoch erst in neuerer Zeit immer wieder angewandt, ist die „Reizangel", auch „Dressurangel" genannt. Es handelt sich dabei um einen 1,5 bis 2 m langen, kaum biegsamen Stock oder Stab, an dessen Spitze eine möglichst belastbare Schnur befestigt ist. Am Ende der Schnur können je nach Belieben die verschiedensten Gegenstände befestigt werden, wie Deckenfetzen, Bälge, Attrappen von Federwild und anderes mehr. Diese Gegenstände können nun von einem Dritten in jeder nur denkbaren beliebigen Weise bewegt werden. Durch diese Bewegungen werden auf den Hund die verschiedensten Reize ausgeübt, die ihn nun zu den vom Ausbilder beabsichtigten Verhaltensweisen veranlassen. Die Reizangel ist ein Hilfsmittel, das die Ausbildung des ganz jungen Hundes bis hin zum fertigen Hund begleiten sollte. Auch späterhin bleibt sie ein gutes Mittel in der Hand des Ausbilders, um den Hund in vielerlei Beziehung „fit" zu halten.

Die Dressurangel dient beispielsweise dazu, den Hund sich austoben zu lassen, wobei aus psychologischer Sicht zu bemerken ist, daß dieses Austoben auch ein Stückchen „Beschäftigungstherapie" ist, mit der sehr erwünschten Folge, daß ganz bestimmte Triebstauungen beim Hund vermieden werden. Der Hund lernt, an der Reizangel schon in den ersten Lebenstagen und -wochen an der „Beute" sein Meute- und Fangverhalten auszubilden. Er wird vertraut mit den vielen und verschiedensten Gerüchen und Witterungen von Nutz- und Raubwild, er lernt Federn, Haare, Bälge, Borsten kennen und wird, indem er veranlaßt wird, die gefangene Beute abzuliefern, auf das spätere Apportieren vorbereitet.

Auch im fortgeschrittenen Stadium der Apportierübungen ist

Ausbildung

Abb. 169. Die Reizangel ist ein unverzichtbares Hilfsmittel bei der Ausbildung des jungen Jagdhundes.

die Reizangel von hohem Wert, da wir den Hund veranlassen, uns gefangene „Beute" sofort zuzutragen und nicht noch lange mit ihr herumzuspielen. Auch zur Gehorsamsfestigung dient die Arbeit an der Reizangel in hervorragender Weise, denn wir haben nirgendwo anders die Möglichkeit, so unmittelbar auf den passioniert hetzenden und jagenden Hund einzuwirken, wie bei dieser Arbeit. Hier können wir den Hund auch mit dem vielleicht ungeliebten Wasser vertraut machen, indem wir ihn spielend an der Reizangel über seichtes und immer tieferes Wasser bis hin in das Wasser bringen, in dem er schwimmen muß.

Dem aufmerksamen und einfühlsamen Ausbilder werden sich bei der Beschäftigung mit der Reizangel immer neue nützliche Ausbildungsmöglichkeiten erschließen. Gewarnt werden muß allerdings vor einer übertriebenen Anwendung der Reizangel, denn die Arbeit an ihr veranlaßt den Hund, vorzugsweise mit dem Auge zu jagen. Wird die Arbeit mit der Nase vernachlässigt, wird der Hund in der Zukunft auch in der Jagdpraxis versuchen, seine Triebe mehr unter Einsatz des Auges als der Nase zu befriedigen, und wir haben es schwer, den Hund zum Verlorenbringen oder zum sicheren Schweißarbeiter zu erziehen. Auch hier muß also verantwortungsbewußt dosiert werden.

Wir haben nicht die Möglichkeit, unsere Hunde ohne Übergang auf natürlichen Wundspuren, Geläufen oder auf der natürlichen Wundfährte einzuarbeiten. Es fehlt an Gelegenheiten, insbesondere verbietet der Tierschutzgedanke eine derartige Handlungsweise. Als Hilfsmittel bedienen wir uns der Schleppen und Kunstfährten.

Die Schleppen werden hergestellt, indem wir ein Stück zu apportierendes Wild, Federwild, Haarnutzwild oder auch Fuchs oder Katze, über eine bestimmte Distanz im Feld oder im Wald ziehen, wobei wir je nach Schwierigkeit der Arbeit verschiedene Haken und Winkel einarbeiten.

Das zu ziehende Stück wird mit einem Bindfaden am Kopf (sonst ziehen wir es „gegen den Strich") befestigt und wird nun hinter dem Schleppenzieher hergeschleppt, nachdem man den „Anschuß" mit ein paar ausgerissenen Federn oder Bauchwolle markiert hat. Am Ende der Schleppe wird das geschleppte Stück vom Bindfaden befreit, der Schleppenzieher bewegt sich in gerader Richtung weiter und verbirgt sich.

Möglichst bei jeder Übung, immer bei der Prüfung, wird ein weiteres Stück Wild unmittelbar vor dem Schleppenleger ausgelegt, damit der Hund, der unter Umständen das ausgelegte Stück überschossen und die Spur des Schleppenlegers gearbeitet hat, auch etwas findet. Es kommt natürlich bei dieser Arbeit nicht darauf an, daß der Hund zeigt, daß er in der Lage ist, seine Nase zu gebrauchen. Vielmehr gilt es, den Hund zu veranlassen, auf entsprechenden Befehl, getrieben vom Finderwillen, das Stück zu finden, um es dann, außerhalb des direkten Einwirkungsbereiches seines Herrn, aufzunehmen und, nunmehr beflügelt vom Bringwillen, seinem Führer zuzutragen. Das Verfolgen einer solchen Schleppe bereitet dem Hund vom Riechvermögen her überhaupt keine Schwierigkeiten. Daher empfiehlt es sich, die Stehzeit der Schleppen auch ruhig einmal über mehrere Stunden auszudehnen, denn dann besteht die Möglichkeit, daß der Hund bei der Arbeit auf der Schleppe mit anderen Versuchungen und Verleitungen konfrontiert wird. Dies gibt sowohl Gelegenheit, festzustellen, ob unser Hund wirklich und unter allen Umständen seine Aufgabe erfüllt, als auch gegebenenfalls auf den Hund einzuwirken und ihn an seine Pflicht zu erinnern.

Zur Vorbereitung der Arbeit auf der natürlichen Wundfährte eines Stück Schalenwildes bedienen wir uns in aller Regel einer künstlichen Schweißfährte, zu deren Herstellung Haustierblut oder Wildschweiß verwendet wird. Es gibt verschiedene Methoden. Am bekanntesten sind die Tropf- und die Tupfmethode.

Bei ersterer wird aus einem Gefäß möglichst kontinuierlich Schweiß auf den Boden getropft, während bei der letzteren mit einem kleinen Schwämmchen, das an einem Stock befestigt ist, der Schweiß aus einem mitgeführten Gefäß auf die Erdoberfläche gebracht wird, indem man das Schwämmchen auf das Laub, das Gras, die Nadelstreu tupft. Es gibt auch Tupfstöcke, die hohl sind und bestimmte Schweiß- oder Blutmengen aufnehmen können und aus deren Ende durch eine entsprechende Mechanik beim Aufstoßen auf die Erdoberfläche minimal dosiert Schweiß austritt. Diese Geräte haben den Nachteil, daß der Schweiß, der verwandt wird, nicht geronnen sein darf, während wir bei der Tupfmethode auch Gescheideteile, Knochensplitter oder ähnliches in dem offenen Behälter mitführen und in die Fährte einbringen können.

Auch bei der Arbeit auf der Kunstfährte kommt es darauf an, dem Hund zunächst einmal klarzumachen, daß am Ende der Fährte eine „Belohnung" wartet, was im einzelnen schon ausgeführt wurde. Indem wir die Stehzeit verlängern, die Schweißmenge verringern, auch durch Dickungen gehen und Haken, Winkel und Widergänge einbauen, erhöhen wir den Schwierigkeitsgrad der Kunstfährte. Man kann auch Kunstfährten zur Vorbereitung auf die natürliche Arbeit herstellen, indem man Gescheideteile, Pansenteile oder ein Stückchen Lunge an einem Bindfaden hinter sich herzieht und diese Kunstfährte beispielsweise erst nach einem Tag arbeitet. Oder es werden Kunstfährten mit Fährtenschuhen hergestellt. Bei letzteren werden ein oder zwei Schalen vom Rot- oder Schwarzwild in die Holzsohle des Fährtenschuhs eingeklemmt oder eingeschraubt, und der Fährtenleger läuft nun mit diesen Schuhen durch das Revier und stellt die Fährte her, die der Hund später am langen Riemen arbeitet.

Ein Hilfsmittel schließlich, auf das der Bodenjäger nicht verzichten kann, ist der Kunstbau zur Vorbereitung der Teckel und Terrier auf die praktische Arbeit. Hier kann der Hund lernen, auch schon in ganz jungem Alter, daß das Schliefen in den dunklen Bau und das Arbeiten in der engen Finsternis unter der Erde für ihn „lohnend" ist. Er lernt ferner, Vertrauen in seinen Herrn zu setzen, der immer draußen wartet und ihm im Notfall zu Hilfe kommt. Diese Einübungsmöglichkeit kann in einer einfachen Röhre bestehen, durch die zu-

Abb. 170. Man kann eine künstliche Rotfährte tropfen, spritzen oder mit Hilfe des Fährtenschuhs anlegen.

> **Merke:** Der Hund ist ein ausbildungsfähiges Lebewesen. Der Erfolg der „Ausbildung" hängt von der Folgerichtigkeit und Konsequenz ab, mit der die Prinzipien genutzt werden, nach denen ein Hund lernt. Menschliche Qualitäten des Führers, die Auswahl der Hilfsmittel und die genetisch bedingte Bereitschaft zur Ausbildung beim Hund müssen sich ergänzen. Die Grundausbildung des Jagdhundes sollte im ersten Lebensjahr abgeschlossen sein.

nächst nur ein Fuchsbalg gezogen wird, den der Hund verfolgt oder mit dem er sich unter der Erde „auseinandersetzen" kann.

Schließlich gibt es zur Vorbereitung und auch zur Prüfung der Erdhunde künstliche Übungsbaue, die von den Zuchtvereinen genehmigt sein müssen und ganz bestimmten Vorschriften entsprechen. Sie enthalten die verschiedensten Arten von Kesseln, die mit Schiebern abgetrennt sind, Fall- und Steigrohre, enge Stellen, „Kamine" wie auch Hindernisröhren, die mit Sand gefüllt sind und durch die sich der Hund hindurcharbeiten muß. Soweit an und in diesen Kunstbauen auf sogenannten Schliefplätzen mit Raubwild gearbeitet wird, müssen das Tierschutzgesetz und andere dem Schutz der Wildtiere dienende Vorschriften genau beachtet werden.

Durch besondere Vorrichtungen („Drehgitter" im Rundkessel und „Pendelgitter" in der Langröhre) wird gewährleistet, daß bei Prüfungen der Hund keinen unmittelbaren Kontakt mit dem Raubwild, dem Fuchs, mehr hat, indessen durch „Drücken" gegen die beweglichen Gitter den Fuchs noch zum „Sprengen" veranlassen kann.

13.4 Fragen & Antworten zur Ausbildung

Warum sind Grundkenntnisse der Verhaltensbiologie des Hundes für den (hundeführenden) Jäger wichtig?
Sie gewährleisten eine tierschutzgerechte und nachhaltig erfolgreiche Ausbildung und Führung.

Welche beiden Voraussetzungen müssen grundsätzlich für die Reaktionen eines Hundes zusammenkommen?
Eine (innere) Bedingung und ein (äußerer) Reiz.

Wodurch lernt ein Hund am besten?
Durch Erfahrung.

Welche Entwicklungsphasen durchläuft ein Hund generell bis zur Pubertät?
Nach einer vegetativen Phase die Prägungs-, die Sozialisierungs-, die Rangordnungs- und die Rudelordnungsphase.

Wann beginnt die „Ausbildung" eines Hundes?
Mit etwa acht Wochen – dem Wechsel des Welpen vom Züchter zum Führer.

Welche Eigenschaften zeichnen einen guten Jagdhund-Ausbilder aus?
Kenntnisse von der Verhaltensbioogie des Hundes, Ruhe, Geduld, Konsequenz und Selbstbeherrschung.

Was ist eine „Futterschleppe" und wann kommt sie zur Anwendung?
Eine mit einem Stückcken Fleisch (o. ä.) gelegte Duftspur zu einer mit ebensolchem Futter gefüllten Futterschüssel – ein Hilfsmittel, um den Welpen (!!) auf die Fährtenarbeit vorzubereiten.

Nennen Sie einige Hilfsmittel bei der Hundeausbildung?
Die menschliche Stimme, Leinen, Riemen, Halsungen, Pfeifen, Apportiergegenstände, Schleppen, Kunstfährten, Kunstbau, Reizangel, Funkimpulsgeräte wie Teletakt und Telebock u. v. m.

14 Prüfungen

In diesem Abschnitt sind in Abkehr üblicher Darstellung einzelner Prüfungen deren generelle Grundlagen erörtert. Das Prüfungswesen ist (insbesondere gegenwärtig) einem stetigen Wandel unterworfen. Es kommt für den angehenden (Jung-)Jäger darauf an, Verständnis für dessen Grundlagen zu entfalten. Im Einzelfall sind die genauen Vorschriften den jeweils gültigen Prüfungsordnungen zu entnehmen, über die jeder das Fach Jagdbetrieb Unterrichtende oder Hundeobmann der Jägerschaften Auskunft erteilen kann.

Der mehr oder weniger gut ausgebildete Hund wird, auch abhängig von seinen genetisch bedingten Anlagen, nach der Ausbildung mehr oder weniger gut "seinen Mann" in der Revierpraxis stehen. Von diesem Leistungsstand hängt es ab, in welcher Weise er zur Zucht verwandt wird und auch, welchen "Marktwert" er verkörpert. Letzterer ist von Bedeutung beispielsweise, wenn ein Hund verkauft werden soll oder wenn es um den Schadenersatz für einen Hund, der z. B. verunglückt ist, geht. Es muß also die Möglichkeit geben, das Leistungsvermögen eines Hundes zu "verobjektivieren", d. h., es muß ein Verfahren geben, nach dem möglichst gleichmäßig und vergleichbar der Leistungsstand der Jagdhunde festgestellt werden kann. Das Instrument für diese Feststellungen sind die "Prüfungen". Je nach Hunderasse und Schlag sowie der Zielrichtung ihrer Ausbildung sind sie ganz verschieden ausgestaltet.

14.1 Verbandsprüfungen

Als Verbandsprüfungen werden alle Prüfungen bezeichnet, die nach den Prüfungsordnungen des Jagdgebrauchshund*verbandes* abgehalten werden bzw.

nach Prüfungsordnungen der dem Jagdgebrauchshundverband angeschlossenen Zuchtvereine. Man unterscheidet Anlage(Zucht-)prüfungen, Leistungsprüfungen und solche zur Erringung sogenannter Leistungszeichen. Neben den Verbandsprüfungen gibt es weitere Hundeprüfungen, beispielsweise die auch bedeutsamen Brauchbarkeits- oder Jagdeignungsprüfungen der Bundesländer sowie die außerhalb des Jagdgebrauchshundwesens des JGHV stattfindenden Prüfungen nach den Prüfungsordnungen der FCI (vgl. Seite 133).

14.1.1 Anlageprüfungen

Sinn und Zweck einer Anlageprüfung ist die Feststellung der natürlichen Anlagen des Jagdhundes im Hinblick auf seine Eignung und zukünftige Verwendung im vielseitigen Jagdgebrauch sowie als Spezialhund oder als Zuchthund. Die Zuchtprüfungen dienen ferner dem Erkennen des Erbwertes der Eltern, dessen Feststellung durch Prüfung möglichst vieler Wurfgeschwister erleichtert wird. Aus jagdethischen Gründen liegt das Schwergewicht der Beurteilung eines fertigen Jagdhundes heute bei den Leistungen nach dem Schuß. Daher haben die Richter auf den Zuchtprüfungen ihr besonderes Augenmerk auf die Feststellung der Anlagen und Eigenschaften zu richten, die den sicheren Verlorenbringer oder Nachsuchenhund befähigen und auszeichnen. Dazu sind eine sehr gute Nase, gepaart mit Finder- und Spurwillen sowie Wesensfestigkeit, die sich in der Ruhe, in der Konzentration und im Durchhaltewillen bei der Arbeit zeigen, sichere Anhaltspunkte. Bei den Anlageprüfungen muß es die höchste Aufgabe der Richter

sein, Hunde zu ermitteln, die durch ihre gezeigten Anlagen für die Jagdgebrauchshundzucht besonders wertvoll sind. Die Anlage- und Zuchtprüfungen sollen zugleich bei der gesamten Jägerschaft Verständnis für die Arbeit des für die Jagd brauchbaren Hundes wecken.

Es besteht wohl Einigkeit zwischen Praktikern und Wissenschaftlern, daß das fertige „Produkt" Jagdhund in etwa 1/3 Anlage, d. h. genetisch bedingt ist, während es zu 2/3 umweltbedingt ist. Da der Mensch die Umwelt des Hundes bewußt oder unbewußt gestaltet, hängt es mithin weitgehend von ihm ab, was aus einem Welpen, einem Jagdhund, einmal wird (vgl. im einzelnen die Ausführungen zum Abschnitt „Ausbildung"). Je älter ein Hund ist, um so schwieriger ist es, genau festzustellen, welche Verhaltensweisen *anlagebedingt* und welche erlernt, d. h. zum Teil anerzogen sind. Eine selbstverständliche Konsequenz aus dieser Erkenntnis ist, daß im Hinblick auf ganz bestimmte Verhaltensweisen (Anlagen) frühstmöglich Feststellungen getroffen werden müssen. Unabhängig davon ist es bedeutsam, festzustellen, ob ein junger Hund frühzeitig in der Lage ist, ganz bestimmte Verhaltensweisen zu erlernen, d. h. für sein Leben als Jagdhund wesentliche Erfahrungen zu machen und zu speichern. Auch das festzustellen ist Aufgabe einer Anlage- und Zuchtprüfung, wobei diese daneben auch wesentliche Rückschlüsse im Hinblick auf die Frage erlaubt, inwieweit ein Hund überhaupt lernfähig und belastbar ist.

Die skizzierten Feststellungen können in einer Art Testverfahren im Rahmen bestimmter Versuchsanordnungen, später auch im Jagdrevier, getroffen werden. Möglichkeiten für die Abhal-

tung von Anlageprüfungen sind jedoch zeitlich nur im Frühjahr und im Herbst gegeben. Dazwischen liegt die Spanne der Setz-, Brut- und Aufzuchtzeit des Jungwildes sowie die Zeit der dichten Vegetation. Diese Gegebenheiten erlauben generell (mit Ausnahme der Schweißprüfungen) kein Prüfungsgeschehen.

Im Hinblick auf das Alter der Hunde und die jahreszeitliche Vorgabe für das Prüfungsgeschehen werden Anlage- und Zuchtprüfungen mithin im Frühjahr und im Herbst abgehalten, wobei den vergleichsweise jungen Hunden lediglich ganz bestimmte Verhaltensweisen festgestellt und dokumentiert werden. Es handelt sich um Spurarbeit, Nase, Suche, Vorstehen und Führigkeit. Ferner werden Feststellungen zur Art des Jagens (spurlaut, sichtlaut, stumm oder waidlaut) getroffen sowie auffällig negative Verhaltensweisen des Hundes, gewisse körperliche Mängel und die Schußfestigkeit festgehalten. Die Prüfungsfächer sind natürlicherweise gewissen Modifikationen unterworfen, je nachdem, um was für eine Rasse oder Schlag von Jagdhund es sich handelt.

Bei den etwas älteren Hunden wird im Herbst schon die Arbeitsfreude einer Beurteilung unterzogen oder beispielsweise auch die Wasserarbeit oder das Verlorenbringen von Federwild oder Haarwild auf einer Schleppe sowie der allgemeine Gehorsam. Es steht dann die Frage nach der Entwicklung der natürlichen Anlagen des Junghundes im Hinblick auf seine Eignung und zukünftige Verwendung im Jagdbetrieb und/oder als Zuchthund im Vordergrund.

Bewertet werden die Arbeiten auf den Anlage- und Zuchtprüfungen, wie bei anderen Prüfungen generell auch, mit Prädi-

Verbandsprüfungen

Formblatt 7

Preisbescheinigung und Zensurentafel
für Verbands-Gebrauchsprüfungen

Zensuren
4h – hervorragend
4 – sehr gut
3 – gut
2 – genügend
1 – mangelhaft
0 – ungenügend

Veranstaltender Verein: _____

Ort der Prüfung: _____ Tage der Prüfung: _____

Name des prämiierten Hundes: _____

Rasse: _____ Zb.-Nr. _____ gew. _____

			FwZ	LZ	UZ
I. Waldarbeit	Schweißarbeit auf Schalenwild	Reine Riemenarbeit	5		
		Totverbellen — Mindest-LZ	4		
		Totverweisen — 2	3		
	Fuchsschleppe		5		
	Hasen- oder Kaninchenschleppe		4		
	Stöbern: sil., spl., wdl., st. ?		4		
	Buschieren		3		
	Summe der Urteilsziffer von I:				
II. Wasserarbeit	Stöbern ohne Ente		3		
	Stöbern im Schilfwasser hinter Enten		3		
	Verlorenbringen aus tiefem Schilfwasser		3		
	Summe der Urteilsziffer von II:				
III. Feldarbeit	Nase		6		
	Suche		4		
	Vorstehen		4		
	Manieren an Wild mit Nachziehen		3		
	Bringen (Arbeit am geflügelten Huhn oder Fasan)		4		
	oder Verlorensuchen u. -bringen eines frisch geschossenen Huhnes (Fasan)		3		
	Bringen auf der Huhn(Fasan)-Schleppe		3		
	Summe der Urteilsziffer von III:				
IV. Gehorsam	im Walde		3		
	Verhalten auf dem Stande		2		
	Folgen frei bei Fuß		2		
	Ablegen		2		
	Riemenführigkeit		1		
	Bei der Wasserarbeit		3		
	im Felde		3		
	Schußruhe		2		
	Benehmen vor Wild a) Federwild / b) Haarnutzwild		3		
	Summe der Urteilsziffer von IV:				
V. Bringen	Bringen von Fuchs (Schleppe)		2		
	Hase oder Kanin		2		
	Bringen von Federwild a) Ente		1		
	b) Huhn (Fasan)		1		
	Bringen von Fuchs über Hindernis		3		
	Summe der Urteilsziffer von V:				
	Gesamtsumme der Urteilsziffern von I–V				
	Zusammenarbeit mit dem Führer:				
	Arbeitsfreude:				

Bemerkungen:

1. **Härtebescheinigung** des Stammbuchamtes hat vorgelegen: ja – nein   **Härte-Note:** _____

2. **Formwert:**
   vorzüglich – sehr gut – gut – genügend
   (Wertnote unterstreichen)

3. **Haarwert:**
   vorzüglich – sehr gut – gut – genügend
   (Wertnote unterstreichen)
   Die wesentlichsten körperlichen Vorzüge und Mängel, **einschließlich Haar und festgestellte Zuchtmängel** (Gebißfehler – fehlende Zähne, Vor- und Rückbiß – Hoden- und Augenfehler)

   _____
   _____
   _____
   _____

4. **Begründung der Note 4h:**

   _____
   _____
   _____
   _____

(bei Raummangel bitte Rückseite benutzen)

Erteilter Preis: _____

innerhalb seiner Preisklasse an _____ Stelle.

_____   _____   _____
Richter   Richter   Richter

Für die Richtigkeit: _____
                          Der Prüfungsleiter

Abb. 172. Muster eines Prüfungsformulars.

katen, und zwar mit „ungenügend", „mangelhaft", „genügend", „gut", „sehr gut" und in Ausnahmefällen „hervorragend", wobei diese Prädikate bei fast allen Prüfungen nach ganz bestimmten Punktsystemen in Leistungsziffern oder Punkte umgesetzt werden. Nach einem in den Prüfungsordnungen festgeschriebenen Bewertungssystem werden alsdann die Gesamtergebnisse oder auch Mindestergebnisse für das Erreichen einer ganz bestimmten Qualifikation errechnet.

14.1.2 Leistungsprüfungen

Zweck der Leistungsprüfungen ist die Feststellung der Brauchbarkeit der für den vielseitigen Jagdbetrieb (Feld-, Wald- und Wasserarbeit) bestimmten Jagdhunde auf öffentlichen Leistungsprüfungen. Spezialisten wie beispielsweise Erd- oder Schweißhunde weisen ihre Leistungen auf entsprechenden Spezialprüfungen nach. Von den auf einer am Ende einer Ausbildung stehenden Leistungsprüfung ausgezeichneten und damit generell im Deutschen Jagdgebrauchshundstammbuch eingetragenen Hunden ist zu verlangen, daß sie sich bei sachgemäßer Führung den Anforderungen der Praxis in den geprüften Fächern gewachsen zeigen. Es ist mithin neben den einzelnen Leistungen großer Wert auf die Feststellung und Bewertung einer gründlichen Ausbildung und Abführung im Gehorsam sowie auch auf jagdpraktische Erfahrungen der Jagdhunde zu legen. Auf den Leistungsprüfungen kommt es im Gegensatz zu den Anlageprüfungen allein auf Leistung der Hunde in bestimmten Fächern an. Daß die Ergebnisse dieser Prüfungen auch züchterische Konsequenzen haben, ändert

nichts an der Zweckbestimmung der Leistungsprüfungen.

Auf den Leistungsprüfungen wird, soweit das überhaupt möglich ist, versucht, die Hunde im praktischen Jagdbetrieb zu beurteilen; soweit das nicht möglich ist (und das ist zunehmend der Fall), wird man versuchen eine praktische Jagd zu simulieren. Mit Ausnahme der Jagd auf Schalenwild etwa ab Beginn der Jahresmitte liegt die Hauptzeit der Jagd im Herbst, daher finden Leistungsprüfungen auch vornehmlich zu dieser Zeit statt. Es kommt bei den Leistungsprüfungen nicht wie bei den Anlageoder Zuchtprüfungen darauf an, möglichst frühzeitig ganz bestimmte Feststellungen zu treffen. Vielmehr ist hier ausschlaggebend, daß es sich um möglichst schon im Jagdbetrieb erfahrene und bewährte Hunde handelt. Mithin ist man aus diesem Grund auch nicht auf andere Jahreszeiten angewiesen. Überdies gibt es wie bei der Zulassung zu den Anlageprüfungen auch keine Beschränkungen im Hinblick auf ein Höchstalter der zu prüfenden Hunde. Vielmehr müssen hier die Hunde teilweise ein ganz bestimmtes Mindestalter erreicht haben.

Beispielhaft sei die VGP (Meisterprüfung für Jagdhunde) erwähnt, deren einzelne Prüfungsfächer aus dem abgedruckten Formblatt zu ersehen sind. Entsprechende Prüfungsordnungen mit entsprechenden Anforderungen gibt es auch für die anderen Jagdhundrassen und -schläge. Abstriche sind nur dort gemacht, wo die Größe des Hundes oder sein spezielles Einsatzgebiet dies bedingen.

Alle eingetragenen Jagdhunde können auf einer Verbandsschweißprüfung (VSwP) ihr Können unter Beweis stellen. Führer und Jagdhund können zeigen,

daß sie in der Lage sind, eine mit wenig Schweiß hergestellte Kunstfährte auszuarbeiten, deren Länge, Alter und Verlauf entsprechende Ansprüche an den Durchhaltewillen stellen. Dies soll dem Einsatz in der Praxis dienen. Der Führer muß, wie bei allen Verbandsprüfungen auch, Jagdscheininhaber sein.

Die mindestens 1000 m langen Fährten müssen im Wald gelegt werden, eingeschlossen sind Blößen, Kahlschläge und Dickungen. Der Verlauf soll durch wechselnden Bewuchs führen. In ihn sind drei rechtwinklige Haken eingefügt, zwei Wundbetten werden angelegt. Es darf höchstens ein Viertelliter Schweiß verwendet werden. Die Mindeststehzeit der Fährte beträgt 20 bzw. 40 Stunden. Beim Legen der Fährten darf kein Schnee liegen. Ein Hund, der auf der über 40-Stunden-Fährte geführt werden soll, muß vorher eine Prüfung auf der über 20-Stunden-Fährte bestanden haben. Die Prüfung kann mit „sehr gut", „gut" oder „genügend" bestanden werden. Für das Bestehen dieser Prüfung wird das Leistungszeichen Sw I, II oder III erteilt, je nach dem Preis, mit dem die Prüfung bestanden wurde. Ist ein Hund auch über die 40-Stunden-Fährte erfolgreich, so wird der hier erteilte Preis dem Leistungszeichen hinter einem Schrägstrich angefügt.

14.1.3 Leistungszeichen

Der JGHV vergibt Leistungszeichen bei Erfüllung bestimmter Voraussetzungen:
a) Armbruster-Haltabzeichen (A.H.),
b) Härtenachweis,
c) Lautjagerstrich,
d) Verlorenbringen auf natürlicher Wundspur (Vbr),
e) Bringtreue (Btr).

Das Armbruster-Haltabzeichen war ursprünglich die Stiftung des Mr. Armbruster, eines jagdkynologisch sehr interessierten Amerikaners. Diese Stiftung ist vom JGHV übernommen worden. Dieses Leistungszeichen wird verliehen an einen Hund, der auf einer Verbandsprüfung bei der freien Suche im Feld an jedem Hasen gehorsam war, den er eräugt hat. Dabei muß er mindestens einmal etwa 20 m vom Führer entfernt gewesen sein. Außerdem muß er bei der ersten Spurarbeit entsprechend den Anlageprüfungen mindestens mit dem Prädikat „gut" bewertet worden sein. Arbeitet er die erste Spur nicht wie beschrieben, kann das Haltabzeichen nicht verliehen werden.

Nach dem geltenden Tierschutzrecht ist die Abrichtung und das Prüfen von Hunden auf Schärfe an lebenden Katzen, Füchsen oder anderen Tieren verboten. Allerdings besteht ein züchterisches und letztlich auch tierschützerisches Interesse daran, die gelegentlich einer praktischen Jagdausübung festgestellte Raubwildschärfe zu registrieren. Das Töten des Raubwildes ist zunächst Aufgabe des Jagdausübungsberechtigten mit der Schußwaffe. Sofern jedoch der Jagdgebrauchshund das Raubwild bereits ergriffen hat und ein Schuß nicht mehr möglich ist, verstößt die Tötung durch den Jagdhund nicht gegen das geltende Tierschutzgesetz und ist damit eine waidgerechte Jagdausübung. Wenn eine derartige Arbeit eines Jagdhundes von zwei zuverlässigen Zeugen auf einem entsprechenden Vordruck bescheinigt wird, kann beim Stammbuchamt des JGHV der Härtenachweis registriert werden. Wiederholung dieses Härtenachweises gibt es nicht, er wird nur einmal registriert.

Der Lautjagerstrich wird erteilt bei lautem Stöbern nach den entsprechenden Vorschriften. Hunde, die gelegentlich einer Prüfung die Spur eines Hasen oder eines Fuchses einwandfrei spurlaut arbeiten, erhalten ebenfalls den Lautjagerstrich. Das Leistungszeichen wird vom Stammbuchführer erteilt.

Die Verbandsvereine können gelegentlich einer Jagd Feststellungen zum Verlorenbringen auf der natürlichen Wundspur des Hasen oder des Fuchses treffen. Diese „Prüfungen" entsprechen den Forderungen der Jagdethik, wonach der möglichst sichere und zuverlässige Hund für die Arbeit nach dem Schuß angestrebt wird. Das Ideal eines Verlorenbringers ist ein Hund, der, auf die Wundspur eines bei der Jagd krankgeschossenen Hasen oder Fuchses gesetzt, dieser folgt, bis er den verendeten Hasen (Fuchs) auf der Spur findet oder den sich drückenden Hasen (Fuchs) sticht, ihn energisch hetzt und greift und den gefundenen oder gegriffenen Hasen (Fuchs) schnell und sicher seinem Führer bringt. Eine Arbeit ist nur dann als ausreichend für das Bestehen dieser Prüfung anzusehen, wenn der Hund dem kranken Stück Wild auf der Spur mindestens 300 m gefolgt ist. Grundsätzlich soll ein Hund zwei Arbeiten von mindestens dieser Länge leisten, jedoch kann auch bei einer solchen Arbeit das „Vbr" zuerkannt werden, sofern der Hund nicht bei anderen Arbeiten negative Leistungen zeigt. Diese Arbeit muß von mindestens zwei Verbandsrichtern beurteilt werden. Das Vbr gilt auch dann als erbracht, wenn ein Hund zwei Arbeiten nach den oben skizzierten Bedingungen erfolgreich absolviert hat, die jeweils von einem Verbandsrichter und einem Zeugen bestätigt werden. Auch dieses Leistungszeichen wird vom Stammbuchführer erteilt.

Durch die Prüfung auf Bringtreue soll die besondere Zuverlässigkeit eines Gebrauchshundes im Bringen festgestellt werden. Diese beweist ein Hund dadurch, daß er kaltes Wild, das er zufällig und ohne jeden Einfluß seines Führers findet, aufnimmt und seinem Führer bringt. Diese Prüfung ist in den Monaten August bis April im Wald abzuhalten. Es werden bei ihr nur Füchse verwandt. Der Führer hat den Hund zum Stöbern in die Dickungen zu schicken, wonach der Hund 20 Minuten Zeit hat, den ausgelegten Fuchs zu finden und seinem Führer zuzutragen. Zu diesem Zweck darf der Hund beliebig oft zum Stöbern aufgefordert werden. Hat ein Hund innerhalb der 20 Minuten nach dem ersten Schnallen seinem Führer den Fuchs nicht zugetragen, ist die Bringtreueprüfung nicht bestanden.

14.2 Andere Prüfungen

Neben den Prüfungen des Jagdgebrauchshundverbandes gibt es eine ganze Reihe anderer Prüfungen für Jagdhunde. Von diesen Prüfungen sind nur die Prüfungen der dem Jagdgebrauchshundverband angeschlossenen Zuchtvereine und Zuchtverbände bedeutsam sowie die einzige für das deutsche Jagdwesen wesentliche staatliche Prüfung, die von den einzelnen Bundesländern ihrem Inhalt nach bestimmt wird. Die übrigen Jagdhundprüfungen, die zum Teil vom VDH abgehalten werden oder von Dissidenzorganisationen (die nicht dem VDH angehören), sind in diesem Zusammenhang bedeutungslos, da sie züchterisch kaum bedeutsam und jagdrechtlich ohne Wirkung sind.

14.2.1 Prüfungen der Verbandsvereine

Die Zuchtvereine und -verbände, die sich die Förderung eines Vorstehhundes zur Aufgabe gemacht haben, halten im wesentlichen Prüfungen nach Prüfungsordnungen des JGHV ab, insbesondere soweit es die Anlageprüfungen angeht sowie die größte Leistungsprüfung VGP. An der Verbandsschweißprüfung können natürlicherweise auch andere Rassen und Schläge teilnehmen als Vorstehhunde. Die übrigen Leistungszeichen können alle anderen eingetragenen Hunde erwerben, soweit sie körperlich dazu in der Lage sind.

Daneben halten die großen Vorstehhundzuchtvereine Prüfungen ab, zu denen im wesentlichen nur Vertreter ihrer Rasse zugelassen sind und die ganz spezielle züchterische Zwecke verfolgen. Beispielsweise sei hier die „Hegewald-Zuchtprüfung" des Vereins Deutsch-Drahthaar erwähnt, die einen Überblick über den Leistungsstand eines Zuchtjahrganges geben soll. Ähnliche Prüfungen sind etwa die „Schorlemer" des Deutsch-Langhaarverbandes, die „Edgar-Heine-HZP" des Vereins Pudelpointer oder die Bundes-HZP des Verbandes für Kleine Münsterländer Vorstehhunde. Die Prüfungen werden nach den gemeinsamen Prüfungsordnungen abgehalten. Die Vereine knüpfen jedoch ganz bestimmte Voraussetzungen an deren Teilnahme, um dem Auslesecharakter dieser Prüfungen gerecht zu werden. Daneben hält beispielsweise der Deutsch-Kurzhaar-Verband eigene und rassespezifische Anlage- und Leistungsprüfungen ab, so das „Derby" und die „Solms", die ihrer Grundtendenz nach den allgemeinen Prüfungsordnungen entsprechen, daneben züchterisch ausgerichtete Leistungsprüfungen, wie die „Kleemann" und schließlich auch die Internationale Deutsch-Kurzhaar-Prüfung (IKP).

14.2.2 Prüfungen der Bundesländer

Die Bundesgesetze schreiben die Beachtung der Grundsätze der Waidgerechtigkeit bei der Jagdausübung vor. Die Landesgesetzgeber haben sich im einzelnen dazu näher geäußert und schreiben für bestimmte Jagdarten das Mitführen und auch den Einsatz brauchbarer Jagdhunde vor. Welche Hunde brauchbar im Sinne der einzelnen Gesetze sind, wird wiederum in entsprechenden Erlassen und Verordnungen bestimmt.

Im Rahmen dieser näheren Bestimmungen sind brauchbar im Sinne der einzelnen Gesetze Hunde, die bestimmte Prüfungen des JGHV mit Erfolg absolviert haben. Voraussetzung dafür ist jedoch immer, daß der Führer oder Eigentümer eines Hundes jagdkynologisch organisiert ist oder mindestens einen Hund führt, der im Zuchtbuch eines dem JGHV angeschlossenen Vereins eingetragen ist.

Um auch die negative Koalitionsfreiheit zu wahren und auch den jagdkynologischen Organisationen ferner stehenden Persönlichkeiten die Möglichkeit zu geben, die „Brauchbarkeit" ihrer Hunde attestieren zu lassen, richten die Länder Brauchbarkeitsprüfungen oder Jagdeignungsprüfungen aus. Nach Bestimmung durch die entsprechenden Obersten Landesbehörden wird die Durchführung dieser

> **Merke:** Die Prüfungen dienen der Feststellung des Zuchtwertes der Eltern und Individuen sowie des Gebrauchswertes der letzteren. Sie sind Grundlage für Wertermittlungen und sind zum Teil die Nachweise für die gesetzlich vorgeschriebene „Brauchbarkeit" eines Jagdhundes.
>
> Jeder Jäger sollte sich vor der Teilnahme an einer Prüfung genauestens mit den Prüfungsordnungen vertraut machen und mindestens einmal eine Prüfung als Beobachter besucht haben.

Prüfungen delegiert auf die auf Kreisebene existierenden Organisationen der Jägerei oder auch auf Prüfungsvereine des JGHV. Das Schwergewicht dieser Prüfungen liegt auf Anforderungen nach dem Schuß. In manchen Bundesländern sind auch Jagdhunde zugelassen, die nicht im Zuchtbuch eines dem Jagdgebrauchshundverband angeschlossenen Vereins eingetragen sind oder sogar Jagdhundbastarde. In anderen Bundesländern entsprechen die Zulassungsvoraussetzungen etwa denen der Verbandsprüfungen. Diese Prüfungsordnungen sind zwar jeglicher unmittelbarer Einflußnahme des JGHV entzogen, indessen ergibt sich die fachliche Kompetenz des JGHV für das Deutsche Jagdgebrauchshundwesen beispielsweise daraus, daß die Richtergruppen grundsätzlich mit Verbandsrichtern besetzt sein müssen.

14.3 Fragen & Antworten zu den Prüfungen

Wozu dienen Prüfungen der Jagdhunde?
Auf Prüfungen findet eine Dokumentation von Anlagen und Leistungen für züchterische und jagdliche Zwecke statt. Hieraus ergibt sich ein Wertmaßstab.

Wie unterscheiden sich von der Zielrichtung her
a) Zucht- und
b) Leistungsprüfungen?

a) Feststellung oder Ausschluß genetisch bedingter für die Jagd wichtiger oder abträglicher Anlagen
b) Feststellung von jagdlicher Leistungsfähigkeit.

Was bedeuten nachfolgende Symbole bzw. Abkürzungen?
a) A. H.
b) /
c) \
d) Vbr.
e) Btr.
f) —
g) |

a) „Armbruster-Haltabzeichen" (hasengehörsamer, guter Spurarbieter)
b) Härtenachweis
c) Lautjager (Hase/Fuchs)
d) Verlorenbringer,
e) Bringtreue (am Fuchs),
f) Totverbeller
g) Totverweiser.

Gibt es neben den Verbandsprüfungen auch „staatliche" Jagdhundprüfungen? Ggf. welche?
Ja, die Brauchbarkeits- oder Jagdeignungsprüfungen.

15 Zucht

Die Zucht eines Tieres ist um so schwieriger, als sie nur schwer oder kaum meßbare Eigenschaften zum Ziel hat. So ist es beim Jagdgebrauchshund. Der Jagdgebrauchshund muß zwar entsprechend seinen speziellen oder allgemeinen Aufgaben von hervorragender körperlicher Konstitution und Kondition sein, was noch einigermaßen feststellbar und meßbar ist. Indessen ist es schon schwierig, zuverlässig die Güte der Nase (das Wittrungsvermögen) festzustellen, ungleich schwieriger noch die für einen guten Jagdgebrauchshund unabdingbaren geistig-seelischen Eigenschaften, wie etwa Wesensfestigkeit, Finderwillen, Schärfe, Härte und Führigkeit in ihren verschiedenen Ausprägungen.

Die Kenntnis von dem, was genetisch oder umweltbedingt ist, ist noch recht unvollkommen. Außerdem bestehen weitgehend Unsicherheiten und Unklarheiten über den Erbgang der verschiedenen erwünschten und unerwünschten Eigenschaften eines Jagdhundes. All dies macht die Zucht von Jagdgebrauchshunden ungleich schwerer als die von Nutztieren, bei der es – pointiert ausgedrückt – nur darauf ankommt, mit möglichst wenig Futter in möglichst kurzer Zeit möglichst viel Fleisch zu produzieren.

Trotz dieser Schwierigkeiten auf dem Gebiet der Jagdhundzucht gibt es außerordentlich erfolgreiche Züchter. Wobei allerdings der Erfolg eines Zwingers insgesamt nicht unwesentlich davon abhängt, in welche Hände die Welpen kommen, denn das fertige „Produkt" Jagdhund hängt in seiner Qualität weitgehend von den Einflüssen des Führers ab.

Jagdgebrauchshundzucht ist die bewußte und planmäßige Paarung von Jagdgebrauchshunden nach bestimmten Prinzipien, insbesondere der Reinzucht. Darunter versteht man die Paarung von Vertretern einer ganz bestimmten Rasse. Ihr haben sich alle dem Jagdgebrauchshundverband angeschlossenen Zuchtvereine verschrieben.

Der Nachweis der Reinzucht wird bei den dem Jagdgebrauchshundverband angeschlossenen Zuchtvereinen durch die Ahnentafel erbracht, die nicht mit einem Stammbaum zu verwechseln ist. Eine Ahnentafel gibt Auskunft über ein Individuum, über dessen Eltern bis zu den Großeltern, Urgroßeltern usw., während ein Stammbuch die Darstellung der Entwicklung eines Geschlechts ist, wobei die Urahnen den Stamm bilden und die jüngsten Sprößlinge die zartesten Blätter.

In der Ahnentafel selbst ist der Hund mit seinem Namen angeführt, der Nummer, unter der er im Zuchtbuch des Vereins eingetragen ist, weiterhin dem Geschlecht sowie der individuellen Farbe und dem Züchter. Unterschrieben ist sie vom Zuchtbuchführer. Die einzelnen Ahnen sind ebenfalls mit ihren Namen aufgeführt sowie mit der jeweiligen Zuchtbuchnummer, wozu die erworbenen Leistungszeichen treten, manchmal auch Prädikate bezüglich des Formwerts. Im übrigen hat die Ahnentafel Platz, um auf ihr die Besitzerwechsel eintragen zu können wie auch die auf Ausstellungen und Prüfungen erworbenen Auszeichnungen. Grundsätzlich bleibt die Ahnentafel im Eigentum des zuchtbuchführenden Vereins und ist nach dem Tod oder dem Verlust des Hundes an diesen zurückzugeben. Im übrigen begleitet sie den Hund von Eigentümer zu Eigentümer, vergleichbar mit einem Kraftfahrzeugbrief.

Die meisten Zuchtvereine tätowieren die Zuchtbuchnummer, wie sie in der Ahnentafel enthalten ist, auch in den Behang des betreffenden Hundes ein, so daß es nicht zu Verwechslungen oder Betrügereien kommen kann. Überdies ist bei Verlust eines solchen Hundes der Eigentümer relativ schnell feststellbar.

Während die Ahnen unserer Hunde, die Wölfe, sich nur einmal im Jahr fortpflanzen, ist eine Hündin heutzutage zweimal im Jahr zur Fortpflanzung bereit. Die Haushunde werden auch früher geschlechtsreif als die Wölfe, Rüden etwa im achten, neunten Lebensmonat, Hündinnen auch früher.

Beim Rüden ist die Geschlechtsreife beim Nässen festzustellen, er hebt dann in der typischen Art und Weise seinen Hinterlauf, die Hündin kommt erstmals in die „Hitze". Dieser Begriff ist darauf zurückzuführen, daß während dieser Zeit der Bereitschaft zur Fortpflanzung die Körpertemperatur der Hündin im Genitalbereich ansteigt. Man nennt diesen Zustand auch „Läufigkeit" oder „Färben". Während der Hitze laufen die Hündinnen zeitweise dem Rüden nach. Sie haben überdies einen zum Teil farbigen Ausfluß, woraus sich die eben erwähnten Begriffe ergeben.

Die Hitze der Hündin dauert insgesamt etwa 3 Wochen bis 25 Tage. In den ersten Tagen der Hitze zeigt die Hündin Unruhe und unter Umständen vermehrten Appetit, die Schnalle schwillt langsam an. Nach diesem etwa 3 bis 5 Tage dauernden Vorbereitungsstadium ist ein rötlicher Ausfluß zu beobachten, der später cremefarben oder farblos wird. Beim Abnehmen oder Aufhören dieses Ausflusses ist der Höhepunkt der Läufigkeit erreicht. Die in den Ausscheidungen enthaltenen Riechstoffe locken die Rüden an, mit denen die Hündin bis etwa zum 10./11. Tag zunächst Neigung zeigt zu spielen, gefolgt von unbedingter Paarungsbereitschaft.

Die normale Eireife tritt etwa vom 10 bis 14 Tag nach Beginn der Hitze ein, bei manchen Hündinnen auch später. Das bedeutet, daß der Hündinnenbesitzer in diesem Zeitraum die Hündin dem Rüden zuführt, denn von der Zahl der befruchtungsfähigen Eier hängt die Stärke des späteren Wurfes ab. Erwähnt werden muß hier das Phänomen der Superfekundation. Da bei der Hündin die Eier nacheinander reif werden, kann es sein, daß ein Teil der Eier an einem Tag von dem Rüden A, ein weiterer, später reif gewordener Teil der Eier von dem Rüden B befruchtet wird. Das Ergebnis sind Welpen nach zwei verschiedenen Vätern. In einem solchen Fall kann der Wurf nicht anerkannt werden. Ein Hündinnenbesitzer wird also nach erfolgtem Deckakt seine Hündin wie einen Augapfel hüten, damit sie später nicht nochmals erfolgreich gedeckt (fehlgedeckt) werden kann. Das Ende des befruchtungsfähigen Stadiums zeigt sich darin, daß die Hündin nicht mehr paarungsbereit ist und deckwillige Rüden abbeißt. Bald darauf kann der Brunstzyklus als beendet angesehen werden. Bis zur nächsten Hitze vergehen dann statistisch gesehen etwa 158 Tage.

Bei dem Deckakt selbst ist von Bedeutung, daß Wölfe praktisch monogam leben und eine ganz bestimmte Partnerbeziehung haben. Bei den Hunden dagegen nehmen die Tiere nach den bislang gemachten Beobachtungen im allgemeinen die ihnen zugeführten Partner an. Es gibt jedoch auch Ausnahmen. Dem eigentlichen Deckakt geht je nach Individualität der Hunde ein Begrüßungszeremoniell und Werbeverhalten voraus, bis schließlich die empfängnisbereite Hündin stehenbleibt, damit der Rüde aufspringen und das Feuchtglied in die Schnalle einführen kann. Danach schwillt das Geschlechtsorgan des Rüden innerhalb der Hündin schnell so stark an, daß sein Umfang alsbald größer ist als die Öffnung der Schnalle und auf diese Weise ein „Kopplungseffekt" eintritt: Die Hunde hängen. Nach kurzer Zeit springt der Rüde von der Hündin ab, wendet sich um 180 Grad und steht alsbald mit seinem Kopf entgegengesetzt zur Richtung der Hündin. Dieses Hängen dauert etwa 10 bis 30 Minuten, während derer die Hunde in Ruhe gelassen und in keiner Weise gestört werden sollen. Sinn des Hängens ist wohl, um der Arterhaltung willen eine höchstmögliche Garantie für die Befruchtung zu geben.

Die Trächtigkeit der Hündin dauert durchschnittlich etwa 63 Tage, wobei es jedoch nicht außergewöhnlich ist, daß die Welpen einige Tage vorher oder später zur Welt kommen. Um Komplikationen zu vermeiden, sollte man jedoch den Tierarzt aufsuchen, wenn der errechnete Termin zum Wölfen um einige Tage überschritten ist. Während der Trächtigkeit ist an der Hündin zunächst nichts Ungewöhnliches zu beobachten. Erst in der zweiten Hälfte der Trächtigkeit wird die Hündin offensichtlich etwas träger, schwerfälliger, bewegungsunlustiger. Es wäre falsch, die Hündin während der Trächtigkeit besonders gut zu füttern, denn der durch zu gute Fütterung vermehrte Leibesumfang bedeutet nur eine vermeidbare Erschwernis beim Wölfen. Indessen muß sehr wohl auf eine auf den Zustand der Hündin abgestellte Fütterung geachtet werden.

Merke: Die Zucht von Jagdgebrauchshunden ist ungleich schwieriger als die anderer Nutztiere. Der starke Einfluß der Umwelt auf die Entwicklung eines Hundes und bislang unbeantwortete Fragen bei der Vererbung erwünschter und unerwünschter Anlagen sowie auch die Schwierigkeiten bei der „Meßbarkeit" der Leistungen sind die Gründe dafür. Die im JGHV vertretenen züchterischen Organisationen haben sich alle der Reinzucht verschrieben, innerhalb der der einzelne Züchter seine Ziele nach bestimmten Zuchtprinzipien zu erreichen trachtet. Der unerfahrene Züchter sollte sich des Rates eines Zuchtwartes bedienen.
Die biologischen Vorgänge von der Hitze bis zur Geburt sind als Folge der Domestikation beim Hund teilweise von denen des Wolfes unterschieden.

Gegen Ende der Trächtigkeit wird die Hündin um die Lendengegend herum voller. Ein Anschwellen der Zitzen ist zu beobachten. Spätestens ein Woche vor dem Werfen ist der Hündin das „Wochenbett" zuzuweisen. Sie sollte mit einer Wurfkiste vertraut gemacht werden, die in ihren Ausmaßen so groß sein muß, das sich die Hündin, wenn sie ausgestreckt liegt, immer mit ihren Gliedmaßen an den Begrenzungen der Kiste abstützen kann. Sie sollte, falls sie oben nicht offen ist, mindestens so hoch sein, daß die Hündin aufrecht darin stehen kann. Der Boden sollte beispielsweise aus blanken gehobelten Brettern bestehen, die der Hündin die Möglichkeit geben, die Kiste peinlich sauber zu halten.

Das Wölfen selbst kündigt sich mit einem Sinken der Körpertemperatur auf etwa 36 °C an, die Bewegungsunlust nimmt zu, das Bedürfnis nach Nahrung läßt nach. Je mehr sich der Zeitpunkt des Werfens nähert, um so unruhiger wird die Hündin, sie hechelt, scharrt am Boden und zeigt, insbesondere wenn sie noch unerfahren ist, eine gewisse Unruhe und Ratlosigkeit. Die eigentliche Geburt beginnt mit den Eröffnungswehen, die unter Umständen mehrere Stunden dauern können. Ihnen schließen sich die deutlich wahrnehmbaren Preßwehen an, denen die erste Austreibung, das Wölfen des ersten Welpen folgt. Die Welpen befinden sich in einer Art Wassersack, der Fruchtblase, die sie völlig umgibt und die von der Hündin zerrissen wird, wenn das nicht vorher schon geschehen ist. Die Hündin schleckt das Fruchtwasser auf und frißt die dünne Haut der Fruchtblase wie später auch die Nachgeburt, nachdem sie den Welpen selbst „abgenabelt" hat. Die Intervalle zwischen den einzelnen Geburten betragen in der Regel etwa 25 bis 30 Minuten, bisweilen weniger, auch mehr.

16 Kauf und Pflege

Nur eine Minderheit unter den Jägern wird beabsichtigen, mit ihren Jagdhunden selbst zu züchten. Dennoch ist die Anschaffung eines Hundes ein Schritt, der wohlüberlegt sein will. Die mit der Haltung eines Hundes, auch eines Jagdhundes, in der heutigen Zeit verbundenen Probleme werden häufig erst offenbar, wenn der Hund im Haus ist. Das führt zu Belastungen aller Beteiligten, die vermieden werden, wenn man sich vor der Anschaffung des Hundes Gedanken über das macht, was auf einen zukommt.

16.1 Kauf

Ehe der Entschluß, sich einen Hund anzuschaffen, in die Tat umgesetzt wird, muß man sich über einige Fakten klargeworden sein. So beispielsweise, ob man genügend Zeit aufbringen kann, den Hund ein ganzes Hundeleben, vielleicht 15 Jahre und mehr, artgerecht zu halten und zu behandeln, ob der Hund in der Familie seinen Platz findet und von dieser akzeptiert werden wird und ob nicht absehbare Veränderungen im Leben der Menschen zu Konflikten mit dem Hund führen können. Viele Umstände müssen bedacht sein, ob beispielsweise die Geburt eines Kindes, die längere berufsbedingte Abwesenheit des Hausherrn, ein Umzug ins Ausland oder ähnliches möglich sind. Es gilt heute nicht mehr der Satz, daß jeder Jäger einen eigenen Hund haben muß. Vielmehr steht im Vordergrund die richtige Forderung des Gesetzgebers, daß bei bestimmten Jagdarten brauchbare Hunde eingesetzt oder mitgeführt werden müssen. Nur der Jagdhund, der seinen Beruf wirklich beherrscht, ist brauchbar im Sinne dieser Forderung. Zum Kauf eines Hundes sollte sich daher nur entschließen, wer in der Lage ist, den Hund art- und ordnungsgemäß zu halten, auszubilden und zu führen. Bei der Entscheidung, welcher Rasse der künftige Jagdkumpan zugehörig sein sollte, ist zu prüfen, unter welchen Revierverhältnissen er vornehmlich eingesetzt werden soll. Berücksichtigung finden sollten die Wohnverhältnisse, der persönliche Geschmack und die Ansicht der Familienmitglieder.

Weiterhin ist die Frage zu entscheiden, ob ein Welpe oder ein erwachsener Hund angeschafft werden soll. Letzterer erspart zwar einen unter Umständen langen und mühseligen Weg der Ausbildung, er ist jedoch auch ungleich teurer als ein Welpe. Überdies ist der Kauf eines erwachsenen ausgebildeten Hundes mit Risiken behaftet, denn das Verhältnis Hund-Herr muß zunächst neu geordnet werden, und die Fälle, in denen beide ihr Leben lang nicht „zueinander gefunden" haben, sind gar nicht so selten. Die Vorteile beim Kauf eines Welpen liegen darin, daß der Jäger seinen zukünftigen Jagdkumpan im Laufe der Zeit umfassend kennenlernt, prägt und der gemeinsame Weg der Ausbildung für den Jäger ungemein bereichernd und lehrsam ist.

Zu prüfen ist auch, ob man

sich einen Rüden oder eine Hündin zulegt. Letztere ist zwar in der Regel leichtführiger als ein Rüde, nicht unberücksichtigt bleiben darf jedoch der Umstand, daß die Hündin regelmäßig zweimal im Jahr für etwa drei Wochen läufig ist – mit all den unbequemen Nebenerscheinungen. Ein Rüde wiederum neigt, insbesondere wenn er die Bekanntschaft verschiedener Freundinnen gemacht hat und man ihm zu viel Freiheit gönnt, zum Streunen, was heutzutage für ihn selbst mit Gefahren und für den Eigentümer häufig mit Unannehmlichkeiten, bisweilen auch erheblichen Kosten verbunden sein kann.

Stets sollte der Käufer darauf achten, daß er einen Jagdhund erwirbt, der im Zuchtbuch eines dem JGHV angeschlossenen Zuchtvereins steht, also einen sogenannten „anerkannten oder eingetragenen" Jagdhund. Nur mit einem solchen kann er die beschriebenen Jagdhundprüfungen (außer der Jagdeignungsprüfung) besuchen, nur mit einem solchen Hund kann er unter Umständen am züchterischen Geschehen teilnehmen. Tatsächlich bieten solche Hunde, von Ausnahmen abgesehen, eine größere Gewähr für erfolgreiche Zucht als die „nicht anerkannten".

Das entbindet jedoch den Käufer nicht, sich den Züchter, von dem er seinen Hund erwerben will, genau anzusehen. Es ist an anderer Stelle darauf hingewiesen worden, welche Verantwortung der Züchter bei der Zuchtwahl und bei der Behandlung der Welpen trägt. Der Käufer sollte sich mit dem Züchter über diese Probleme unterhalten und die Welpen und ihre Behandlung schon vor dem Kaufentscheid beobachten. Nur wenn er die Überzeugung gewonnen hat, daß die

Abb. 175. Zur Fellpflege gehört besonders bei langhaarigen Rassen auch das Ausbürsten und Kämmen der Behänge.

Welpen artgerecht und mit Liebe aufgezogen werden, sollte er sich zum Kauf entschließen; einer „sterilen Produktionsstätte" sollte er sofort wieder den Rücken zuwenden.

Hilfe erfährt der unerfahrene Käufer immer bei den Hundeobleuten der Jägerschaften; findet er überhaupt keinen Berater, mag er sich an den JGHV wenden.

16.2 Pflege

Ein Hund ist kein Gegenstand wie ein Horn oder ein Gewehr, die man weghängen kann, wenn man sie nicht mehr benötigt. Vielmehr bedarf ein Hund Zeit seines Lebens tagtäglich der geistigen und körperlichen Pflege. Zur ersteren gehört die artgemäße Behandlung von Mutterleib und Kindesbeinen an. Die übrige Pflege beinhaltet all das, was für das körperliche Wohlbefinden eines Hundes notwendig ist.

16.2.1 Unterbringung

Von alters her besteht ein Streit, ob die Haltung im Haus oder im Zwinger zu befürworten sei. Die richtige Entscheidung liegt wohl in der Mitte. Der Aufenthalt im Haus bedeutet für den Hund einen sehr engen Kontakt zu seinen Meutegenossen, den Menschen, der außerordentlich wichtig für die Entwicklung des Hundes ist und auch für den geistigseelischen Zustand des erwachsenen Hundes. Der Hund ist ein soziales Wesen, für das Isolation schmerzlich und auch nicht artgerecht ist. Andererseits wird ein Hund nicht vergewaltigt, wenn er eine gewisse Zeit des Tages im Zwinger verbringt. Die körperliche Widerstandskraft gegen die verschiedensten Witterungverhältnisse kann ein Hund nur im Freien gewinnen. Kaum ein Jäger wird Zeit haben, sich mit seinem Hund tagtäglich so lange draußen zu bewegen, damit dieser die entsprechenden Widerstandskräfte entwickeln kann. Man sollte einen Hund, wenn es möglich ist, ruhig täglich für eine gewisse Zeit im Zwinger belassen.

Zudem gibt es Situationen im Haus, in denen ein Hund unerwünscht und lästig ist, beispielsweise bei großen Familienfeiern oder dem Besuch fremder Leute

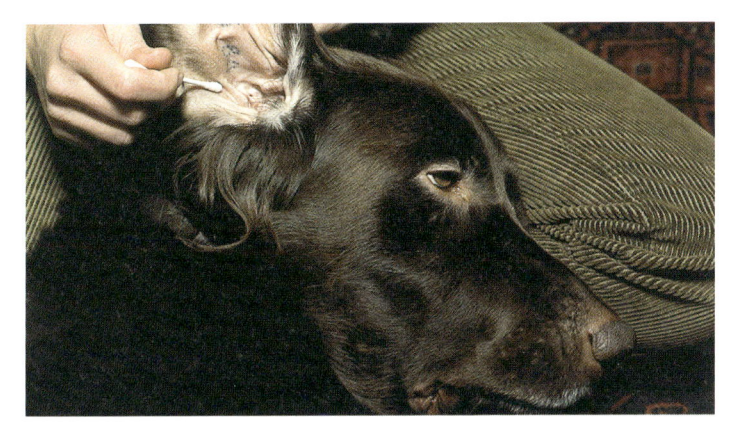

Abb. 176. Bei der Reinigung der Ohrmuschel muß ganz besonders vorsichtig mit einem sauberen Tuch und in Öl getränkten Wattestäbchen (nur im äußeren Bereich) vorgegangen werden.

mit vielen Kindern. Man erspart dem Hund für ihn unverständliche Schimpferei, wenn man ihn im Zwinger aus diesem Trubel heraushalten kann. Im Haus selbst sollte der Hund die Möglichkeit haben, sich einen ihm zusagenden Platz zum Ruhen auszusuchen. Dort sollte man seinen Korb oder seine Kiste hinstellen.

Mit der Haltung im Freien hat sich auch der Bundesgesetzgeber befaßt, und zwar in der „Verordnung über das Halten von Hunden im Freien" vom 6. Juni 1974 (BGBl I, S. 1265). Der Gesetzgeber äußert sich in dieser Verordnung zur Anbindehaltung und zur Haltung im Zwinger, zur Wartung und Pflege der Tiere, und erläßt Strafbedingungen bei Verstößen gegen die in der Verordnung enthaltenen Grundsätze. Die Ausführungen zur Zwingerhaltung in der Verordnung entsprechen im wesentlichen der Handhabung, wie sie auch von Jägern bislang geübt worden ist, wenn sie Zwinger für ihre Hunde gebaut haben.

Hunde dürfen nur dann in offenen oder teilweise offenen Zwingern gehalten werden, wenn ihnen innerhalb des Zwingers oder unmittelbar mit dem Zwinger verbunden ein Schutzraum zur Verfügung steht, der allseitig aus wärmedämmendem, gesundheitsunschädlichem Material hergestellt ist und dessen Material so verarbeitet sein muß, daß sich der Hund daran nicht verletzen kann. Der Schutzraum muß gegen nachteilige Witterungseinflüsse, insbesondere Feuchtigkeit, Schutz bieten. Er muß so bemessen sein, daß sich der Hund in ihm verhaltensgerecht bewegen und ihn durch seine Körperwärme warm halten kann. Das Innere des Schutzraumes muß sauber, trocken und frei von Ungeziefer sein.

Außerhalb des Schutzraumes muß der Zwinger der Zahl und der Art der in ihm gehaltenen Hunde angepaßt sein. Für einen mittelgroßen über 20 kg schweren Hund ist eine Grundfläche ohne Schutzraum von mindestens 6 m^2 erforderlich, für weitere Tiere, ausgenommen Welpen, müssen jeweils 3 m^2 hinzukommen. Im übrigen muß die gesamte Einrichtung gesundheitsunschädlich und hygienisch und die Einfriedung so beschaffen sein, daß sie vom Hund nicht überwunden werden kann.

16.2.2 Fütterung

Auch mit der Ernährung der Tiere hat sich der Gesetzgeber befaßt. Nach § 2 des Tierschutzgesetzes hat derjenige, der ein Tier hält, betreut oder zu betreuen hat, eine dem Tier angemessene, artgemäße Nahrung und Pflege sowie eine verhaltensgerechte Unterbringung zu gewähren. Dieses Postulat gilt selbstverständlich auch für die Jagdhunde.

Aus Beobachtungen an ganzen Hundefamilien in Freigehegen weiß man, daß die Welpen, Junghunde und erwachsenen Elterntiere je nach Jahreszeit, Witterung, Geschlecht und Alter verschiedene Teile der im Ganzen angebotenen verendeten Tiere fraßen. Weiterhin war der „Geschmack" abhängig von speziellen Zuständen, wie etwa Läufigkeit, Trächtigkeit oder dem Stadium des Säugens. Daraus ergibt sich für den Hundehalter, daß es eine Einheitsmahlzeit für Hunde nicht geben kann, sondern soweit wie möglich auf die individuellen Bedürfnisse Rücksicht zu nehmen ist. Das gilt sowohl für die Zusammensetzung des Futters als auch für die Menge.

Neben der Nahrung braucht der Hund immer frisches Wasser. Ein Hund ohne Wasser bleibt nur wenige Tage am Leben, während der Hungertod erst nach dem Verlust von einem Viertel bis zur Hälfte des normalen Körpergewichts eintritt. Wasser sollte reichlich vorhanden sein; ein gesunder Hund „übersäuft" sich nicht, denn ein Steuerungsmechanismus veranlaßt ihn, jeweils nur so viel Wasser aufzunehmen, wie es die Umstände erfordern. Der Gesamtwasserwert wird vom Hund immer annähernd konstant gehalten.

Hauptnährstoffe sind Kohlenhydrate, Fett und Eiweiß; daneben sind Mineralstoffe, Spuren-

Abb. 177. Welpen erhalten anfangs noch etwa viermal am Tag Futter. Mit der Zeit wird die Zahl der Mahlzeiten reduziert, bis der ausgewachsene Hund nur noch einmal täglich gefüttert wird.

elemente und Vitamine wichtig. Gut dran ist der Jäger, der seinem Hund Schlachtabfälle anbieten kann, damit der Hund seinem Bedürfnis entsprechend sich das ihm gerade zusagende aussuchen kann.

Bei der Verfütterung von rohem Wildbret besteht die Gefahr, daß der Hund Bandwürmer aufnimmt, beim Fressen rohen Fleisches kann er sich mit Salmonellen infizieren. In jüngerer Zeit häufen sich nach dem Genuß ungekochten Schweinefleisches Fälle der Aujeszkyschen Krankheit, auch Pseudotollwut genannt. Begegnen kann der Hundehalter diesen Gefahren durch Abkochen des Fleisches.

Den heutigen Verhältnissen kommt die Fütterung mit Fertigfutter sehr entgegen. Langzeitversuche haben ergeben, daß die Bedürfnisse eines Hundes mit ihm gestillt werden können, ohne daß es zu Mangelerscheinungen kommt. Es empfiehlt sich allerdings, verschiedene Futter nebeneinander zu füttern und das äußere Erscheinungsbild des Hundes genau zu beobachten. Das Verhalten, die Exkremente oder das Haarkleid sind Indikatoren für richtige oder falsche Ernährung.

Bei allen ungewöhnlichen Beobachtungen empfiehlt es sich, eine Kleintierpraxis aufzusuchen und sich dort beraten zu lassen. Während der Trächtigkeit braucht eine Hündin kaum andere Nahrung als sonst üblich; erst nach dem Wölfen steigt ihr Nahrungsbedarf, zunächst auf das Doppelte, später auf das Dreifache. Beginnen die Welpen selbst Nahrung aufzunehmen, muß die Nährstoffkonzentration im Futter der Hündin entsprechend dem Rückgang der Milchleistungen fortlaufend bis zum ursprünglichen Niveau reduziert werden.

Die beim Welpen schon beginnende Freßerziehung ist von großer Bedeutung für den erwachsenen Hund, der grundsätzlich nur einmal am Tag gefüttert werden sollte. Es hat sich als am günstigsten herausgestellt, dies zu einer bestimmten Stunde am Abend zu tun. Auch ein voller Jagdhundbauch studiert nicht gern, und tagsüber wollen wir ja einen einsatzbereiten Jagdkumpan haben. Überdies hat der abends gefütterte Hund nachts die nötige Ruhe und Muße, um zu verdauen. Der verantwortungsbewußte Jäger achtet darauf, daß der Hund tagsüber keine Gelegenheit hat, sich weiteres Futter zu erbetteln oder Abfälle zu suchen und zu fressen. Die Welpen werden nach dem Absetzen von der Hündin vier- bis fünfmal am Tag gefüttert. Mit der Zeit werden diese Mahlzeiten reduziert, bis der Hund im Alter von etwa zehn Monaten nur noch einmal am Tag Futter erhält. Den jeweiligen Zeitpunkt kann man selbst herausfinden.

Der Wolf, der Hund im ursprünglichen Zustand, bekam nicht die Suppe vorgesetzt wie etwa unsere zivilisierten Hunde. Er hat ein ganz bestimmtes Potential an Trieben, zu denen auch das Zerkleinern und Abschlingen der Beute gehört. Wir müssen dem Hund Gelegenheit geben, sich auch hier abreagieren zu können. Das bedeutet, daß auch er Futter erhalten muß, an dem er reißen, schlingen und zupackend kauen kann. Das wird nicht immer möglich sein, jedoch sollten wir jede Gelegenheit nutzen, dem Hund möglichst große Fleischstücke oder auch Knochen vorzusetzen, damit er auch einmal „lustbetont" fressen kann.

16.2.3 Parasiten

Der verantwortungsvoll gehaltene und ernährte Hund ist nicht gefeit gegen Quälgeister, die ihm von außen oder auch von innen her das Leben sauer machen können. Die ersteren bezeichnet man als Ektoparasiten, die letzteren als Endoparasiten. Ektoparasiten leben auf der Körperoberfläche oder in der Haut. Es kann sich um pflanzliche oder um tierische Parasiten handeln. Die verschiedenen Gattungen der Schlauchpilze verursachen Grind und Flechten und führen Entzündungen herbei. Die Diagnose durch den Tierarzt ist meistens leicht, eine Behandlung erfolgt nach ärztlicher Weisung mit antimykotischen Salben oder Spülungen. Vorbeugend und auch bei Befall ist höchste Sauberkeit und Hygiene erforderlich.

Milben, Zecken, Läuse und Flöhe sind als tierische Parasiten wohl jedem Hundehalter bekannt.

Milben sind die Erreger der verschiedenen Arten der Räude, die ohne Behandlung zu einem Abkommen des Hundes und schließlich zu seinem Eingehen an Erschöpfung führt. Blasen, die eine Flüssigkeit absondern, zusammengeklebtes Fell und schließlich gelbliche Krusten sind die äußeren Anzeichen der Räude.

Zecken sind erheblich größer als Milben und deutlich sichtbar. Am bekanntesten unter ihnen ist der Holzbock. Zecken halten sich auf Sträuchern und kleinen Bäumen auf und lassen sich von dort auf ihre Wirtstiere fallen. Nachdem sich das befruchtete Weibchen mit Blut vollgesogen und etwa Erbsengröße erreicht hat, löst es sich vom Wirtstier und legt am Boden Tausende von Eiern ab. Die aus dem Ei schlüpfende Larve wird nach Aufenthalt auf verschiedenen Wirten zu einem erwachsenen Tier. Die in die Haut eingebohrte Zecke verursacht einen Juckreiz, der sicher jedem Jäger bekannt ist. Wichtig ist es, die Zecke nicht mit Gewalt abzureißen, denn der dabei häufig steckenbleibende Kopf kann böse Entzündungen verursachen. Die beste Art, sie zu entfernen, ist mit einer Zeckenzange, die in Tierhandlungen und Jagdgeschäften zu erhalten ist. In den letzten Jahren ist von einer lebensgefährlichen Gehirnhauterkrankung berichtet worden, der sogenannten „Zecken-Encephalitis", die von ganz bestimmten Zeckenarten übertragen wird. Zunächst war diese Krankheit nur in Süddeutschland bekannt, jetzt sind auch in Norddeutschland entsprechende Krankheitsfälle gemeldet worden. Bei Beeinträchtigung des Allgemeinbefindens sollte auch ein Mensch nach einem Zeckenbiß den Arzt aufsuchen. Etwa 20 Prozent der Zecken übertragen überdies neuerdings eine immer größere Rolle spielende Krankheit, die Zeckenborreliose. Diese Krankheit führt im ersten Stadium zu einer Hautrötung, im zweiten Stadium zu einer Beeinträchtigung der Gelenke, und schließlich kommt es zu rheumaähnlichen Schmerzen, die Nerven werden befallen, und es kommt zu Krankheitserscheinungen mit Symptomen ähnlich der Syphilis. Also auch aus diesem Grund empfiehlt es sich, bei Hautrötungen nach Insektenstichen oder Bissen den Arzt aufzusuchen. Eine zutreffende Diagnose ermöglicht eine erfolgversprechende Therapie mit Antibiotika.

Läuse, flügellose Insekten von etwa 2 mm Größe, kommen bei den Hunden relativ selten vor. Regelmäßige Fellhygiene ist die beste Vorbeugung.

Die Flöhe mit ihren saugendstechenden Mundwerkzeugen leben besonders gern in den Spätsommer- und Frühherbstmonaten auf unserem Hund. Bei jungen oder unterernährten Hunden kann eine lang anhaltende Flohplage zu Blutarmut und Abmagerung führen, ganz abgesehen davon, daß der anhaltende Juckreiz die Hunde überhaupt nicht zur Ruhe kommen läßt. Der Hundefloh ist der Zwischenwirt des Hundebandwurmes, dessen reife Glieder kürbiskernähnliches Aussehen haben. Die Ansteckung des Hundes erfolgt durch das Aufnehmen und Herunterschlucken infizierter Flöhe.

Als besonders wirksam gegen alle tierischen Ektoparasiten werden bestimmte Halsbänder angeboten, die auf verschiedene Art und Weise wirken und einen Befall verhindern. Bei diesen Halsbändern sind jedoch für einen Jagdhund negative Auswirkungen nicht ausgeschlossen. Ein negativer Einfluß auf die Riechleistung ist wahrscheinlich, und wenn zufälligerweise Stücke eines derartigen Ungezieferhalsbandes vom Hund aufgenommen werden, führt das zu schweren Erkrankungen oder bei Welpen unter Umständen sogar zum Tod. Es empfiehlt sich daher, einen befallenen Hund und dessen Lagerstätte mit einem entsprechenden Kontaktgift zu desinfizieren, so daß eine lang anhaltende Wirkung gewährleistet ist, negative Folgen für den Hund aber ausgeschlossen sind.

Die bekanntesten Endoparasiten sind die Würmer, bei denen wir Bandwürmer und Spulwürmer (auch Rundwürmer, Schlauchwürmer) unterscheiden. Erstere sind fast immer zweigeschlechtliche, flache Würmer, die verschieden lang sind und deren Körper aus verschieden vielen Abschnitten besteht. Bandwürmer leben im Dünndarm des Hundes, und die Eier erscheinen, mit einer Ausnahme, nicht frei im Kot, sondern es lösen sich jeweils am Ende der Würmer reife Glieder ab, die dann durch das Waidloch den Hund verlassen und sich bewegend in oder auf dem Kot zu beobachten sind. Häufig findet man sie auch angetrocknet am

Hund selbst oder auf dessen Lager.

Vor einer weiteren Übertragung des Bandwurmes auf einen Hund müssen die Eier bzw. die reifen Glieder zunächst von einem „Zwischenwirt" aufgenommen werden. Je nach Bandwurmart sind dies verschiedene Wirte, in deren Organen blasenartige Bandwurmfinnen entstehen. Nimmt ein Hund eine solche Finne mit der Nahrung auf, bilden sich in seinem Darm wiederum die entsprechenden Bandwürmer aus. Der kleinste aller Bandwürmer (*Taenia echinococcus*) ist der für den Menschen allergefährlichste. Er wird lediglich 2,5 bis 6 mm lang und hat nur sehr wenige Glieder, meist nur drei. Beim Spiel oder Streicheln der Hunde kann sich der Mensch infizieren. Im Menschen durchquert das Wurmembryo den Darm und das Bauchfell und erreicht mit dem Blut schwimmend verschiedene Organe des Menschen, in denen es im Laufe seiner Entwicklung zu großen Echinococcenblasen anwachsen kann bis zur Kinderkopfgröße. Die Blasen rufen Druckerscheinungen und Zerstörungen hervor und können je nach Befall zum Tod führen.

Spulwürmer haben eine zylindrische Form mit nicht unterteiltem Körper. Die Geschlechtsmerkmale sind getrennt. Bekannt sind der kleine Spulwurm und der große Spulwurm wie auch Peitschen- und Hakenwürmer. Die Eier wandern je nach Art mit dem Kot nach außen oder werden von den trächtigen Weibchen auch außerhalb des Waidloches oder an diesem selbst abgelegt. Die Eischale ist auffällig dick und außerordentlich widerstandsfähig, so daß unter Umständen eine Ansteckungsgefahr über mehrere Jahre bestehen kann. Wird ein Ei aufgenommen und die Eihaut aufgelöst, wandert das freigesetzte Embryo im Körper herum, macht verschiedene Entwicklungsstadien durch und setzt sich als Wurm wieder fest.

Sauberkeit und Hygiene sind die besten Vorbeugungsmaßnahmen gegen Würmer. Heute gibt es jedoch im Vergleich zu früheren Zeiten auch einfache medikamentöse Maßnahmen gegen den Wurmbefall. Es gibt Wurmmittel mit einer generellen Wirkung gegen alle oder mindestens die meisten beim Hund vorkommenden Wurmarten, so daß sich eine spezifische Bestimmung erübrigt. Jeder Apotheker oder Tierarzt hat die entsprechenden Mittel zur Hand. Es empfiehlt sich, auch wenn der Hund wurmfrei zu sein scheint, im Abstand von sechs bis acht Monaten prophylaktische Wurmkuren zu machen.

16.2.4 Krankheiten

Ein Hund, insbesondere der „zivilisierte" der Gegenwart, kann unter sehr vielen Krankheiten leiden. Die Kenntnis all dieser Krankheiten ist für einen Jäger nicht erforderlich. Zeigt ein Hund über ein oder zwei Tage hinweg abnorme Verhaltensweisen, sollte immer ein Tierarzt konsultiert werden. Ein Herumdoktern, unter Umständen sogar mit humanmedizinischen Mittelchen, ist gefährlich und verantwortungslos. Dennoch muß wegen der erforderlichen Prophylaxe ein Blick auf die wichtigsten Infektionskrankheiten geworfen werden.

Im Vordergrund steht, weil besonders gefährlich für den Menschen, die Tollwut. Sie ist eine Seuche, die von einem außerordentlich widerstandsfähigen Virus hervorgerufen wird. Daran eingegangene Tiere können noch wochenlang infizieren. Auch Einfrieren, beispielsweise eines Fuchses, tötet das Virus nicht ab. Die Kälte wirkt vielmehr erhaltend. Lediglich höhere Temperaturen ab 60 °C vermögen das Virus zu zerstören.

Es wird in erster Linie durch den Speichel eines kranken Tieres übertragen, der mit einer offenen Wunde in Berührung kommt, d. h. meistens durch Bisse. Dabei ist wichtig zu wissen, daß der Speichel schon einige Tage virulent ist, ehe die Tollwuterkrankung überhaupt erkannt wird. Das Tollwutvirus wandert im Körper entlang der Nervenbahnen zum Gehirn; dort angelangt, werden die Krankheitserscheinungen sichtbar.

Die Inkubationszeit ist abhängig von der Menge der in den Körper eingedrungenen Viren und auch vom Ort der Infektion. Sie beträgt beim Hund 20 bis 60 Tage, beim Menschen in aller Regel zwei bis drei Wochen, kann aber bis neun Monate dauern. Im ersten Stadium der „klassischen Form" der Tollwut, das etwa ein bis drei Tage anhält, treten Verhaltensänderungen in den Vordergrund, wie hochgradige Erregungszustände oder das Fressen ungenießbarer Gegenstände. Im dann folgenden bis zu drei Tagen anhaltenden Stadium der Raserei treten Schluckbeschwerden auf, Speichelfluß, krampfartige Lähmungserscheinungen.

Die Hunde bewegen sich weit herum und zeigen bisweilen Angriffs- und Beißlust, wobei sie nicht mehr zwischen fremden und vertrauten Personen unterscheiden. Im dann anschließenden ca. drei bis vier Tage dauernden letzten Stadium der Krankheit treten Lähmungserscheinungen auf. Die Tiere sind apathisch, die Körperfunktionen brechen völlig zusammen, bis der Hund

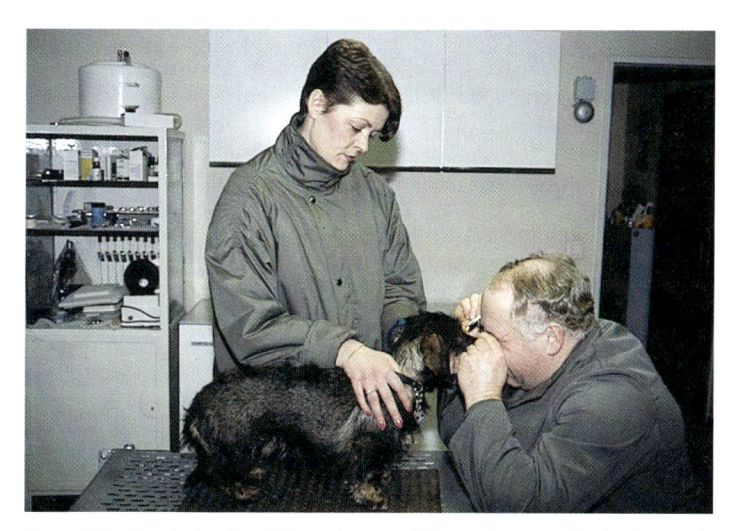

Abb. 178. Zeigt ein Hund über etwa zwei Tage abnorme Verhaltensweisen, sollte man, anstatt selbst herumzudoktern, einen Tierarzt aufsuchen.

schließlich eingeht. Daneben ist die sogenannte „stille Wut" beobachtet worden, bei deren Verlauf die geschilderten Symptome nicht so augenscheinlich in Erscheinung treten. Diese Form der Tollwut ist für den Menschen besonders gefährlich und sollte Veranlassung sein, unsere Hunde immer genau zu beobachten.

Es gibt jetzt die Möglichkeit, Hunde prophylaktisch impfen zu lassen. Ein Welpe wird im Alter von acht Wochen in aller Regel noch nicht tollwutschutzgeimpft sein, da die erste Impfung im Alter von etwa zwölf Wochen erfolgen soll. Die Impfung muß dann in ganz bestimmten Abständen zur Aufrechterhaltung der Immunität gegen die Tollwut wiederholt werden, wobei zu beachten ist, daß trotz erheblich länger anhaltender Wirksamkeit Wiederholungsimpfungen im Abstand von jeweils einem Jahr zu empfehlen sind. Gegen Tollwut schutzgeimpfte Hunde können trotzdem Überträger bleiben. Beim grenzüberschreitenden Reiseverkehr und bei Hundeprüfungen werden Schutzimpfungen, die jünger als vier Wochen und älter als ein Jahr sind, als nicht ausreichend angesehen. Besteht beim Menschen der Verdacht einer Infektion, muß er sich ebenfalls einer Impfung unterziehen. Es besteht jetzt auch für Menschen die Möglichkeit einer prophylaktischen Impfung.

Seit Jahrhunderten ist in Europa die Staupe bekannt, deren auslösendes Virus 1905 entdeckt wurde. Das Staupevirus kann den Hund praktisch überall befallen, wo er sich bewegt. Es dringt durch den Darm oder die Atmungsorgane in den Körper ein und verbreitet sich nach einer Inkubationszeit von etwa einer Woche über den gesamten Organismus. Neben zwei typischen kurz anhaltenden Fieberperioden sind Krankheitserscheinungen wie mangelnde Freßlust, Interesselosigkeit und Niedergeschlagenheit zu beobachten. Typisch sind auch Nasen- und Tränenausfluß bei entzündeten Bindehäuten. Es gibt verschiedene Formen der Staupe, deren Erscheinungsbild unterschiedlich wie auch die zurückbleibenden Folgen. Es gibt nur eine einzige sichere Vorbeugungsmaßnahme gegen die Staupe, die immunisierende Impfung.

Bei der Staupe handelt es sich nicht um eine „Kinderkrankheit" der Hunde, vielmehr kann jeder nicht immune Hund an Staupe erkranken, wobei allerdings Welpen und Junghunde im ersten Lebensjahr am meisten gefährdet sind.

Ein ähnliches Erscheinungsbild wie die Staupe hat die ansteckende Leberentzündung (Hepatitis), eine andere höchst gefährliche Viruserkrankung. Das Virus kommt in allen Körperflüssigkeiten des Hundes vor, die Ansteckung erfolgt unmittelbar, wenn andere Hunde mit diesen Ausscheidungen in Berührung kommen. Etwa drei bis neun Tage nach der Infektion verweigern die Hunde das Futter, die Schleimhäute im Nasen-, Mund- und Rachenraum entzünden sich, starker Durst, Erbrechen und hohes Fieber können die Erkrankung begleiten, und insbesondere ist die Leber stark entzündet. Etwa 20 Prozent der befallenen Hunde gehen ein, nachdem sie zunehmend schwächer geworden und abgemagert sind. Auch hier ist eine vorbeugende Immunisierung durch Impfung erforderlich. Ein Hund, einmal erkrankt, ist für lange Zeit immun, wenn er die Krankheit überstanden hat.

Wie bei der Staupe auch, sind die Welpen durch den Genuß der Muttermilch der immunen Mutterhündin für eine gewisse Dauer gegen die Krankheit gefeit. Bald nach dem Absetzen erlischt jedoch dieser Schutz, so daß eine Impfung angebracht ist.

Eine weitere gefährliche Infektionskrankheit, auch für den Menschen gefährlich, ist die Leptospirose. In fast allen Gewässern sind die Erreger der Krankheit, winzige fadenförmige Bakterien, die Leptospiren, anzutreffen. Die zahlreichen Vertreter dieser Bakterien rufen bei Menschen und Tieren unterschiedliche Krankheitsbilder hervor. In einer bestimmten Form trat sie erstmals im Jahre 1899 während einer Hundeausstellung in Stuttgart auf und hat seit dieser Zeit auch den Namen „Stuttgarter Hundeseuche". Da unsere Hunde bei der Jagdausübung häufig aus stehenden oder langsam fließenden schmutzigen Gewässern schöpfen oder auch Ratten und Mäuse, Infektionsträger, fangen, ist auch hier unbedingt eine vorbeugende Immunisierung durch Impfung anzuraten.

Den beschriebenen vier wichtigen Krankheiten ist sicher nur durch eine Grundimmunisierung zu begegnen, der in bestimmten Abständen Wiederholungsimpfungen folgen müssen. Beim Besuch von Hundeausstellungen, Hundeprüfungen oder auch beim grenzüberschreitenden Reiseverkehr muß häufig nachgewiesen werden, daß der Hund gegen bestimmte Infektionskrankheiten vorbeugend immunisiert wurde. Als Nachweis dient der dreisprachige sogenannte Internationale Impfpaß, der den Vorschriften des Internationalen Tierseuchenamtes und den von Expertenkomitees der Weltgesundheitsorganisation und der Welternährungs- und Landwirtschaftsorganisation der Vereinten Nationen festgelegten Richtlinien entspricht.

In diesem Paß ist der Hund im einzelnen beschrieben; Züchter, Eigentümer und Täto-Nr. sind festgehalten. Er enthält weiterhin Rubriken über die Schutzimpfungen u.a. gegen Tollwut, Staupe, infektiöse Leberentzündung und Leptospirose. Es sind in ihm auch Formblätter für die amtlich tierärztliche Gesundheitsbescheinigung für die Ein- oder Durchfuhr von Hunden enthalten wie auch Hinweise für die Grundimmunisierung und für die Wiederholungsimpfungen. Vor dem Absetzen der Welpen sollten diese gegen Staupe, entzündliche Leberentzündung und Stuttgarter Hundeseuche geimpft sein; manche Tierärzte impfen gegen Tollwut erst später. Mit etwa 12 bis 14 Wochen sollten die ersten Nachimpfungen erfolgen und dann in einem vom Tierarzt näher bestimmten Plan in ganz bestimmten Abständen. Von der Pharmaindustrie werden die verschiedensten Kombinationsmöglichkeiten der verschiedenen Impfstoffe angeboten bis hin zu einer Einmalimpfung gleichzeitig gegen Staupe, infektiöse Leberentzündung (Hepatitis), Stuttgarter Hundeseuche und Tollwut sowie die nachfolgend beschriebene Parvovirose und den Zwingerhusten.

Eine erst in jüngerer Zeit bekannt gewordene Erkrankung unserer Hunde wird durch ein Parvovirus hervorgerufen und verläuft in zwei verschiedenen Formen. Je nachdem, ob das Virus Saugwelpen oder ältere Hunde befällt. Auffallend ist bei Beginn der Erkrankung heftiges Erbrechen; dem schaumigen und gallefarbigen Erbrochenen mischt sich nach ein bis zwei Tagen Blut bei, blutige Durchfälle begleiten das Krankheitsbild. Bei jüngeren Hunden ist ein Temperaturanstieg festzustellen. Erfolgt nicht alsbald nach Krankheitsbeginn bei richtiger Diagnose eine Behandlung, wird innerhalb weniger Tage oder sogar innerhalb weniger Stunden der Tod eintreten. Übersteht der Hund die Erkrankung, hinterläßt diese eine lang anhaltende Immunität. Eine Immunisierung mit einem spezifischen Impfstoff war zunächst nicht möglich, indessen gibt es nun nach den anfänglichen Unsicherheiten bei der Prophylaxe und Bekämpfung dieser Krankheit auch hier einen wirksamen Impfstoff.

Schließlich tritt in Wellen, ähnlich wie bei uns die Grippe, der Zwinger(Virus-)husten auf, der vornehmlich jüngere Hunde befällt und sehr ansteckend ist. Auch dagegen ist eine prophylaktische Impfung möglich.

Für einen Laien ist es nahezu ausgeschlossen, die Erkrankung bei einem Hund richtig zu diagnostizieren. In unserer Zivilisationswelt hat ein Hund vielfach Gelegenheit, sich zu infizieren oder auch zu vergiften, wenn er Gift aufnimmt oder Gegenstände frißt oder auch nur beknabbert, die für seinen Organismus schädliche Stoffe enthalten. Auch aus diesem Grund erscheint es wichtig, den Hund nach Möglichkeit nicht unbeaufsichtigt seine eigenen Wege gehen zu lassen.

Abb. 179. Haarausfall kommt bei Hunden vermehrt vor. Vielfache Ursachen sind hierfür möglich, die Heilung ist nicht immer problemlos.

Wenn der Hund die Unbilden des Lebens einigermaßen gesund überstanden hat, wird er etwa um das 10. Lebensjahr herum in ein Alter kommen, in dem ein Mensch in Pension zu gehen pflegt. Der Hund bedarf nun größerer Ruhe und ist nicht mehr so leistungsfähig wie früher und auch nicht so widerstandsfähig gegen die Einflüsse seiner Umwelt. Diesen Umständen hat der Mensch durch entsprechende Behandlung, Fütterung und Pflege Rechnung zu tragen. Häufig beginnt in diesem Alter schon das Gehör nachzulassen, auch die Sehfähigkeit wird häufig zunehmend schlechter. Die Riechfähigkeit bleibt allerdings in den meisten Fällen bis zum Tod in einer bewundernswürdigen Weise erhalten.

Wir sollten in diesem Alter und auch späterhin unserem Hund die verdiente Ruhe geben, ohne ihn faul und fett werden zu lassen. Wir müssen ihn, auch wenn er nicht immer Lust dazu haben sollte, jeden Tag ausreichend bewegen, damit eine gewisse Elastizität erhalten bleibt und eine gute Verdauung gewährleistet ist.

Nicht immer verläßt ein Hund seinen Herrn, indem er aus Altersschwäche aus einem Schlaf nicht wieder aufwacht. Häufig werden Leiden oder Krankheiten den Hundeeigentümer vor die Frage stellen, ob er nicht aus der Verantwortung heraus, die er seinem vierläufigen Jagdbegleiter schuldet, dessen Leben abkürzen, beenden muß. So lange ein Hund in der natürlichen Weise eines alten Tieres noch leben kann, sollte sich einem guten Jäger diese Frage nicht stellen. Sollte dem Hund jedoch durch Krankheit oder andere Umstände das Leben zur Qual geworden sein, so ist es für den Hundebesitzer an der Zeit, die entsprechenden Konsequenzen zu ziehen und auch mutig eine Entscheidung zu treffen.

Der Jäger, der mit viel Erwartung und Freude sich ehemals den Welpen angeschafft, ihn aufgezogen und ausgebildet hat, mit ihm vielleicht über ein Jahrzehnt in froher Gemeinschaft gejagt hat, hat auch in der letzten Stunde gegenüber seinem Jagdkumpan die Pflicht, diesen würdig in die ewigen Jagdgründe wechseln zu lassen. Es gehört Mut dazu, den Begleiter vieler Jahre in dieser letzten Stunde nicht zu verlassen, ein Mut jedoch, der von jedem Jäger erwartet werden muß.

> **Merke:** Ein Hund ist kein Gegenstand, über dessen Pflege und Funktion man sich erst nach dem Erwerb informieren kann. Er ist kein Gegenstand, der beliebig veräußerbar oder vernichtbar ist. Die Verantwortung gegenüber dem Hund beginnt vor dem Kauf und hält an bis zur letzten Stunde des Lebewesens, das auf Gedeih und Verderb mit dem Meutegenossen Jäger zusammengewachsen ist. Jagdhund und Jäger sind eine so enge Symbiose eingegangen, wie sie heute zwischen Tier und Mensch nicht ausgeprägter sein kann. Es ist eine notwendige Partnerschaft, ohne die humanes Jagen undenkbar ist. Den Bedürfnissen des Jagdhundes umfassend Rechnung zu tragen ist eine Pflicht, der sich kein Jäger entziehen darf. Sie umfaßt die artgemäße Haltung wie auch die artgemäße Ausbildung und Führung. Sie erhebt damit das Jagdgebrauchshundwesen über alle anderen Beschäftigungen mit jagdlichen Gegenständen weit hinaus. Nicht jeder Jäger eignet sich zum Führen eines Jagdhundes.

Literatur

Behnke, H., 1983: Jagdbetriebslehre, 4. Aufl. Hamburg: Paul Parey.
– 1982: Jagd und Fang des Raubwildes, 12. Aufl. Hamburg: Paul Parey.
Brüll, H. (Hrsg.), 1979: Die Beizjagd, 3. Aufl. Hamburg: Paul Parey.
Diezels Niederjagd, 23. Aufl. 1983, völlig neu bearbeitet v. Eggeling, F. K. Hamburg: Paul Parey
Frank, H., 1984: Das Fallenbuch, 9. Aufl. Hamburg, Paul Parey.
Fox, M. W., 1975: Vom Wolf zum Hund. München: BLV.
Frevert, W., 1995: Das jagdliche Brauchtum, 12. Aufl. Hamburg: Paul Parey.
Frevert, W.; *Bergien*, K., 1993: Die gerechte Führung des Schweißhundes, 6. Aufl. Hamburg: Paul Parey.
Hassenstein, B., 1980: Verhaltensbiologie des Kindes, 3. Aufl. München: Piper.
Hauck, E., 1967: Die Jagdhunde. Wien: Selbstverlag.
Hegendorf/Reetz, 1980: Der Gebrauchshund, 14. Aufl. Hamburg: Paul Parey.
Jagdgebrauchshundverband e.V.: Verhaltensforschung bei Hunden, kynologische Begriffe, Definitionen und Erläuterungen, erarbeitet vom Ausschuß für Verhaltensforschung.
Kalchreuter, H., 1979: Die Waldschnepfe. Mainz: D. Hoffmann.
Lindner, A. (Hrsg.), 1977: Die Waldhühner. Hamburg: Paul Parey.
Raesfeld, F. von, 1985: Das Rehwild, 9. Aufl., neubearbeitet v. Neuhaus, A.; Schaich, K. Hamburg: Paul Parey.
– 1988: Das Rotwild, 9. Aufl., völlig neu bearbeitet v. Reulekke, K. Hamburg: Paul Parey.
– 1980: Das deutsche Waidwerk, 14. Aufl., völlig neu bearbeitet v. Schwarz, R. Hamburg: Paul Parey.
Senglaub, K., 1978: Wildhunde – Haushunde, Leipzig, Jena, Berlin: Urania Verlag (Lizenzausgabe des Verlags J. Neumann-Neudamm, Melsungen).
Trummler, E., 1984: Mit dem Hund auf du, 12. Aufl. München: Piper. 1984: Hunde ernstgenommen, 7. Aufl. München: Piper.
Usinger, A., 1978: Ruf-, Lock- und Reizjagd, 5. Aufl. Hamburg: Paul Parey.
Waller, R., 1981: Der wilde Falk ist mein Gesell, 4. Aufl. Melsungen: Neumann-Neudamm.
Wichmann, H., 1984: Das Fallenstellen. Hamburg: Paul Parey.

Bildnachweis

Die in diesem Buch enthaltenen Abbildungen und Zeichnungen wurden von folgenden Fotografen und Zeichnern zur Verfügung gestellt bzw. den genannten Titeln entnommen:

Archiv Abb. 2, 172
Behnke, H., Jagdbetriebslehre Abb. 77–79
Behnke, J. Abb. 114
Brunner, B. Abb. 73
Busch, T. Abb. 7, 8
Eggers, H. Abb. 20
Eilts, J. Abb. 59
Frevert/Bergien, Die gerechte Führung des Schweißhundes Abb. 28–40
Grund, K. Abb. 93–100
Gurinowitsch, A. Abb. 159
Hansen, U. Abb. 19
Hohlfeld, F. Abb. 91
Kieling, A. Abb. 118
Klotz, R. Abb. 3
Kröger, R. Abb. 119, 122, 154
Kromschröder, D. Abb. 9
Laube, F. Abb. 27, 41–47
Lokkin, E. Abb. 164
Ludwigs, G. 171, 174, 178
Markmann, H.-J. Abb. 89, 120, 121, 166–168, 175, 176
Merz, M. Abb. 1, 4–6, 11, 14, 16, 26, 50–52, 55–57, 60–64, 67-69, 71, 72, 81, 82, 84–87, 102, 104, 105, 161, 162
Meyers, S. Abb. 17
Mihaljevic, J. Abb. 13
Nagel, W. Abb. 48, Einleitungsfoto Teil 2
Neuhaus, A. H. Abb. 106–113
Paltanavicius, S. Abb. 170
Seidel, H. Abb. 15
Siedel, F. Abb. 76
Thiermeyer, C. D. Abb. 173, 177
Uhde, H. Abb. 143, 145, 147
Volkmar, K.-H. Abb. 75
Wagner, K. Abb. 90
Wild und Hund Abb. 83
Wild und Hund Taschenkalender 1995 Abb. 12
Wild und Hund Taschenkalender 1996 Abb. 10
Winsmann-Steins, B. Einleitungsfoto Teil 1, Abb. 18, 21–25, 49, 53, 54, 58, 65, 66, 70, 74, 80, 92, 101, 103, 115, 116, 117, 123–142, 144, 146, 148–153, 155–158, 160, 163, 165, 169, 179

Sachregister

Abendeinfall 80
Abfangen 54
Abfedern 54
Abführung 168
Ablenkfütterung 24
Abnicken 54, 56
Abschlagen 54
Abschwarten 104, 106
Abwehrer 70
Abzugeisen 89
Afterklaue 156
Ahnentafel 187
Aktion 160
Aktivitätsperiodik 42
Alpenländische Dachsbracke 144
Alter 197
Amtliche Fleischuntersuchung 98
Analdrüsen 156
Anrührjagd 120
Anschuß 31
Anschußbruch 42
Ansitz 29
Ansitzdrückjagd 58, 63, 66
Anstand 29
Appetenzhandlung 162
Apportiergegenstand 174
Armbruster-Haltabzeichen 182, 183
Äsungsfläche 25
Aufbrechen 101
Auflaufenlassen 56
Aufsetzen eines Hirschgeweihs 108
Aufsetzen eines Rehgehörns 108
Auge, offenes 158
Aujeszyksche Krankheit 192
Aus-der-Decke-Schlagen 104
Ausbildung 168
Ausgeher 72
Auskühlen 37
Ausneuen 46
Auspochen 46
Ausriß 37
Ausrüstung 29, 36, 76

Bauarbeit 121
Baujagd 58, 75
Baulaut 121
Baummarder 46
Bayerischer Gebirgsschweißhund 143

Beagle 146
Behaarung 156
Behänge 156
Beizjagd 96
Bekleidung 29
Bergstock 37
Bestätigen des Wildes 33
Bewegung 36
Birkwild 52
Bisten 52
Blädern 48
Blattjagd 48
Blattschuß 40
Blattzeit 49
Bogen 67
Bogenreinheit 120
Böhmische Streife 58, 73, 74
Botulismus 100
Bracke 137
Brackieren 96
Brandlbracke 145
Bringtreue 182, 183
Bruchzeichen 42
Bügelfalle 89
Buschieren 44, 120

Chamer Modell 11
Chesapeake Bay Retriever 151
Cocker Spaniel 150
Conibearfalle 89
Curly Coated Retriever 151

Dachs 23
Dachshund 147
Damwild 48
Deckakt 188
Deckenteil 37
Deckungsfläche 25
Delegierten-Commission 132
Derby 184
Deutsch-Drahthaar 138
Deutsch-Kurzhaar 139
Deutsch-Langhaar 139
Deutsch-Stichelhaar 138
Deutsche Bracke 144
Deutscher Jagdterrier 148
Deutscher Wachtelhund 150
Deutsches Gebrauchshundstammbuch 134

DGStB 134
Drehgitter 177
Dressur 168
Dressurangel 175
Drückjagd 58, 63
Duftschleppe 48

Edgar-Heine-HZP 184
Ei-Abzugeisen 89
Eichelhäher 52
Eingriff 37
Einschlag 121, 122
Einzeljagd 28
Ektoparasiten 192
Ektropium 158
Elster 52
Endhandlung 162
Endoparasiten 192
Endröhre 76
English Setter 141
Entenjagd 61
Entropium 158
Entwicklungsphasen 163
Epagneul Breton 142
Erdansitz 17
Erdsitz 17
Erlegerbruch 42, 44

Fahne 156
Fährtenbruch 42, 43
Falle für Lebendfang 90
Falle für Totfang 89
Fangbunker 88
Fanggarten 88
Fangjagd 86
Fangschuß 54, 55
Fangsteig 21, 88
Fangstoß 55
Fangzähne 156
Färben 187
Faßbeinigkeit 158
FCI 133, 137
Fédération Cynologique Internationale 133, 137
Federn 156
Feldarbeit 127
Feldtreiben 67
Feldtreibjagd 62
Fernglas 36
Fernwechsel 64, 65
Fertigfutter 192
Feuchtglied 156
Flat Coated Retriever 151
Fleischhygienegesetz 98
Fleischuntersuchung 98

Sachregister

Flieger 121
Flöhe 193
Foxhound 146
Foxterrier 148
Fransen 137, 156
Freßerziehung 192
Frettchen 78
Frettchenzwinger 15
Fuchs 24
Führigkeit 169
Führung 168
Futterscheune 16
Fütterung 26

Gams 48
Gamsblindheit 100
Gamsmanderl 48
Gamsräude 100
Gebiß 156
Geflügelpest 100
Gefolgschaftstreue 165, 169
Gehör 159
Gehorsam 169
Gerätekammer 13
Geschröte 156
Gesellschaftsjagd 58
Gesellschaftsjagd,
    Grundregeln 59
Gewehrschrank 13
Gewöhnungsgatter 25
Golden Retriever 151
Gordon Setter 141
Grandeln 108
Griffon 138
Großer schwarz-weißer Münsterländer 139

Haarart 137
Habichtsfangkorb 91
Halsung 173
Hannoverscher Schweißhund 143
Härtenachweis 182, 183
Haselwild 52
Hasenklage 50
Hasenquäke 50
Hauptbruch 42
Hauptpaß 88
Hegewald-Zuchtprüfung 184
Heimfindevermögen 160
Hepatitis 195
Herrichten von Gamskrucken 108
Herrichten von Keilerwaffen 109
Herrichten von Muffelschnecken 109
Himmeln 40

Hirschfänger 55
Hitze 187
Hochschuß, höhenbedingter 94
Hochschuß, schußwinkelbedingter 94
Hochsitz 18
Hochwildjagd 61
Holzarten, gerechte 42
Holzbock 193
Hosen 156
Hühnerjagd 61
Hund, baulauter 121
Hund, waidlauter 121
Hundepfeife 174
Hundezwinger 14
Hüttenjagd 94
Hygiene an Fütterungen 100

Inbesitznahmebruch 42, 44
Intervalljagd 40
IKP 184
Impfpaß 196
Instinkt 161
Irish Setter 141

Jack Russell Terrier 149
Jagd 19
Jagd im Gebirge 93
Jagddruck 42
Jagdgebrauchshundverband 132, 133
Jagdgerät 11
Jagdhundeverband der DDR 133
Jagdhütte 21
Jagdleiter 59, 60, 63, 64
Jagdliches Brauchtum 42
Jagdmesser 32
Jagdruhephase 42
Jagdschutz 33
Jagdsignal 80
Jagdstrecke 42, 44
Jagdtagebuch 11
Jagdwaffe 32
JGHV 133

Kaninchenklage 50
Kanzel 18
Karpfenrücken 158
Kastenfalle 91
Kesseltreiben 71
Kesselwind 18
Kirrbrocken 48, 89
Kirrplatz 24, 54
Kirrung 25
Kleemann 184
Kleidung 31, 35

Kleiner Münsterländer Vorstehhund 140
Klutter 53
Knautscher 129
Knochensplitter 37
Kokzidiose 100
Körnung 24
Kreisen 66
Kreiser 66
Krellschüsse 39
Kruppe 155
Kryptorchismus 158
Kugelriß 37
Kugelschlag 37
Kuhhessigkeit 158
Kunstbau 23, 177
Kunstfährte 177
Kupieren 155
Kurzhaarteckel 148
Kurzwildbret 156
Labrador Retriever 151

Laika 152
Lancieren 64
Langhaarteckel 148
Läufigkeit 187
Laufschuß 31
Lautjagerstrich 182, 183
Leberentzündung 195
Leine 173
Leitbruch 42
Leiter 18
Leptospirose 195
Lerngesetze 162
Letzter Bissen 42, 44
Lockjagd 47
Lockmittel 47
Lockwittrung 48
Luderplatz 24, 53
Luderschacht 24
Lüften 101
Luftröhrenwurm 100
Lungenschuß 40

Magyar Vizsla 142
Malerfedern 109
Marderkunstbau 46
Marderschlagbaum 90
Mäuseburg 24
Mäusekasten 51
Mauspfiff 50
Messer 36
Milben 193
Mitstehen 128
Monorchismus 158

Sachregister

Mündungsschoner 36
Munition 60

Nachsuche 63, 124
Nase 158

Oberländer Apportierbock 174
Olper Bracke 144

Packer 121
Parvovirose 196
Pendelgitter 177
Pfote, offene 158
Pointer 140
Prägung 163
Prägungsphase 164, 169
Präparator 111
Prellkugel 60
Prellschrot 60
Prinzip bedingten Reflexes 162
Prinzip bedingter Aktion 163
Prinzip bedingter Appetenz 163
Prinzip bedingter Aversion 163
Prinzip erfahrungsbedingter Hemmung 163
Pudelpointer 138
Punkter 72
Pürsch 31, 33, 34, 35, 36, 119 122
Pürschen-Gehen 36
Pürschen-Sitzen 36
Pürschen-Stehen 36
Pürschsteig 21
Pürschzeichen 31, 37, 125, 126

Rabenkrähe 52
Ramsnase 155
Rangordnungsphase 165, 169
Rasenfalle 90
Raubwild 25, 50
Rauhhaarige Steirische Hochgebirgsbracke 146
Rauhhaarteckel 148
RDH 132
Reaktion 160
Reflex 161
Rehwild 48
Reichsverband für das Deutsche Hundewesen 132
Reinzucht 187
Reißzähne 158
Reizangel 175
Revierbau, künstlicher 23
Revierchronik 11
Reviereinrichtung 17
Reviergang 31, 32

Revierhygiene 100
Revierkarte 11
Riegeljagd 63
Ringeltaube 51
Rißhaar 37, 40
Röhrenfalle 91
Rotwild 48
Rückbeißer 158
Rucksack 36
Rudelordnungsphase 165, 170
Rupfen des Gamsbartes 109
Rupfer 129
Rute 155

Salzlecke 26
Sattelnase 155
Sauerländer Dachsbracke 144
Saufeder 55
Scherenfalle 91
Scherengebiß 158
Schirm 17
Schleppe 50, 176
Schnalle 156
Schnitthaar 37, 40
Schock, paariger 38
Schorlemer 184
Schrotstärke 45
Schuhwerk 31
Schüsseltreiben 83
Schußrichtungsanzeiger 62
Schußzeichen 37, 40, 125, 126
Schützenstand 71
Schwanenhals 89
Schwarzwild 48
Schwarzwildkörnung 25
Schweinepest 100
Schweiß 37
Schweißarbeit 124
Schweißeinlage 36
Schweißfährte, künstliche 177
Schweißhund 124
Schwerpunktjagd 40
Sehvermögen 159
Sekundieren 128
Senkrücken 158
Seuchenverdacht 100
Sicherheitsregel 86
Solms 184
Sozialisierungsphase 164, 169
Sperlingshund 134
Spissen 52
Sprenger 121
Springer Spaniel 150
Standard 137
Standplatzbruch 42, 43

Standtreiben 67
Staupe 195
Steher 121
Steinmarder 46
Stimme 172
Stöberjagd 44
Stöbern 120
Stockmaß 155
Stop 155
Streckelegen 81
Streckenbruch
Streife 73
Streifen 58, 106
Strich 79
Stuttgarter Hundeseuche 196
Suchjagd 44
Suhle 26
Superfekundation 187

Tastsinn 159
Taubenlocke 51
Teckel 147
Teleboc 174
Telemetrie 175
Teletakt 174
Tierschutz 117
Tiroler Bracke 145
Tollwut 194
Tollwuthandschuh 100
Tote Schützen 64
Totverbellen 127
Totverweisen 127
Trächtigkeit 188
Tränke 26
Transport 101
Treiben 67
Treiber 62, 63, 65, 70, 71
Treiberwehr 59, 69
Treibjagd 58
Trichinenschau 98
Triebe 67
Trophäenbehandlung 107

Überjagen 120
Überkippender Wind 18
Unfallverhütungsvorschrift 60
Unfallversicherung, landwirtschaftliche 19
Ungarischer Vorstehhund 142
Unschädliche Beseitigung 99

VDH 133
Verband für das Deutsche Hundewesen 133
Verbandsschweißprüfung 182

Verblenden 37
Verbringen 37
Verlorenbringen 182
Verlorenbringer 183
Verlorenbringerarbeit 123
Versorgen 37
Versorgen des Wildes 98
Versorgen von Niederwild 105
Verständigungsbruch 42
Verwittern 37
Vogelangstgeschrei 50
Voliere 26
Vorbeißer 158
Vorbereitung der Jagd 33
Vorstehhund 137
Vorstehhund, französischer 142
Vorstehtreiben 67

Waffen 36, 60
Waidgerechtigkeit 116, 118

Waidlaut 121
Waidmesser 55
Waldjagdtreiben 61
Waldschnepfe 52
Waldtreiben 67
Warnbruch 42, 44
Warnweste 59
Wartebruch 42, 44
Wasserjagd 58
Wavy Coated Retriever 151
Weidwundschüsse 39
Weimaraner 139
Wesen 172
Wetter 34
Wieselwippbrettfalle 91
Wildbrethygiene 98, 100
Wildente 51
Wildgans 51
Wildgehorsam
Wildkammer 14

Wildreinheit 128
Wind 29, 34
Wintergatter 26
Wolf 136
Wolfskralle 156
Würmer 193

Zangengebiß 158
Zecken 193
Zeichnen 37
Zerlegen 104
Zerwirken 104
Zerwirkraum 14
Zielfernrohr 36
Zuchtbuchnummer 187
Zwangswechsel
Zwinger 190
Zwingerhusten 196

Notizen

Notizen

Notizen

Notizen